le chemin d'Arles

VERS SAINT JACQUES DE COMPOSTELLE

GUIDE PRATIQUE DU PELERIN
DE PROVENCE EN ESPAGNE

***************** REMERCIEMENTS *****************

La réalisation de ce guide est l'oeuvre de nombreux bénévoles au premier rang desquels se trouvent les collaborateurs de la Fédération Française de la Randonnée Pédestre et de Randonnées Pyrénéennes et les amis de St Jacques de Compostelle.
Nous tenons à remercier notamment :
Jean Adisson - Jacques Albarel - A.R.C.A. (Cabinet d'Architectes) - Roger Argans - Jean-Louis Bara - Jean Benoît - Abbé Georges Bernès - Jean Billy - Gilles Bonhomme - Mireille Brunet
Alain Caillau - Olivier Cèbe - Robert Chausse - Georges Courtès
Richard Crispel - Pierre Evrard - Marcel Girault
Françoise Lafon - Dr Lichère - Abbé Gilbert Loubès
Gilbert Monboise - Jean-Claude Rivère
Roger Rouyer - Gabriel Ville -
Que ceux que nous oublierions ici ne nous en tiennent pas rigueur, ce guide n'aurait pas existé sans eux.

Nous devons des remerciements et des excuses tous particuliers à Jean Passini, spécialiste compostellan bien connu, dont la remarquable présentation du Chemin d'Arles n'a pû, faute de place, être insérée ici.

Ouvrage publié avec le concours du Centre Régional des Lettres Midi-Pyrénées.
Itinéraire reconnu avec la participation des Régions Aquitaine, Midi-Pyrénées et Languedoc Roussillon.

Couverture : Alain Ricaud

LOUIS LABORDE-BALEN - ROB DAY -

le chemin d'Arles

VERS SAINT JACQUES DE COMPOSTELLE

GUIDE PRATIQUE DU PELERIN
DE PROVENCE EN ESPAGNE

Randonnées Pyrénéennes
Fédération Française de la Randonnée Pédestre
Fondation Européenne du Chemin de St-Jacques

✡✡✡✡✡✡✡✡ TABLES DES MATIERES ✡✡✡✡✡✡✡

AVERTISSEMENT AU LECTEUR

Cet ouvrage est né de la rencontre entre les amis des chemins de St-Jacques et les baliseurs des sentiers de grande randonnée. Les premiers marchent en plein Moyen-Age, les autres ouvrent les sentiers d'aujourd'hui.

C'est à leur double travail que nous devons ce guide qui permet de retrouver au plus près l'itinéraire des pèlerins sous forme d'un sentier de grande randonnée, balisé aux couleurs rouge et blanche des GR et qui s'efforce de restituer, autant qu'il est possible, la grande marche vers St-Jacques. Une partie de ce sentier a déjà été décrit il y a quelques années sous l'appellation de GR 653 dont le présent ouvrage réactualise et remplace deux anciens topo-guides.

Les horaires indiqués dans chaque étape ne sont pas des moyennes, ce sont uniquement des repères qui ont rythmé la marche de Rob Day. Vous saurez, au bout de quelques heures si votre propre rythme est plus ou moins rapide et vous pourrez ainsi vous étalonner vis à vis de ces indications horaires. Entre St-Guilhem le Désert et le Seuil de Naurouze après Castelnaudary, nous avons choisi de traverser le Haut-Languedoc. Une autre possibilité consistait à passer plus au sud, par la plaine, en suivant l'arc de cercle que dessine l'autoroute. Le travail de reconnaissance n'était pas suffisamment avancé pour qu'il soit possible de le décrire. Cette variante trouvera naturellement sa place dans une prochaine édition.

Huit siècles après Aimery Picaud, le chemin évolue chaque jour encore. N'hésitez pas à nous faire part de vos remarques, de vos observations, de vos conseils.

Aujourd'hui comme au Moyen-Age, le chemin est une création permanente.

PREFACE

Les "Randonnées Pyrénéennes" qui avaient déjà réédité "Le guide pratique du pèlerin en Espagne" de l'abbé Bernès, complètent cette publication avec la Fédération Française de la Randonnée Pédestre par "Le guide du chemin d'Arles" dont la partie historique et descriptive est due à la plume de M. Laborde-Balen "ami de Saint-Jacques" et journaliste bien connu dans la région pyrénéenne.

Ainsi, pèlerins à pied, à cheval et à bicyclette et touristes motorisés pourront se former une idée simple mais directe, l'auteur ayant parcouru cette route qui conduisait Italiens et Provençaux à Saint-Jacques certes, mais accueillait aussi dans l'autre sens non seulement les pèlerins qui en revenaient mais aussi les Ibériques qui allaient par cette voie, empruntant en grande partie la voie romaine domitienne, jusqu'au tombeau de Saint Pierre à Rome ; de ce fait, tous ces pèlerins étaient également connus dans tout le Midi sous le nom de "romieux".

C'était aussi la voie empruntée par les Allemands du Sud et les pèlerins d'Europe Centrale rejoignant la vallée du Rhône à partir du sanctuaire de Notre-Dame d'Einsilden en Suisse.

Il y avait donc beaucoup de monde sur cette grande voie pèlerine du Midi d'autant plus que l'étape majeure de Saint-Gilles, pour sa part, était l'objet d'un pèlerinage achalandé cité par le "Guide du pèlerin" du XIIème siècle. Sur ce chemin comme sur les trois autres grands itinéraires, on a pu considérer le pèlerinage à Saint-Jacques comme une succession de pèlerinages "aux corps saints" mais certains documents, comme le Mémorial des Nobles de Montpellier, précisent bien qu'il s'agit du chemin de Saint-Jacques "via sancti jacobi".

A dire vrai, après que ce chemin ait été grosso modo réuni avec la voie romaine pendant sa traversée du Languedoc du moins jusqu'à Montpellier, il y avait ensuite divergence vers Saint-Jacques de Béziers, église prétendument fondée par Charlemagne, et la Catalogne, ou de Béziers par Narbonne vers le seuil du Lauragais. De Carcassonne, le chemin que rejoignait le pèlerin en coupant à travers le Minervois, partait en fait du sanctuaire de Saint Guilhem le Désert où le Preux Guillaume, héros des chansons de geste, s'était retiré dans le désert de Gellone. C'était cette voie plus septentrionale, connue comme le grand chemin de Saint-Jacques, qui à travers d'âpres montagnes faisait passer le pèlerin du versant méditerranéen au versant atlantique par une série de cols à la hauteur de Murat.

Dans cet enchevêtrement extraordinaire, les auteurs (n'oubliant pas les renseignements pratiques utiles aux touristes d'aujourd'hui comme ils auraient pu l'être aux pèlerins d'autrefois) nous guident vers la vallée de l'Agout, puis Castres. Sur ce côté les dénivellations sont moins fortes, d'autant que c'est un itinéraire parallèle aux Pyrénées qui conduit le plus grand nombre des pèlerins vers Auch et le Somport.

Bien sûr, il faudrait là aussi parler des ramifications célèbres comme celles du piémont pyrénéen, de Saint-Gaudens, de Saint-Bertrand de Comminges, le col de Viella, et les auteurs ont bien fait de suivre le tracé du fameux "Guide du pèlerin" du XIIème siècle qui franchit le col du Somport, traverse les Pyrénées et redescend la vallée du rio Aragon, un des plus fiers paysages de l'Espagne vers Jaca.

Sur l'autre versant des Pyrénées un chemin de piémont là aussi permet de rejoindre à Obanos et Puenta la Reina le tronçon Ostabat-Roncevaux (réunion au carrefour de Gibraltar des trois autres routes françaises) par le Port de Cize et Pampelune, formant dès lors avec lui le "camino francés".

A n'en pas douter, la lecture de cet ouvrage donnera l'idée à ceux qui se mettront en route sur cet itinéraire d'Arles-Puente la Reina de continuer jusqu'à Compostelle pour leur plus grand profit intérieur, religieux et culturel et en tout cas de découvrir l'importance du patrimoine artistique de la France et de l'Espagne conservé sur ce chemin de Saint-Jacques.

René de LA COSTE-MESSELIERE
Président de la Société des Amis
de Saint Jacques de Compostelle en France (1)

(1) Présentée page 15

D'ARLES A SAINT-JACQUES OU L'ESPACE INTERIEUR

On m'a rapporté qu'après le mémorable "alunissage d'Apollo en 1969, un vieux maître hindou, là-bas en Inde, aurait levé les yeux au ciel en disant d'un air navré : "ils ont osé!...". Cette déploration résignée était ainsi le signe que la lune elle-même échappait désormais à l'espace poétique et mythique, et qu'elle semblait perdre d'un coup tout rôle sacré et familier.

La terre l'avait précédée dans cette perte de mystère, ratissée, explorée, exploitée, conçue non plus comme une alma mater, mais comme le stock d'un hypermarché.

L'espace extérieur n'est plus donné à connaître par le voyage lent, par le cheminement au pas de l'homme ou du cheval. Il est en vérité réduit à une simple distance à ignorer sinon à abolir le transport le plus rapide possible. Marcher à pied plus d'une demi-heure, aujourd'hui, résulte presque d'une volonté farouche. Le temps pour le faire est compté : c'est celui des vacances, ou celui des années sabatiques ou des congés sans solde... Marcher longtemps, naguère l'apanage des colporteurs, est-il devenu un luxe ?

En France, le succès des chemins de grande randonnée prouve le contraire : la marche correspond à un besoin essentiel.

Mais les chemins de Saint-Jacques ne sont pas un sentier de plus. Ils sont des sentiers orientés - précisément vers l'occident. Par l'effet de ces transmissions mystérieuses propres aux mémoires humaines, le phénomène ancien des chemins de Saint-Jacques nous atteint avec une force troublante, comme un astre éteint dont le rayonnement nous parvient encore.

Bien sûr, l'ère des vastes pèlerinages d'une chrétienté en mouvement n'est pas reconstituable telle quelle, et en avoir seulement la nostalgie conduit, au mieux, aux Son et Lumière les moins pourvus en imagination, au pire à l'attitude réactionnaire des décalcomaniaques de l'Histoire.

Mais il faut sans doute distinguer. Il y a Saint-Jacques-sanctuaire : c'est Santiago de Compostela, ville sainte d'une religion, d'ailleurs étonnament sobre et non mercantile dans sa dévotion, comme le granit galicien dont elle est construite. Et il y a les chemins de Saint-Jacques. Bien sûr il y a le camino francés en Espagne, de Roncevaux ou du

Somport à Santiago ; mais il y a aussi les quatre grands chemins de Paris, du Puy, d'Arles et de Vézelay sans compter les variantes sans nombre qui couvrent la France d'un maillage dense comme les chemins multiples qui couvrent l'Europe entière.

Si les villes sanctuaires se prêtent aujourd'hui aux concentrations humaines, voire aux mouvements de masse (1), l'héritage des chemins de Saint-Jacques fait ressortir des valeurs de convivialité liées à la fluide circulation de petits groupes ou de personnes.

S'ils fascinent aujourd'hui, c'est d'abord parce qu'ils sont lieux, changeants, imprévisibles, mystérieux, ouverts à la surprise permanente de la rencontre. En cela, ils répondent à la formidable aspiration des Européens à "bouger", à décloisonner leurs existences et leurs esprits, et à tisser avec autrui des liens neufs.

La culture de masse se lézarde dans toute l'Europe par pans entiers, l'univoque qui se paraît de l'harmonie de l'unisson cède le pas aux voies multiples d'une époque qui aspire aux valeurs conviviales : loin d'être le pâle reflet d'un Moyen-Age de pacotille, l'appel des chemins est celui de la plus universelle des Espagnes vers la plus universelle des Europes.

Arles-Saint-Jacques : de la Provence rhodanienne aux rives de Galice, le chemin français de la Méditerranée parcourt sur 1400 km des espaces parmi les plus anciennement civilisés d'Europe.

Chemin maintenant balisé, un peu mais pas trop - les repères ne doivent pas devenir des glissières.

Pour que les chemins soient le forum des aventures conviviales, en demeurant le for intérieur de chacun, qui est le seul espace sans bornes.

Frédéric DEVAL
Directeur Exécutif de la Fondation Européenne
du Chemin de St-Jacques (2)

(1) Sur 400 000 personnes présentes à Saint-Jacques le 15 août 1989 autour du Pape Jean-Paul II, seules 20 000 ont réalisé le chemin à pied, sans dépasser 100 kms pour la plupart.

(2) Présentée page 15

LE CHEMIN DES PAYS D'OC

Il est des chemins sur la terre comme des artères dans le corps. Les hommes y circulent, rencontrent leurs hôtes, cultivent les échanges : "colporteurs" de la pensée, le pèlerin qui chemine irrigue les pays qui l'accueillent du ferment à faire fructifier.

Probablement, sur ce plan, la Voie d'Arles du Chemin de Saint-Jacques est-elle la plus concernée des quatre grandes routes qui unissent leurs efforts, au-delà des Pyrénées, pour atteindre Compostelle.

Car celle-ci fut à ce point intégrée à la vie quotidienne des terroirs traversés qu'il est toujours possible de lire dans son histoire le passé des pays d'oc. Elle en prit même les noms au grand désarroi de l'historien : chemin d'Arles, Route de Provence, Via Tolosana, suivant le lieu de son baptême ou son époque.

Or depuis la sortie des Alyscamps jusqu'à l'approche des Pyrénées, cette route appartenait aux terres "mondines" des Comtes "Raymond" de Saint-Gilles et de Toulouse, dont la renommée resplendit dans l'Europe des chevaliers et des troubadours.

A la disparition de la famille comtale, la route, orpheline, fut contrainte par un détour forcé d'éviter les montagnes refuges : elle s'inscrivit dès lors dans les terres nouvellement soumises, plus au Sud, où les luxuriantes ruines gothiques jalonnent désormais, comme pour le dater, ce tracé plus récent. L'amateur des sculptures romanes, quant à lui, devra retrouver la vieille route pour satisfaire sa passion.

Quasiment oubliée voici vingt années encore, cette dernière est aujourd'hui reconnue pour sa vocation. Le fait de relier, depuis l'Orient, le creuset de nos civilisations-mères - la Méditerranée - à l'infini des eaux océanes, à l'Occident, en fit par excellence la voie privilégiée de la quête spirituelle dans ce Moyen-Age où tout est traduit par la motivation religieuse.

Soumises aux successions des pouvoirs, elle demeurera référence aux fluctuations de la pensée :

Ainsi, après la Croisade contre les Albigeois, la Voie d'Arles fut-elle autant chemin de pénitence que route de la foi. C'est dire combien, pétrie par la passion des hommes, cette route fut solidaire de leur histoire et porte témoignage de leurs souffrances comme de leurs louanges.

Certes, son tracé ancien ne s'accompagne plus d'édifices prestigieux à cause des "effacements" décidés par les puissants d'un instant. Mais sachez donc respirer cette authenticité que le simple parcours d'un chemin au flanc des vieilles montagnes assoupies évoque toujours : refuge ultime pour la liberté de l'homme, si récemment encore, et de nos jours pour le ressourcement de la nature. Dans leur austérité, ces massifs des Cévennes occidentales nous proposent de transformer le chemin de pénitence que peut être la vie en une participation chaque jour renouvelée au respect qui lui est dû.

C'est pourquoi, en défrichant pour le franchir le Col de la Tranchée - si fréquemment annoncé par les anciens qui me confièrent leurs souvenirs du "Tsaqué", le Chemin oublié - je compris alors son importance. Ici, le pèlerin ne pouvait revenir en arrière ; il quittait le monde méditerranéen - du Milieu de la Terre - qui l'avait vu naître, et versait délibérément vers celui de l'Atlantique, vers le "Finis Terrae".

Il s'était arraché au quotidien : à Compostelle, il devait renaître.

Olivier Cèbe Délégué Général
de l'Association de coopération inter-régionale
"Sur les chemins de Saint-Jacques de Compostelle".(1)

(1) Présentée page 15

POINTS DE REPERE

FEDERATION FRANCAISE DE LA RANDONNEE PEDESTRE

La Fédération Française de Randonnée Pédestre balise et entretien 120 000 km de sentiers de grandes et petites randonnées grâce à ses 3 000 bénévoles.
Elle publie une collection de 150 topos guides qui donnent accès au réseau des sentiers.
La FFRP collabore à la revue "Randonnée Magazine" et regroupe 1200 clubs qui vous invitent à sortir du goudron.
Pour en savoir plus :
* Centre d'Informations Sentiers et Randonnées
  64 rue de Gergovie 75014 Paris (1) 45 45.31.02
* Minitel 36 15 code RANDO
* siège : 9 avenue Georges V 75008 Paris

RANDONNEES PYRENEENNES ************************

Les chemins de St-Jacques se déroulent de part et d'autre des Pyrénées rythmés par le passage de la montagne.
L'association Randonnées Pyrénéennes, qui a décrit et publié la partie espagnole du chemin jusqu'à St-Jacques, continue bien naturellement aujourd'hui à décrire les chemins français. Création d'itinéraires, ouvertures de refuges et de gîtes d'étape, publication de cartes et de guides, autant d'entreprises qui facilitent la pratique douce des Pyrénées.
Renseignements : Randonnées Pyrénéennes
Centre d'Information Montagne et Sentiers
BP 88 09200 St-Girons
Tél. 61.66.40.10

LA FONDATION EUROPEENNE DU CHEMIN DE SAINT-JACQUES **********************

Créée en Mars 1989 par les gouvernements français et espagnol, la Fondation Européenne du Chemin de Saint-Jacques met en oeuvre une politique culturelle qui combine la mise en service des sentiers pédestres sur les anciens itinéraires de Saint-Jacques de Compostelle et des saisons artistiques itinérantes sur ces mêmes chemins.
Elle est ouverte à l'adhésion de tous les Etats européens et bénéficie

du soutien du Conseil de l'Europe et de la Commission des Communautés Européennes.
6 rue Steinlen 75018 Paris
Tél. (1) 42 51.39.80

LA SOCIETE DES AMIS DE ST-JACQUES ***************

La Société des Amis de Saint-Jacques fournit documentation et conseils pour la préparation d'une pérégrination en France et en Espagne vers Compostelle et donne des informations sur l'actualité jacquaire en France et en Europe.
Pour tous renseignements : écrire au secrétariat 4 square du Pont de Sèvres,
92100 Boulogne-sur-Seine.

SUR LES CHEMINS DE SAINT-JACQUES DE COMPOSTELLE ***************

Créée à l'initiative du Conseil Régional Midi-Pyrénées, l'Association de Coopération Inter-Régionale sur les Chemins de Saint-Jacques de Compostelle a pour objet de favoriser la cohérence des actions de mise en valeur des Chemins de Saint-Jacques et du patrimoine qui leur est associé, de faciliter l'information et l'accueil du public dans les "Haltes de Saint-Jacques", de susciter une animation et des initiatives culturelles de qualité au long des itinéraires.
L'Association regroupe les Régions Aquitaine, Languedoc-Roussillon, Midi-Pyrénées, Provence-Alpes-Côte d'Azur, associées à la Région Auvergne et aux Autonomies du nord de l'Espagne.
Siège : Hôtel de la Région Midi-Pyrénées
Renseignements 63.74.03.53/61.33.52.45

LE RAMEAU OCCITAN D'UN GRAND PELERINAGE

"L'Histoire d'un Grand Pèlerinage", celui du Chemin de Saint Jacques de Compostelle, a été largement exposée dans le précédent volume : le Guide pratique du Pèlerin en Espagne. Nous nous contenterons d'en rappeler ici les lignes essentielles.

JACQUES EN ESPAGNE ?

Le Saint-Jacques dont il s'agit est l'apôtre Jacques le Majeur, compagnon du Christ, fils de Zébédée et de Marie-Salomé, frère de Jean l'Evangéliste, et, selon les Pères de l'Eglise, apparenté à Jésus. Entre les lignes, l'Evangile laisse deviner en lui un homme fidèle, au caractère impulsif. On l'appelle "le Majeur" pour le distinguer de l'autre apôtre Jacques, dit le Mineur, qui, chef de l'église chrétienne de Jérusalem sera, en l'an 68, précipité du haut du temple et achevé à coups de bâton. Selon les "Actes des Apôtres" (12,2) Jacques le Majeur fut tué d'un coup de glaive sur l'ordre d'Hérode. Comme il ne peut s'agir que d'Hérode Agrippa I, cela se serait passé vers l'an 44. Il faudra attendre le IVème siècle pour que des commentateurs comme St.Jérome ou Didyle d'Alexandrie assurent que Jacques avait été en Espagne. Il faudrait donc que cela fut entre les années 33 et 44. Beaucoup d'historiens en doutent, mais il faut noter que rien de catégorique ne s'y oppose dans l'absolu. Aucun texte de l'époque n'en parle certes, mais les "Actes" ne prétendent pas être exhaustifs ; ils constituent une sorte de "compte-rendu de mandat" ne traitant que des actions missionnaires de Paul, Luc, Pierre et Marc, alors que tous les apôtres ont reçu la mission d'évangéliser et le don des langues (Acte 1,8).

Selon cette tradition, Jacques aurait débarqué en Andalousie, traversé la péninsule le long d'une chaussée romaine sans rencontrer trop de succès, et abouti en Galice, terre de mysticisme celte, où il fit des disciples. Après sa mort à Jérusalem où il était revenu, deux d'entre eux, Théodore et Anasthase auraient ramené son corps dans sa terre galicienne d'adoption pour l'y inhumer, à bord d'un bateau qui "guidé par un Ange" aurait débarqué au port d'Iria Flivia, aujourd'hui Padron. Et d'après une légende, une certaine "reine Lupa" à laquelle ils se seraient d'abord heurtés, convertie par les prodiges, aurait donné son palais pour sépulture.

813 : LA DECOUVERTE DU TOMBEAU.

Pendant les cinq siècles suivants, le souvenir de cette inhumation, s'il s'estompe, n'est cependant pas oublié de tous. Au VIIème, le moine irlandais St.Adehelme le mentionne ; et au VIIème, le moine espagnol Beatus de Liebana, auteur de l'"Apocalypse de Saint-Sever".
Mais c'est au IXème que sa redécouverte publique va bouleverser toute l'Europe. En l'an 813, l'ermite Pelayo, vivant près du sanctuaire actuel voit toutes les nuits naître d'un monticule une lueur semblable à celle d'une étoile. (D'où l'étymologie légendaire de Compostelle : "campus stella", le champ de l'étoile ; en fait, les linguistes croient plutôt, à "compositum", apprêt funéraire, ou à "compostum", placé ensemble, ces deux termes s'appliquant de toute manière à des sépultures). Averti par un songe qu'il s'agit du tombeau de l'apôtre, Pelayo prévient Théodomir, évêque wisigoth d'Iria Flavia, et l'on retrouve les restes du Saint et de ses disciples. Un grand pèlerinage européen commence ce jour là.

OBJECTIONS ET CONTROVERSES

Le tombeau est recouvert d'une cathédrale entière, et prudemment occulté à l'époque où le corsaire protestant Drake croise au large. En 1878 les reliques sont à nouveau mises à jour ; des savants et des médecins se prononcent pour leur authenticité, que le Pape Léon XIII proclame dans la bulle "Deux Omnipotents".

Ce récit et cette proclamation sont loin d'avoir convaincu tous les historiens qui connaissent dans la "légende dorée" bien des récits imaginaires concernant la vie de tel ou tel saint. Et de mettre en doute même l'existence d'un évêque Théodomir, témoin essentiel.
Or en 1946 des fouilles qui ont cette fois un caractère archéologique permettent de retrouver, non seulement le tombeau du Saint, mais toute une nécropole du premier siècle, et aussi auprès d'elle, une tombe du IXème siècle, - celle de l'évêque Théodomir, mort en 847.
... Sans pour autant convaincre encore tout le monde. Les tombes pourraient être celles de notables antiques, qui adoraient Jupiter, Mercure et les divinités galiciennes. Ce qui est effectivement possible, mais non prouvé.

L'HYPOTHESE PRISCILIEN

La théorie contraire la plus troublante est celle de Jacques Chocheyras, médiéviste à l'Université de Grenoble. Pour lui, le tombeau serait en réalité celui de l'Hérésiarque Priscilien.
Né en Bétique (Andalousie) vers l'an 340, étudiant à Bordeaux, il fut élu évêque d'Avila bien qu'un Concile de Saragosse ait refuté ses thèses. "Priscilius" menait une vie ascétique et avait de nombreux disciples, mais était suspect de Manichéisme (selon lequel la puissance égale celle du Bien et du Mal) et d'Adoptionnisme (le Christ n'aurait accédé à la divinité qu'à sa mort). A Trèves, où il était venu se justifier, les juges de l'Empereur le firent mettre à mort pour magie et mauvaises moeurs (il y avait une femme parmi ses disciples). St.Martin, St.Grégoire de Tours et le Pape Sirice protestèrent contre l'exécution hâtive d'un prélat qui semblait malgré tout un saint homme. Ses disciples ramenèrent son corps en Galice, sans doute aussi en bateau. Le priscilianisme y sera très actif. Et ce culte hérétique aurait plus tard été récupéré par l'Eglise sous la forme d'une légende jacobite.
Mais si tout cela est également possible, rien n'est prouvé non plus. Libre donc au Croyant de croire, tout simplement, la tradition...

LE GRAND MOUVEMENT DES PELERINAGES

En tout cas les pèlerins qui ne vont pas tarder, après 813, à déferler de toute l'Europe vers Compostelle ne se posent pas la question du doute. Et pour nous, plus encore que la réalité ou non du corps de l'apôtre, c'est la présence spirituelle qui compte ; c'est ce puissant mouvement d'un peuple en marche ; et ces pas après pas qui sont autant de prières ; c'est cet acte de foi renouvelé chaque jour dans la poussière du Chemin, qui bouleverse, attire, et incite encore à suivre les traces séculaires. Ils vont par milliers. Au XIIIème siècle on sert 30.000 repas par an à Roncevaux. En 1434, soixante trois navires débarquent trois mille pèlerins à la Corogne. La Réforme détruira des hôpitaux, tarira les pèlerinages. Les Monarques absolutistes se méfieront des "pauvres de Dieu", imposeront des laisser-passer. Pourtant, on voit dans les registres de nos villages que les "Confréries de Saint-Jacques" sont toujours vivantes en plein dix-huitième siècle... Vient le temps du rationalisme, du doute... et du confort. Et pourtant, indéfiniment vivace, le grand mouvement des pèlerinages renait toujours... Les pèlerins de la foi dans la même quête. Ensemble, avec eux, nous allons repartir sur l'une des routes du passé.

LA TOILE D'ARAIGNEE DES CHEMINS DE ST.JACQUES

On sait que dans son "guide du pèlerin" de 1140, fragment du plus vaste "Codex Calixtinus", le moine de Parthenay en Poitou, Aymery Picaud (du moins croit-on que c'est lui l'auteur) énuméra quatre grandes voies en France, celle d'Arles qui nous concerne ici, celles de Paris-Tours, de Vézelay, et du Puy. Les trois dernières se réunissent avant Roncevaux. La première, passant par le Somport, les rejoint à Puente la Reina.
Mais en réalité, à y regarder de plus près, à voir tous les hôpitaux petits et grands, à dépouiller les registres, on se rend compte qu'il y avait d'innombrables autres cheminements.
De très grands parfois, comme ceux qui suivaient les côtes, ou bien comme celui qu'on trouve tout le long des Pyrénées : nous en reparlerons plus loin.

De très petits aussi. Nous verrons au fil de ces pages comment l'apogée et la décadence d'un hôpital, puis l'émergence d'un autre ont, au cours des siècles, infléchi tel ou tel secteur de la route d'Arles.

Les transversaux enfin. Une dévotion particulière, la rencontre d'un convoi de marchands dont la compagnie assure la sécurité du voyage peuvent être l'occasion d'un parcours apparemment aberrant. Ainsi enregistre-t-on à Dax des pèlerins de Provence passés par Auch. Si Roncevaux avait leur préférence, ils auraient aussi pu passer à Lescar, à Caubin par Bougarber, d'Oloron à Saint-Jean Pied de Port par l'Hôpital St Blaise. Mais ils pouvaient aussi être tentés de franchir plutôt, et plus tôt, un col des Pyrénées, dès la Catalogne. Ou bien par l'Hospice de France au dessus de Luchon, ou par Luz St Sauveur ou encore plus tard : de Sainte Engrâce à Roncal et Leyre ; de Larrau à la Navarre.

Bref, la carte complète des chemins de St.Jacques est une vaste toile d'araignée. Mais sur cette toile, il y avait quatre fils beaucoup plus gros que tous les autres. Et le chemin d'Arles est l'une de ces voies majeures. Pourquoi ? Tout simplement parce que le pèlerin, peu soucieux comme nous de se ressourcer dans la nature, suivait les routes existant en son temps. S'il les quittait de temps à autre, c'est qu'il était sollicité par le culte d'une relique de Saint, élément important du salut, dans la foi naïve du Moyen Age. Mais avant de s'écarter vers le prestigieux tombeau de St. Guilhem, qu'il parte d'Arles ou qu'il soit déjà en route depuis la Bavière, l'Autriche, la Bohème, la Hongrie ou l'Italie, il s'engageait tout bonnement de la Provence au Languedoc sur de vieilles voies romaines. C'est l'une des particularités de la route d'Arles. Il y en a d'autres.

DE QUELQUES PARTICULARITES DE LA ROUTE D'ARLES

D'abord, n'oublions pas qu'Arles est un carrefour. Et qu'un chemin a deux sens. Celui que nous suivons vers Compostelle où le soleil se couche sur l'Europe en est un. Celui que suivirent au XIIIème siècle vers le soleil levant le Comte de Toulouse allant demander le pardon du Pape ou au XIVème le montpelliérain Saint-Roch prenant son bourdon pour Rome est l'autre. (Ainsi se rencontrent aussi à Beaucaire, à peine 16 km au nord, la Via Aurelia du Latium à la Provence, et la Via Domitia de la Provence à l'Espagne).
Mais ce n'est pas tout : d'autres pèlerins s'embarquèrent, eux, vers Jérusalem à Saint-Gilles. Un carrefour de spiritualité...

UN CHEMIN DE ROMANITE

Nous ferons nous aussi un bout de chemin sur la Via Domitia, que les anciens pèlerins empruntaient plus longuement. Nous verrons qu'ils suivaient également la voie romaine entre Toulouse et Auch. C'est encore sur une grande voie romaine, celle de Bordeaux à Saragosse, de Burdigala à Caesaraugusta, que nous les retrouverons en vallée d'Aspe, avec parfois des tronçons que la Nationale n'a pas recouverts.
La deuxième particularité est induite de la précédente. Les trois autres routes partent de France, de pays francs. Celle-ci traverse de bout en bout des terres qui gardent profondément l'empreinte de la romanité qui jusqu'au XIIème siècle sont politiquement quasi indépendantes, et qu'unit une langue à peu près commune. Provencal, languedocien, gascon sont trois branches de l'ensemble linguistique occitan et qui a entendu pendant cent cinquante lieux ce langage chantant et coloré n'est pas tellement dépaysé en abordant le versant pyrénéen

où l'on parle aragonais. (Bien souvent d'ailleurs, les "francos" qui assuraient l'accueil en Espagne le long du réseau hospitalier de St.Jacques venaient du même sud-ouest, et même du midi).
Cet ensemble méridional fut marqué par une domination assez longue des Wisigoths, surtout près de la Méditerranée, avec ce que cela comporte aussi d'une certaine romanité (le Bréviaire d'Alaric est un code écrit) et de ferment d'hérésie (le lointain souvenir de l'arianisme favorisera peut-être la poussée cathare). Même si l'on balaie ce souvenir un peu mystique, il rest vrai que dans le nord "il n'est nulle terre sans Seigneur", et dans le sud, "nul Seigneur sans terre". Cela veut dire que c'est la terre qui est noble, avant l'homme, et qu'une noblesse peut être acquisitive, d'où un plus grand brassage social au fil des générations. Il reste vrai aussi que le nord est pays de droit coutumier, et le sud, pays de droit écrit ; que le premiert "For", version pyrénéenne des "fueros" espagnols, apparaît moins d'un siècle après l'an mille ; et que des "sauvetés" aux "bastides", les droits des "poblans" qui vont peupler ces localités nouvelles iront croissant.

SALUETATS, CASTELNAUS, BASTIDES

Voilà trois termes que nous rencontrerons tout au long du Chemin. La Salvetat, ou la Saubetat, sont la version occitane de la Sauveté : une sorte de prolongement de la Paix de Dieu : un territoire sur lequel l'église prend en protection les déshérités qui s'y installent, et qui vont mettre le sol en valeur. Dès la fin du Xème siècle, elles commencent à jalonner le Chemin et vont se multiplier aux deux siècles suivants.
Les seigneurs ne peuvent pas être en reste, sous peine de voir leurs terres désertées. Ils répliquent en fondant, souvent à proximité, des Castelnaux (en languedocien) ou Castetnaux (en gascon), c'est à dire "château-neuf". De nouveaux villages s'y ordonnent en rues sous la protection d'un château-fort.
A partir de 1230 apparaît un nouveau type de fondation : la Bastide. Ce mot, fréquemment employé à l'ouest d'une ligne allant du Rouergue au Comté de Foix, est synonyme de Villeneuve ou de Villefranche. Ce sont des peuplements concertés

plus élaborés que les précédents.
Créées par stratégie de province ou d'état, pour la protection des frontières, ou pour la mise en valeur du territoire à l'initiative du Prince, souvent en "paréage" avec l'Eglise, les nouvelles villes ont un vrai plan d'urbanisme avec place centrale, rues au cordeau et enceinte ; leurs concitoyens jouissent non seulement d'un lopin de terre, mais d'une charte de franchises.

LA ROUTE DU PASTEL

Le long des routes, et plus encore dans ceux des villes et bastides commerçantes, les Hôpitaux et autres haltes ne recevaient pas seulement le pèlerin, mais tous les voyageurs. Parmi eux, sans doute, des marchands. Eux aussi traversaient les cols, et ce jour là, pourquoi ne pas cheminer avec eux ?
Nous allons donc aussi, par-ci par-là, retrouver le souvenir de ces anciens itinéraires commerciaux. Nous croiserons à Pau un Chemin du sel, de toute antiquité. Auparavant, - parce que la fuite du goudron nous dévie par le Lauragais - , nous nous retrouverons sur la route du pastel. Cette herbe sauvage poussant sur les ruines fut une des grandes richesses du Moyen Age et de la Renaissance. On la cultivait, en Lauragais précisément, on la traitait, on extrayait le colorant, qui fit la fortune des bâtisseurs de riches hôtels toulousains. Ils l'expédiaient vers de lointaines contrées. On sait que du temps de Gaston Fébus, des charrois de pastel transitaient par le Béarn où les marchands savaient trouver, moyennant péage, la sécurité d'un état bien policé.

LE DRAME CATHARE

Une autre page d'histoire s'imposera souvent à nous dans la première moitié de ce Chemin : celle de l'hérésie cathare, et de sa terrible répression par la croisade albigeoise. Il serait trop long de rappeler ce que fut cette religion, d'ailleurs mal connue, car nous n'en savons que les bribes consignées par l'Inquisition. En gros, une résurgence du vieux fond manichéen, favorisée par le courant bulgare Bogomile, fondée sur l'opposition d'un Bien spirituel et d'un Mal matériel, prônant

par conséquence l'ascèse et honorant "les Parfaits". Ses références chrétiennes (mais oui, il en restait !) privilégiaient l'Evangile de Jean. Elle apparut à partir de 1017 dans toute l'Europe où s'élevèrent des bûchers sporadiques. Elle trouva un climat favorable sur les vastes terres du Comte de Toulouse. A l'ouest, elle ne dépasse pas la Gascogne.
Dès lors on entre dans le drame de l'affrontement raconté dans tous les manuels : - 1147 après le colloque Catholique d'Albi, appel solennel de Bernard de Clairvaux, puis fondation par Dominique de Guzman, futur Saint Dominique, des Frères Prêcheurs, qui se veulent aussi ascétiques que les Parfaits, mais deviendront Inquisiteurs. - 1208, assassinat à St Gilles du Cistersien Pierre de Castelnau, Légat du Pape. La grande Croisade voit le sac de Béziers ("tuez les tous, Dieu reconnaîtra les siens") et les bûchers où les Cathares montent en chantant ; la lutte est désormais entre Nord et Midi ; le chef des Méridionaux, le Roi d'Aragòn Pierre II est tué en 1213 à Muret et le chef des Nordistes, Simon de Monfort en 1218 à Toulouse.
En 1242, le massacre d'Inquisiteurs à Avignonet est le signe d'une nouvelle insurrection qui s'achève par le siège de Montségur et le bûcher pour 200 Cathares : mais, c'est grâce à leur supériorité diplomatique que Blanche de Castille et son fils, futur St-Louis s'assurent en définitive la possession des terres du Comte de Toulouse. Cette longue histoire peut sembler bien éloignée du sujet de ce livre ? Certes, mais il nous faut nous souvenir que de l'an mille à l'an 1244, pendant près de 150 ans à la plus grande époque du pèlerinage, entre Saint-Gilles et Toulouse, le voyageur de la Route d'Arles pouvait à tout moment rencontrer quelqu'un lui tenant un discours cathare ; et que les plus beaux portails romans étaient parfois une réponse à ces propos que l'église taxait d'hérétiques.

STELES DISCOIDALES ET "STELES CATHARES"

Le long du Chemin, mais particulièrement : en Languedoc à Usclas-de-Bosc et au Musée de Lodève ; en Lauragais dans la partie audoise ; et en Béarn à l'église de Lacommande, nous trouverons des "stèles discoïdales", anciens monuments funé-

raires, faits d'un disque de pierre plate reposant sur un montant comme une tête sur un cou. Vaguement anthropo-morphes donc, mais selon deux chercheurs, Robert Aussibal et l'abbé Joseph Gyri, elles nous viendraient plutôt d'un culte punique du disque solaire, christianisé sur le tard. Elles ont la dimension d'une croix tombale, dont elles tiennent lieu.
Souvent ornées de croix pattées (Maltaises, Languedociennes ou Euskariennes) on les baptise "Croix Cathares" en Lauragais et "Croix Basques" plus à l'Ouest, mais à Usclas dans les Cévennes comme à Lacommande en Béarn, elles abondent dans le cimetière des pèlerins et des hospitaliers. On retrouve les mêmes disques, mais sans stèles, dans le "Panthéon des Nobles", sorte de "Colombarium" roman à San-Juan de la Peña.

LES RAVAGES DES GUERRES DE RELIGION

Il ne paraît pas nécessaire d'énumérer ici les dates des guerres de Religion, variables d'ailleurs selon les régions. Il suffira de rappeler qu'elles eurent des conséquences dramatiques pour presque tous les monuments du chemin de St.Jacques, et pour le Chemin lui-même. Luther n'avait pourtant pas dans ces oeuvres formellement condamné les pèlerinages. Il voulait seulement leur ôter toute magie, et tout marchandage de salut. De même, il ne détruisit pas les statues médiévales d'Allemagne : il empêcha seulement qu'on en fasse d'autres. Mais les Huguenots français étaient des Calvinistes, qui allaient plus loin dans l'exigence de la purification. Après le sac de Sarrance, en 1569, année où sont détruites pratiquement toutes les églises de Béarn, le secrétaire de Jeanne d'Albret se contente de noter qu'on a "extirpé l'idole". On imagine ce qu'il en advenait avec ces chefs de guerre, qui, de part et d'autres d'ailleurs, n'étaient ni des âmes sensibles, ni des théologiens, ni des juristes... Saint Guilhem, Lodève, Castres entre autres subirent des dommages irréparables.

ETAT DE BEARN ET ROYAUME D'ARAGON

La mention qui vient d'être faite de Jeanne d'Albret appelle un commentaire. Le Roi de France avait sur ses terres de puissantes minorités protestantes (c'est, sur notre chemin, le cas de Montpellier et Castres) mais entre la France et l'Espagne toutes deux catholiques, cette princesse avait fait du Béarn le seul pays protestant au sud de l'Europe. Car cette petite province fut un Etat. Ses vicomtes successifs surent tenir un jeu de bascule, d'abord entre l'Aragon auquel les avait liés à partir de 1118 la "Reconquista", et leur ancienne allégeance au duché d'Aquitaine ; puis, pendant la Guerre de Cent ans, entre les Rois d'Angleterre devenus ducs d'Aquitaine, et les Rois de France devenus comtes de Toulouse. Le champion à ce jeu subtil fut Gaston Fébus, Comte de Foix et de Béarn au XIVème siècle, mais ses successeurs de Foix, d'Albret et de Navarre poursuivirent sa politique.

L'état du Béarn sera protestant puis son "indépendance" s'achève par l'accession du béarnais Henri IV au Trône de France, et plus encore par la suppression en 1789 des Etats de Béarn qui continuaient à légiférer en langue béarnaise.

A l'époque d'Aymery Picaud, le Béarn est donc lié à l'Aragon et non à la France, ce dont il faut tenir compte dans nos trois dernières notes sur l'historique du passage frontalier.

* La première concerne le monarque qui en fournit la clef, Alphonso 1er, el Batallador, Alphonse le Batailleur. Son aïeul était Sancho el Ramiro, roi de Navarre, un des chefs locaux qui ont maintenu dans les montagnes un îlot chrétien hors de la vague musulmane. Son grand-père Ramiro 1er, fils aîné mais illégitime, créa pour son compte un nouveau royaume dans la vallée aragonaise de Jaca. C'est un mouchoir de poche : même quand il est l'un des beaux frères du roi chrétien, le Walli musulman de Huesca règne à 20 km de là, et le pèlerin n'est en sécurité que sur une étroite bande de terre. C'est justement Alphonso 1er qui, avec l'aide de son cousin et vassal Gaston IV le Croisé, Vicomte de Béarn va s'emparer en 1096 de Huesca et en 1118 de Saragosse, devenant un des grands Princes de la Chrétienté.

* Ils créèrent ou plus probablement reconstruisirent alors l'Hôpital de Sainte Christine sous le Col du Somport, prolongeant ainsi le Chemin d'Arles par la vallée d'Aspe et le Camino Aragones. Mais, et ce sera notre seconde note, on arrivait aussi à Ste Cristine depuis Gabas, par le Col des Moines au nom évocateur.
Et de 1095 à 1118, on voit toute une série de dons faits par le Vicomte de Béarn à St Pé-de-Bigorre et à Mifaget, attestant un important cheminement dont le guide du pèlerin n'a pas parlé, celui du Piedmont, qui venait probablement de Béziers à Narbonne, et passait en tout cas par l'Escaladieu et Lourdes, rejoint peut-être aussi par quelques "Thénarèses" branchées sur la "Via Tolosane".
* La troisième note pose un problème sans réponse.
On a considéré qu'en ouvrant la voie du Somport, Gaston IV voulait détourner par chez lui le Chemin d'Arles qui jusque là aboutissait à Roncevaux. Mais le premier Hospice de Roncevaux ne voit le jour, à Ibaneta, qu'en 1127, et en 1216, Roncevaux figure dans la possession de Sainte Christine ! Sans doute pouvait-il s'agir d'une sorte d'"O.P.A." d'un monastère prospère sur un autre qui l'était alors moins ?
Mais où passaient les pèlerins avant 1120 ? La tradition veut qu'il y ait eu depuis trois siècles des moines à Ste Christine, et qu'on ait bâti Ibaneta pour sauver les pèlerins de la neige et des loups.
Reconnaissons honnêtement notre ignorance sur ces époques reculées, où les pèlerins existaient, où il leur fallait bien des gîtes, mais dont il ne reste ni pierre, ni écrit.

L. L-B.

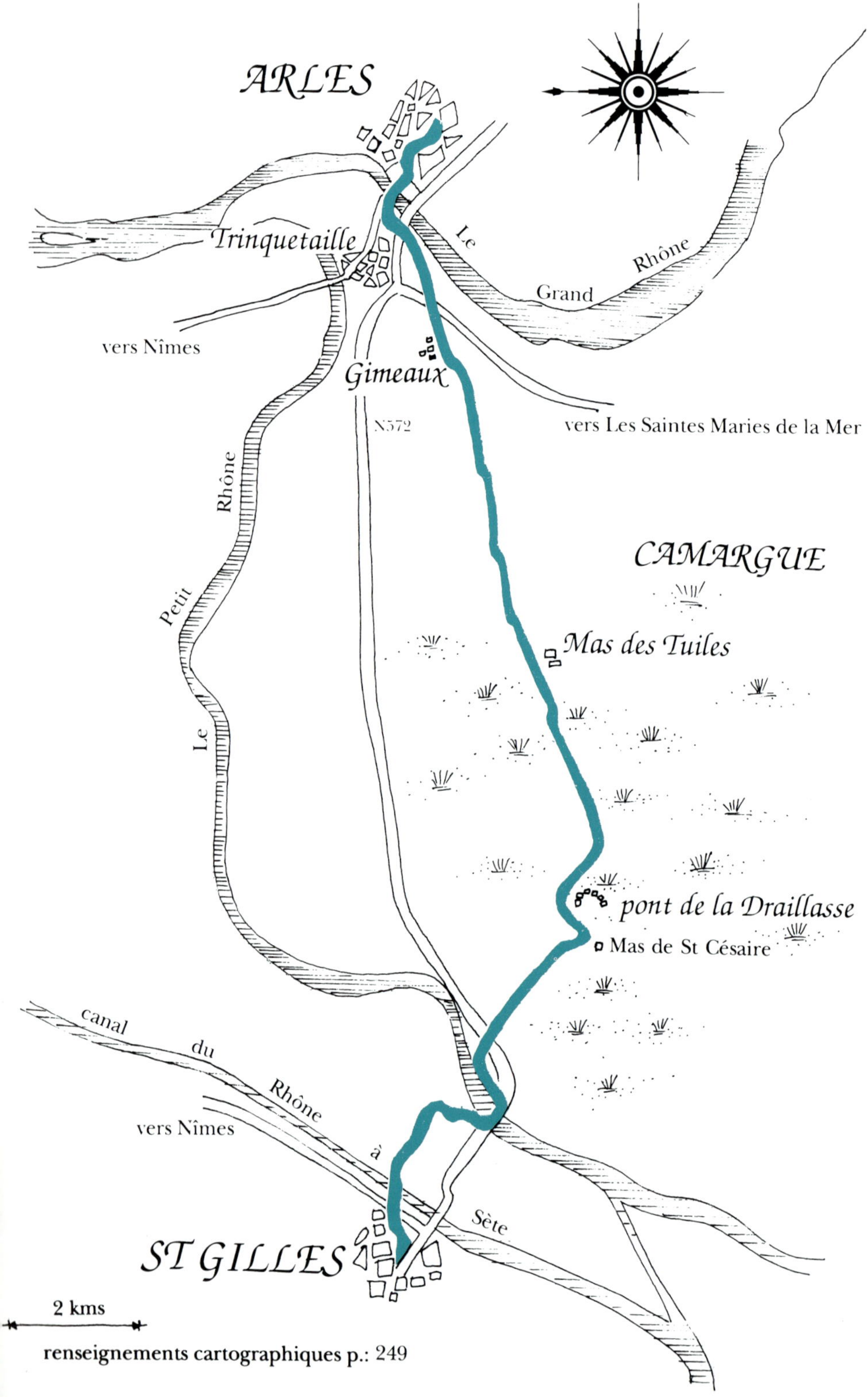

renseignements cartographiques p.: 249

ETAPE 1 - 19 KM - 4 HEURES 45

ARLES - ST GILLES DU GARD

Aimery Picaud l'affirmait dès le XIIème:"...ceux qui vont à St Jacques par la route de St Gilles doivent d'abord rendre visite à Arles...". Arles est une étape en soi. Comme le Jacquet médiéval, le pèlerin contemporain qui voudrait se mettre en marche risque fort de se trouver ensorcelé. Certes, pour beaucoup, les motivations de recueillement seront différentes, l'environnement complètement altéré; mais quelque chose subsiste de l'émotion que le pèlerin devait sentir devant les tombeaux brisés des Alyscamps ou le havre de paix qu'est la chapelle St Honorat, notre point de départ. Quelque chose qui donne un sens aux pas à venir...

Donc plusieurs journées pourraient être passées à Arles avec profit. Mais le pèlerin en herbe ressentira sans doute l'appel de la route. Dans ce cas, il pourra aisément passer une matinée à Arles tout en gagnant St Gilles dans la journée. Arles, la basilique imposante de St Gilles et, en prime, une agréable marche: une étape exceptionnelle pour se mettre en chemin...

TOMBES ANTIQUES

Les ruines de Saint-Honorat, notre point de départ , gardent de leur origine romane un choeur et un clocher à deux étages d'arcades en plein cintre. Et aussi, trois sarcophages carolingiens dans l'abside, et un autre en marbre blanc, romain du IVe siècle, à l'entrée... Des sarcophages, on en verra encore, grecs ceux-là, et au couvercle en forme de toit, dans l'allée des Alyscamps, émouvante et belle promenade bordée d'arbres et de tombeaux. Selon l'usage antique, le voyageur entrait dans la ville en compagnie des morts, par le cimetière que longeait la voie gréco-romaine. Alys-Camps, cela signifie tout simplement "Champs-Elysées", avec l'inversion, en vieux provençal. Ce fut une des plus grandes nécropoles du monde. Le tombeau de Saint-Genès fit s'y ajouter par milliers les tombes chrétiennes, autour de dix-sept églises ou chapelles. Mais toutes les pierres sculptées fu-

0.00
Chapelle St Honorat: on lui tourne le dos et on suit l'allée des Alyscamps vers le boulevard du même nom. Le remonter, traverser le boulevard des Lices et prendre à gauche la Montée Vauban. En haut, revenir en demi-tour face à l'église St Blaise. A gauche, le baptistère St Jean-de-Moustier. Prendre entre les deux la petite rue qui passe sous un passage couvert. Tourner à gauche (O) rue E.Barrère. On débouche...
0.15
Rue Porte de Laure. A droite (N) 50 m plus loin, on trouve la place Pomme qui donne sur les Arènes et le Théâtre Antique que l'on contourne, allant plein Ouest. Descendre la

rent pillées, à partir de la Renaissance, ou réemployées par les moines.

ARLES, DES GRECS A VAN GOGH

Arles fut dès le VIe siècle avant J.C., un comptoir dépendant de Massalia, la Marseille grecque, mais aux temps romains, en l'an 59, celle-ci ayant parié sur le mauvais cheval, Pompée, son vainqueur, César fit d'Arles un port indépendant et prospère. L'Empereur Constantin y siégea, elle fut Capitale des Gaules au Ve et dix-neuf conciles s'y tinrent. La suite fut une longue décadence. Concurrencée par la Cour d'Aix, et le négoce de Marseille, le chemin de fer achève de la réduire au rang d'un marché local. Reste l'art et le tourisme... Van Gogh, dans ses dernières années, (1888 à 1890) y peint 300 toiles.

L'ARLES ROMAINE

Nous longeons , au nord du jardin public bordant le Boulevard des Lices :

- Le Théâtre antique datant d'Auguste, où fut trouvée la "Vénus d'Arles" qui est au Louvre : il en subsiste des arcades de la façade, et quelques colonnes.
- Des arènes mieux conservées, dont restent deux étages d'arcades. Edifiées en 46 av. J.C., elles mesurent 136 mètres sur 37. Trois tours de défense y ont été ajoutées au XIIème. Du haut de celle de l'entrée, belle vue, tant sur le cirque que sur la ville.

Un troisième est à l'écart : le Palais Constantin (IVe) dont subsistent les Termes dit de la Trouille, longs de 98 m. Ils sont voisins du Rhône, et du Musée Réattu (Beaux-Arts, logé dans l'ancien Prieuré des Chevaliers de Malte, qui est du XIVe.)

rue de la Calade jusqu'à ...
0.18
La mairie. Prendre à gauche (S) pour déboucher sur la place de la République. La Primatiale St Trophime. Cloître et ancien évêché, musée d'art paléo-chrétien. Prendre la place de la République en écharpe vers le S.O pour suivre jusqu'au bout la rue de la République
0.23
Carrefour. Gagner en face la place Antonelle, puis la rue et la place des Porcelets. A gauche (S.O) prendre la rue de la Roquette. 150 m plus loin s'ouvre la minuscule rue St Césaire, qui conduit sur la place du même nom, parvis de l'église enclavée de St Césaire. Repartons par la même ruelle St Césaire, tournant d'abord à gauche rue de la Roquette, puis immédiatement à droite rue Seineben. Remonter celle-ci jusqu'au...
0.29
Quai de la Roquette. Prendre à droite vers le pont de Trinquetaille. Traverser.
0.35
Au bout du pont de Trinquetaille, descendre à gauche (S.O) sur le quai. Le suivre sur 100m, tourner à droite rue André-Benoit, puis à gauche rue de la Verrerie. Passer sous la voie ferrée puis longer celle-ci. Par la rue de la Camargue nous passons sous...
0.42
La N113 (572). Continuer tout droit (O-S.O). Zone industrielle.
0.53
Bifurcation. Continuer tout

Quai de la Roquette, Arles

SAINT-TROPHIME, JOYAU ROMAN

Que de pèlerins se recueillirent ici !... Trophime, évangélisateur grec, convertit la Provence au premier siècle et fonda l'évêché d'Arles. La partie inférieure de cette ancienne cathédrale est faite de petites pierres carolingiennes. On la suréleva au XIIe, époque du portail. Au-dessous d'une sorte de toit avancé que supportent des modillons, des archivoltes nues auréolent le tympan, où sont finement sculptés un Christ en majesté et les symboles des Evangélistes. Au-dessous, un linteau rectangulaire porte les douze apôtres, et, de chaque côté, sur de longues frises, des foules d'élus, d'anges, de damnés se bousculent. Parmi les saints : Trophime est le troisième à gauche et Jacques-le-Majeur au milieu à droite. La nef romane, haute et obscure, flanquée d'étroits bas-côtés se termine par un chœur gothique. Trois sarcophages paléochrétiens, des ivoires romans, des peintures flamandes.
Ne pas repartir sans avoir vu le cloître voisin, le plus beau de Provence. Piliers à quatre faces et en redan portant des statues et des bas-reliefs ; les chapiteaux des colonnes géminées sont historiés. Les galeries Nord et Est, en berceau sont du XIIe, les deux autres, ogivales, du XIVe.

droit par la branche de droite. On traverse la D570 pour continuer toujours tout droit (O-S.O et O). Rizières.
1.30
Embranchement, après Mas Pangeon. Continuer tout droit (O) sur 250m, prendre à gauche (S) puis 50m après à droite (O) sur la Draillasse de St Gilles, petite route bordée de marais que jalonnent quelques mas.
2.52
La Draillasse s'oriente N.O.
3.07
Pont de la Draillasse. Le chemin s'oriente S.O jusqu'à...
3.17
St Césaire (mas). Remonter N-N.O jusqu'à...
3.25
La D37. Suivre celle-ci (N.O) sur 1,5km jusqu'à...
3.47
La N572 à "Crin Blanc" (hôtel). Traverser la N572 pour prendre en face une route abandonnée. Elle nous conduit (N.O) à la digue du Petit Rhône que l'on suit à gauche (S.O) jusqu'aux...
4.12
Ponts routiers sur le Petit Rhône. Prendre celui de droite (désaffecté). Sur l'autre rive, prendre un escalier à droite (N.E) puis la digue sur 600m jusqu'à...
4.19
La station de pompage de St Gilles. Passer entre deux grillages pour gagner et suivre (N.O) un chemin de terre.
4.27
La D179. Suivre à droite (N.E) jusqu'au passage à niveau. Traverser les rails puis prendre à gauche (O. puis

DE L'HOTEL DE VILLE A TRINQUETAILLE

* Proche de Saint-Trophime, l'Hôtel de Ville du XVIIe, style Mansard, englobe la Tour de l'Horloge antérieure d'un siècle.
* A côté, le Musée d'Art païen, a recueilli des sculptures antiques.
* Au bout de la rue dans l'Hôtel Castellane (gothique, XVIe) le "Museon Arlaten", ethnographique, créé par Mistral qui lui consacra en 1904 son prix Nobel ;
* Derrière lui le Musée d'Art Chrétien dans une ancienne chapelle Jésuite du XVIIe, très riche en sarcophages du Bas-Empire sculptés de scènes bibliques. Ses deux galeries souterraines sont romaines.
* Trinquetaille est comme une presqu'île, avant-garde de la Camargue entre Grand et Petit Rhône, qui furent de grandes voies de navigation.

RENSEIGNEMENTS PRATIQUES :

Hébergement :
* Arles :
- Plus de 50 hôtels, 3 auberges de jeunesse, le pèlerin ne devrait pas avoir de peine à s'héberger ! Signalons :
- auberge de jeunesse, av. du Mal Foch (près Alyscamps) - tél 90 96 18 25
- office du tourisme : tél 90 96 29 35

* St-Gilles :
- 8 hôtels, nombreux restaurants, etc ...
- syndicat d'initiative : tel 66 87 33 75
- Logements gracieux :

On s'aperçoit, dès Arles, que les temps ont bien changé. Le flot immense de pèlerins qui traversaient la France et l'Europe entière en direction de St-Jacques de Compostelle, Rome et Jérusalem a depuis longtemps tari; les structures d'accueil qui le recevaient, et jusqu'à une tradition d'hospitalité serions-nous tenté d'écrire, ont disparu. Contrairement à ce qui persiste en Espagne, peu de paroisses, de villes, de particuliers, prévoient de loger de pèlerin. Notable exception toutefois à St-Gilles où la paroisse prête à l'occasion un local au lieu-dit "La Baume" à 20mn de marche de la Basilique
Prévenir d'avance : M. Bourrely Tél. 66 87 10 01

N.O) un chemin gravillonné qui passe devant le Mas de Salimandres.
4.33
On trouve un transformateur que le chemin (goudronné ici) contourne. Laisser ce chemin à gauche pour un sentier à droite (O) entre buissons. Traverser un premier canal sur une passerelle, puis le canal du Rhône à Sète sur un pont. Gagner l'avenue Cazalles, la suivre à gauche (S.O) jusqu'aux...
4.41
Arènes. Prendre une allée à droite (N.O), traverser l'avenue A.France (la D38) puis monter par des escaliers jusqu'à...
4.46
La place Jean-Jaurès. Mairie. Prendre à droite de celle-ci la rue de la Tour, à gauche rue Vis St Gilles, puis à droite la rue du Vieux Choeur jusqu'à...
4.50
La place de la République et la Basilique St Gilles.

PLAN D'ARLES

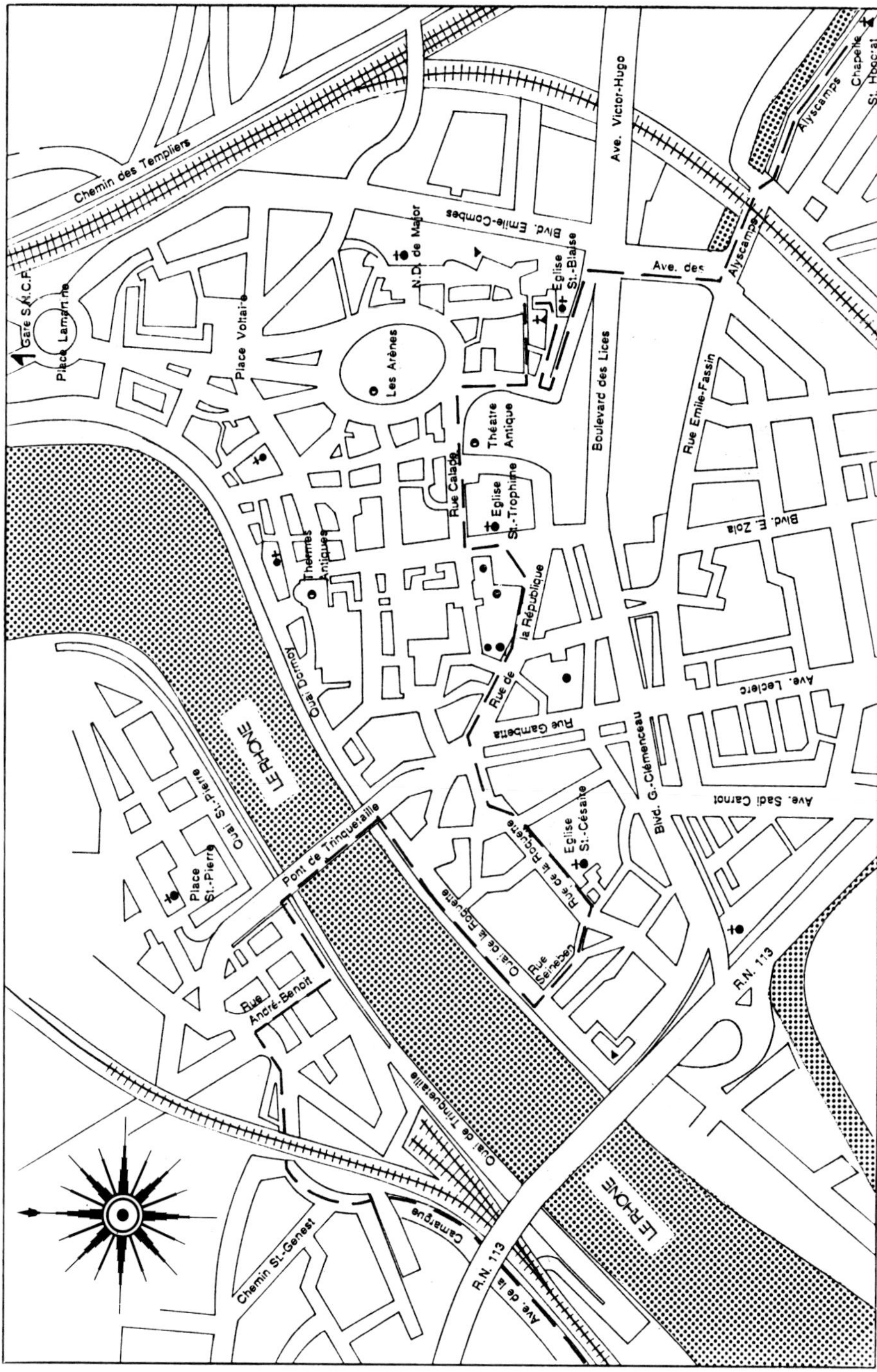

Chemin des Templiers
Gare S.N.C.F.
Place Lamartine
Place Voltaire
Blvd. Emile-Combes
N.D. de Major
Ave. Victor-Hugo
Les Arènes
Eglise St.-Blaise
Ave. des Alyscamps
Alyscamps
Chapelle St. Honorat
Boulevard des Lices
Rue Emile-Fassin
Théâtre Antique
Rue Calade
Eglise St.-Trophime
Thermes Antiques
Blvd. E. Zola
la République
Rue de
Quai Dormoy
Ave. Leclerc
Rue Gambetta
Blvd. G.-Clémenceau
Ave. Sadi Carnot
LE RHONE
Quai St.-Pierre
Place St.-Pierre
Pont de Trinquetaille
Rue de la Roquette
Eglise St.-Césaire
Quai de la Roquette
Rue Sénebier
R.N. 113
Rue André-Benoit
Quai de Trinquetaille
Camargue
Chemin St.-Genest
Ave. de la

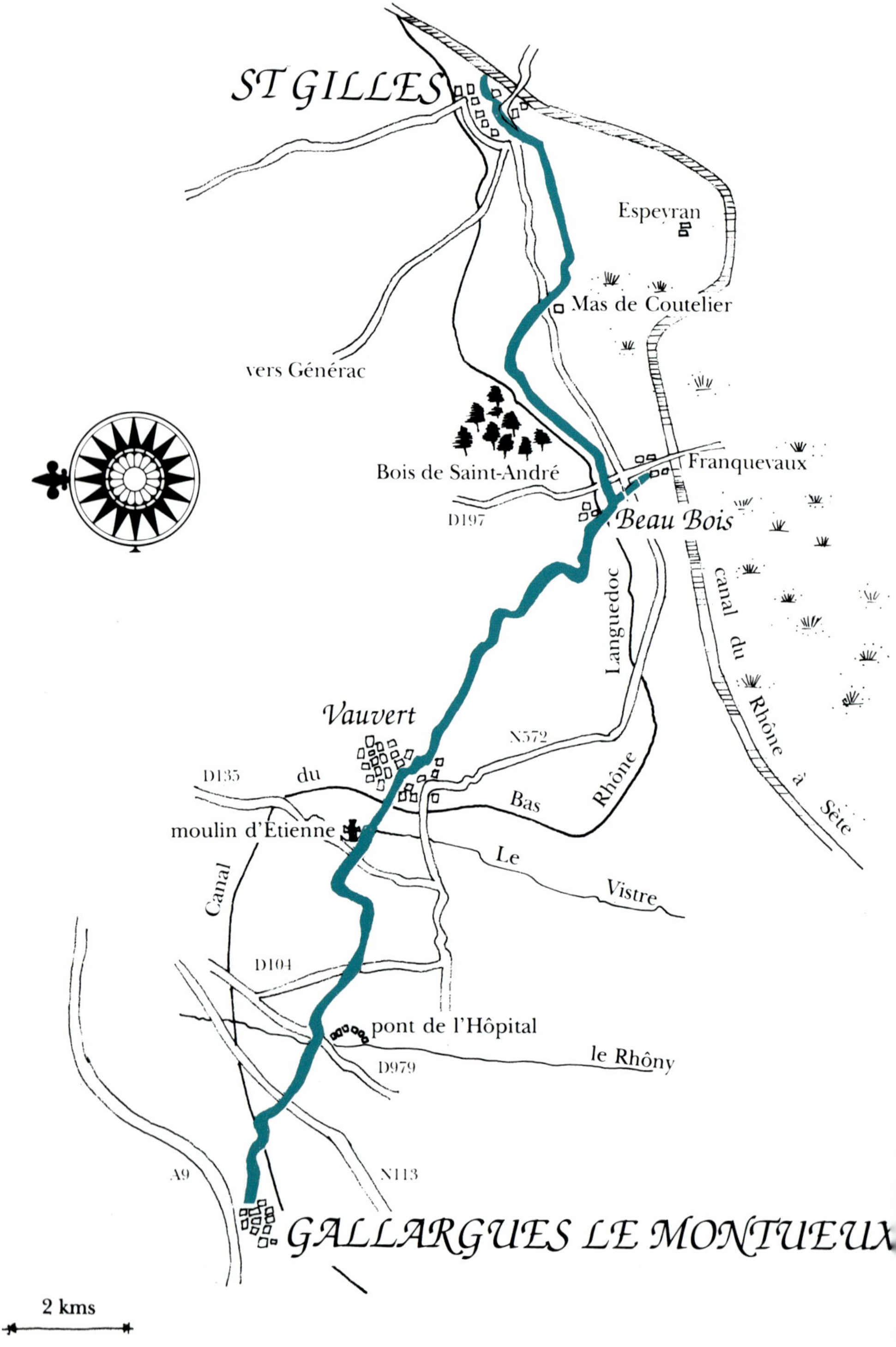

renseignements cartographiques p.: 250

ETAPE 2 - 27 KM - 6 HEURES 45

ST GILLES-DU-GARD GALLARGUES-LE-MONTUEUX

Après la première étape disons fluviale, mais surtout caractérisée par ses deux prestigieuses villes-étapes, nous tournons le dos à St Gilles pour nous engager dans une longue plaine agricole, ponctuée par de plus modestes villages. Le paysage est plat, intensivement cultivé. Pourtant, si le spectaculaire est absent, l'ennui aussi. On ressent plutôt une bienfaisante monotonie qui laisse divaguer l'esprit au rythme des pas; ou penser, peut-être, à l'épaisseur de temps accumulée -comme autant de poussière- sur notre chemin; ou contempler cette extrême variété que la nature n'offre qu'aux piétons. L'étape, sans être longue, peut être scindée en deux, à Franquevaux ou à Vauvert. En revanche, à Gallargues-le-Montueux, où existe toujours le bâtiment qui autrefois abritait les pèlerins pour St Jacques, aucun hébergement ne l'attend de nos jours. On peut se contenter du camping, mais aussi prévoir son premier bivouac...Une autre option aurait été possible au départ de St Gilles: passer plus au nord, par Générac et Beauvoisin.

ARENES ET TAUREAUX DE CAMARGUE

Entre le canal du Rhône à Sète et la cité de Saint-Gilles, des arènes se dressent au nord du pont. Avant-goût d'une Espagne encore lointaine ? Non, d'abord tradition locale. On y combat les rapides et nerveux taureaux de Camargue. La course camarguaise est intermédiaire entre la course landaise (car elle est faite d'agilité, de souplesse, d'écarts, et requiert qu'on enlève une cocarde entre des cornes) et la corrida, car, même sans mise à mort, il s'agit pourtant de taureaux.

LE TRIPLE PORTAIL DE SAINT-GILLES

Fondé au VIIIe siècle par l'ermite, Saint-Gilles fut un des grands monastères bénédic-

0.00
Parvis de la Basilique St Gilles. Dos au portail, suivre la rue "Porte des Maréchaux" à gauche (S.O) qui tourne en descendant vers le N.O jusqu'à une porte médiévale. Passer dessous et prendre en face la route direction Vauvert

0.09
Embranchement pour Générac. Suivre à gauche direction Vauvert, et de suite prendre la rue de la Baume, direction "Château d'Espeyran, Archives nationales". Continuer tout droit (S.O) jusqu'à...

0.18
Un pont sur une voie ferrée. Traverser puis tourner à droite (O) sur un chemin goudronné. Suivre sur 2km.

tins avant de passer aux Hospitaliers puis aux Templiers. Ce qui subsiste de son église du XIIe après les désastres des guerres de religion et la reconstruction du XIXe siècle en témoigne : chœur, crypte, l'escalier du clocher nord, et surtout le prodigieux portail. Il ressemble à celui de Saint-Trophime, mais l'entrée centrale en plein cintre se double ici de deux autres, latérales et un peu plus petites.
Toutes ont été sculptées vers 1160, mais par des ateliers différents, de l'Ecole Toulousaine pour la première, d'Ile-de-France pour les deux autres. On retrouve au centre le Christ en majesté et sur les autres tympans, une Adoration des Mages et une Crucifixion. Les trois linteaux et la frise les reliant racontent toutes les scènes de l'Evangile. Les apôtres sont entre les colonnes. Les bases du grand portail sont consacrées à des scènes bibliques : Caïn et Abel, Balam et l'ânesse. On y voit aussi un chasseur bandant son arc contre un cerf : peut être une allusion à la biche de Saint-Gilles ?

LE COMTE DE TOULOUSE DEMI-NU ET FLAGELLE.

La crypte de Saint-Gilles est une véritable église souterraine de 50 m sur 25, placée sous la nef et non sous le choeur. Son but était à la fois de rattraper le dénivelé du terrain, et de laisser en place le tombeau de St Gilles, honoré dans le temple antérieur. Elle ne garde aujourd'hui qu'une partie de ses voûtes qui, dès le XIe étaient en ogive de tiers point. Dans une niche se trouve le tombeau de Pierre de Castelnau. Son assassinat, le 14 janvier 1208, déclencha la croisade albigeoise. Légat du Pape, il avait été envoyé auprès de Raymond VI Comte de Toulouse pour le menacer d'excommunication s'il ne renonçait pas à conquérir des terres d'église, et s'il n'extirpait pas des siennes l'hérésie cathare. Le Comte, furieux, le menaça : "Partout où vous irez sur terre ou sur mer prenez garde : j'au-

0.51
Station de pompage du Mas de Cambon. Prendre le chemin goudronné à droite (N-N.O) jusqu'à la voie ferrée que nous longeons sur 400m avant de traverser.
1.06
La N 572 juste à côté du Mas du Coutelier. On suit la N 572 à gauche sur 150 m, puis on tourne à droite (N) sur un chemin goudronné qui va vers "La Margue".
1.14
Carrefour triangulaire. On continue direction O-N.O en passant devant "La Margue".
1.29
Canal d'irrigation du Bas-Rhône-Languedoc. On quitte ici la route goudronnée qui traverse le canal et on suit sa rive S.E vers le S.O (chemin gravillonné).
2.00
Ecluse et pont. Tout droit (O-S.O). Traverser la D197, passer devant le beau bois de "Beau-Bois". Laisser un pont à droite. Face au pont, un chemin entre vergers permet de gagner Franquevaux par le pont des Moines (ancienne abbaye cistercienne, chambres d'hôtes), mais notre chemin se poursuit tout droit (O).
2.19
Nouveau pont. A droite (Nord) s'ouvre le vallon de Valladas que nous allons suivre sur son bord occidental. Traverser donc le pont et suivre le chemin blanc qui le prolonge.
2.34
Haut d'une côte. Plusieurs chemins s'ouvrent. Prendre O-N.O puis O. entre vignes et

rais l'oeil sur vous!". Or passant le Rhône à l'aube, Castelnau fut tué d'un coup de lance par un cavalier de Beaucaire, écuyer du Comte. Le 12 juin 1209, Raymond dut venir à St Gilles demander son pardon, torse nu, couvert d'une étole, durement fustigé du portail au tombeau.

Basilique St-Gilles

UN MANIFESTE DE PIERRE CONTRE L'HERESIE

L'Hérésie Cathare n'était pas la seule. On a brûlé au XIIe siècle à Saint-Gilles un docteur subversif, Pierre de Bruys, en latin Petrus Brusus, dont les disciples, les "Petrobrusiens" rejetaient le baptême des enfants, et la lettre de l'Evangile. Des historiens récents pensent que l'abondante iconographie évangélique du portail était précisément une sorte d'affirmation d'orthodoxie face à ces interprétations.

vergers en direction de "la Combe Mégère".

2.40

Le chemin principal décrit un virage au Sud. Le quitter et descendre tout droit (O) une petite côte. C'est la "Combe Mégère". En bas de celle-ci prendre un chemin à droite (N-N.E).

2.49

Le chemin, petit et herbeux, grimpe vers le N-N.O et une chêneraie. Monter en haut de la côte puis continuer tout droit jusqu'à...

3.04

Une petite cabane en pierre. Continuer tout droit (O-N.O). Maison. Prendre à droite entre les vignes sur 200m, puis à gauche (N.O). On trouve...

3.18

Une route goudronnée. Traverser puis prendre en face un petit chemin qui descend entre hauts talus, franchit le Listourne (ru à sec) puis remonte à travers pinèdes. Laisser un chemin à droite. Suivre (O-N.O) les vallonnements .

3.49

Un grand chêne solitaire au bord d'une route. Suivre cette dernière à gauche (O). Elle descend dans Vauvert, tournant à droite (N) autour d'une maison de retraite. Au bout prendre une rue à gauche.

4.04

L'église de Vauvert et la place Gambetta. Repartir par la rue V.Hugo (O). Place du marché. Prendre à droite la rue Montcalm, puis 400m après, à gauche (O-N.O), la rue Moulin d'Etienne. Traverser la D56, longer le mur du cimetière, puis prendre à droite pour

CHOEUR, VIS, CELLIER, PORTE ET MAISON ROMANE

* Derrière l'église, les ruines du déambulatoire roman, dont deux tours ont été aménagées en place publique.
* Dans l'une des tours, vestiges de l'escalier à vis du clocher : en voûte hélicoïdale formée des seules marches de pierre, il fit l'admiration des Compagnons du Tour de France qui devaient avoir vu "la vis de St Gilles". Son architecte, le clunisien Mathieu, participa à la construction de la cathédrale de Compostelle, où il est mort.
* Rue de la Dîme, et au cellier voûté impasse du Cloître : vestiges de l'ancien monastère.
* la Maison Romane, très restaurée par Viollet-le-Duc, aurait vu naître Gui Foulques, futur Pape d'Avignon Clément IV.
* Au Musée lapidaire : sculptures de l'abbatiale, sarcophages, ethnographie, et 300 espèces d'oiseaux naturalisés.
* Nous quittons St Gilles par la "Porte des Maréchaux", reste de l'enceinte fortifiée.

VAUVERT : ECOLE RABBINIQUE ET DRAPEAUX DE MONTCALM

Préhistorique puis romaine, la cité de Vauvert abrita au Moyen Age une colonie juive. Son école rabbinique, installée dans l'ancienne église de Posquières joua un grand rôle dans le mouvement ésotérique et spirituel de la "Kabbale". Quant à l'église Notre-Dame, elle conserve les drapeaux des régiments de Montcalm, qui y a été baptisé. Le défenseur du Canada français, mort en 1759 au siège de Québec, est en effet né au château de Candiac (à 2 km au nord-est, route de Vergèze).

SAGNE ET CANNISSES

Vauvert est au coeur d'une région humide. Ses rives produisent un roseau appelé "sagne" en langue d'oc. Coupé et récolté en

traverser...

4.19

Le canal du Bas-Rhône - Languedoc. Continuer tout droit (N.O). Laisser une rue à gauche, puis à une bifurcation prendre la branche de gauche (toujours N.O).

4.34

La D135. Traverser. Un chemin de terre en face nous conduit au...

4.41

Moulin d'Etienne et son pont sur le Vistre.

4.47

Mas de Ponthieu devant lequel nous prenons à gauche (S-S.E) un chemin goudronné. 1,3km plus loin, tourner à droite (N.O) sur un petit chemin de terre. Suivre celui-ci tout droit jusqu'à...

5.23

La D104. Traverser pour prendre en face (toujours N.O) un chemin de terre.

5.33

Serres géantes de Pétra. Tout droit.

5.37

Chemin goudronné. Le suivre à gauche (S.O). On rejoint la D979 que l'on suit jusqu'au...

5.41

Pont de l'Hôpital. Celui-ci est coupé, mais une passerelle nous conduit rive droite du Rhôny. Suivre la D1 à droite (N) sur 100 m puis prendre un chemin goudronné à gauche (N.O) vers "le Mas Rouge".

6.00

Traverser la N 113. En face, chemin gravillonné que nous suivons.

barques, il sert à des travaux de vannerie rustique, notamment les “cannisses”, ces claies servant à ombrager les semis ou à cacher la vue.

L'HOPITAL ST. JACQUES A GALLARGUES-LE-MONTUEUX

Il subsiste de l'ancien Hôpital St. Jacques de Gallargues-le-Montueux une façade XVème très abîmée. A la Réforme, il devint hôpital pour les pauvres et asile.

RENSEIGNEMENTS PRATIQUES :

Hébergement:
Franquevaux: chambres d'hôtes c/o Hanbury, tél 66 73 33 80

* Vauvert :
- centre de loisirs Pierre François, tel 66 88 22 13
- 3 hôtels, restaurants, etc ...
- syndicat d'initiative, tel 66 88 28 52

* Gallargues-le-Montueux:
- Camping (ravitaillement), tél 66 35 28 02

6.05
Route goudronnée. La suivre vers la droite (N-N.O)
6.11
Pont sur le canal du Bas-Rhône-Languedoc. Traverser et prendre à gauche (O-S.O) le chemin de service gravillonné du canal. 200 m plus loin on trouve une petite cahute et, à droite (N.O) un chemin dans les vignes. Suivre.
6.22
Carrefour. Prendre le chemin à gauche (O) en direction d'une autre branche de la N 113.
6.29
Pont de la N 113 sur une voie ferrée. Passer dessous. Juste après, traverser les rails et prendre un tout petit chemin blanc qui part O-N.O vers le centre de Gallargues-le-Montueux. 100 m après, le chemin devient une rue. Suivre.
6.42
Ancien hôpital St Jacques, fermé, tout comme l'unique hôtel qui existait à Gallargues. On peut espérer que la municipalité de Gallargues rénove ce beau bâtiment pour héberger de nouveaux pèlerins. Mais pour l'instant il faut ici se contenter du camping à 6 minutes de là, ou continuer bien plus loin...

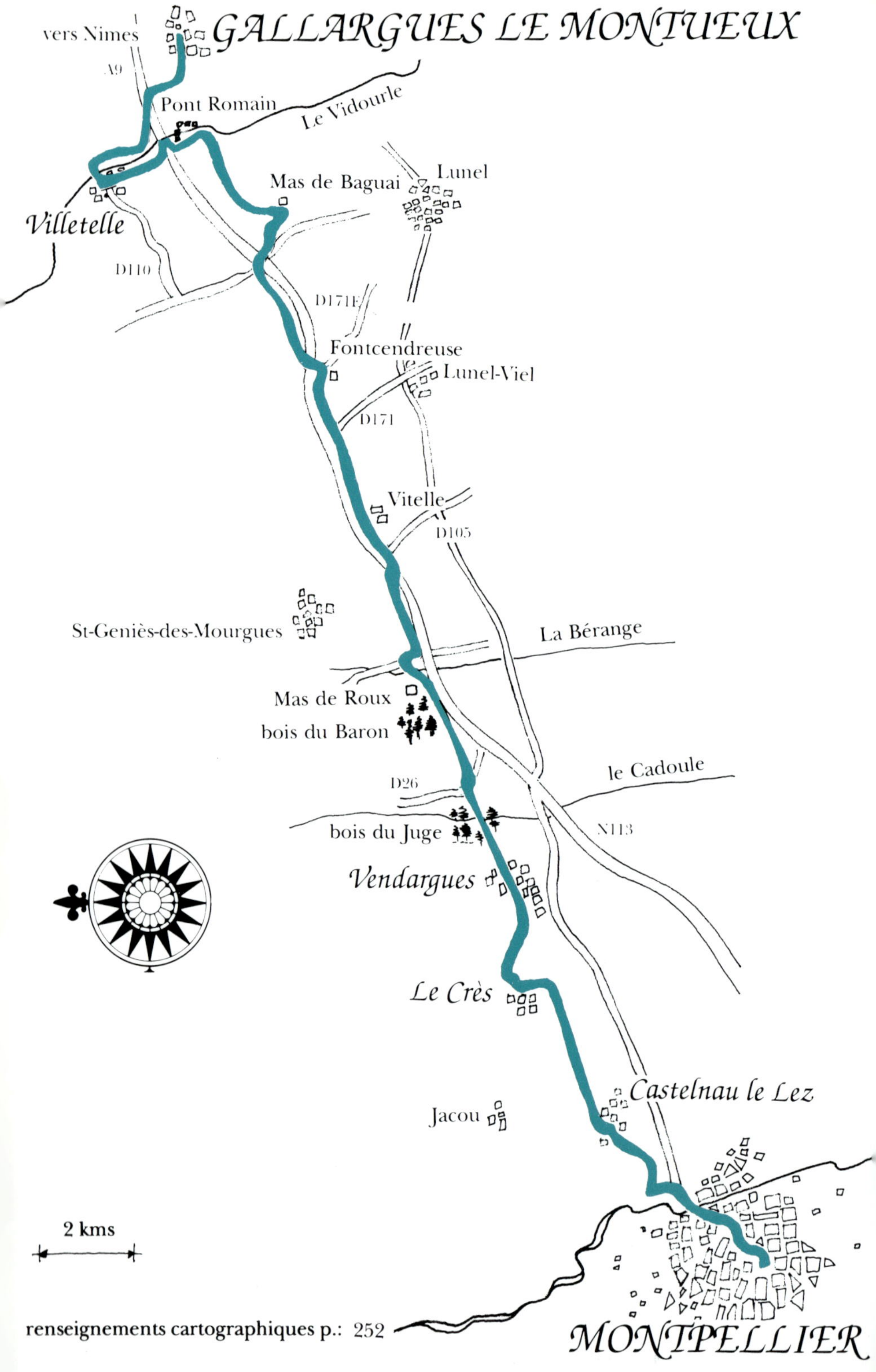

renseignements cartographiques p.: 252

ETAPE 3 - 35 KM - 8 HEURES 40

GALLARGUES-LE-MONTUEUX - MONTPELLIER

Après notre deuxième étape, gardoise et agricole, la troisième change très nettement de caractère. A l'approche de Montpellier le paysage devient plus vallonné, plus sec, plus rocailleux. La garrigue y fait son apparition. A regarder la carte, on est frappé par le caractère rectiligne de l'itinéraire, héritage évident, même si lointain, de ses géniaux constructeurs, les Romains. On craint la présence de l'autoroute A9. Mais finalement l'étape possède des tronçons si beaux qu'on en vient à l'oublier; mieux, on ressent pour la première fois une sorte d'éloignement temporel aussi: l'impression que nous pourrions - entre l'entêtement des senteurs de thym, de romarin et de sauge et l'assourdissement des cigales - être ramenés des siècles en arrière. L'envoûtement est rapidement dissipé à l'approche des lotissements tentaculaires et des omniprésentes voitures, mais malgré tout ce sont des moments puissants. Et, passée cette ceinture de banalité contemporaine, Montpellier qui nous attend est un haut lieu à plus d'un titre. Longue étape, mais des possibilités d'hébergement existent de part et d'autre du chemin.

LE PONT ROMAIN : UNE ARCHE SUR ONZE.

Le pont romain permettait à la Voie Domitienne de franchir le Vidourle. Il est resté en service jusqu'au XIIIe siècle, et il y avait alors en son milieu une chapelle dépendant de l'abbaye bénédictine de St. Geniès-des-Mourgues, et desservie par les moines de Gallargues. Il n'en demeure plus qu'une arche, sur onze à l'origine... Les chantiers archéologiques permettront d'en reconstruire quelques autres grâce aux pierres antiques retrouvées dans la rivière. (Peut-être alors nous servira-t-il aussi de raccourci ?) Le peintre Courbet en a fait au siècle dernier un tableau, qui est au Musée Fabre, de Montpellier.

0.00
Ancien hôpital St Jacques. Remonter sur la place de l'Hôtel de Ville , prendre la rue du Portail Martin puis la rue de l'Abrivado qui descend devant les arènes. Après celles-ci, suivre la rue Neuve puis la rue Jonquières (O-S.O).
0.06
Chemin du Liquis. Le suivre N.O sur 250m, tourner à gauche (O-S.O) sur le chemin de la Monnaie, puis de suite à droite, de nouveau sur le chemin du Liquis. Longer l'autoroute à gauche (O) sur 250 m, passer dessous puis suivre (N puis O) en direction du Vidourle (à eaux basses, possibilité de gué sous le pont de l'autoroute, mais attention au

AMBRUSSUM, OPPIDUM SUR LA VIA DOMITIA

L'oppidum d'Ambrussum qui domine l'autre rive du Vidourle, face au pont romain, était un site fortifié dès le néolithique. Il se renforça au IIIe siècle av. J.C d'un rempart triangulaire de pierres sèches flanqué de tours oblongues. Il a été dégagé sur près de 700 mètres. Les Romains qui en firent un relais sur leur Via Domitia y ajoutèrent d'étroites maisons à atrium autour de ruelles.
La Via Domitia, ou Voie Domitienne s'insérait dans un réseau routier de plus de 100.000 km. Elle va de Beaucaire sur le Rhône au col de Panissars (Perthus) dans les Pyrénées en passant par Nimes, Béziers, l'oppidum d'Enserune et Narbonne. Elle tient son nom du proconsul de la province narbonnaise qui l'a tracée en 118 av. J.C., Cneus Domitius Ahenobarbus. Défrichement, draînage, soubassement, dallage en firent un chantier énorme, comparable à celui des autoroutes d'aujourd'hui.

LE PELERIN GASTRONOME : VINS, MUSCAT ET VESTIGES

Entre Rhône et Pyrénées, le Languedoc-Roussillon s'étale en arc de cercle comme un vaste amphithéâtre tourné vers la côte, avec trois gradins, de la Méditerranée au Massif central. Une de ces terrasses argilo-calcaires produit les vins d'appellation des "Côteaux de Vérargue" : des rosés frais, et des rouges à chambrer. Vérargue et St. Geniès-de-Mourgues, que nous laissons à 2 km au nord, sont sur ces terrasses. St. Geniès eut au XIe une abbaye bénédictine ; il y reste une église du XVe.
Au sud de l'autoroute, Lunel-Viel appartient au même vignoble. Vérargue et Lunel-Viel produisent en outre du "Muscat de Lunel", vin de dessert liquoreux et fruité. Mais Lunel-Viel a une autre spécialité : les fouilles gallo-

Vidourle!).
0.25
Juste avant l'ancien moulin du Liquis, prendre à droite (N) un chemin à travers vignes.
0.43
La D412. La suivre à gauche par-dessus le Vidourle jusqu'à Villetelle que l'on traverse (S). A la sortie, laisser la D110E à droite pour suivre un chemin goudronné en direction du "Pont romain d'Ambrussum".
1.12
De nouveau l'autoroute. La longer à gauche (E) sur 300m, passer dessous, puis reprendre à droite (S.O puis S). Quartier bas d'Ambrussum. 200m après nous arrivons au...
1.27
Pont romain d'Ambrussum et Via Domitia. Continuer un peu vers le Sud. Le chemin tourne à droite (O). Parking des fouilles. Prendre plein Ouest un petit chemin herbeux puis, 100m plus loin, de vagues sentiers (cap O-S.O) à travers garrigue et pinèdes. On trouve...
1.50
Un chemin en terre entre les pins qui mène à un chemin empierré plus important. On le suit à droite (N.O). Ligne H.T. à 50-75m au-devant. A la bifurcation, continuer tout droit, passer sous la ligne H.T., puis revenir vers l'Ouest.
1.58
Bifurcation: continuer par un grand chemin vers l'Ouest.
2.05
En vue d'une route goudronnée, virer à gauche (S), sur un petit chemin de terre. Ligne H.T. Continuer vers le Sud.

romaines. L'Atelier d'Archéologie qui y est établi a découvert villas, thermes et nécropole du bas-empire.

Pont Romain d'Ambrussum

L'ACADEMIE FRANCAISE AU CHATEAU DE CASTRIES

Au carrefour de la D.24, nous ne sommes qu'à 1 km du château des Ducs de Castries, construit en 1565, incendié pendant les guerres de religion, restauré et meublé au XVIIe (l'ingénieur Riquet dessina alors l'aqueduc de 7 km qui l'alimente en eau). Visites guidées, sauf lundi. Bâtiment en carré, grand escalier, terrasse, jardins et plan d'eau. Le Musée conserve le calot rouge du Général de Castries à la bataille de Diên-Biên-Phù en 1954. Le dernier Duc, historien, a légué en 1985 le château à l'Académie Française qui doit y tenir une séance annuelle. Au village, église romane XIIe et ancien moulin à huile aménagé en square.

2.19
Mas de Baguai. On rejoint un chemin plus important que l'on suit à droite (N.O). 100m plus loin, laisser un virage à gauche pour continuer sur un chemin de terre, tout droit.
2.25
La D110E. Traverser pour continuer N.E par un petit chemin. Terrain bordé de murettes. Suivre à gauche (N.E) un sentier qui passe près d'une énorme carrière avant de rejoindre la D34 que l'on suit jusqu'à...
2.39
L'autoroute: passons dessous pour tourner à gauche après sur un chemin goudronné qui la longe. Nous sommes sur le tracé du "chemin de la Monnaie".
3.14
La D110: la suivre à gauche sous l'autoroute et jusqu'à un carrefour. Prendre à droite (O), traverser le Dardaillon puis, 100m après, prendre à droite (N) sur la D171E.
3.20
Bifurcation: Prendre à gauche (N.O) jusqu'à Fontcendreuse (manoir) puis longer l'autoroute par un chemin herbeux.
3.35
La D171: la traverser, descendre, franchir un pont sur le Dardaillon-Ouest puis remonter.
3.51
On traverse successivement un chemin goudronné et la D54, avant de remonter une côte jusqu'au canal de Bruyère. On contourne l'avaloir pour prendre un chemin sous une pinède ...
4.06
Chemin goudronné de Nabri-

LA COMMANDERIE DE VENDARGUES

Vendargues avait en 1111, sur les rives de la Cadoule, donc à l'est du village, une Commanderie des Chevaliers de Malte. Leur chapelle a été transformée en chai. Autres traces romaines (voie, villas) et wisigothiques (tombes).

LE CRES: BORNE MILLIAIRE SUR LE MUR DE L'EGLISE

La Via Domitia passait par le Crès : une borne milliaire a été replacée au carrefour du C.E.S. ; une autre a été visiblement réemployée dans le mur de l'église. Une carrière médiévale de "meule" est visitable.

CASTELNAU-LE-LEZ : L'EVECHE DEVENU BANLIEUE.

Castelnau-le-Lez fut d'abord un oppidum protohistorique appelé Substantio. Les Romains le rebaptisèrent Sextantio pour en faire un relais de la Via Domitia. Le nom de Castelnau, littéralement "chateauneuf", indique en général une opération médiévale de peuplement, assorti de franchises. Du VIIIe au Xe siècle, l'évêché de Maguelone fut transféré au Comté de Castetnau. L'église Saint-Jean-Baptiste, XIIe, est en bel appareillage, avec à l'abside des arcatures sur chapiteaux, et à l'intérieur, une nef unique en berceau. Elle a été , au XIVe, fortifiée, avec clocher et machicoulis.

DU "MONS PESTELARIUS" A MONTPELLIER

C'est seulement en 985 que le Comte de Mauguio (près de la côte) donna à un nom-

gas: suivre (O-S.O) jusqu'à...

4.21

La D105. Redescendre le talus occidental, gagner un chemin de terre le long de l'autoroute que l'on suit jusqu'au ruisseau de Viredonne. Passer sous l'autoroute, puis remonter à gauche (O-S.O) par un chemin de terre qui traverse ensuite une longue plaine de vergers.

4.55

Prendre à droite (N-N.O) une allée, puis la D106 qui remontent dans la plaine du Moulinas. Suivre sur 300m, puis prendre à gauche (S.O) le chemin du moulin de Roux.

5.04

Pont sur la Bérange. Continuer jusqu'au mas de Roux . Passer entre celui-ci et l'autoroute par un chemin de terre.

5.13

Patte d'oie: prendre le chemin du milieu. Traverser le bois du Baron. A la bifurcation devant une cabane en bois, tourner à droite (N) 100m plus loin à gauche (O-S.O) sur un sentier.

5.36

Lotissement neuf. Suivre le sentier juste derrière la dernière des maisons. On retrouve le chemin en terre.

5.41

La D26: la suivre à droite sur 75m, puis prendre à gauche (O-S.O) un chemin empierré. 100m plus loin, tourner à droite puis, après 20m, à gauche. Le chemin va O-S.O sur 100m puis vire à gauche (S). 150m plus loin, à hauteur d'une excavation ancienne, prendre à droite (O-S.O) un petit chemin qui descend vers le Cadoule, ruisseau. Traverser puis remonter sur Vendargues.

mé Guilhem une "mansio", grosse ferme, appelée "Mons Pestelarius". (Non, pas "la montagne pestilentielle", l'étymologie reste obscure). De lui descendront les seigneurs de Montpellier. En 1204, Marie, dernière héritière, épouse Pierre II d'Aragon et en 1349, ses successeurs revendent pour 120.000 écus d'or la ville au Roi de France. Cette cité gouvernée par des consuls, commerçant avec toute la Méditerranée, teignant les draps des Cévennes avec la cochenille de la garrigue, est si prospère que Jacques Cœur s'y établit en l'"Hôtel des Trésoriers de France".

Borne Milliaire Romaine

En 1530 la Réforme s'y implante. Après luttes et destructions d'églises, une tolérance réciproque s'instaure sous le gouverneur Henri de Montmorency, "catholique politique". Montpellier est alors le cœur des "provinces unies du Midi". L'Edit de Nantes donne les églises aux catholiques et la place-forte aux protestants. L'insurrection de 1622, le siège de la ville par Louis XIII, ravivent destructions et persécutions. Mais elle a aujourd'hui encore une des rares Facultés protestantes de Théologie.
Deux grandes époques d'urbanisme : au XVIIe avec l'intendant Nicolas Lamoignon

5.53
Route goudronnée. Traverser et suivre la rue de la Monnaie tout droit à travers des quartiers neufs jusqu'à...(Bus n°21 pour Montpellier)
6.10
La place des Ecoles laïques. Reprendre de l'autre côté la rue de la Monnaie. Tourner à droite rue de la Fontaine.
6.14
La N 110: la traverser et poursuivre sur la D112 direction "Jacou" (piste cyclable).
6.25
Le Crès, village. Aussitôt après la limite de la commune, prendre à gauche , direction "ZAC le Salaison". 10m avant une sorte de rond-point prendre à gauche, derrière un grand immeuble pour déboucher sur l'avenue de Languedoc. La suivre jusqu'au...
6.39
Pont sur le Salaison et remonter à droite vers le cimetière. Rue Domitienne: suivre ses sinuosités jusqu'à la place de l'église de Crès. Prendre une petite rue à l'Ouest.
6.51
Carrefour: tout droit. Traverser l'avenue du Mistral (borne milliaire romaine) et continuer tout droit (O). Après le Lycée nous nous retrouvons sur le "chemin de la Monnaie".
7.15
Limite de Castelnau-le-Lez. Continuer tout droit (O-S.O), puis, au cimetière du Champ Juvénal, prendre à gauche direction Castelnau-centre.
7.48
A la mairie (bus n°4 pour Montpellier) prendre à droite vers l'église. La longer et suivre

de Basville et de nos jours où l'architecte catalan Ricardo Bofil mène sur 25 ha d'anciens terrains militaires l'opération "Antigone". Grâce notamment à 13.000 "Pieds-Noirs" rapatriés d'Algérie en 1962, Montpellier a connu un renouveau, passant en vingt ans de 100.000 à 300.000 âmes et coiffant Nimes et Perpignan comme capitale régionale.

RENSEIGNEMENTS PRATIQUES :

Hébergement sur GR 653

* Castelnau - Le - Lez : 3 hôtels

* Montpellier :

- 50 hôtels, nombreux restaurants, etc ...
- office de tourisme, tel 67 79 15 15
- auberge de jeunesse, rue de la Petite Corraterie - tel. 67 79 61 66
- Hébergement hors GR 653 (entre parenthèses, distance du GR 653)

* Pont de Lunel (3.5 km): chambres d'hôtes chez Berthelon, tel 67 71 40 97

* Lunel (2 km) : 12 hôtels, tous services ..

- office de tourisme, tel 67 71 01 37

* Lunel-Viel (1.5 km) : hôtel Languedoc-Provence (RN 113) - tel 67 71 02 77

* Valergues (1.2 km) : hôtel La Palma (RN 113), tel 67 86 72 84

- L'Escale rue des Pins, tel 67 86 71 92

* Baillargues (1.5 km) : chambres d'hôtes, domaine de St-Antoine, chez M. Vitou, tel 67 70 15 58

* Vendargues (1 km) : hôtel Les chātai gniers (RN 113) tél 67 70 20 16

Logements gracieux :
Rien n'est en principe prévu à cet effet à Montpellier. S'adresser éventuellement à la Paroisse, 6bis rue de l'Abbé Montels (près de la Cathédrale St-Pierre), tél 67 66 04 12

une ruelle qui conduit, en escaliers, vers la rivière Lez. On arrive dans une petite rue entre de hauts murs, que l'on suit à gauche (S) jusqu'au...

7.59

Pont sur le Lez. Le traverser, pour suivre le grand mur N.O du cimetière St Lazare jusqu'à une place. Suivre (S-S.O) une rue qui longe encore le mur du cimetière, puis continuer tout droit jusqu'à...

8.20

La RN 113: la prendre à droite (S.O) jusqu'au rond-point du C.O.R.U.M. D'ici nous pouvons soit gagner la place centrale de Montpellier -"la Comédie"- en longeant le C.O.R.U.M, soit suivre un parcours plus détourné qui nous conduira, par les vieux quartiers, jusqu'à la cathédrale St Pierre. Pour cela, se diriger droit vers le C.O.R.U.M. Passer à droite de sa "proue" pour prendre la rue du faubourg de Nîmes.

8.27

Carrefour. Monter la rue du-Pila-St-Gely. Devant l'Oratoire de St Roch Pèlerin, prendre à droite; à 30m nous débouchons sur une petite place (oratoire St Jacques-le-Majeur). Monter à gauche la rue de l'Aiguillerie

8.33

La belle église N.D. des Tables. 100m après la placette suivre à droite la rue de la Carbonnerie. Elle devient rue de Girone, puis de la Fournarie. Au bout, prendre à gauche la rue de l'Université, puis à droite la rue Vieille Intendance. On débouche sur la rue St Pierre qui nous amène devant...

8.40

Le baldaquin de la cathédrale St Pierre

PLAN DE MONTPELLIER

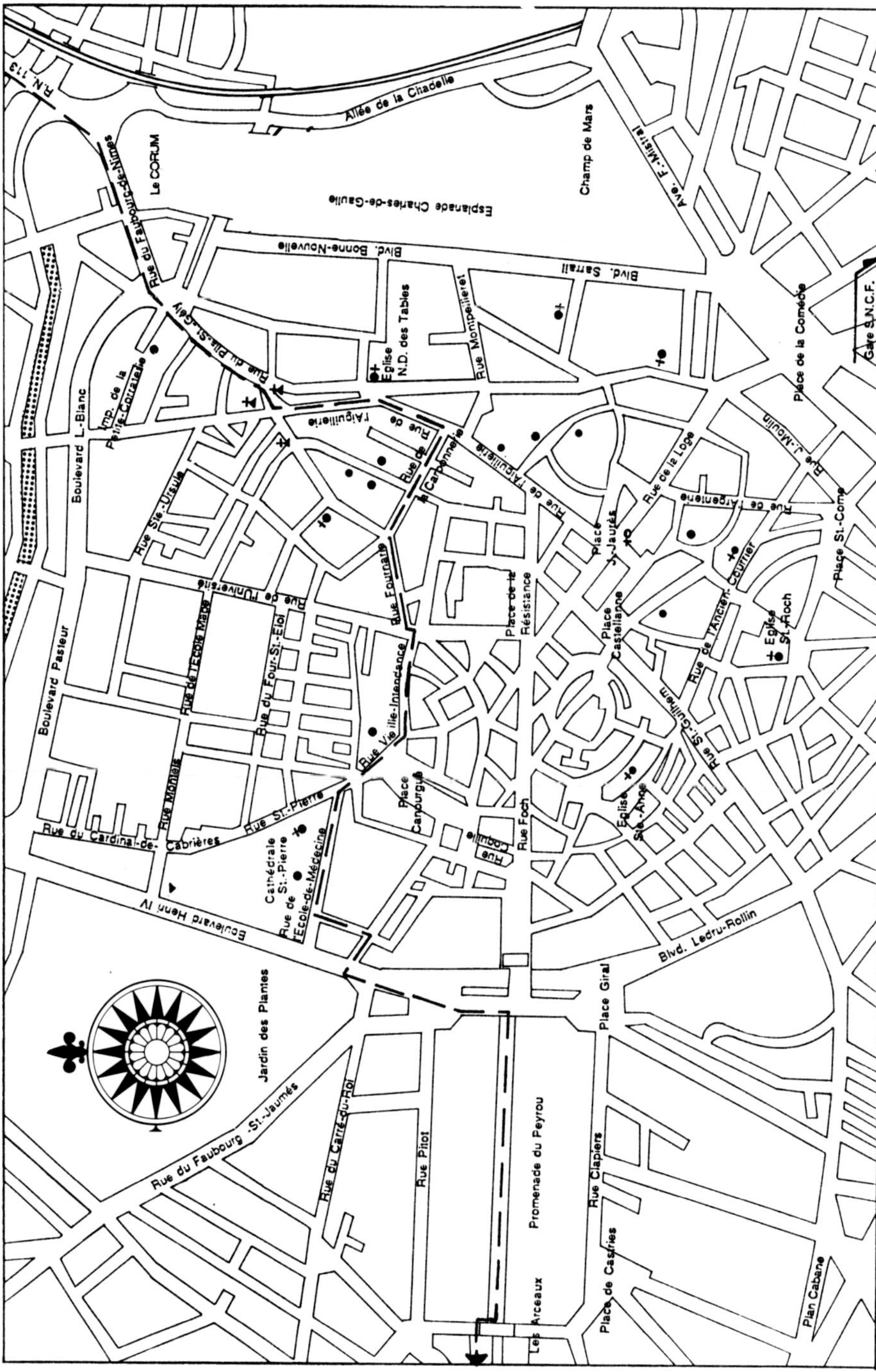

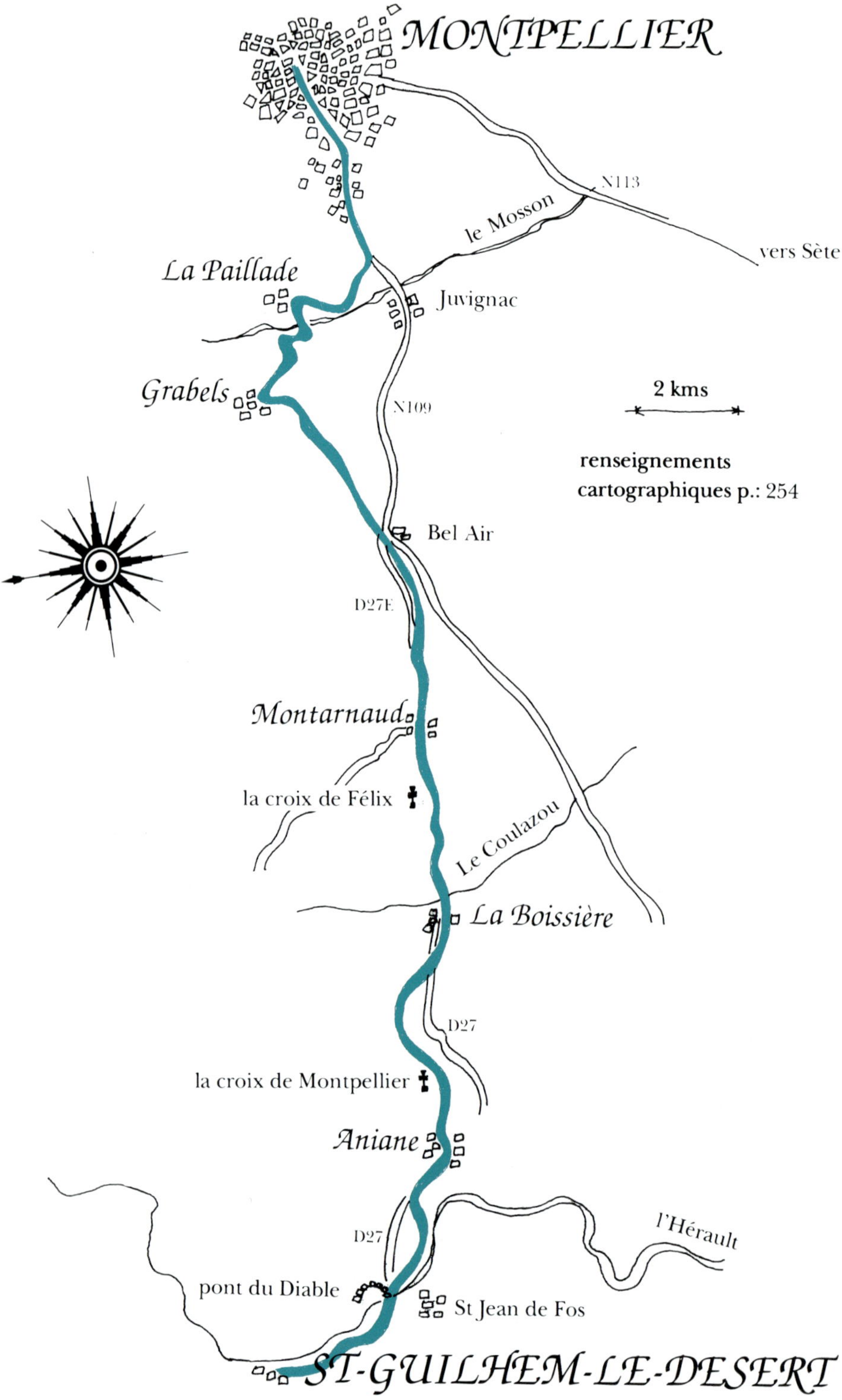
MONTPELLIER
N113
le Mosson
vers Sète
La Paillade
Juvignac
Grabels
2 kms
N109
renseignements
cartographiques p.: 254
Bel Air
D27E
Montarnaud
la croix de Félix
Le Coulazou
La Boissière
D27
la croix de Montpellier
Aniane
l'Hérault
D27
pont du Diable
St Jean de Fos
ST-GUILHEM-LE-DESERT

ETAPE 4 - 36 KM - 9 HEURES

MONTPELLIER - St GUILHEM-LE-DESERT

Au départ de Montpellier la garrigue s'étend au-devant, délavée par le soleil et caillouteuse. Ce sont des distances sur lesquelles l'homme ne semble plus avoir prise. Les villages s'espacent, se rapetissent, se recroquevillent sur eux-mêmes, coques décharnées dans une terre bruissante. Le paysage se dessèche; nous marchons sur ses os. Le silence est épais, bourdonnant de trilles de cigales. Comme l'étape est longue, très longue, nous nous en imprégnons progressivement, ressentons l'envoûtement à la manière de la chaleur: un poids tangible. Aniane serait une étape logique si St Guilhem-le-Désert n'était si près; mais n'hésitez pas à vous y arrêter si vous risquez d'arriver tard, car il serait dommage de ne pas profiter pleinement de la remontée des gorges de l'Hérault, rives sculptées par une eau si attirante...Pour le côté pratique des choses, notez qu'il n'y aura plus de banque jusqu'à Lodève. Bien sûr, on peut payer par chèque ou carte bleue, mais surveiller sa monnaie pour les petits achats! Le liquide fera par la suite autant défaut que l'eau...

MAITRE RABELAIS, MEDECIN

Prêtre à son arrivée, médecin avec pardon papal à son départ, Rabelais fit ses études à Montpellier de 1530 à 1536. L'"Universatis Medicorum", célèbre dans toute l'Europe, où il fut reçu docteur, avait été fondée en 1220. Deux siècles plus tard, c'est aussi par cette Faculté de Médecine que passera le béarnais Théophile de Bordeu médecin de Louis XV et codificateur du thermalisme pyrénéen.

SAINT ROCH, LE PELERIN DE MONTPELLIER

On confond parfois les statues de Saint-Jacques-Pèlerin avec celles de Saint-Roch. Quand il y a un chien, c'est Saint-Roch... Il naquit à Montpellier d'une famille de riches marchands au début du XIIIe siècle.

0.00
Parvis de la cathédrale St Pierre. Quitter les piliers monumentaux du baldaquin par le bel escalier. Prendre à droite (O) la rue qui passe devant la faculté de médecine, puis à gauche la rue Bechamp. Tourner à droite avant la montée plus raide de la rue du Puits-du-palais, redescendre 20m et suivre les boulevards. Les remonter 30m à gauche et les traverser. Monter sur l'esplanade du Peyrou, puis traverser cette belle place royale. Au bout...
0.09
Descendre les volées d'escaliers (mais avant, monter en haut du parvis pour contempler le paysage) jusqu'à la place des Arceaux. Suivre ensuite l'aqueduc jusqu'à...

Tôt orphelin, il abandonna ses biens et partit en pèlerinage pour Rome. Confronté en Italie avec une épidémie de peste, il guérit par ses prières de nombreux pestiférés dont un cardinal, puis fut lui-même contaminé. Il se retira alors dans une grotte où un ange le guérit et où le chien d'un seigneur lui apporta chaque jour un pain dérobé à la table du maître. De retour dans sa ville, il fut pris pour un espion et emprisonné six ans durant dans un cachot où il finit par mourir. On découvrit alors sur sa poitrine une tache de sang cruciforme. Il est fêté le 16 août.

PAR MONTPELLIER, CHEMIN FAISANT

On ne peut mentionner tous les monuments de Montpellier : limitons-nous au parcours du pèlerin.

* Après le "Pila Saint-Gély" (porte de Saint-Gilles) il suivait la rue de l'Aiguillerie, bordée d'hôtels du XVIIe, où se trouve un oratoire de Saint-Jacques.

* Sur l'Esplanade, l'ancien Collège Jésuite (1682) abrite la Bibliothèque Municipale (600.000 volumes) et le Musée Fabre (importante école XVIIe et XVIIIe siècles (dont Jean Ranc, portraitiste du Roi d'Espagne Philippe V.).

* Egalement jésuite l'actuelle église N.D. des Tables (1707) est riche en tableaux.

* De celle du XIe, détruite en 1794, subsistent place Jean Jaurès une crypte et des caveaux servant de salle d'exposition.

* La Cathédrale Saint-Pierre, gothique, nef haute de 27m., construite en 1364, fut d'abord chapelle du monastère Saint-Benoît jusqu'au transfert de l'évêché de Magdelonne en 1536. Portail flamboyant entre deux hautes tours de 1630. Orgue de 1776 à 70 jeux et 5000 tuyaux. Riches tableaux, sculptures et vitraux.

* Le Monastère St-Benoît est devenu en 1808 Faculté de médecine. On y voit des manus-

0.24

L'avenue de Lodève (N 109). On peut la suivre (direction Millau) sur 3km de marche déprimante, ou prendre le bus 1, 10 ou 25 jusqu'au...

1.03

Pont de la Paillade, à proximité d'une rocade. Passer sous celle-ci puis à droite (N.puis N.O) avenue de Heidelberg, direction La Paillade, jusqu'à...

1.29

L'entrée du parc public du Mas de la Paillade. Traverser le parc en longeant le Mosson, rivière. On arrive...

1.32

Rue Tipasa. Tracé incertain en Mars 1990. Les cartes proposent trois itinéraires dont deux suivis en 1989 et un troisième (longeant le Mosson) qui serait le bon.

Sur les "Garrigues de Font-Caude" gagner le chemin de service d'une ligne H.T. que l'on suit jusqu'à des...

2.38

Vignes. Suivre leur bord droit (N) jusqu'à un angle de la vigne où l'on prend, Ouest, un chemin à travers la garrigue jusqu'au...

2.59

Carrefour de Bel-Air, noeud routier. Suivre à droite (N.O) la D111 sur 75m, puis prendre à gauche (O, un chemin blanc en direction de...

3.15

La Fleurière (ferme). Goudron. Continuer tout droit (O) jusqu'à...

3.36

La D27E. La suivre jusqu'à...

3.55

La place centrale de Montarnaud. La quitter, direction Ar-

crits médiévaux et les 6700 dessins du musée Adger.
* Le Jardin des Plantes, créé en 1593 par Henri IV, était le premier en Europe.
* L'ensemble monumental de la promenade du Peyrou aux grilles dorées de 1776 est né en deux temps ; en 1685, on édifia aux portes de la ville sur cette "colline pierreuse" une esplanade autour d'une statue équestre de Louis XIV (l'actuelle est de 1838) ; et quand en 1755 on amena en ville l'eau de la source Clément par un nouveau "Pont du Gard", (17 km, aqueduc de 800 mètres, haut de 220, avec 266 "arceaux"), l'ingénieur Henri Pitot sut l'inscrire dans la même perspective.

SAINTE-CROIX-DE-CELLENEUVE, SEULE EGLISE ROMANE.

En quittant la ville, nous passons près de la seule église romane que garde Montpellier : Sainte-Croix de Celleneuve. Une charte de Charlemagne y avait autorisé un couvent dès 799 : il permettait aux moines d'Aniane de contrôler le trafic sur la Voie Domitienne au passage du ruisseau le Mosson. La nef a été rehaussée, coiffée de machicoulis, et l'abside semi-circulaire est devenue polygonale.

SAINT-BENOIT D'ANIANE, LE WISIGOTH QUI REFORMA LES BENEDICTINS

Aniane fut le berceau de Saint-Benoît, restaurateur de la vie monastique sous Charlemagne et Louis Le Pieux. Né en 751, il était Wisigoth et s'appelait Witiza, fils d'Aigulphe Comte de Maguelonne. Mais il fut élevé à la cour carolingienne de Pépin le Bref. Engagé en 773 dans l'armée de Charlemagne, il sauva devant Pavie son frère de la noyade e ˜t voeu de devenir moine. Le monastère qu l fonda à Aniane comptait 300 moines à sa

gelliers (N). Prendre 100m plus loin la rue de la Fontaine à gauche. En haut, face à l'entrée de la clinique St Antoine, suivre à gauche (O) le chemin goudronné: virage en S, lotissement. Suivre le chemin qui devient de terre.

4.18

Bifurcation: prendre à gauche le chemin (bientôt un sentier) qui monte jusqu'à...

4.31

La croix de Félix. Suivre à droite la D111 jusqu'à...

5.05

Un petit col évasé qui domine le vallon du Coulazou et le village de La Boissière. Prendre à gauche de la D111 un petit chemin qui conduit droit (O) au village, en passant le ruisseau.

5.18

La Boissière (panneau). Virage en épingle à cheveux de la D111 à l'entrée du village. 30m plus loin, monument aux morts. Couper à travers le petit parc derrière celui-ci pour gagner un pont sur la voie creusée d'un ancien chemin de fer. Traverser. Prendre à droite (N.O) "le chemin de l'église". Puis continuer tout droit (N.O) sur le "chemin rural n°4" (panneau).

5.31

La D27. Traverser et prendre en face un chemin en pierre rouge (l'ancien lit du chemin de fer).

5.46

Lac dans une ancienne carrière. Suivre toujours le lit de l'ancien chemin de fer.

6.01

Pont en pierre au-dessus de la voie ferrée, enfoncée entre hauts

mort. Se plaçant sous l'invocation de Benoît de Nursie qui au Ve siècle avait fondé les Bénédictins, il allait être le réformateur de leur ordre. C'est lui qui rédigea les nouveaux canons, -"Concordia regularum" et "Codex regularum" adoptés en 817 au concile d'Aix-la-Chapelle : vie retirée, abstinence, obéissance à l'abbé, prière, étude et travail. Il mourut en 821 au monastère d'Inda près d'Aix.

ANIANE A CLAMOUSE, CHEMIN FAISANT

* Il ne resta rien après les guerres de religion de l'Aniane de St-Benoît dans ce gros village agricole.
* Monastère des Bénédictins de St-Maur reconstruit de 1679 à 1714 et église St-Sauveur à façade classique : colonnes et Christ en majesté dans un fronton semi-circulaire ; courte nef à deux travées pour les paroissiens, large transept à quatre travées pour les moines.
* Près de la rivière, l'église des Pénitents, devenue foyer rural a une base pré-romane, des fenêtres gothiques, une voûte du XVIe, une porte du XVIIIe.
* Dans la mairie de 1770, "observatoire" ouvert au public.
* Construit au début du XIe siècle pour relier les deux abbayes d'Aniane et de Gellone le "pont du Diable" a opposé mille ans de résistance victorieuse aux eaux de l'Hérault. Etroit à l'origine, élargi et surélevé, depuis, il a deux audacieuses arches en plein cintre et deux fenêtres voûtées plus petites. Les claveaux des arcades sont minces, en largeur et sur deux rangs, à la manière lombarde.
* La source de Clamouse, jaillissant d'une arche naturelle, fit fonctionner un moulin dont il ne reste que ruines. Au-dessus, une nouvelle entrée a été percée dans la roche pour accéder aux grottes : concrétions, rivière souterraine (Visites dimanches et congés scolaires).

talus. 200m plus loin, on quitte le ballast de l'ancienne voie ferrée pour prendre un chemin à gauche (S.O.) qui suit la vallée du Gassac.

6.23

Bifurcation de chemins caillouteux qui conduisent tous deux à Aniane. Suivre le plus petit des deux qui monte jusqu'à...

6.36

La croix de Montpellier. Descendre jusqu'à la D27 que l'on suit à droite sur 20m avant de descendre à gauche (N.O) sur un chemin de terre.

6.51

De nouveau, la D27. Suivre à gauche (vers le bas)sur 200m.

6.54

Calvaire. Prendre à gauche (O) un chemin goudronné. A droite, belle vue sur l'ancienne abbaye de St Benoit. Canal d'irrigation. A la bifurcation, descendre à droite (N.O puis N).

7.05

Eglise N.D. de Régagnas. Traverser un pont sur le ruisseau Cerbières. En face, l'église des Pénitents (hôtel à gauche).Remonter la place du Marché puis la rue Porte St Guilhem. Esplanade. Continuer tout droit (N-N.O) direction St-Guilhem.

7.20

Bifurcation de la D27 et de la D32. Prendre à gauche (N-N.O) vers St Guilhem. Environ 600m après...

7.29

Suivre un chemin de terre qui s'ouvre à gauche.

7.36

Mas de la Table (panonceau). Prendre le chemin de droite .

SAINT-GUILHEM, DUC D'AQUITAINE, ET MOINE AU DESERT

Imparfaitement connu des historiens, Guilhem (Guilhaume en occitan) est né en 750 de famille mérovingienne. Par sa mère Aude, il était petit-fils de Charles Martel et cousin de Charlemagne. Il fut Comte de Toulouse puis Duc d'Aquitaine ; et pas des plus tendres : c'est lui qui soumit les Vascons en 788 puis reprit en 803 Barcelone à l'Islam. C'est alors que son ami d'enfance Witiza, devenu entre temps St. Benoît, le convertit. A son exemple, il se retira plus avant encore dans la montagne, fondant dans la vallée de Gellone le monastère devenu St Guilhem-le-Désert. Il y mourut à 62 ans en 812.

Ecole de Médecine, Montpellier

7.58
La D27. Suivre à gauche (N.O) jusqu'au...
8.06
Pont du Diable, à l'entrée des gorges de l'Hérault. On traverse le pont que l'on veut, vieux ou neuf, celui du diable étant évidemment celui des pèlerins. Puis prendre à droite (N.0 puis N) la D4 qui remonte les gorges.
8.49
St Guilhem-le-Désert. Prendre la rue"de la Font du Portal" à gauche (O) qui monte juste devant l'église St Laurent.
8.56
Chevet de l'Abbatiale (une merveille) et place de la Liberté.

RENSEIGNEMENTS PRATIQUES :
Hébergement :
* Juvignac : hôtel, route de Lodève, tél 67 75 34 57
* Aniane : hostellerie St-Benoit , route de St-Guilhem, tél 67 57 71 63
- hôtel la Clamouse , tél 67 57 49 04
- Point d'accueil Jeunes CEMEA tél 67 57 73 19
- relais pédestre en préparation tél 67 57 79 45
* St-Guilhem le Désert :
- refuge CAF, tél 67 57 72 11
- hôtel la taverne de l'Escuelle, tél 67 57 72 05
- hôtel Fazes, tél 67 57 72 01

renseignements cartographiques p.: 257

ETAPE 5 - 34 KM - 9 HEURES

ST GUILHEM-LE-DESERT LODEVE

Nous avons le sentiment intense, à St Guilhem, d'être au coeur de l'affaire, là où légende et histoire se mêlent, deux peaux d'une même noix, inextricablement tissées comme ici ruisseau et village qui dégringolent de concert vers le fond des gorges. Peut-être sait-on analyser, décortiquer, mais à quoi bon -ici, maintenant- quand malgré tout l'entêtante réalité du chemin prend corps autour de nous, de nos pas? L'âpreté de cette sensation est bousculée par le flot des touristes, par notre propre entendement, mais l'émerveillement prend obstinément le dessus, tout comme le Verdus, eaux taquines qui, ici enjambées par un moulin, assombries là par les maisons penchées dangereusement au-dessus, parviennent toujours à la lumière aux endroits les plus inattendus, pures et musicales en vasques de pierre. D'ailleurs, il y a quelque chose de proprement miraculeux en ce seul fait: tant de générosité prodiguée par une garrigue si sèche! On a beau comprendre, savoir, on remonte la ruelle paré de la belle naïveté que l'on aurait jusque-là prêtée au pèlerin médiéval.
Le chemin est de nouveau long jusqu'à Lodève, mais plus difficile aussi puisque nous voilà confrontés aux premiers contreforts des plateaux du Larzac qui viennent ici mourir. Deux itinéraires existent: le premier, long et presque sauvage -superbe- qui les affronte directement; le deuxième (décrit ici) plus court, beau aussi, mais qui ne fait que les affleurer. Il ne faut les sous-estimer ni l'un ni l'autre, mais souhaiter seulement pour la variante par le St Baudille et le Cirque du Bout-du-Monde une solide expérience de randonneur.

UN SARCOPHAGE ROMAIN POUR LE CHEVALIER ROMAN

D'abord enterré dans le cloître, le corps de St Guilhem attira la dévotion des pèlerins. On le plaça alors dans un beau sarcophage gallo-romain de marbre blanc ramené d'Arles. Il portait sur trois faces des sculptures du IVe siècle : sacrifice d'Abraham, résurrection de Lazare, noces de Cana. En le réemployant au XIIe siècle, on sculpta sur la quatrième les Mages de la Nativité. Mis en morceaux par les Protestants, il a pu être reconstitué en 1985 et figure maintenant dans l'ancien réfectoire devenu Musée Lapidaire.

0.00
Place de la Liberté, dos au portail de l'Abbatiale. Suivre une rue qui s'ouvre en face (N.O). Le chemin remonte le cours du Verdus jusqu'au verrou de la vallée. Là, traverser sur un gué bétonné, puis s'élever par un sentier sur le versant nord du cirque de l'Infernet.
0.24
Juste avant de parvenir au pied du pilier du Roc de Bissonne, notre sentier s'élève en lacets sur la montagne, tandis

Il y voisine avec l'ancien autel du XIIe en marbre blanc incrusté de verre, et avec un autre sarcophage, celui-ci de facture aquitaine et en marbre coloré des Pyrénées, également détruit pendant les guerres de religion et également restauré. C'était celui d'Albane et Bertrane, soeurs de Guilhem : sur la cuve, le Christ et les Apôtres, sur le couvercle, Daniel parmi les lions.

LES CATHARES FIRENT PENITENCE A L'ABRI DU NARTHEX

Le clocher-porte de l'Abbatiale, dominant la Place de la Liberté et son platane de 1848, est une tour en pierre volcanique du XVe siècle. En haut, et en réemploi, un Christ roman en bas-relief. Le portail du XIe a réemployé, lui, des colonnes et des têtes romaines de marbre blanc, prises à Nimes. Chevet d'abside et absidioles, en petites pierres bien appareillées, avec arcatures à pendentifs, et fenêtres en plein cintre à colonnes.

Sous le porche, narthex carré et ogival (dit "gimel" tant les deux portails semblent jumeaux) ; un banc de pierre en fait le tour ; le tout aurait servi après le concile d'Albi en 1165 pour la pénitence et la réconciliation des Cathares ; et plus tard, d'abri aux pauvres et aux pèlerins.

Le second portail roman est aussi du XIe comme la nef en berceau, étroite (6m) et haute (18m) aux piliers en croix. Arcs ouverts sur les bas-côtés, orgue de 1789 et autel en marbre polychrome du XVIIIe.

Dans le chœur et absidioles, deux niches abritent, le fragment de la Vraie Croix offert par Charlemagne à Guilhem, et les reliques du Saint. Elles furent d'abord dans la crypte retrouvée en 1962, sous le chœur. Cette double nef souterraine est en fait la première église du Xe siècle sur laquelle l'autre a été construite.

que l'itinéraire par le Cirque du Bout-du-Monde continue à flanc en direction de la chicane de Barbazols. Montons donc

0.59

Rebord du cirque de l'Infernet. Le sentier suit à flanc et à travers garrigue.

1.19

Route forestière. La suivre à gauche (O et S). Sur une sorte de col évasé laisser la route, pour prendre à droite (N.O puis S.O) une piste coupe-feu (panneau). Bientôt nous descendons doucement au-dessus de différentes combes.

1.58

Plateau derrière le Pioch Canis. La piste descend raide

2.08

Un carrefour. Prendre le chemin caillouteux qui monte à droite (N.O, O puis S) puis qui descend, toujours presqu'à flanc, sous le Pioch Canis.

2.28

A gauche (S.E) on voit les ruines du Castelas et les quartiers de Montpeyroux. Petit col. Le chemin de terre descend assez raide dans la combe du Joncas, puis remonte. Bifurcation. Prendre à gauche (S puis S.O) en montant.

2.46

Goudron. Vignes. 50m après la barrière de la route forestière, couper à droite (N.O) entre deux vignes. On arrive...

2.54

Sur la D122. La suivre à gauche (S). 100m plus loin prendre à droite (S.O) un petit chemin par-dessus les gorges du Rouvignou.

3.06

La D9. Prendre à droite sur le

POUR LE CLOITRE, VOIR NEW-YORK...

Le vestige du cloître de St. Guilhem ne comprend plus que les fragments de deux côtés. Presque carré (15 m sur 13), il comprenait deux niveaux de galeries, l'inférieure du XIe à arcades géminées, la supérieure du XIIe. Il fut malheureusement vendu à la Révolution comme carrière de pierre, qu'un maçon exploita. Un magistrat Pierre-Yvon de Vernière, eut le bon goût de racheter à lui seul 148 sculptures pour sa villa d'Aniane, mais en 1905 son héritier les revendit à des Américains. L'ensemble a été tant bien que mal reconstitué au "Cloisters Museum" de New-York.

Abbatiale de St-Guilhem-le-Désert

pont qui enjambe le Rouvignou, et monter jusqu'au...

3.15

Village d'Arboras. Nous quittons le GR 74 pour traverser entièrement le village par la D9. A la sortie, au pied d'un calvaire, prendre à gauche (O puis N.O) un chemin goudronné sur 100m, en terre par la suite. Il remonte la vallée dominée par le Rocher des Vierges. Laisser à gauche plusieurs chemins de terre.

4.10

En tête de vallée nous traversons le petit ruisseau de Lagamas. Sous une maison (domaine de la Croix Blanche) laisser un chemin à gauche pour monter jusqu'à...

4.20

La D153E à un petit col qui domine le hameau de Rouquette. Prendre un chemin gravillonné à gauche (O-S.O puis S) en versant Ouest du Puech Bouissou. Au premier lacet, laisser un chemin à gauche. 300m plus loin...

4.38

Bifurcation: laisser le chemin de droite pour continuer à descendre en longs lacets .

5.06

Radier sur le Merdanson, ruisseau. Remonter (S.O.)

5.13

La D153E. La suivre à gauche (S) sur 150m, puis la laisser à droite pour continuer tout droit (S) sous une ligne électrique. Bientôt le chemin de terre tourne à l'Ouest et nous ramène à la D153E. La suivre à gauche (S) jusqu'à...

5.34

La D144 à l'entrée de St Jean-de-la-Blaquière. Tourner à

LA PIERRE A SURVECU AUX MANUSCRITS

Avant de quitter St. Guilhem, on verra dans le village bien d'autres vestiges archéologiques : fenêtres Renaissance ou géminées, arcades, frises denticulaires, tour fortifiée de l'ancienne église romane Saint-Laurent, et, au-delà de la rue du Bout-du-Monde, les restes d'une enceinte et d'une tour du XIe. On ne pourra par contre pas voir la bibliothèque de l'Abbaye qui fut très riche et comprenait des manuscrits composés dès l'an 810, tel le "Missel de Gellone". Les raids protestants les détruisirent presque tous. Les quelques vingt ouvrages que purent sauver les Pères Mauristes ont été à la Révolution placés dans les bibliothèques de Lunel, Montpellier et Paris. La Bibliothèque Nationale possède en particulier le "Sacramentaire de Gellone", peint au VIIe siècle à Meaux, et qui appartint à Saint Guilhem.

LE CHATEAU D'ARBORAS,

De l'ancienne baronnie d'Arboras commandant la route du Rouergue, reste une tour antérieure au XIVe. Le château fut alors détruit. Celui qui lui a succédé est du XVIIe, comme l'église voûtée en ogive. Des terrasses du château, panorama sur la vallée.

LES STELES DISCOIDALES D'USCLAS-DU-BOSC

A Usclas-du-Bosc, cité dès l'an 988 dans la cartulaire de Lodève, l'église Saint-Gilles, a une abside et une nef du XIIe, un clocher du XIVe. Le portail XVIIe du château est orné d'une coquille et d'une gourde sculptée. L'ensemble castral accueillit très tôt les pèlerins, et les habitants sont fiers de leur sobriquet dans la région : "pèlerins d'Usclas".
52 stèles funéraires discoïdales, du XIIe au

droite (O) pour remonter dans le village.
5.36
Place de la République. Prendre la D144 à droite, direction St Privat (N puis O, panneaux).
5.44
40m après un vieux caveau funéraire, prendre un petit chemin goudronné à gauche (N.O). Colonie de vacances de la Moselle. 200m après, le chemin devient de terre . 400m plus loin, à la pointe d'une vigne, prendre à gauche (S.O) un petit sentier qui descend, traverse le ruisseau du Maro à gué, pour rejoindre un chemin rocailleux. Le suivre à droite (N-N.O)
6.04
La D140. La prendre à gauche (N.O puis S) jusqu'à...
6.18
Usclas-du-Bosc. Prendre à droite (N.O) une rue entre quelques maisons. Calvaire de 1692. Continuer par un chemin un peu à droite et en sommet du coteau, qui monte (N-N.O) entre beaux chênes verts.
6.33
Chemin gravillonné. Suivre à droite (N puis N.O). Il est bétonné sur un tronçon.
6.44
Bifurcation devant une forêt de pins. Prendre à droite (N puis O, dolmen) jusqu'à...
6.56
La D153. Suivre à gauche (O-N.O puis S.O).
7.05
Entrée du domaine du Prieuré de Grandmont (panneaux).
7.13
Prieuré de Grandmont (héber-

Xe siècles, souvent sculptées de croix, retrouvées dans l'ancien cimetière, sont au Musée de Lodève, mais les moulages restent sur place. Cette abondance s'explique par le nombre de tombes d'hospitaliers ou de pèlerins ; et aussi par la présence des tailleurs de pierre qui fabriquaient déjà des meules de moulin dans un quartz de la région, très abrasif.

LE PRIEURE DE GRANDMONT

L'ancien prieuré de Saint-Michel de Grandmont est un monument historique majeur. L'Ordre Grandmontain, d'une rigueur ascétique plus grande encore que celle des Cisterciens, est né en 1076 dans le Limousin et a essaimé dans tout le Midi. Saint-Michel, qui fut vendu intact à la révolution, est le seul des prieurés de l'Ordre à avoir conservé tout à la fois église à nef unique, cloître, salles capitulaires et conventuelles. - A quelques centaines de mètres au sud, vieille église du village de Soumont : nef principale du XIIe, en berceau et cul-de-four ; vêtements sacerdotaux des XVII et XVIIIe.

RENSEIGNEMENTS PRATIQUES :

Hébergement :

* St-Jean de la Blaquière : voir à la Mairie tél 67 44 73 67

* l'abbaye de Grandmont : gîte en prépara - tion, tél 67 44 09 31

- Sur la variante GR :

* Font de Griffe :
gîte d'étape, M. Charreteur, tél 67 96 68 71

* Soubès :

- gîte communal, (sous la Mairie) tél 67 44 07 79
- gîte de groupes, chez Brusque, tél 67 44 25 83

* Lodève :

- 4 hôtels, restaurants, etc ..
- office de tourisme, tél 67 44 07 56

gement. De toute façon à visiter). Reprendre l'allée .

7.20

La D153. Suivre à gauche (plus ou moins O puis S).

7.54

Jonction avec l'autre itinéraire venant de Soubès, qui se confond ici avec le GR 7. Continuer par la D153, en laissant successivement à droite la D149E, puis à gauche le chemin de Soumont. A la sortie d'un virage à gauche (S), prendre à droite (N.O) le petit chemin de terre du mas de Guzas (panneau). Devant celui-ci prendre un sentier qui descend raide jusqu'à...

8.18

La D153, de nouveau. Remonter sur 10m, puis prendre à droite (S.O) un chemin gravillonné. 100m après, descendre à droite un sentier, très raide sous des châtaigniers.

8.31

La D153E. La suivre à droite (N), passer sous la rocade puis, prendre à gauche (S) un petit chemin juste sous le mur de soutènement. On descend bientôt assez raide entre murs de pierre.

8.39

Faubourg des Carmes. Le suivre jusqu'à

8.42

La N9. Prendre à gauche (S) sur 150m, puis à droite (O) un pont sur la Lergue, rivière. Continuer tout droit par l'étroite rue de Lergue.

8.45

Place. Se faufiler dans la ruelle en face.

8.49

La cathédrale St Fulcran et la mairie, ancien évêché.

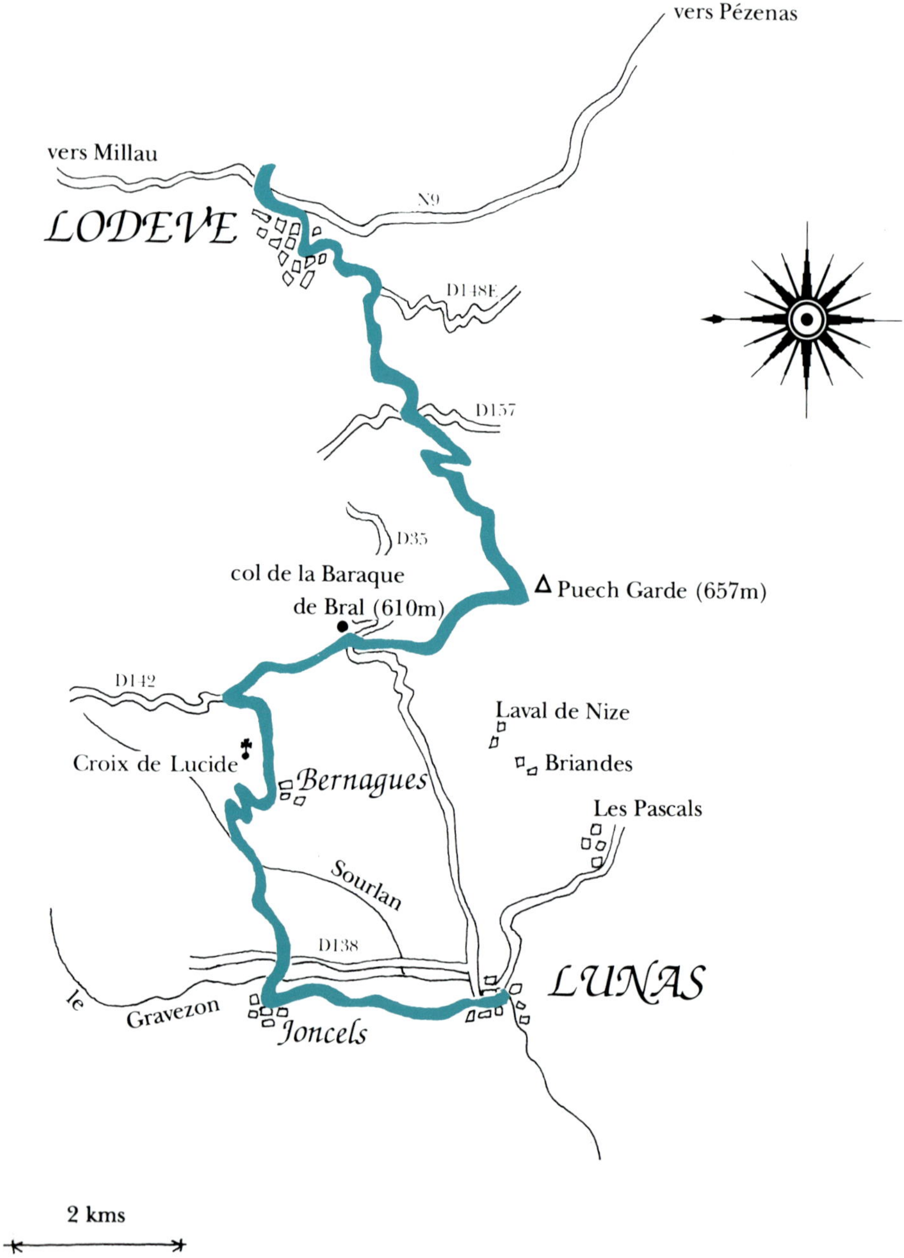

renseignements cartographiques p.: 260

ETAPE 6 - 24 KM - 6 HEURES 30

LODEVE - LUNAS

Voici une étape d'une longueur moyenne. Après les trois précédentes, on ne s'en plaindra pas! Elle est aussi moins spectaculaire, mais cela ne veut pas dire sans difficulté ni agrément. Simplement, elle fait partie de ces étapes qui font voir ce qui est petit, humble, subtil. Puisqu'il y a moins de monuments éblouissants, on regarde avec un oeil plus acéré plantes et animaux, nuages et vents. Puisqu'il y a moins de falaises vertigineuses, on est peut-être plus attentif aux légers décalages entre un versant de la montagne et l'autre. On l'avait déjà senti, mais maintenant cela devient une évidence: à notre rythme, chaque jour change de couleur, de senteur, de peau. La montagne entre Lodève et Lunas se pare de châtaigneraies, d'une longue herbe soyeuse au col de la Croix de Lucide, d'un ciel d'un bleu plus profond...

LODEVE, NEE DE LA BOUE...

Comme Adam, Lodève serait tirée de la boue : le nom de l'antique Luteva, au confluent de la Lergue et de la Soulondres, viendrait du "lutum", cette argile à pétrir dont on faisait la poterie de cuisine et l'adobe des murs. Néron y établit une colonie dès 45 av. J.C., et Pline cite les "Lutevani". Un évêché naît au Ve siècle, bientôt Wisigoth. Au Xe, Saint Fulcran, prélat de choc, ceinture la ville de remparts. Son successeur du XIIIe siècle est à la pointe du combat contre les Cathares, et celui du XVIe, Mgr Briçonnet, à la pointe du combat contre les Huguenots : en 1562, quarante d'entre eux sont mis à mort. En 1567 les survivants reviennent en force, et Briçonnet doit s'enfuir. Puis le duc de Montmorency, catholique conciliateur, ramène la paix. Du coup, trois de ses petits-fils vont se succéder à l'évêché. Après eux, Mgr Plantavit de la Pause a le malheur d'accueillir ce méchant comploteur de Gaston d'Orléans et en représailles, Richelieu fait démanteler le château de Montbrun. Heureusement vient le Cardinal de Fleury : à suivre...

0.00
Devant la cathédrale St Fulcran et l'ancien évêché (mairie) reprendre la rue étroite que nous avons empruntée pour arriver, Grand'rue ou rue de l'Hôtel de Ville (E-S.E). Le pavage dessine des coquilles stylisées.
0.04
Carrefour avec la rue de la République. La suivre à droite (S). Traverser une passerelle sur la Soulondres, rivière. Sur l'autre rive, remonter à droite (O) vers...
0.08
Le vieux pont qu'on laisse à droite pour suivre à gauche (S.O) une chaussée bétonnée qui grimpe raide. Un escalier la prolonge. On arrive sur le plateau de Montifort (HLM). Descendre un peu (S.O)
0.15
La D148E au "rond-point des

FULCRAN LE SAINT A LA POIGNE DE FER.

Cathédrale Saint Fulcran et Château de Montbrun commémorent à Lodève le même personnage : ce saint musclé qui fut évêque au Xe siècle. Il s'attribua en effet le titre de Comte de Montbrun, frappa monnaie à son nom, consacra en 975 la nouvelle cathédrale et possédait à sa mort, le 13 février de l'an de grâce 1006, quantité de châteaux, terres et églises qu'il légua au diocèse. Cette générosité, et les miracles qui ne tardèrent pas ont suscité une dévotion qui dure toujours. En 1573, les Protestants mirent en morceau son corps momifié, mais ses restes recueillis ont été placés dans une châsse d'argent, menée en procession le dimanche de l'Ascension.

UNE CRYPTE WISIGOTHE SOUS LA CATHEDRALE GOTHIQUE, DES ECHAUGUETTES AU-DESSUS...

Construite à partir de 1280, la cathédrale gothique Saint-Fulcran conserve de ses origines l'abside à neuf pans, avec autant de fenêtres géminées hautes de 12 mètres, et les deux travées du choeur reposant sur la crypte wisigothe. Celle-ci qui a trois nefs existait déjà quand Fulcran bâtit la cathédrale précédente et a toujours eu un but funéraire : par les grilles, on en voit les tombes. La clef de voûte de l'abside représente Saint Genès, le martyr arlésien qui fut le premier patron du sanctuaire. Pour le reste, la cathédrale date surtout du XIVe : bas-côtés, chapelle, contreforts, clocher-tour de 57 m flanqué d'une tourelle d'escalier, portail nord sous sa voûte en croisée d'ogive et façade ouest, fortifiée de deux échauguettes et d'une galerie en encorbellement. Le XVe siècle ajouta une grande rosace de verre, trois chapelles et le cloître. Voir encore le lutrin de 1779 et le gisant de marbre de Mgr Plantavit de la Pause.

4 chemins". Suivre à droite (S-S.O). 100m après un grand poste électrique...

0.24

Prendre à droite (N.O) un chemin de terre (panneau "Synopsis").

0.30

Suivre à gauche un petit sentier bien marqué. On passe au-dessus du Mas de Belbézet avant de rejoindre...

0.36

Une route forestière très ravinée. Rapidement on trouve une nouvelle route forestière, mieux entretenue. La suivre à droite (S.O). 200m plus loin, tirer à gauche sur un vieux chemin forestier qui descend sur un grand chemin de coupe. Suivre celui-ci (S.puis S.O) jusqu'à...

1.00

La D157. La suivre à gauche (S) sur 100m. Devant le portail de "la Défriche" (propriété) prendre un chemin forestier à droite (N) qui grimpe en très longs lacets à la Côte Taillade.

1.50

Relais hertzien du "Travers de Montnier". Vue superbe. Poursuivre par le même chemin sur le plateau à l'Ouest.

2.21

Col (alt 640 env.). Laisser le chemin à gauche (malgré les balises GR) pour prendre un sentier qui monte un peu au Nord et vers la ligne HT. Passer dessous. On gagne un nouveau col (alt 671).

2.36

Bifurcation de petits chemins. Quitter la crête ("Lacan de Nize") par un chemin qui descend à flanc de montagne vers...

Cathédrale de St-Fulcran

TISSAGE, URANIUM ET DINOSAURES

En 1653 naissait un Lodèvois prénommé Hercule, qui allait devenir le Cardinal de Fleury, précepteur et premier ministre de Louis XV. Il se souvint alors des drapiers de sa ville natale, qui déjà tissaient pour les grandes villes du Languedoc, la laine du Larzac. Il leur fit accorder le privilège de fournir le tissu aux armées du Royaume. La nuit du 4 août abolit les privilèges, mais pas le marché. En 1790, Lodève perdit son évêché, mais de Valmy à Sébastopol, son tissage resta prospère. Ce qui ruina Lodève, ce fut en 1860 l'accord de Libre Echange avec la Grande-Bretagne. Le drap anglais étant plus compétitif, la dernière manufacture lodévoise ferma ses portes cent ans plus tard. Le tissage y a repris droit de cité sous une forme insolite : employant des musulmans réfugiés d'Algérie, un atelier de tapis de haute lisse destinés au

2.51
La bergerie du Plan de la Croix. Suivre à gauche (O puis N) un chemin de terre qui descend jusqu'à la D35. Remonter celle-ci sur 500m jusqu'au...
3.06
Col de la Baraque de Bral (alt 610). Suivre à gauche (N) la D142 en direction du Caylar. 1,2km plus loin, prendre à gauche (N.O puis S) un petit chemin goudronné, direction Bernagues.
3.36
Col de la Croix de Lucide (calvaire). Suivre encore le chemin goudronné qui descend jusqu'au...
3.55
Hameau de Bernagues. A l'entrée de celui-ci, suivre à droite (N.O) un chemin entre grands buis.
4.01
Mas Caïsso. Le chemin de terre passe devant, puis suit en grands lacets sur les pentes abruptes de la vallée de Sourlan. Tirer toujours vers le bas. On arrive...
4.29
Au fond de la vallée. Suivre la rive gauche du ruisseau de Sourlan en bordure d'un champ. Un chemin de terre s'affirme peu à peu.
4.38
Sourlan-le-Bas (ferme). Traverser le ruisseau à gué, remonter quasiment dans la cour de la ferme pour prendre à gauche (S.O) un chemin goudronné. 100m après, dans un virage du chemin, grimper raide à droite (O) jusqu'au...
4.50
Col de Roube (alt 434). On y

mobilier national y emploie 40 ouvrières. Mais la véritable reconversion économique fut la découverte en 1973 de gisements d'uranium dans les terres rouges au sud de Lodève : argilites de Permien, dont le premier gisement est à peine à 3 km. COGEMA, SIMO travaillant pour Marcoule et sous-traitants emploient un millier de personnes. Incidemment, la recherche de terrains uranifères a aussi fait découvrir dans la montagne de Grezac des empreintes de dinosaures vieilles de 190 millions d'années.

RUES ET FIGURES DE LODEVE

On voit en flânant dans Lodève : - rue du Mazel, des fenêtres du XIVe ; - rue de la Cavalerie, l'Hôtel des Hospitaliers, cour carrée du XVe ; - rue du Cardinal-Fleury, sa maison natale devenue musée municipal (collections éclectiques, du Chicotérium et du Dinosaure aux oeuvres de Paul Dardé, enfant du pays et tailleur de pierre autodidacte auquel on doit le fameux "Homme Préhistorique" des Eysies) ; - Boulevard de la Liberté, la maison natale du musicien contemporain Georges Auric.

LE LAC DE SALAGOU, RESERVE DES CANADAIRS

Le lac de Salagou que l'on aperçoit du haut de la côte Taillade est une retenue artificielle longue de huit km, fermée par un barrage large de 957 m, haut de 67, et contournant de petites collines qui sont devenues autant de presqu'îles. Le captage du petit Salagou en 1970, étudié par la Compagnie d'Aménagement du Bas-Rhône et financé par l'Hérault avait pour but l'irrigation et la régularisation des rivières : aujourd'hui, il sert aussi de citerne aux Canadairs luttant contre les incendies de forêts, en même temps que de base nautique de Loisirs.

trouve un beau sentier. Le suivre presqu'à flanc (S.O puis O-S.O).

5.03

Chemin blanc: suivre vers l'aval. Pont sur le ruisseau de Mélac. On remonte un peu avant de descendre sur un nouveau pont, sur le ruisseau du Gravezon. Remonter la côte. Au virage en épingle à cheveux, prendre à droite (O puis N) un petit sentier qui remonte jusqu'à un grand poste électrique. Le contourner par le bas, traverser le chemin de fer puis remonter jusqu'à...

5.20

La place centrale ombragée de Joncels. L'abbaye de Joncels faisait autrefois étape sur le chemin de St Jacques. Il n'en reste que peu, mais cela mérite le détour de 100m à droite. Pour repartir, prendre la petite rue qui s'amorce à côté du monument aux morts, puis longe le cimetière. Ecole. Ensuite c'est un chemin bétonné que l'on suit tout droit (S).

5.30

Quand le chemin décrit une épingle à cheveux montant très raide, le quitter pour un petit chemin de terre à gauche (S puis S.O). Il se fait sentier dans la forêt.

5.41

Chemin de terre rouge. Suivre (S). Il monte régulièrement mais ne correspond pas à celui de la carte IGN.

5.49

Ruisseau de Baudes (source). Tout droit (S).

5.56

Croisement de chemins. Suivre à gauche (E, N puis S.E).

A JONCELS, LE CLOITRE EST DEVENU PLACE PUBLIQUE

Il y eut à Joncels une Abbaye bénédictine de St-Pierre-aux-Liens dès le 7e siècle, dépendant alors de Béziers. Saint-Fulcran la releva et la rattacha à Lodève. L'église St. Pancrace, souvent remaniée, garde son plan du XIIe à nef unique et chevet-donjon carré. Colonnes et chapiteaux de l'arc triomphal sont romans, le reste gothique. Le rétable doré est du XVIe. Les reliques de Saint Benoît, martyr romain, ont été placées dans une châsse en bois doré au XVIIIe. Du cloître au nord de l'église, il ne reste qu'un bout de salle capitulaire avec porte romane. Vendu à la Révolution, il est devenu place publique, mais on retrouve le dessin de ses arcades dans les maisons qui la bordent.

RENSEIGNEMENTS PRATIQUES :

Hébergement

* Lunas :

- hôtel: l'Auberge Gourmande, tél 67 23 81 41
- chambres d'hôtes, Val de Nize (3.5 km) chez Domeron, tél 67 23 81 48
- gîte d'étape à Briandes (3 km), chez Tharaud, tél 67 23 73 91 (sur RV)
- gîte de groupes, Aux Pascals (2.5 km), tél 67 23 85 95

* Le Bousquet d'Orb

- hôtel Berthomieu, tél 67 23 80 45

6.09

Col aux "Montels" (alt 400 env.). Prendre un petit chemin à gauche (S.E). Il descend assez raide dans le bois. On arrive au chemin de fer que l'on longe vers le S.E. Passer dessous. Traverser le Gravezon sur une passerelle. Camping. Remonter sur la D138 que l'on suit jusqu'à la D35, puis Lunas. Suivre le Gravezon jusqu'à...

6.26

L'église de Lunas (hôtel en face).

Croix de Lucide

renseignements cartographiques p.: 261

ETAPE 7 - 24 KM - 6 HEURES 45

LUNAS - ST GERVAIS-SUR-MARE

Il suffit d'un coup d'oeil sur la carte pour saisir que l'étape devant nous n'est en rien celle des pèlerins d'autrefois. Mais comment suivre leurs pas alors que leur chemin est sous goudron et la vallée happée par l'activité minière qui leur a succédé? Le GR 653 choisit donc de s'en éloigner, de suivre un cheminement en crête qui exige plus d'efforts, certes, mais largement compensés par les plaisirs d'un calme parfait, d'une belle forêt, de vues imprenables. Si le chemin n'est pas toujours évident, le principe est simple: suivre l'échine des Monts d'Orb jusqu'à ce qu'on domine St Gervais-sur-Mare. C'est de nouveau une étape moyenne (malgré le dénivelé important) dont la descente nous laissera le temps de musarder à Mècle, de flâner un peu à Nayran, puis de réconcilier chemins historique et contemporain entre chapelles et rues étroites de St Gervais.

LUNAS : UN ARC OUTREPASSE DES TEMPS WISIGOTHS

Adossé à la pente dans un carrefour de vallées (et de routes antiques) Lunas vient peut-être du celtique Dun, hauteur. Son château-fort, qui fut aux seigneurs de Fougères puis de Narbonne, fut rasé en 1627 lors de la guerre des Cévennes. Les parties les plus anciennes du bâtiment actuel ne sont que du XVIIIe. Peut-être des fenêtres médiévales qu'on verra au village proviennent-elles du premier château. L'église paroissiale St. Pancrace, elle, a des chapiteaux romans du XIIe. Voûte, nef et choeur sont gothiques, et le rétable en bois polychrome, d'époque classique ; quant au clocher, il vient d'être refait. Mais le vestige le plus émouvant, le plus vénérable, est celui de l'ancienne chapelle Saint-Georges, sur un site gallo-romain à 300 m du château : son chevet était fermé par un arc outrepassé, en fer à cheval, de tradition wisigothique (l'art musulman l'a emprunté aux

0.00
Eglise, sur la rive gauche du Gravezon. Traverser le pont pour suivre la D35 vers Le Bousquet. 75m après, prendre à droite le chemin de Bouïs, sous la voie ferrée. Suivre à travers un quartier résidentiel, puis tout droit (O) sur un chemin de terre.
0.18
Sous une ligne électrique, 2 chemins. Prendre celui qui monte, à droite. Après un tronçon bétonné, descendre vers...
0.33
La D35: la suivre à droite (O) jusqu'au pont de l'Orb et un carrefour. Monter jusqu'au village de St Martin. Par la rue-escalier Barthès, gagner le...
0.48
Parvis de l'église St Martin. Fontaine. (Prendre de l'eau car il n'y en a plus jusqu'à Mècle).

Wisigoths d'Espagne, comme il a emprunté la coupole à Saint-Sophie de Constantinople). On en ignore la date, mais Lunas était cité dès l'an 806 par une charte de l'abbaye de Gélone.

LA PORTE DU SALUT ETAIT-ELLE CELLE DE L'HOPITAL ?

Autre vestige émouvant à Lunas : cette inscription sur le linteau d'un immeuble au bas de la Grand'rue : "Je suis la porte. Qui entrera, par moi sera sauvé. Et qu'il entre ou qu'il sorte, il trouvera la pâture. - St Jan X." ; peut-être cette maison, ou bien, au cas où il s'agirait d'un matériau de réemploi, celle d'où la pierre sculptée provenait, était-elle l'entrée de l'hôpital mentionné en 1682 dans l'acte de réunion à l'Ordre de St. Jean de Jérusalem ?

DESCENDONS L'ORB EN PENSEE...

La rivière que nous traversons au Pont d'Orb naît plus au nord, sur les contreforts du Massif Central dans la vallée qu'a noyé le lac d'Avène. L'Orb se faufile jusqu'à nous dans des gorges granitiques et boisées. En aval, à partir de Bédarieux, dans une plaine élargie, il contourne le massif d'Espinouse, où il a fait de Lamalou-les-Bains un centre international de kayak. Puis il reprend sa longue coulée vers le sud, pour servir de fossés à la cité de Béziers, y passer par-dessous le Canal du Midi et rejoindre la Méditerranée à Valras-plage.

LES RUINES DE NEYRAN

Sur l'autre rive de la Mare, qui est un affluent encaissé de l'Orb, environ à une demi-heure de la fin de l'étape, l'église rurale de Neyran, autrement dit Saint-Gervais-le-Vieux,

Redescendre (O-N.O) puis remonter tout droit en direction de la Séguinerie.

0.58

Dans un virage, laisser à droite (N) la route de la Séguinerie pour prendre à gauche un chemin de terre qui monte raide dans le vallon de Cantelou (O-S.O). Forêt.

1.14

Alt 464. Le chemin fait un lacet vers la Coste Drèche. Le laisser pour monter raide (O) par un petit sentier.

1.44

Alt 616, sur une sorte de selle, 2 sentiers. Prendre celui de droite, qui monte.

1.56

Grande route forestière: la suivre à gauche (N-N.E, N puis O) en légère descente sous le Méguillou.

2.06

Grande aire et bifurcation. Ces chemins ne figurent pas sur la carte. Prendre à gauche la branche qui descend un peu puis suit la montagne à flanc. Jasse de Courtès (abri ONF).

2.21

La gare de Paulhan ou Col des Clares. Carrefour à 5 branches. Des 2 chemins qui partent vers le N.O, prendre celui qui monte doucement.

2.40

Col des Vignères (alt 626). 3 chemins vers l'Ouest. Prendre celui de droite. On rejoint la crête au col de Peyremale. Suivre sous le Roc Malaurède jusqu'au...

3.16

Col du Liourel (alt 702). Versant Sud, le Jasse d'Azin (abri ONF). Suivre, versant Nord, celui des deux chemins qui

a un chevet semi-circulaire, une nef unique du XIe et un clocher à arcatures lombardes du XIIe. Elle se dresse sur une hauteur qui conserve tout autour des traces de fortifications ruinées : tour, escalier dans le roc, murailles, citerne...

SAINT-GERVAIS-SUR-MARE : COMME AU TEMPS DES JACQUETS

Ruelles en escaliers dites "caladés", passages couverts, maisons des XVIe et XVIIe donnent un charme ancien à ce gros village d'un peu moins de 900 habitants. L'impression est encore renforcée si l'on visite (de juillet à septembre) la "Maison Cèvenole", musée d'arts et traditions populaires dans le cadre du Parc Régional, où sont évoqués la vie rurale et les métiers d'autrefois. L'église paroissiale d'origine romane, reconstruite et modifiée après les guerres de religion, conserve des voûtes en berceau reposant sur des colonnes géminées et une chapelle gothique à liernes et tiercerons du XVe. Le clocher roman aux fenêtres en plein cintre a été, au XIVe, fortifié d'échauguettes.

N.D. de Lorette

monte le plus.

3.40

Un lacet nous ramène sur la crête avant de nous faire gagner, versant Nord,...

3.48

Un col (alt 868) juste sous le Liourel. On voit au-devant le grand détour que la route décrit autour du mont Ubac (possibilité de couper avant par le mont des Cugnols).

3.54

Col de Serviès (alt 839). Nous contournons donc le versant Nord du mont Redon.

3.56

Barrière "interdit sauf riverains". On passe. Le chemin forestier tourne sous le mont Ubac et le mont des Cugnols.

4.21

Col (alt 936) sous le mont Agut. Le chemin continue à tourner: autour du mont Agut, sous le mont Paréviol et le mont Cabanes (pylône) puis à l'Ouest, en descendant, jusqu'à...

5.13

La D163. La suivre vers le bas.

5.21

Col du Layrac (alt 765). Prendre versant Sud le chemin rocailleux qui descend en lacets très longs vers le...

5.48

Col de la Fontasse. Prendre à droite un sentier qui, après quelques premiers mètres broussailleux, conduit sans problème jusqu'à...

6.00

Mècle. Joli village. Suivre depuis la place de l'église la petite rue unique (fontaine sur une placette à gauche).

LE PARC NATUREL REGIONAL DU HAUT-LANGUEDOC

A cheval sur les régions de Languedoc-Roussillon et de Midi-Pyrénées, le Parc Naturel Régional du Haut-Languedoc est né en 1977. Il couvre 145.000 ha de montagnes assez diverses, mais toutes situées sur les confins du Massif central : monts d'Espinouse, du Sommail, du Caroux, du Sidobre, de Lacaune et de la Montagne Noire ; 36.000 habitants y vivent, et 70 communes, représentant une population double, y sont associées. Association de promotion des produits du terroir, Centre d'initiation à l'environnement, Confédération des Associations d'usagers, Pays d'accueil, contribuent à une revitalisation par l'agriculture, l'artisanat, le tourisme. Outre le Chemin de Saint-Jacques le Parc est parcouru par plusieurs G.R. que nous rencontrerons parfois ; et il anime d'autres centres muséographiques respectivement spécialisés dans la lutherie, l'art roman ou la religion.

RENSEIGNEMENTS PRATIQUES :

Hébergement :
* abris O.N.F.
  - Le Jasse de Courtès, au sud du Mont des Trois Terres et avant le col des Clares
  - Le Jasse d'Azin, col du Liourel, versant sud
* St-Gervais Sur Mare
  - Auberge du clocher de Nayran, tél 67 23 61 24
  - L'hôtel Oustalet , tél 67 23 65 19

St-Gervais-sur-Mare

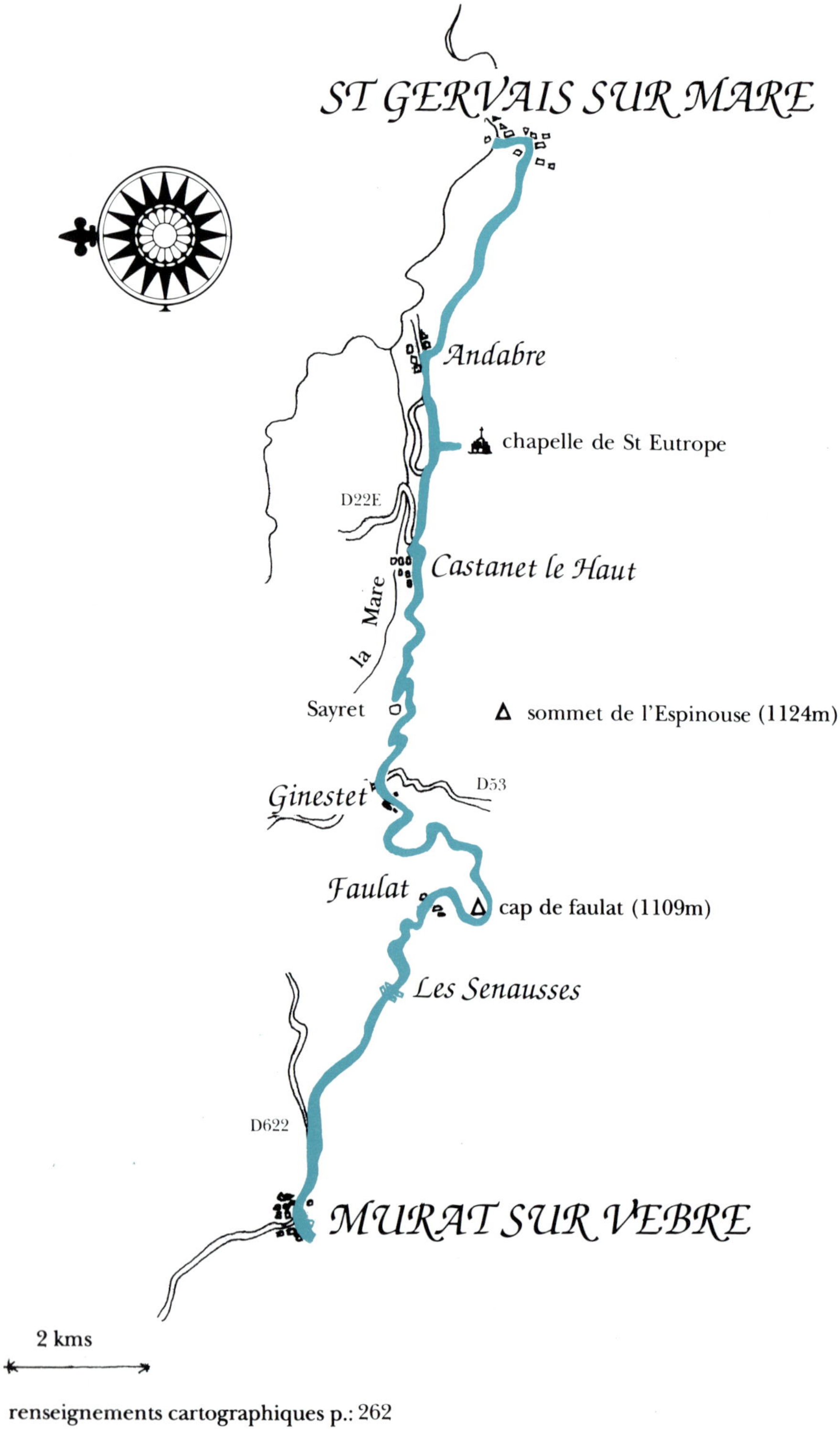

renseignements cartographiques p.: 262

ETAPE 8 - 28 KM - 7 HEURES 10

ST GERVAIS-SUR-MARE - MURAT

L'harmonie retrouvée aux portes de St Gervais se confirme dans le Parc Naturel Régional du Haut-Languedoc. Ici le chemin de St Jacques a droit de cité.Il y a des croix ornées d'une coquille qui guident notre marche, bien sûr, mais aussi la régularité des étapes, des vestiges superbes, comme la chapelle St Eutrope, qui jalonnent le paysage. Etape de nouveau moyenne, avec comme fait majeur la bascule d'un paysage à un autre au Prat de Sèbe. Finie la végétation méditerranéenne: nous traversons désormais un pays à la beauté plus sévère, forêts de sapins, cultures de céréales, toitures en ardoises. C'est aussi que nous passerons aujourd'hui du versant méditerranéen au versant atlantique. Quant à Murat, elle constitue une curieuse étape, avec son église excentrée et ses deux quartiers qui se regardent en chiens de faïence, le tout surveillé silencieusement par de nombreuses pierres mégalithiques.

LE REFUGE DE SAINT-EUTROPE

La chapelle de St. Eutrope est un haut-lieu du chemin au propre comme au figuré. Et ce site de rêve offre même un petit gîte, avec un lit en hauteur, des bancs, une cheminée, et en plus, luxe suprême dans cet endroit élevé, de l'eau ! Il y a tout à la fois une source qui donne dans une citerne de roche et des fûts qui reçoivent l'eau de pluie. Le bivouac idéal. Juste derrière on trouve des grottes : source d'une vie ou d'une légende érémitique ? Attention à la descente : les “marches” ne sont souvent que des cailloux empilés contre la dalle rocheuse.

A CASTANET-LE-HAUT, LES MAISONS PAR-DESSUS LA RUE

Dans la rue unique de Castanet-le-Haut on passe carrément sous des maisons “en pont” qui enjambent la rue. Plusieurs calvaires,

0.00
Eglise de St Gervais. Retraverser le pont vers le quartier Barry puis tourner à gauche (S.O), traverser une place ombragée et suivre la "rue du quai" qui prend vite des allures de chemin (première croix de St Jacques avec coquilles).
0.04
Bifurcation. Prendre le chemin qui monte à droite.
0.26
Deux sentiers. Celui de droite est le bon. Il devient un chemin de coupe entre jeunes pousses de châtaigniers, parfois difficile à suivre.
1.03
Andabre. Descendre vers le village, traverser un pont sur la Mare, puis suivre la D22E à gauche (O). 500m plus loin...
1.11
Retraverser la Mare sur un

dont le dernier, en vue d'un court de tennis, marque l'escalier que nous devons prendre à gauche.

LA VEBRE, RIVIERE ATLANTIQUE

Nous venons en un jour de changer de versant, hier méditerranéen, aujourd'hui atlantique. Hier en effet, l'Orb et ce matin encore son affluent la Mare coulaient sous nos yeux vers Béziers. Or ce soir, le Dourdou et la Vèbre vont, par des cheminements divergents, rejoindre le bassin de la Garonne. Le Dourdou coule vers le nord pour s'unir au Lot. La Vèbre, d'une direction générale ouest est un affluent de l'Agout, qui lui-même se jettera dans le Tarn entre Montauban et Moissac.

LES STATUES MEGALITHIQUES : "CES PIERRES QUI NOUS FONT SIGNE"

Au nord-est de Murat-sur-Vèbre et au nord de la D 622, la colline qui domine le village de Montaigut porte un menhir. Il fait partie des mégalithes des monts de Lacaune, appartenant à l'âge du cuivre, entre 2600 et 2200 avant J.C. Les plus beaux ont été appelés "statues-menhir" car ils portent sur une de leurs faces, parfois sur les deux, des personnages grossièrement sculptés : des armes ou bien des colliers semblent indiquer leur sexe respectif. Sous le titre "Des pierres qui nous font signe", le Musée de Saint-Germain-en-Laye a consacré durant l'hiver 89-90 une exposition à cet art anthropomorphe. Trois grands foyers français qui l'ont pratiqué y figuraient : le "Groupe Provencal" (d'Avignon à la Durance), le "Groupe Languedocien" (de Montpellier et Nîmes à l'Ardèche), et le "Groupe

autre pont. On suit le chemin à droite (O) jusqu'au...

1.30

Sentier pour St Eutrope (panneau). C'est un détour, mais à ne pas manquer. Donc: remonter des lacets très raides jusqu'à...

1.56

La chapelle de St Eutrope. Belle possibilité d'étape abritée (eau en temps ordinaire). Repartir comme on est venu.

2.14

De nouveau le chemin de terre au bord de la Mare. Suivre à gauche (O). 200m après, nous retrouvons la D22E que nous suivons jusqu'à...

2.29

Castanet-le-Haut. Traverser le pont sur la Mare, puis suivre à gauche (O) une rue unique. Remonter des escaliers pour gagner un chemin qui passe sous l'église puis dans des hameaux.

2.41

Pont sur les rives sculptées de la Mare. Suivre à droite (O-N.O) le chemin blanc rive droite.

2.51

Grande aire de stockage de grumes. Suivre à gauche (E-S.E puis O-S.O) un grand chemin forestier qui remonte sous le sommet de l'Espinouse en longs lacets.

3.38

Sayret, belle bâtisse de pierre. Point d'eau. Nous montons toujours sur le même chemin jusqu'à...

4.00

La ferme du Prat de Sèbe. Traverser la cour. Suivre le chemin goudronné derrière la bergerie en parpaings. Il mène à...

Rouergat", (de l'Agout au Tarn). C'est ce dernier que nous longeons ici.

MURAT-SUR-VEBRE : COMME DEUX CHIENS DE FAIENCE...

Aux confins des Monts de Lacaune et de l'Espinouse, dans un carrefour de vallées, étape attestée par une "maison des Jacquets" et "un chemin Jacques", village de marchés au creux des collines, entouré de champs céréaliers sur fond de forêts, d'une beauté bucolique et un peu sévère comme il sied à 800 mètres d'altitude, Murat-sur-Vèbre ressemblerait à bien d'autres villages-halte si ce n'est une particularité qui frappe quand on traverse le pont sur le ruisseau de Greissentous : un clivage séculaire le fend en deux quartiers, Grif-

4.15
Un carrefour de 2 chemins goudronnés (panneaux GR.71 et GR.653; refuge des Clèdes à 1km à gauche, au Sud). Suivre donc tout droit (S.O) vers le hameau de Ginestet. Juste avant, prendre le chemin de gauche (S.O puis S). On traverse le ruisseau de Clèdes.
4.31
Colonie de vacances "Le Devès". Continuer sur un chemin forestier.
4.38
Au bord du ravin du Dourdou, suivre le lacet du chemin à gauche (E.puis S).
4.49
Fond d'une combe qui domine la vallée des Clèdes. 20m après le virage qu'y décrit le chemin, prendre à droite (S.O) un autre chemin qui monte raide.
4.55
Patte d'oie. Prendre le chemin de gauche (S puis E)
4.59
Autre chemin, plus important et gravillonné. Suivre celui-ci à droite (S.O.) et vers le haut.
5.15
Bifurcation. Prendre à gauche le chemin qui monte très légèrement.
5.23
Alt 1080m env. 100m plus loin environ, nouveau chemin, assez important. Prendre à droite (O)
5.25
Grand carrefour de chemins du Cap Estève (ou Cap de Faulat). Prendre un chemin au N.O, assez important.
5.29
Autre patte d'oie. Prendre à droite un chemin qui monte légèrement et tourne lentement

foulède et Castélas, complètement séparés, et qui se regardent par-dessus le fossé en chiens de faïence. Plus bizarre encore, l'église excentrée, presque exilée dans les champs, comme si aucune de ces deux moitiés n'avait consenti à la laisser à l'autre. Mais ce n'est là qu'un arbitrage relativement récent. L'église romane est bien nichée dans le quartier le plus ancien...

RENSEIGNEMENTS PRATIQUES :

Hébergement :

* Chapelle St-Eutrope : petit refuge attenant à la chapelle
* Castanet le Haut : relais-refuge aux Clèdes, chez Edel - tél 67 23 65 16
* Murat-sur-Vèbre :
- hôtel Durand, tél 63 37 41 91
- Syndicat d'Initiative, tél 63 37 47 47

autour du point 1102.
5.41
Bifurcation. Prendre le chemin de gauche, sous une hêtraie.
5.51
Faulat, maison forestière. Point d'eau et abri possible. On contourne les maisons en s'enfonçant sous les sapins. On trouve de suite un autre chemin. Suivre tout droit (N.O) en légère descente.
6.10
Route goudronnée au col de Garenne. Tout droit (O) vers...
6.18
Le hameau des Senausses. Traverser le village.
6.20
Calvaire à la sortie du hameau. Suivre à gauche (O) le chemin goudronné jusqu'à...
6.50
D622. La suivre à gauche (O)
7.09
Pont sur la Vèbre. Murat-sur-Vèbre. Tout droit.
7.11
Carrefour: à droite, le quartier de Griffoulède; devant, le pont qui conduit au quartier de Castelas.

****

PARC NATUREL REGIONAL DU HAUT-LANGUEDOC

- *Une zone de transition entre l'Atlantique et la Méditerranée*
- *Un pays de contraste, riche d'histoire et de traditions*
- *Une terre d'accueil, des produits du terroir de qualité*
- *Un champ d'expériences et de découvertes aux possibilités variées*

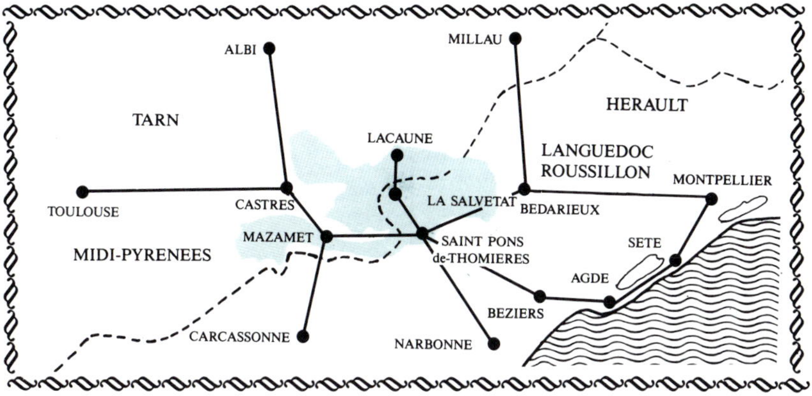

Le Parc naturel régional du Haut-Languedoc est un Syndicat Mixte créé en 1973. Il regroupe les deux régions Languedoc-Roussillon et Midi-Pyrénées, les Conseils Généraux, les Chambres d'Agriculture, les Chambres de Commerce, les Chambres de Métiers, les communes intéressées de l'Hérault et du Tarn.

Mettre en valeur le patrimoine naturel et humain du Haut-Languedoc, tel est l'un des objectifs que s'est donné le Parc.

Le patrimoine, ici, rejoint l'histoire des hommes et de leur labeur. Les monuments sont à l'image de ses habitants, ils ne se dévoilent qu'à ceux qui acceptent de prendre les voies de traverses pour en percer le charme, comme les étapes de la via tolosana guidant autrefois les pélerins vers Saint-Jacques de Compostelle.

Petites chapelles que l'on découvre au détour d'un chemin, prieuré qui invite à la méditation, cathédrales ou églises qui s'élancent fièrement vers le ciel, ruelles étroites et moyenâgeuses des villages perchés, tout contribue à donner l'image de la plénitude et de l'authenticité.

Région Languedoc Roussillon — Département de l'Hérault — Département du Tarn — Région Midi Pyrénées

Renseignements : Parc Naturel Régional du Haut-Languedoc, 13, rue du Cloître - 34220 SAINT-PONS-de-THOMIERES - Tél. 67 97 02 10 - Minitel : 3615 - code PARCHI

renseignements cartographiques p.: 263

ETAPE 9 - 22 KM - 5 HEURES 25

MURAT-SUR-VEBRE
LA SALVETAT-SUR-AGOUT

Dourte et dans l'ensemble bien balisée, cette étape donne un petit aperçu des solitudes sylvestres qui nous attendent dans les deux prochaines étapes, mais sans leur difficulté ni leur monotonie. La Salvetat, bien plus que Murat, répond aux "canons" médiévaux de notre imagination: l'église est bien intra-muros, resserrée entre de hautes maisons aux carapaces d'ardoise, penchées sur d'étroites ruelles. Lorsque l'on s'extrait de ce dédale de rues par un des escaliers qui s'en échappent comme d'une pelote trop serrée, on débouche sur...La Salvetat "neuve", campings et colonies de vacances disséminés jusqu'aux rives du lac, domaine d'un "tourisme vert" contrastant avec la vieille ville.

SUR LES HAUTEURS DE CANDOUBRE, LE DOLMEN DE CASTELSEC

Du hameau de Candoubre, un sentier balisé conduit en vingt minutes au dolmen de Castelsec. Ce “château sec” est une butte rocheuse entourée d'une murette ; le mégalithe se dresse sur le sommet aplati. Une dalle de plus de 2 mètres de côté repose sur sept rocs dressés. Demeuré intact le dolmen a pu être méthodiquement fouillé en 1964. On y a retrouvé des tessons funéraires, des sagaies et des pointes de flèches qui sont exposés au Musée d'Albi. Par ailleurs, deux menhirs de près de trois mètres de haut se dressent non loin de la D 162 en direction du lac, au Pré du Roi et à Paumaurou.

LE LAC DE LAOUZAS : ELECTRICITE ET TOURISME.

Un peu semblable sur la carte à un crabe qui

0.00
Pont sur le Greissentous. Nous suivons la D162 (direction La Salvetat-sur-Agout) jusqu'au...
0.14
Pont sur la Vèbre. Laisser à gauche 2 chemins de terre et, 100m plus loin...
0.19
Prendre à gauche (S.O) un petit chemin entre deux haies qui nous mène à ...
0.26
L'entrée du village de Candoubre. Continuer plein Ouest jusqu'à un carrefour devant une grande usine. Contourner celle-ci par la gauche.
0.30
Petit pont sur le ruisseau de Candoubre. Traverser. Le chemin passe le long d'un hangar au bout duquel on prend à droite (N.O) un autre chemin de terre. 100m plus loin...

enserrerait de ses pinces la presqu'île de Villelongue, et orné aussi d'une véritable petite île, le lac de Laouzas a 5 km de long dans sa plus grande diagonale, 320 ha de superficie, et contient 45 millions de m3 d'eau. Il est fermé au sud-ouest par un barrage d'E.D.F. large de 200 m et haut de 60, achevé en 1966. Galerie souterraine et conduite forcée de 15 km conduisent l'eau à la centrale électrique d'Olargues. La rive nord, où nous ne passerons pas, a vu s'implanter près de Rieu-Montagne une Maison du Parc et une école de voile.

L'EGLISE DE VILLELONGUE

Le village de Villelongue, au sud du lac de Laouzas possède une petite église gothique où tout est de schiste, les murs comme le toit...

LA VIERGE NOIRE DE LA CHAPELLE ROMANE

Aux approches de la Salvetat, la chapelle de Saint-Etienne de Cavall est du XIe siècle. Elle abrite une Vierge du XIIe toujours vénérée, N.-D. d'Entraygues ("d'entre-eaux").

LE LONG LAC DE LA RAVIEGE

A cent mètres plus bas, en altitude, que celui de Laouzas, le lac de la Raviège, tout en longueur est plus étroit et plus étendu : environ 13 km de long, et 450 ha.

LA SALVETAT-SUR-AGOUT, SAUVETE FORTIFIEE

La Salvetat dont le nom languedocien annonce clairement une ancienne "sauveté" née à l'ombre de l'Eglise, est un village fortifié occupant l'emplacement d'un oppidum barré sur une boucle de l'Agout : il conserve des portes fortifiées, un donjon et des façades médiévales.

0.33
Bifurcation: prendre le chemin de gauche qui monte un peu en tournant doucement vers l'Ouest puis S.O.
0.43
Le chemin s'arrête en plein champ. Couper à travers prés en tirant vers le bas (beaux murets de pierre). On retrouve ensuite un sentier en fond de vallée de Vèbre.
1.08
Pont sur la Vèbre. Ne pas traverser mais monter à gauche (S) par un chemin rocailleux.
1.09
Bifurcation. Prendre à droite (O puis N.O). On gagne la forêt où l'on trouve...
1.21
Un nouveau sentier, plus grand, que l'on suit en montant à gauche (S).
1.29
Chemin, croix "de St-Jacques". Continuer à suivre vers le haut. On arrive à un embranchement. Prendre à droite (O) le chemin qui passe par-dessus l'épaule de la montagne, en direction d'une ligne HT Juste avant la ligne HT prendre à droite un petit sentier qui descend vers...
1.39
Le bois de Vergnerol. Bifurcation. Ne pas descendre. Continuer tout droit, à flanc, sur un bon sentier.
1.50
La D162. La suivre à gauche (S.O) sur la rive du lac de Laouzas.
2.41
Tout près de Villelongue, laisser à gauche la D162 pour un chemin de terre qui continue tout droit (O) vers Villelongue.

Au centre du village, on croise un chemin goudronné. Monter à gauche (S) pour rejoindre la D162. La traverser pour suivre un chemin vers le Sud, direction La Capté (panneaux).

3.08

On laisse à gauche un premier chemin pour prendre le deuxième (S), là où le chemin de La Capté tourne en descendant à droite (O).

3.15

Bifurcation (croix de St Jacques). Monter à gauche (S-S.E) dans un petit chemin entre murets.

3.28

Croisement de chemins. Monter à gauche (S).

3.31

Vague bifurcation en pleine forêt. Continuer tout droit (S). 50m plus loin, on trouve une vieille ruine. Passer dessous puis suivre dans la forêt le long d'une clôture. Balises par-ci, par-là, mais pas vraiment de sentier.

3.44

On débouche en haut du vallon de La Capté sur un chemin forestier. Suivre le chemin à droite (O-N.O) jusqu'à

3.53

Col vers "Al Rec del-Bosc" (gravures rupestres). Prendre à gauche (S puis O) le premier chemin forestier que l'on rencontre. Il conduit à un bel étang puis à...

4.15

La Moutouse (chambres d'hôtes). Tout droit (O), chemin goudronné.

4.30

Sorte de double carrefour au-dessus de Cas. Laisser à droite un premier chemin, puis à gauche un second qui descend vers Cas. Juste après, quitter le chemin goudronné pour un petit chemin herbeux qui suit à flanc en versant Nord d'une colline. Croix de St Jacques. On passe sous une ligne HT pour retrouver, 700m plus loin, un chemin goudronné.

4.53

Bifurcation pour "la Gorsse Basse". 20m plus loin, prendre à droite (O) un petit chemin herbeux , qui descend vers la chapelle de St Etienne de Cavall et un pont roman sur la Vèbre.

5.08

La D907. A 100m au-devant, le pont roman. En tournant à gauche (S.) on passe sous la chapelle. Suivre la D907 jusqu'à...

5.21

La Salvetat, place. Hôtel, lavoir. Prendre à gauche une rue qui monte assez raide, puis 20m plus loin une rue-escalier (la Portanelle) à droite. En haut, passer sous une petite porte. Quelques marches et quelques mètres nous mènent

5.25

à l'église de la Salvetat-sur-Agout.

RENSEIGNEMENTS PRATIQUES

Hébergement :

* La Moutouse
(hameau de Cas, La Salvetat-sur-Agout) :
- Chambres d'hôtes, tél 67 97 61 69

* La Salvetat-sur-Agout :
- hôtel Cros, tél 67 97 60 21
- hôtel La Pergola, tél 67 97 60 57
- Office du Tourisme, tél 67 97 64 44.
- Gîte d'étape, tél 67 97 02 10

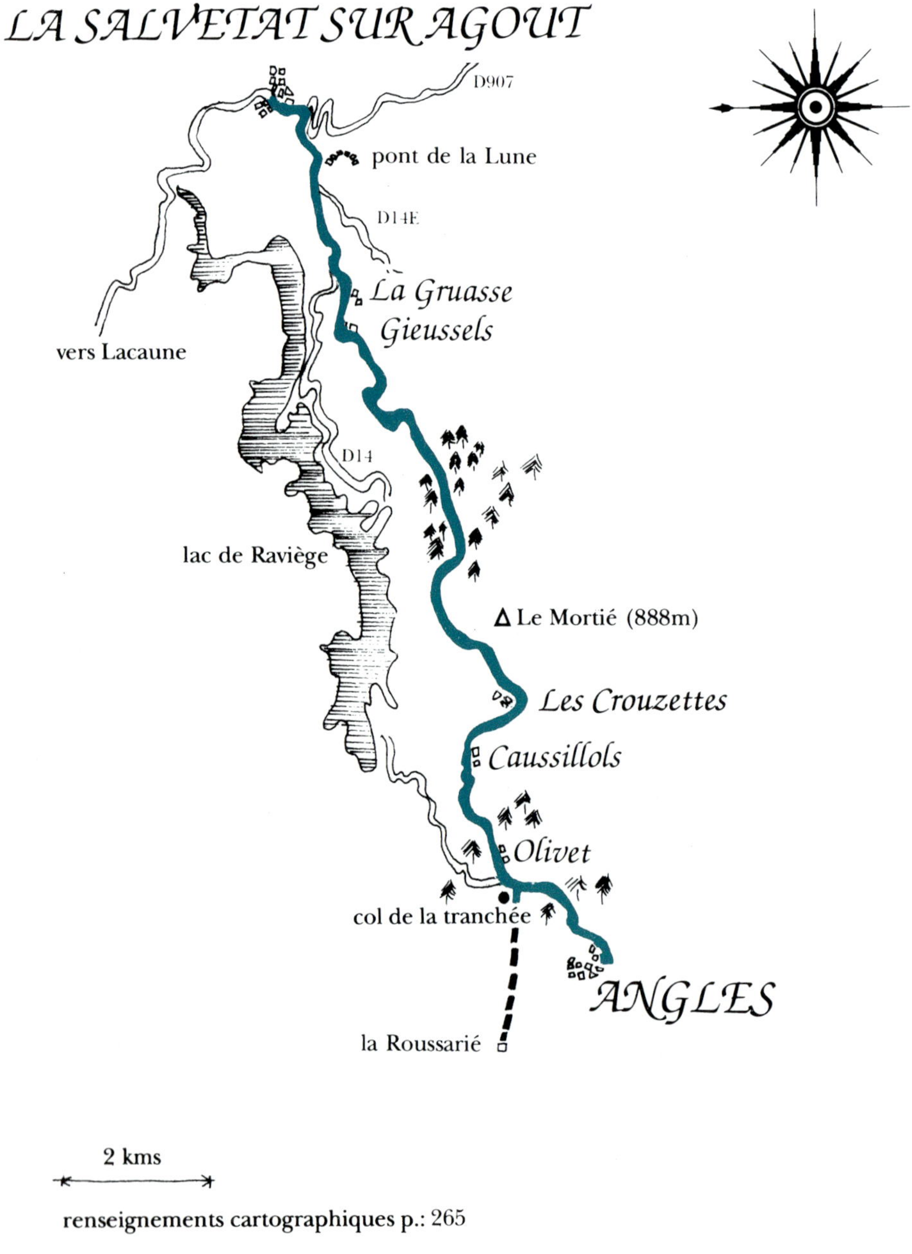

renseignements cartographiques p.: 265

ETAPE 10 - 18 KM - 4 HEURES 30

LA SALVETAT-SUR-AGOUT ANGLES

Que de forêt entre La Salvetat et Castres! Parmi chemins de coupe et balises parfois stockées en tas avec leurs grumes, il faut mobiliser toute sa vigilance pour trouver l'itinéraire. Plus que la distance entre les deux villes, ce sont les solitudes sylvestres et les difficultés d'orientation qui en découlent qui nous incitent à prévoir une étape intermédiaire. Seulement, où la situer? Question difficile, car le GR 653 croise très peu de villages, et ceux-ci ressemblent davantage à des clairières parsemées de maisons qu'à des communes constituées. En tout cas, rares sont ceux qui possèdent de quoi accueillir le pèlerin. L'exception est Anglès, mais alors cela fait deux étapes très inégales. Faute de mieux il faut choisir entre cette cotte mal taillée et le bivouac, au demeurant la meilleure manière de prolonger le plaisir que nous avons de parcourir ces vastes forêts, ponctuées de maisons isolées et de villages disséminés.

LE G.R. 71 : DES CEVENNES A LA MONTAGNE NOIRE

Pas facile de s'y retrouver dans la grande famille des sentiers de grandes randonnées n°7, 71, 77, et de leurs filiales A, B, C ou D... Mais grosso modo, le G.R. 71 que nous croisons une première fois au départ de l'étape et que nous retrouverons au rialet est un "Sentier des Causses". Il part du Mont Aigoual dans les Cévennes, traverse le Larzac en passant par la Commanderie des Templiers à la Couvertoirade, puis le Parc Régional du Haut-Languedoc et les Monts de Lacaune pour s'achever près de Mazamet.

SALUT, O, TOULOUSE...

... a-t-on envie de chanter, a peu près à l'heure du casse-croûte : nous quittons en effet le département de l'Hérault pour celui du Tarn, c'est-à-dire aussi la région de Languedoc-Roussillon pour celle de Midi-Pyrénées.

0.00
Devant l'église prendre la rue des Consuls à droite (S). Continuer rue des Archers et rue du Portail Vieux jusqu'en bas de la ville. Descendre un escalier, puis les lacets d'une rue jusqu'au pont sur l'Agout. Traverser et prendre à droite (O) sur la route.
0.10
Carrefour: suivre la D14 E à gauche (O) direction Anglès
0.23
Pont de la Lune. Continuer plutôt sous le pont sur la D14E. 600m plus loin, laisser à droite un chemin de terre; encore 500m et...
0.41
On quitte la D14 E pour prendre à gauche (S.O, panneau) le chemin de la Gruasse, puis 400m plus loin, le chemin blanc à droite (O) en direction de la Taverne. A la

L'invisible frontière coupe en deux non seulement notre sentier, mais encore le Parc du Haut-Languedoc, la forêt domaniale (qui s'appelle à l'est "du Sommail" et à l'ouest "du Haut-Agout") et même le lac de la Raviège. C'est peut-être pourquoi celui-ci compte un centre nautique à chaque extrémité : un par département.

La Salvetat-sur-Agout

CHEZ LES "BUFFETAIRES" DES ANGLES

Anglès, sur le G.R. 71 avec lequel nous faisons un bout de chemin, est la halte possible la mieux fournie en hébergements et en services (mais aussi, le lendemain, la plus éloignée de Castres). Des toits d'ardoises, une ancienne porte fortifiée du XIVe dite "le portail bas", un château de Campan du XVIIe font l'attrait de ce village. Quand pastoralité rimait encore avec prospérité, il était célèbre pour ses "buffetaïres", artisans qui, à l'aide des cuirs et des bois de production locale, fabriquaient des "buffets" (soufflets) renommés. Sur un plateau aujourd'hui bien dépeuplé, Anglès connaît un regain d'animation en saison estivale.

ferme Gieussels, il décrit un lacet pour s'orienter S.
1.01
Juste après un petit étang, poursuivre sur le chemin à droite (S.O)
1:18
La Taverne: prendre le lacet du chemin à gauche (S.O) et vers l'amont en laissant deux chemins forestiers à droite.
1.31
Carrefour de chemins: continuer tout droit puis, juste avant un virage à gauche (S.E) prendre un sentier tout droit (S). 50m plus loin on suit à droite un autre chemin forestier orienté Est-Ouest et on franchit un pont sur un ruisseau. Bientôt le chemin s'oriente Sud.
A partir d'ici et jusqu'à la maison forestière de Puech de la Crémade, il s'agit plus d'une errance en forêt que d'un chemin suivi. En 1989, balisage déficient, orientation difficile, problèmes normalement résolus d'ici juin 1990.
1.40
Carrefour: tout droit. A la bifurcation suivante, prendre à droite le chemin du bas.
1.50
On traverse un ruisseau sur un petit pont. Le chemin remonte N.O. 100m plus loin, bifurcation: tout droit.
1.58
Carrefour de chemins forestiers: suivre à gauche (S). On tourne peu à peu S-S.E puis O. Au carrefour suivant, prendre à droite (N.O) puis 200m plus loin, encore à droite (S.O et O).
2.13
Carrefour: laisser à droite (N)

les balises oranges et le chemin qui descendent vers les ruines de Jantou. Continuer tout droit comme aux trois carrefours et au ruisseau qui suivent dans la forêt.

2.24

Pré: sous un grand hêtre, prendre à droite pour rentrer dans la forêt. Nouveau carrefour: prendre à droite.

2.36

Croisement de chemins: descendre à droite (N), franchir un ruisseau et remonter en face (O). On trouve un chemin gravillonné que l'on suit vers l'amont, à droite (O-N.O).

2.55

Carrefour à 5 branches du Puech de la Crémade. Quitter le chemin le plus large pour un chemin herbeux à droite (N). 30m plus loin, tourner à gauche (O).

3.01

Chemin goudronné près d'une maison forestière. Suivre à gauche (S-S.E).

3.15

Bifurcation aux Crouzettes: laisser le chemin de droite pour continuer tout droit. Au carrefour à la sortie (calvaire) prendre à droite (O) un chemin goudronné.

3.44

Caussillols. Tout droit (O).

4.00

Juste après Olivet le chemin goudronné s'oriente au S.O et à la descente. Le GR 653 continue ici tout droit (O, croix de St Jacques) sur un chemin forestier jusqu'à la D52 et le col de la Tranchée; mais si l'on compte faire étape à Anglès, suivre le chemin goudronné et les balises du GR 71.

4.06

La D52: la suivre à gauche (S-S.O) sur 300m, puis prendre à droite (S.O) un chemin forestier qui nous conduit en 500m à un étang, puis de nouveau sur la D52 à l'entrée d'Anglès. 700m plus loin

4.29

Centre du bourg.

...Le long du chemin...

RENSEIGNEMENTS PRATIQUES :

Hébergement:
* Anglès : Le Manoir tél 63 70 96 06
- Auberge de la Souque tél 63 70 98 50
* Brassac : "La Roussarié", ferme cavalière,
- chambres d'hôtes tél 63 70 97 32

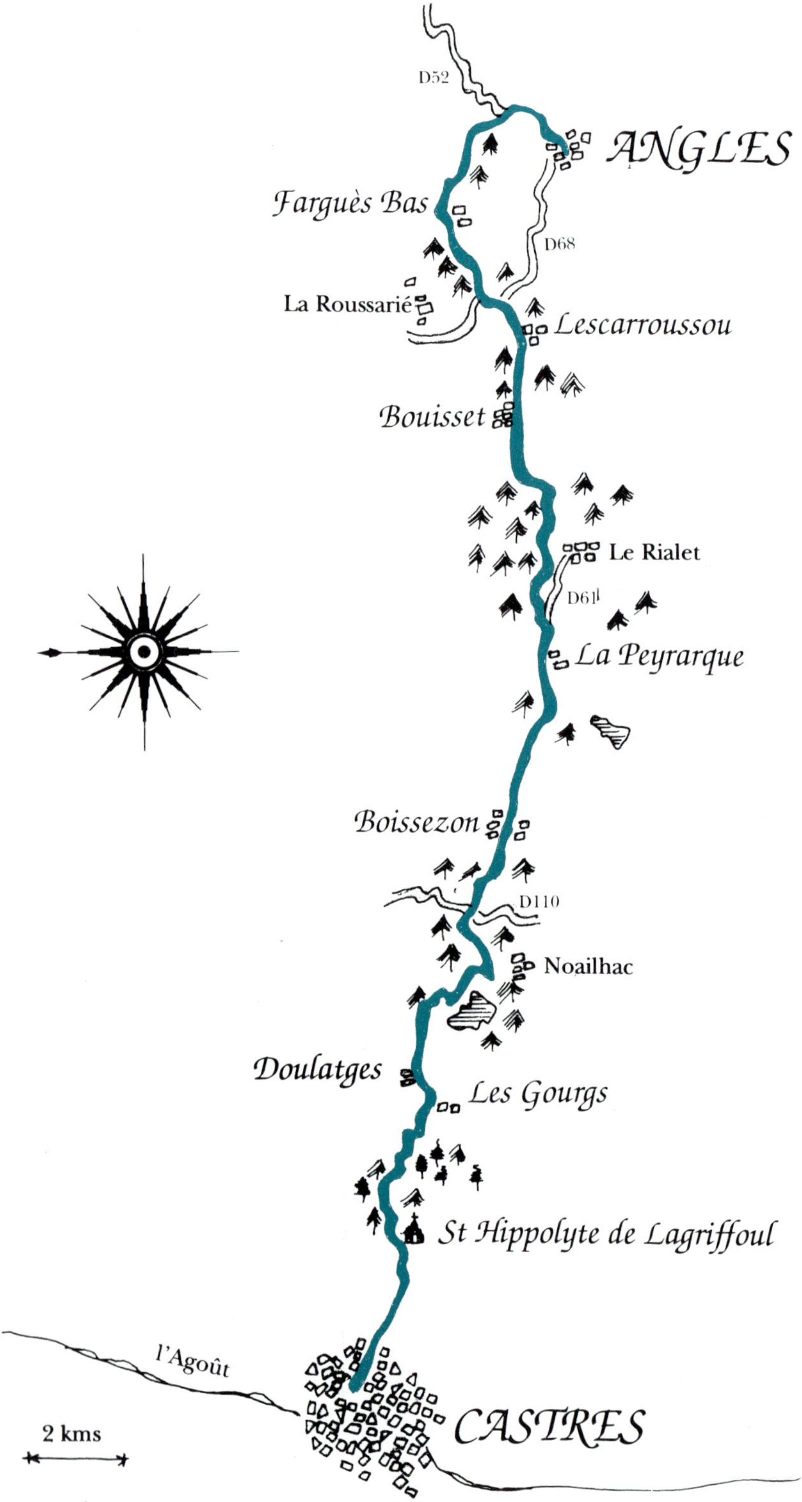

renseignements cartographiques p.: 266

ETAPE 11 - 35 KM - 8 HEURES 45

ANGLES - CASTRES

Voici une longue étape, mais sans les difficultés de la précédente qui, bien que courte, concentrait les plus épineux problèmes d'orientation, les chemins les plus tortueux, les bois les plus noirs dans lesquels chaque éclaircissement de la forêt était accueilli avec soulagement. Vigilance quand même; mais maintenant que nous descendons de plus en plus à découvert, vers la lumière sèche de la plaine de Castres, nous nous prenons à regretter la sombre solitude des forêts. Nous appréhendons aussi vaguement de nous retrouver dans une ville, patauds et excentriques avec notre gros sac et notre bourdon. Et pourtant... lorsque, à l'entrée de Castres, des passants répondent avec sympathie à nos questions; lorsque nous débouchons devant l'église St Jacques, englobée dans le tissu des maisons environnantes; lorsque nous retrouvons, gravé sur la pierre, le fil ténu du chemin de St Jacques, alors nous comprenons que les villes, loin d'être un mal nécessaire, constituent le coeur même du voyage.

LA CLAIRIERE DU RIALET

Dans cette grande forêt que nous traversons, Le Rialet ne parait guère plus qu'une clairière parsemée de quelques maisons, d'une église, d'un café, d'une auberge... On hésite à dire “village” car on ne voit pas la cohésion que ce mot sous-entend, tant la dissémination y est grande. Rares sont les constructions qui se jouxtent.

LE G.R. 36 : DE LA NORMANDIE AU CANIGOU !

Parc naturel oblige : c'est la journée des Sentiers de grande randonnée. Nous croisons cette fois le G.R. 36. Il nous vient des bords de la Manche, près de Caen. Il traverse la Normandie, le Maine, passe par Saumur, Parthenay, Niort, Angoulême, oblique à travers le Périgord, continue par les Eysies, Bonaguil, Cahors, le Causse de Lumagne, Cordes

0.00
Anglès. Repartir par le chemin que nous avons suivi hier: D52, chemin derrière l'étang, de nouveau D52. Laisser à droite le chemin montant vers Olivet pour continuer tout droit (N) jusqu'au...
0.30
Col de la Tranchée. Y prendre à gauche (O) un sentier jusqu'à...
0.35
Bifurcation: suivre dans la forêt un sentier assez large qui débouche à un carrefour au Nord des Menous. Prendre tout droit (O-N.O, direction Farguès et Le Rec del Bosc).
0.59
Bifurcation: prendre tout droit la branche de gauche (O) et non pas, comme l'indiquent

et Albi, pour arriver jusqu'à nous. Au-delà, il se poursuit vers Mazamet, la Montagne Noire, Carcassonne, les Corbières, pour aboutir dans les Pyrénées au Canigou. Ceux qui l'avez parcouru en entier, levez le doigt !

DES MURS DE BOISSEZON AU PORTAIL DE NOILHAC

En ce fond de vallées encore entouré de montagnes, Boissezon - l'une de nos trois haltes possibles avec Rialet et Anglès - fut un village fortifié, et en garde quelques restes de murailles.
Un peu plus loin dans la plaine, sur les bords de la Durenque assagie, l'église Notre-Dame de Noilhac, qui appartint aux Bénédictins de Castres, a un portail roman à triple voussure.

SAINT-JACQUES-DE-VILLEGOUDOU, DES GOTHS AUX PELERINS

L'Hôpital des pèlerins de Compostelle à Castres se trouvait, avant l'entrée de la ville, sur la rive gauche de l'Agout. Le nom de l'église Saint-Jacques de Villegoudou en conserve le souvenir... Elle date de 1626 et a été plusieurs fois remaniée depuis, mais son clocher, un donjon carré, est, lui, du XIVe. A l'intérieur, beau mobilier classique, dont un "Saint-Bruno" peint par Lesueur. Aux alentours, nombreuses maisons commerçantes du XVIe au XVIIIe siècles. L'une d'elles était un Hôpital Saint-Jacques tardif, fondé par un riche marchand, Pierre Ders.
L'étrange nom de Villegoudou vient probablement d'une villa romaine du Bas-Empire : "Villa Gothorum", (la ferme des (wisi)-goths).

les balises, celle de droite.

1.06

Chemin goudronné à gauche: le suivre (S.O). Etang et maison forestière de Farguès-Bas. Passer devant sa porte et continuer tout droit jusqu'à...

1.22

Farguès-Haut: continuer sur le chemin goudronné qui monte vers le S.

1.31

Etang. Suivre la route goudronnée à droite (O) sous l'étang (table d'hôtes).

1.44

La D68 (à droite, gîte de Roussarié à 1km). Suivre à gauche (S.E) sur 750m.

1.54

Prendre à droite (O puis S.O) le chemin goudronné jusqu'à Lescarroussou (hameau) où l'on suit tout droit (S-S.E) le chemin de terre.

2.09

Croisement de chemins (jonction avec le GR 71). Prendre à droite (O). Laisser à droite et à gauche plusieurs chemins.

2.20

Carrefour triangulaire: prendre à gauche pour traverser un pont sur le Peyroux, puis juste après suivre à gauche (O-S.O puis O) un chemin de terre.

2.31

Juste après un étang laisser le chemin de terre à droite. On arrive sur la D53: la suivre tout droit (O) sur 60m puis prendre à droite (N, mais de suite O) un chemin gravillonné.

2.45

Laisser un chemin de terre à droite. Tout droit (O-S.O)

Village de Boissezon

CASTRES : VIEUX TOITS ET JEUNES INDUSTRIES

De vieilles maisons bordent à Castres l'Agout, enjambé par quatre ponts et qui a joué un rôle dans le développement de cette ville : tissage, bois... L'industrie a évolué depuis, mais demeure importante : tissages toujours, où la bonneterie a remplacé le drap de laine, et qui emploient 2.000 personnes ; constructions mécaniques, avec une branche d'avant-garde : le robot électronique ; depuis 1961 laboratoires pharmaceutiques et cosmétiques Pierre Fabre (3.000 employés).

DES BENEDICTINS A LA PLACE FORTE HUGUENOTE

Castres n'est véritablement née qu'en 810, quand Benoît d'Aniane y fonda un monastère bénédictin. Elle fut évêché de 1317 à 1790. Des bâtiments épiscopaux subsistent : au bord du fleuve, la tour romane de l'abbatiale, bordée d'un jardin à la française ; et à côté, le palais de l'évêque (1666, dû à Mansard) devenu à la fois Hôtel de Ville et Musée.
Pestes médiévales, guerres du Prince Noir et

2.47
Le chemin principal s'infléchit à droite (N.O). Suivre le chemin herbeux tout droit (O-S.O).
2.58
Grand carrefour dans une coupe forestière. Tout droit. Laisser à gauche un chemin de terre, monter une petite côte. Le chemin s'oriente O.
3.14
Nouveau carrefour: laisser à gauche des chemins goudronnés. Tout droit (O) par un chemin forestier.
3.25
Croisement des GR36 et 71. Le chemin continue à droite (N.O) par le GR36. 30m après la jonction, prendre le chemin herbeux qui descend tout droit (N.O) jusqu'à un chemin gravillonné que l'on suit à droite (N puis N.E).
3.38
Jonction des GR 653 et 36 (panneaux). Prendre à gauche (O) une route forestière qui descend légèrement.
3.40
Clairière près des ruines de Prataillé, que nous laissons à droite. Tout droit jusqu'à...
3.48
Un carrefour de chemins de coupe. Prendre celui de droite (N.O puis O).
4.07
Tout près de la D61, bifurcation: laisser la branche de droite, qui descend vers "Fouletières". Suivre le long d'une haie de houx un chemin de terre qui monte un peu.
4.17
Chemin gravillonné, encore près de la D61: le suivre à droite. Bientôt on descend O-

du roi de France : les siècles n'ont pas épargné Castres. Le pire fut les luttes religieuses. En 1555, un moine y fut brûlé pour avoir prêché l'inexistence du Purgatoire et la lecture directe des Ecritures. Son martyre fit encore plus d'adeptes que ses sermons : de 1529 à 1563 (paix d'Alès) la ville devint l'une des places-fortes protestantes du Royaume, Henri IV y établit une "Chambre de l'Edit", tribunal paritaire mi-catholique, mi-protestant qui dura jusqu'en 1670.

A la Révocation de l'Edit de Nantes, de nombreux Castrais durent émigrer, dont deux officiers célèbres : Paul Rapin de Thoyras commanda dans l'armée britannique en Irlande et écrivit une "Histoire d'Angleterre" ; Jean de Ligonier, était maréchal et baron anglais à la bataille de Fontenoy. Un drame assez semblable à la célèbre affaire Calas ébranla en 1762 la communauté restée sur place. A 23 ans, Elisabeth, fille de l'avocat protestant Pierre-Paul Sirven, voulut abjurer mais fut renvoyée du couvent pour des crises nerveuses. Elle se jeta dans un puits, et Sirven fut accusé de meurtre. Il put s'enfuir à temps à Genève. Voltaire obtint sa réhabilitation en 1771.

La Révolution ne traita pas mieux Castres : non seulement elle supprima évêché et préfecture, mais encore son député protestant le pasteur Alba de la Source fut guillotiné pour avoir, généreusement, osé prendre la défense de prêtres réfractaires.

DANS L'ANCIEN EVECHE LE MUSEE GOYA

Le fameux "Musée Goya" logé dans l'ancien évêché est riche de trois portraits de lui ; de "la Junte des Philippines en 1814" ; et de 80 planches des "Caprices" gravées en 1798. On y voit encore un "Philippe VI" de Velazque et des primitifs espagnols des XIVe et XVe.

N.O vers la vallée de la Durenque.

4.42

Carrefour de 4 chemins. Prendre celui en terre qui conduit tout droit (O) vers...

4.54

La Fonfage. Croix de St Jacques. Balises que l'on suit tout droit, laissant à gauche un premier chemin forestier.

5.04

Après un lacet à gauche dans le bois, tourner à droite (O-N.O) et descendre encore jusqu'à...

5.18

La place centrale de Boissezon. Descendre par la rue du Pont-Roder vers un pont sur la Durenque. Traverser et de suite après suivre un bout de goudron et le chemin qui le prolonge, à droite (N-N.O, croix de St Jacques). On monte dans une petite vallée.

5.34

Carrefour. Traverser la D110 pour prendre en face un chemin gravillonné (panneaux pour Galinié et Viallèle).

5.43

Bifurcation: prendre à gauche le chemin qui descend vers Viallèle (ferme). Le chemin s'y arrête. Prendre entre deux grands chênes un chemin presque effacé, qui descend S. puis S.O. Suivre toujours ce chemin fantôme.

5.53

Barrière juste à côté du château de Roqueperlic . Enjamber une clôture électrique et continuer à descendre jusqu'au chemin goudronné du château (Vierge). Le suivre à gauche (S.O)

RUES ET SENTIERS DU VIEUX CASTRES

Il fait bon flâner dans la vieille ville : on y découvrira plus de curiosités que l'on ne saurait citer ici, mais en particulier : - le donjon et le

Maisons sur l'Agout, Castres

cloître XIIIe siècle de l'ancien couvent des Cordeliers devenu Collège (rue Rabaud) ; - l'Hôtel de Nayrac, style toulousain de la Renaissance (rue Frédéric-Thomas) ; - l'Hôtel Viviès, XVIIe (rue Chambre-de-l'Edit) ; - et bien entendu, à côté de l'Hôtel de Ville, la riche cathédrale de Saint-Benoît. Edifiée en 1718 par l'évêque contre-réformateur Mgr de Tuboeuf sur l'emplacement de l'ancienne abbaye, elle est baroque. Mais son mobilier en fait un véritable musée : à voir par exemple un "Saint-Jean-Baptiste" de Poussin et des tableaux de l'école toulousaine, dont ceux du chevalier de Rivalz.

5.59
Jonction avec un chemin goudronné près des premières maisons de Noailhac. Tourner à droite (N.,dos au village) sur le chemin goudronné qui monte doucement.
6.34
En haut de la côte, près de Malacan (hameau), prendre à gauche (O) un chemin forestier.
6.43
Haut des "Vacants de Doulatgès": on redescend tout droit jusque dans la cour de la ferme de Doulatgès. Prendre à gauche (S.O) entre deux granges un joli chemin herbeux qui descend vers...
7.02
Les Gourgs. Devant la première grange, prendre à droite (O-N.O) le chemin blanc qui descend vers le ruisseau des Gourgs, puis remonte jusqu'à un chemin goudronné. Le suivre à gauche (O et O-N.O) jusqu'à...
7.30
Un carrefour: suivre à gauche (O puis O-S.O) le chemin goudronné qui descend vers St Hippolyte et...
8.15
Les limites de Castres. On peut à partir d'ici prendre un bus pour le centre-ville. Sinon, suivre le large "chemin de St Hippolyte" qui devient "rue Ernest Barthes".
8.34
Carrefour. Traverser la grande avenue pour reprendre la rue Ernest Barthes, plus resserrée.
8.42
Pont par-dessus la rue, petite ici. Remonter sur le pont par un escalier et prendre à

Il est, si l'on a un peu de temps, un excellent moyen de découvrir Castres : le livret des "Sentiers de la découverte" édité en 1988 par la ville et le C.P.I.E. : chaque itinéraire balisé, d'une demi-journée dans les environs, décrit aussi les rues traversées au départ.

gauche l'avenue du lieutenant Jacques Desplats jusqu'à la place Carnot. Traverser l'avenue Aribats pour prendre en face la rue Fuziès (piétonne). 100m plus loin, prendre à gauche (S) la petite rue Francisco Ferrer. Elle conduit...
8.48
A la place et à l'église de St Jacques.

RENSEIGNEMENTS PRATIQUES :

Hébergement :
* Boissezon :
- Projet de gîte d'étape,
  tél à la Mairie 63 50 52 59
* Castres :
- 13 hôtels dont l'Hôtel Rivière,
  tél 63 59 04 53

PLAN DE CASTRES

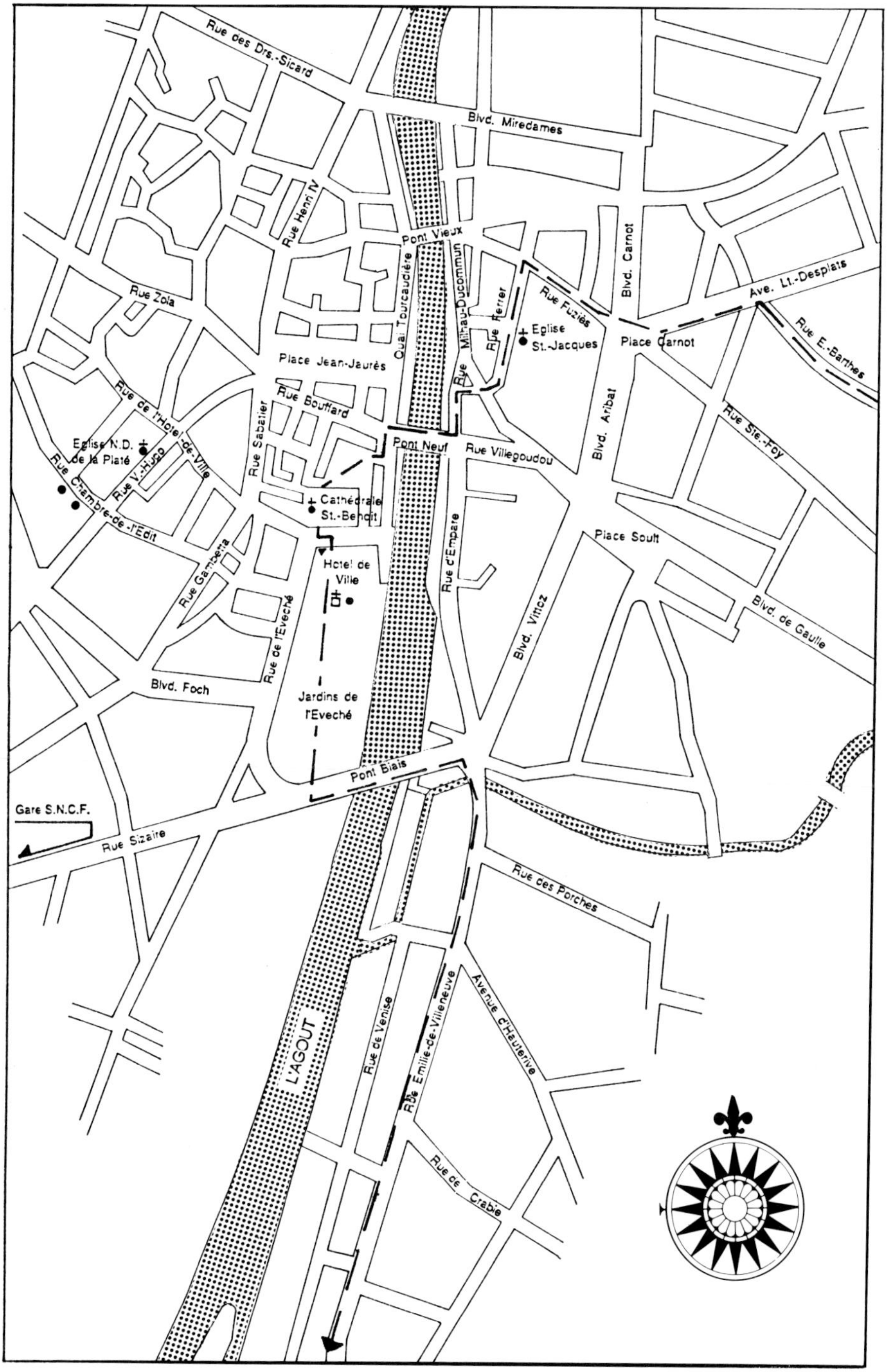

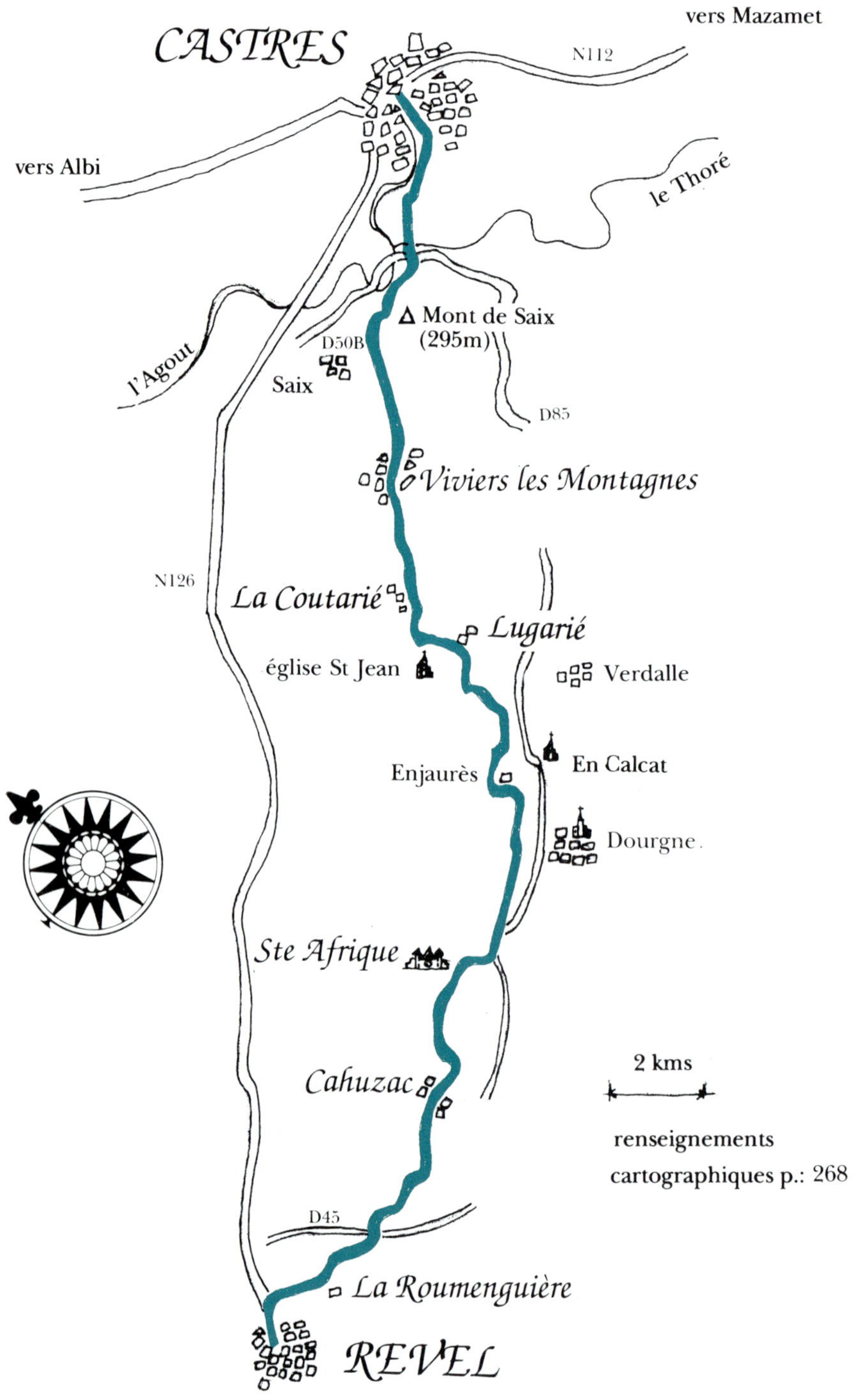
CASTRES
vers Mazamet
N112
vers Albi
le Thoré
l'Agout
Mont de Saix
(295m)
D50B
Saix
D85
Viviers les Montagnes
N126
La Coutarié
Lugarié
église St Jean
Verdalle
En Calcat
Enjaurès
Dourgne
Ste Afrique
Cahuzac
2 kms
renseignements
cartographiques p.: 268
D45
La Roumenguière
REVEL

ETAPE 12 - 33 KM - 8 HEURES 10

CASTRES - REVEL

Pour le chemin à venir, on s'attendrait à filer sans hésitation sur Toulouse et la Basilique St Sernin, comme celui des chemins de St Jacques qui passait autrefois par Puylaurens et Cadix (Cuq-Toulza de nos jours). Mais celui-ci est sous le goudron d'une nationale et le paysage agricole moderne ne laisse guère de chemins de traverse que nous pourrions agréablement emprunter. Qu'à cela ne tienne, nous prendrons un autre chemin, attesté aussi et apparemment plus ancien, mais en tout cas plus agréable à suivre pour nous autres piétons. Nous nous dirigerons vers Revel à travers un paysage de nouveau largement dominé par l'activité agricole, vallonné et ponctué çà et là par un petit village. C'est une longue étape, généralement bien entretenue et balisée, mais qui nous verra arriver sur la place du marché à Revel passablement fatigués, à tous les coups...

LE "CHEMIN HISTORIQUE" PAR PUYLAURENS

Pour qui préfèrerait malgré tout suivre ce "chemin historique" aujourd'hui bitumé et abondamment motorisé en voici les principaux monuments :
* Vielmur-sur-Agout avait une abbaye bénédictine au XIe siècle ; mais ce qu'il en reste est du XVIIIe : dans l'église, ancienne abbatiale, autel de marbre polychrome et tabernacle baroque.
* Puylaurens, sur une hauteur (comme l'indique le nom de Puy) dominant la vallée du Lauragais, c'est un des rares sites à avoir été à la fois cathare et huguenot. Une Académie protestante y enseigna de 1565 à 1685. Le Syndicat d'Initiative y habite les restes d'un château-fort du XIIIe ; deux rues conservent des vestiges de remparts ; et l'église principalement du XVIIe, a intégré une sacristie gothique avec croisée d'ogive et clef de voûte sculptée.

0.00
Place et église St Jacques: les quitter par le Sud et la place Francisco Ferrer, puis prendre à droite (N.O) la place Fagerie, et à gauche la rue Milhaud-Ducommun qui débouche près du...

0.03
Pont sur l'Agout. Le traverser puis suivre à gauche rue de la Libération, et de suite à droite (O) place du 8 mai 1945, pour longer la massive église St Benoit. On peut, en principe, traverser celle-ci par deux portes latérales près de la façade Ouest. Prendre ensuite par la cour de l'ancien évêché au pied de la belle tour St Benoit, puis à travers les jardins de l'évêché. Au bout, prendre à gauche (E-N.E) pour traverser le pont Biais sur l'Agout.

HORS SENTIER :
LA CHARTREUSE DE SAIX

Plus proche de notre itinéraire (à 6 km de Castres et 3 de Barginac) la Chartreuse de Saïx doit son nom à la proximité de ce village, quoiqu'en réalité elle se trouve sur la rive nord de l'Agout, qui est castraise. Il y eut là une riche abbaye bénédictine, par deux fois détruite, en 1567 lors des guerres de religion, et en 1797 pendant la Révolution. Il en reste un kilomètre d'enceinte, avec une tour de 12 mètres et un vivier. Le village de Saïx, dominant la rive sud, a, lui, une église gothique autrefois incluse dans ses remparts, d'où un plan insolite.

DE VIVIERS A VERDALLE

Etagé sur sa colline face à la Montagne Noire, Viviers-les-Montagnes mérite cette épithète. Au-dessus des maisons, le château XVIIIe conserve quelques parties du XIVe. Mais plus haut encore, c'est l'église qui paraît le véritable fortin avec sa tour crénelée, surmontée depuis 1876 d'une Vierge monumentale. L'une des chapelles a une voûte gothique à liernes et tiercerons ; mobilier (statues et céramiques) baroques.
A une heure de là, le village de Verdalle est à l'écart du sentier, à 1 km à gauche sur la D.85. Son église XIVe est gothique, avec abside pentagonale et clocher toulousain à trois niveaux de fenêtres géminées. Egalement, église St.Jean au lieu dit Lugarié.

MOULIN A VENT ?

Est-ce un moulin à vent que nous apercevons quelques minutes après avoir quitté Viviers ? Probablement : nous approchons du Lauragais, où ils ne sont pas rares. Mais hélas, il n'en reste le plus souvent que la tour, cône tronqué de maçonnerie.

0.10
Suivre à droite (S) la rue Emilie de Villeneuve (direction Labruguières) sur 800 mètres, puis prendre à droite une petite rue qui précède de 30m un grand rond-point.
0.23
Au bout de cette rue on traverse une petite haie, puis une avenue qui traverse l'Agout. Premier balisage. En face on poursuit par l' "ancien chemin de Naves" (S-S.O).
0.33
La D85. Suivre à droite (S.O).
0.41
600m plus loin, tourner à droite (O-N.O, direction "Lacaze-Haute"),puis 100m après à gauche (S.O) dans une petite rue, qui se transforme en chemin herbeux.
0.48
Goudron. Traverser la voie ferrée puis, après "Richard", descendre vers la rivière Thoré. Tourner à gauche (E) et passer sous le pont ferroviaire pour rejoindre et traverser le pont de la D85. 200m plus loin, nous traversons...
1.04
La voie ferrée. Prendre à droite (N) sur la D50, jusqu'à Fongloudou (ferme). Prendre à gauche (S-S.O) le chemin vicinal n°5, direction Barginac.
1.19
En haut de la côte, prendre à droite (O-N.O) direction "Barginac-Haut", hameau que nous traversons avant de redescendre vers un autre chemin goudronné au fond de la vallée. Suivre à droite (N.O) jusqu'à un...

Barginac-haut, campagne castraise

HORS SENTIER : EN-CALCAT, ET DOURGNE...

Tandis que notre sentier folâtre à travers champs dans un paysage tout de quiétude, quelques monuments bordent un peu plus à l'est, la D.85.

- Il suffit de connaître l'existence des deux abbayes bénédictines d'En-Calcat (Sainte Scholastique pour les moniales, Saint Benoît pour les hommes). Elles ne datent que de 1890. Mais, filiales de La-Pierre-qui-Vire, ce sont d'importants centres culturels où sont étudiés les manuscrits bibliques, et pratiqués la lutherie, le vitrail, le dessin de cartons pour Aubusson.
- A Dourgne, l'église d'un gothique tardif (1532) a un portail Renaissance en anse de panier, surmonté d'une Vierge du XVe. A proximité jolie fontaine, et, l'été, Maison des artisans. Dourgne avait été détruite par Simon de Montfort, mais un siècle plus tard, en 1303, Philippe le Bel y fit renaître une bastide.

1.28
Carrefour. Prendre à gauche (S.O) un petit chemin de terre qui monte vers Puech Mermen, ferme. 400m plus loin, dans un virage du chemin...
1.43
Prendre à gauche (S.O) un sentier obscur, encombré de végétation. Suivre vers le haut. On retrouve un chemin goudronné qui plonge vers un vallon (croix de St Jacques).
1.51
En bas de la côte, carrefour. Remonter tout droit (S.O).
2.04
Carrefour à 5 branches. Des 3 chemins qui s'ouvrent devant nous, prendre celui du milieu sous un grand chêne balisé.
2.13
La D50. Suivre à gauche (S).
2.21
Juste au-dessus de Viviers-lès-Montagnes, dans un virage sec de la D5O, prendre à droite un petit chemin blanc. Descendre. On traverse de nouveau la D50 et l'on suit un chemin jusqu'à la place de Viviers-lès-Montagnes. Descendre la rue la Maréchale et suivre: rue de l'Enclos à droite, puis à gauche route de Saïx (ravitaillement) jusqu'au pont sur le Bernazoubre. Traverser, puis prendre à gauche (S) la D50 direction Verdalle.
2.54
Bifurcation. Quitter la D50 pour un chemin goudronné à droite (S.O). Croix de St Jacques.
3.09
Carrefour. Continuer vers "la Coutarié" (S.O). Au ponceau prendre à gauche (S.E) le petit chemin goudronné qui

SOREZE : OPPIDUM, CLOCHER ET COLLEGE

C'est surtout Sorèze, (à quinze-cents mètres seulement du sentier après les Mingauds), qui peut mériter un crochet. L'été on peut y voir dans la Maison du Parc naturel du Haut-Languedoc les fruits des fouilles de l'Oppidum de Bernicaut, hauteur voisine habitée de l'âge de bronze jusqu'au Moyen-Age. Des maisons du XVIe en encorbellement bordent les rues. De l'ancienne abbatiale détruite en 1571 subsistent le clocher Saint-Martin, donjon octogonal et crénelé et une abside flamboyante aux fenêtres géminées. Le nom de Sorèze a enfin été rendu célèbre par son collège privé que créèrent les Maristes en 1638. Le Dominicain Lacordaire lui donna à partir de 1854 un nouvel élan, et y mourut en 1861. Les bâtiments XVIIIe peuvent être visités en été, ainsi que la salle des "grands anciens" au rang desquels figure Simon Bolivar, libérateur du Vénézuéla, de l'Equateur et de la Colombie.

LA BASTIDE DE REVEL

Autour de la place Philippe-VI-de-Valois où est la vieille Halle, le quadrillage rationnel des rues de Revel est l'indice visuel et évident de cet urbanisme volontaire qui, à partir du XIIIe, émailla deux siècles durant tout le sud-ouest. Et c'est effectivement là une bastide fondée en 1382, mais peu ont réussi aussi bien que Revel à s'étaler harmonieusement au-delà des limites prévues par les fondateurs, et des remparts, qui, démantelés en 1629 ont été remplacés par une ceinture de boulevards. Ce n'est pourtant pas les épreuves qui manquèrent à la ville, de la peste de ses débuts au grand incendie du siècle dernier qui ravagea le beffroi de bois, en passant par les guerres de religions qui la firent plusieurs fois changer de mains...

conduit à...
3.20
"La Coutarié"(hameau). On retraverse le ruisseau sur un petit pont à gauche, puis on poursuit vers...
3.30
Lugarié (point d'eau).
3.40
Carrefour au pied de l'église de St Jean, juste après un petit pont sur le Sant. Continuer tout droit (O) et 50m après le cimetière, prendre à gauche (S-S.E) vers le hameau du moulin de St Jean. Là, prendre le petit chemin goudronné à droite (S.O, puis E-S.E et S) direction Verdalle (panneau).
3.58
Carrefour au Moulin-Bas. Prendre à droite (O-S.O) puis 30m après, à la bifurcation, à gauche (S. puis S-S.E).
4.04
Carrefour à Mérault. Prendre à droite (S.O) un chemin de terre.
4.09
Le chemin disparaît: continuer tout droit entre deux champs. Au bout de 100m (balisés tout de même) on retrouve un vague chemin herbeux. Il débouche sur...
4.14
La D14. Prendre à droite (N-N.O). 200m plus loin, juste après un petit pavillon, suivre à gauche (S.O) un petit chemin de terre qui descend vers...
4.21
La ferme d'En Jaurès. On passe devant la ferme, puis entre celle-ci et de grands bâtiments agricoles, pour continuer par un petit chemin herbeux qui disparaît bientôt dans des

UNE HALLE DU XIVe SIECLE

Point central de la Bastide, la vieille Halle est aussi le monument le plus remarquable de Revel. Si son Beffroi, où siège le S.I., a dû être reconstruit après l'incendie, le vaste toit à quatre pentes qui l'entoure continue à reposer sur une charpente du XIVe. Celle-ci tient sur une forêt de piliers. Tout autour, la place également carrée lui est un écrin assorti avec ses galeries marchandes couvertes, appelées ici "les garlandes". (Cette forme occitane de "guirlande" désigne aussi les avancées de toit ourlées). Le samedi, place et halle s'animent d'un marché. On verra encore des maisons à encorbellement et des fenêtres anciennes dans les rues voisines. Au Temple protestant, orgue classé du XVIIIe.

Beffroi de Revel

près. On continue tout droit (S.O) et...

4.29

Presqu'en plein champ on retrouve une croix de St Jacques. Prendre à gauche (S-S.E) un chemin herbeux bordé de chênes. On retrouve à hauteur de "la Bastide" (ferme) un chemin de terre. Tout droit (S).

4.43

Bifurcation. Prendre à droite (O-S.O)

4.48

Carrefour. Traverser et continuer en direction d'En Coste (O-S.O).

5.00

La D12. Prendre à gauche sur 20m, puis à droite (O.) dans un nouveau petit chemin goudronné.

5.09

Carrefour. Tout droit (S.O) sur un chemin de terre. Pont sur le ruisseau de la Gineste.

5.20

La D85. Suivre à droite (O puis S.O) sur 500m, puis prendre à droite (N.O) un petit chemin goudronné vers Ste Affrique.

5.39

La Borie-Grande, ferme. Ne pas rater le petit chemin de terre à gauche (O, bien balisé) qui disparaît bientôt sous le château de Ste Affrique. Continuer pour trouver, 100m plus loin, un chemin herbeux entre des rangées d'arbres qui remonte derrière...

5.50

En Guinet (ferme). Clôtures électriques à enjamber. Continuer tout droit par un chemin goudronné.

5.56

Carrefour avec deux beaux

LA "RIGOLE A RIQUET" FIT BEAUCOUP RIGOLER

Quand Paul Riquet (voir plus loin), se lança dans l'aventure extraordinaire de réunir les deux mers par un canal, on connaissait déjà les écluses : il y en avait entre Seine et Loire sur le canal de la Briare. Mais le problème qui avait jusque-là semblé insoluble était : "Comment maintenir de l'eau dans le canal, alors qu'à chaque ouverture elle s'écoulera par une double pente ?" Il trouva, lui, la solution, en allant la chercher à 80 km de là, dans ce château d'eau naturel qu'est la Montagne Noire : il imagina de creuser des "rigoles" pour amener l'eau le long de la ligne de crête jusqu'au Seuil de Naurouze. Tout d'abord à Versailles, on rigola beaucoup de "la rigole à Riquet", même Colbert. Mais si Louis XIV avait des défauts, il avait le sens de la grandeur, et Riquet reçut son feu vert. Les rigoles sont deux, séparées par les 85 ha du lac de Saint-Ferréol : en amont "la rigole de la montagne" collecte cinq ruisseaux ; en aval "la rigole de la plaine", véritable petit canal, et qui fut même un temps navigable, est bordée d'arbres et du beau chemin que nous allons suivre.

LE BASSIN DE ST. FERREOL, PREMIERE VALLEE NOYEE DE FRANCE

De Revel, une variante en boucle du G.R.7 peut permettre d'aller faire le tour du lac de St. Ferréol, qui est à 4 km. au sud-est, hors de notre itinéraire. Devenu base nautique et parc de loisirs, c'est la clef de la réalisation de Paul Riquet. Ce fut sans doute le premier exemple en France d'une vallée noyée, celle du ruisseau le Laudot. Pour cela sept cents ouvriers travaillèrent pendant cinq ans à partir de 1667 à bâtir une digue de 800 mètres de long et de 32 mètres de haut, en remplissant de terre l'espace entre trois longs murs.

pins parasols. Tout droit (S.O).

6.04

Carrefour. Prendre à gauche (S) vers la Janardarié, hameau, puis la métairie de Ste Thérèse. Le chemin monte et vire à droite (N.O).

6.23

Carrefour. Prendre à gauche (S.O) pour entrer dans le hameau de Cahuzac. Derrière l'église descendre par un petit chemin goudronné. Continuer tout droit (S.O) en suivant les balises jusqu'à...

6.51

Un carrefour (calvaire). Prendre à droite (N.O) direction Couffinal, et 500m plus loin à gauche (S.O) vers "la Borde Basse". Devant celle-ci continuer tout droit par un chemin herbeux.

7.03

En plein champ, croisement de deux chemins herbeux. Prendre à droite (N.O) un chemin très droit entre deux champs.

7.11

Un petit chêne balisé. Prendre à gauche (S.O) jusqu'aux "Moureaux" (hameau). Traverser la D45 et prendre le chemin qui s'ouvre cinq mètres à gauche (S.E) entre deux maisons. 20m après, prendre à gauche puis à droite (S.O) derrière les dernières maisons. On arrive rapidement à un...

7.19

Carrefour. Prendre à droite (N.O) le chemin qui mène aux "Cédassiers". Puis franchir le pont sur le Sor.

7.36

Carrefour. Prendre à droite (N.O) et suivre tout droit jusqu'à...

En amont, le détournement des eaux du Sor entraîna la fermeture de manufactures à moulins qui se trouvaient sur son ancien cours, vers le nord.

7.58
La D622. On la suit à gauche (S.O) jusqu'à Revel. En suivant la rue qui s'ouvre dans l'axe de la D622, on arrive...
8.10
Place des Halles.

HORS SENTIER : CHATEAU ET FRESQUES DE VAUDREUILLE

Notre sentier laisse à environ 3 km au sud puis au sud-est Vaudreuille qui, au bord de la Rigole, possède deux monuments médiévaux : un château à tours rondes du XIVe, percé au XVIe de fenêtres à meneaux, avec un pigeonnier isolé ; et, au cimetière, une ancienne chapelle romane ornée au XIVe de fresques murales.

RENSEIGNEMENTS PRATIQUES :

* Viviers-lès-Montagnes:
- 2 alimentations ouvertes même le dimanche.

Hébergement :
* Revel
- hôtel du Midi , tél 61 83 50 50
- hôtel Adelscott, tél 61 83 51 39
- Syndicat d'Initiative, tél 61 83 50 06

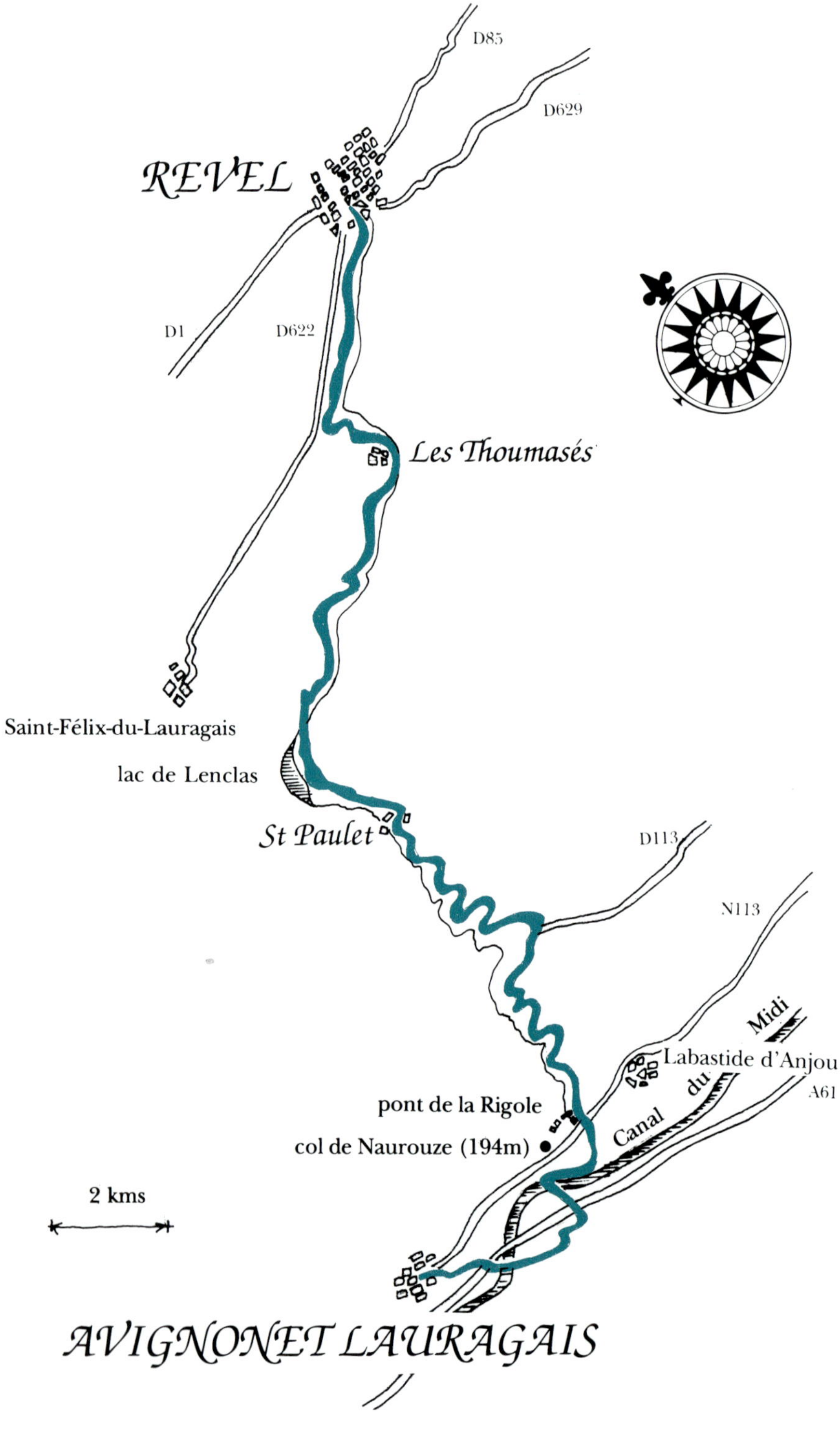

renseignements cartographiques p.: 271

ETAPE 13 - 37 KM - 9 HEURES 15

REVEL - AVIGNONET-LAURAGAIS Le long de "La Rigole"

De Revel à Toulouse, plusieurs chemins semblent avoir existé. Nous préférons suivre celui dit "de la Rigole", qui consiste à suivre les rives ombragées de ce long fossé servant à l'alimentation en eau du Canal du Midi. Itinéraire évident donc, plat, paisible et long, qui nous mène jusqu'au seuil de Naurouze, passage à peine marqué entre le versant méditerranéen et la vallée de la Garonne. Ceci nous fait revivre la grande épopée de Riquet, le génial gabelou devenu ingénieur du royaume, et peut paraître nous éloigner quelque peu du chemin de St Jacques: mais les Jacquets passèrent partout, et nous retrouvons ici la trace de ceux qui venaient de Béziers. - Que de discussions ils durent alors avoir avec quelques Parfaits, sur ce trajet où tant de villages furent cathares! - Il serait possible de rallier Toulouse en deux "étapes-marathon" (plus de onze heures chacune) en faisant halte à Villefranche-de-Lauragais; mais nous choisirons plus sagement de nous arrêter deux fois, d'abord à Avignonet-Lauragais, puis à Montgiscard.

LE G.R.7., SENTIER EUROPEEN DE CLUNY AU PAYS CATHARE

Le Sentier de Grande Randonnée n° 7 dont nous suivons aujourd'hui la Variante est un grand itinéraire européen qui traverse toute la France. Faisant suite à des sentiers allemands, il part du Ballon d'Alsace, passe par la Lorraine, Langres, Beaune, Cluny, le Beaujolais, les monts du Vivarais, des Cévennes, de l'Espinouse et de la Montagne Noire avant d'arriver jusqu'à nous. Plus au sud, il se poursuit vers le piémont Cathare, Puivert, Montségur, traverse les Pyrénées par l'Andorre, et se poursuit en Espagne.

CONCILE CATHARE A ST-FELIX-LAURAGAIS

Légèrement hors sentier à moins qu'on n'y fasse étape, Saint-Félix domine la plaine du

0.00
Place des Halles de Revel. Sortir par l'angle S.O et suivre la rue Dreuilhe jusqu'aux boulevards. Là, prendre tout droit en face (S.O) en suivant la direction "Vaudreuille" jusqu'à...

0.14
La "Rigole de la plaine". Avant le pont de la D79 sur la Rigole prendre le chemin à droite (balises de la boucle "Pierre-Paul Riquet" du GR 7). Le chemin ne peut être plus évident: on suit la rive droite de la Rigole...

1.54
Ecluse "des Thoumasés". De suite après, on traverse la D624 , puis on continue à suivre la Rigole.

Lauragais sur une éminence déjà habitée aux temps préhistoriques et romains. Les Cathares y tinrent en 1167 leur premier concile, et la présence du Patriarche Bulgare Nicetas confirme bien l'influence bogomile sur cette hérésie. Simon de Montfort s'empara en 1211 de la place forte, et une bastide y fut fondée. Le Parlement de Toulouse s'y réfugia en 1482, année de la peste. Le château dont certaines parties remontent au XIIe a un donjon du XIVe. Des restes de remparts entourent la cité, dont la place centrale a une halle avec tour, et des façades à colombages. Collégiale du XIVe, tout comme la Commanderie à la façade sculptée.

LES FILS DE ST. FELIX : NOGARET ET DEODAT DE SEVERAC

Saint-Félix-Lauragais a donné naissance à deux personnages célèbres. Le plus récent est le compositeur Déodat de Séverac (1873-1921) dont on peut voir la maison natale, et le monument. Déodat était son prénom. Il chanta souvent son pays, notamment avec "A l'aube sur la montagne", "Mélodies languedociennes" et "Cerdanya". - L'autre, qui laissa un souvenir moins souriant, fut Guillaume de Nogaret, né en 1260. Juriste et chancelier de Philippe le Bel, il le servit jusqu'aux bornes de l'iniquité, déposant le pape Boniface VI, dépouillant de leurs biens les juifs toulousains, puis les Templiers, qu'il fit torturer et condamner. Leur grand maître Jacques de Molay, voué au bûcher en 1312 après s'être rétracté, le "cita à comparaître avant un an devant le Tribunal de Dieu". Et de fait, Nogaret mourut en 1313.

DES CASSES A MONTMAUR, CHEMIN FAISANT

* Seules restent des ruines du château catha-

3.01
Pont et chemin blanc de "l'Engautier". Cette fois-ci, nous traversons le pont pour suivre la rive gauche de la Rigole.
3.16
Pont de la D67 (antenne vers St Félix de Lauragais, demi-étape possible). Nous la traversons et continuons tout droit, en direction du lac de Lenclas. Le G.R. fait le grand tour du lac, mais rien n'empêche de suivre plutôt le barrage et de rattaper le G.R. de l'autre côté. Suivre toujours la rive gauche de la Rigole.
4.19
Pont de la D113 vers St Paulet. Continuer tout droit le long de la Rigole, sans se préoccuper des ponts et des chemins qui mènent aux hameaux voisins.
5.03
Pont de la D58. Poursuivre rive gauche.
6.05
Pont de la D1 sur la Rigole. Traverser la D1 et continuer sur la rive gauche.
7.30
Au lieu-dit "Pont de la Rigole", à proximité du col de Naurouze, on trouve d'abord un pont désaffecté de la N113, puis la N113 elle-même. Traverser pour retrouver à gauche (O) la Rigole et ses arbres bienfaisants. Suivre rive gauche.
7.54
Minoterie de Naurouze. On traverse la D218 pour arriver sur l'immense ouvrage annulaire entre la Rigole et le canal du Midi. Suivre la promenade qui longe au Sud cette grande pièce d'eau.

re de "Les Casses" où en 1211, Simon de Montfort fit brûler 50 hérétiques. Murs XIVe d'une chapelle des Clarisses disparue et, contre l'église, huit stèles funéraires discoïdales.

* Autre "discoïdale" à l'entrée du cimetière de Saint-Paulet, village perché et dominé par un château-fort en partie du XIIIe. Transformé au XVIe pour résister à l'artillerie, il appartint aux La Tour d'Auvergne : c'est pourquoi le cœur de Turenne y fut ramené en 1819.

* Montmaur, fut aussi cathare ; Simon de Montfort la prit en 1211 et l'Inquisition y siégea. Le château du XVe a quatre tours rondes, des machicoulis, deux enceintes, un donjon central, des gargouilles sculptées, des fenêtres Renaissance. Et toujours des stèles discoïdales derrière le chevet pentagonal (XVe) de l'église.

Moulin dans le Lauragais

7.59

Un pont par-dessus le bras du canal qui va entre l'anneau et le Canal du Midi. On traverse, puis on prend à gauche (S.O) le long de ce bras d'eau jusqu'au canal du Midi. Suivre à droite (N) un petit sentier sous des platanes superbes jusqu'à...

8.08

L'écluse "de l'Océan". Le G.R. traverse ici le canal du Midi, puis s'en éloigne par le chemin goudronné qui le prolonge. A la bifurcation de chemins goudronnés, prendre la branche de gauche (S-S.E puis S).

8.19

On traverse le chemin de fer, puis l'autoroute "des deux mers".

8.25

250m après l'autoroute, quitter le chemin goudronné pour un vague chemin entre deux grands champs à droite (N.O), qui se dirige vers la ferme "Bousqui" que l'on voit à 500m. Traverser le petit pont sur le ruisseau de Fresquel. Puis prendre à gauche (S.O) dans un chemin herbeux jalonné par quelques peupliers. On arrive sur...

8.34

La D80 que l'on prend à droite (N.O). 300m plus loin, le GR 653-81 prend le premier chemin à gauche (S.O et O) qui grimpe au sommet du coteau. Mais si l'on désire faire étape à Avignonet, continuer sur la D80.

8.50

"Port Lauragais", port de plaisance (hôtel, restaurant, ravitaillement possible). Tout

SEUIL DE NAUROUZE, ET PORT-LAURAGAIS

C'est à peine si l'on aperçoit qu'on franchit un col... Cette molle encoche d'une molle colline sépare pourtant la dernière vague des Cévennes et la première vague des Pyrénées. C'est le point le plus bas de la ligne de séparation des eaux, et le point le plus haut du trajet Narbonne-Toulouse : 190 m au-dessus du niveau de la mer, 132 au-dessus des quais toulousains de la Garonne. Le Lauragais dont il est la porte était le pays de Laurac, un village perché au sud de Castelnaudary. Laurac lui-même fut d'abord en latin le domaine d'un sieur Laurus. Point stratégique, il appartint aux comtes de Carcassonne, Barcelone ou Béziers, jusqu'à ce que Saint-Louis s'en empare ; en 1478 Louis XI l'érigea en comté au bénéfice de Bertrand de la Tour d'Auvergne.

Faites pour l'"Homauto", les dimensions de l'aire de Port-Lauragais sont éprouvantes pour le marcheur. Ce fut pourtant une grande idée que d'y combiner les haltes sur le double trajet auto-routier et naval unissant les "Deux-Mers" : port de plaisance, station service, hôtellerie, et un remarquable "Musée Paul-Riquet" qui dit tout sur l'épopée du Canal du Midi.

CE CANAL QUI FIT D'UN PETIT GABELOU UN GRAND INGENIEUR

Percepteur de la Gabelle à Béziers, Pierre-Paul Riquet parcourait à ce titre pas à pas tout le Languedoc. C'est ainsi qu'il put trouver les solutions définitives à ce projet d'un canal long de 240 km, large de 20 mètres, profond de 2,25 avec 126 ponts routiers, 64 écluses, 55 aqueducs, 7 ponts canaux où le canal passe au-dessus d'une rivière (dont celui des "Voûtes", sur l'étape de demain). Un

droit (N.O).
8.56
Pont sur le canal du "Bas-Marbail". Suivre la D80 qui traverse le pont pour retrouver 1km plus loin la N113 et...
9.13
Avignonet-Lauragais.

****

édit royal lui permit en 1666 de passer à l'action. Il se révéla alors un grand chef d'entreprise, embauchant 12.000 travailleurs, leur garantissant un statut social sans équivalent à l'époque et ce pendant quinze ans. L'argent du Roi, quatorze millions de livres n'y suffit pas, et il mourut apparemment ruiné en 1680 peu avant l'ouverture du canal du Midi. Apparemment seulement, car s'il avait dû vendre les biens de famille, il laissait à ses héritiers la concession d'un Canal qui allait les enrichir. Il ne fallait plus que huit jours pour acheminer de Béziers à Toulouse des marchandises, qui en demandaient vingt au temps des mulets. Racheté par l'Etat en 1838, insuffisamment modernisé en 1971 (il comble trop de monuments historiques) il doit un second souffle au tourisme nautique.

Stèles discoïdales

RENSEIGNEMENTS PRATIQUES :

- Au lac de Lenclas : restaurants et possibilité de suivre une boucle antenne du GR7 vers St Félix-Lauragais (commerces, hôtels, restaurants).
- Sur l'autoroute "des deux mers", 700 mètres à droite du pont où nous la traversons, ravitaillement possible à "l'aire de service du Lauragais".
- Avignonet-Lauragais: hôtels, restaurants, tous commerces.

Hébergement :

* St-Félix-Lauragais
- Auberge du Poids Public, tél 61 83 00 20
- hôtel Le Cocagne, tél 61 83 00 02
- Syndicat d'Initiative, tél 61 83 01 71

* Port-Lauragais
- hotel La Couchée, tél 61 27 17 12

* Avignonet - Lauragais
- hôtel l'Obélisque (RN 133), tél 61 81 63 76
- Syndicat d'Initiative, tél 61 81 63 67

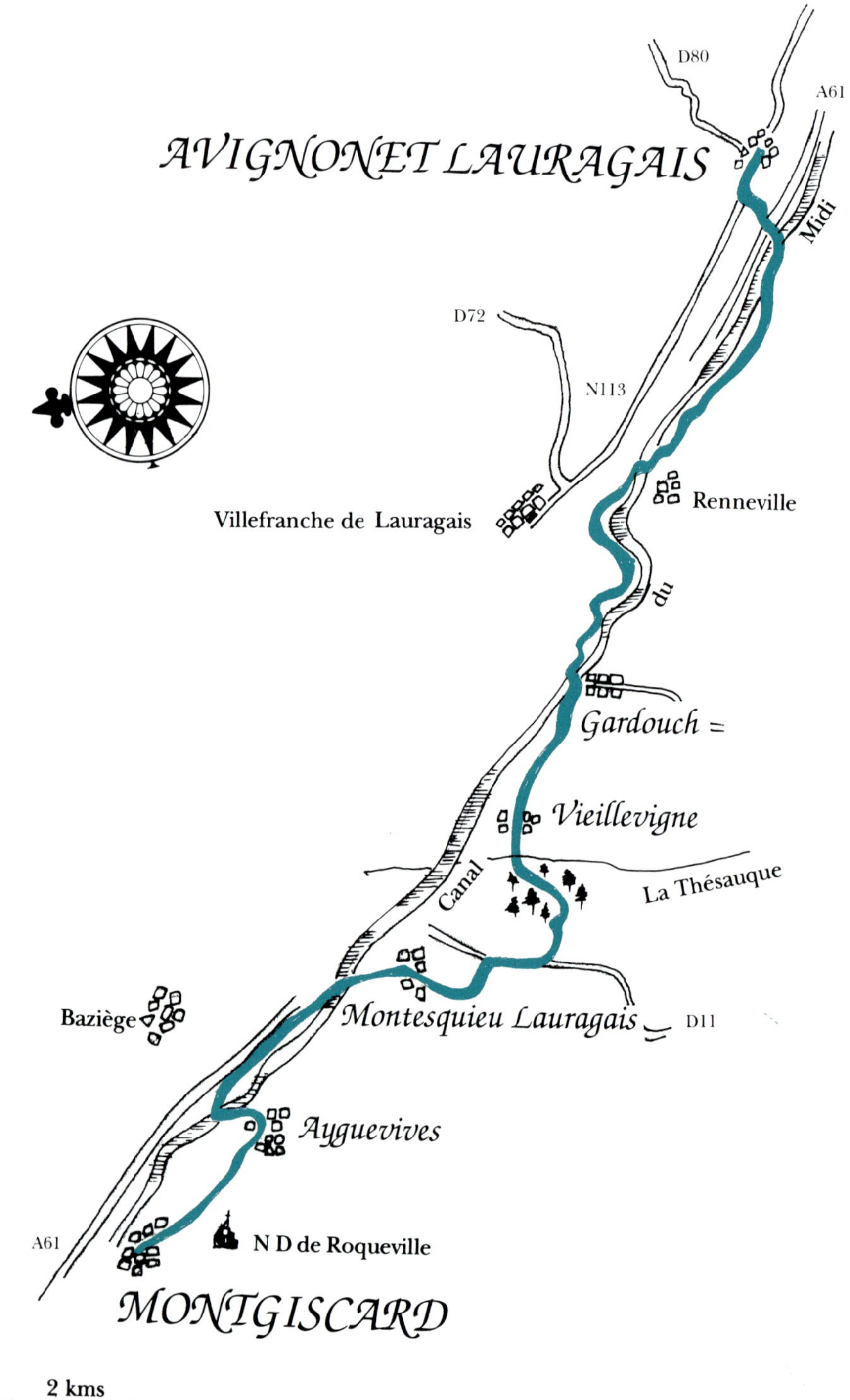

renseignements cartographiques p.: 273

ETAPE 14 - 29 KM - 7 HEURES 15

AVIGNONET-LAURAGAIS MONTGISCARD

De nouveau le dilemne: authenticité ou plaisir? A Avignonet-Lauragais nous sommes bien sur l'ancien chemin des pèlerins de St Jacques dont l'étape, d'ailleurs, aurait été plutôt Villefranche. Le problème est que cette voie est si évidente que tous les moyens de transport contemporains l'empruntent: route nationale, autoroute, voie ferrée, canal...Au fur et à mesure que nous nous rapprochons de Toulouse le réseau se resserre et la vallée de l'Hers, pourtant large, s'engorge. Le plaisir est ailleurs. Bien sûr, nous pourrions suivre le chemin de halage du canal du Midi jusqu'à Toulouse, mais ce qui faisait le charme le long de la Rigole deviendrait ici lassitude. Pour gagner Montgiscard nous préconisons un itinéraire qui nous fait remonter dans les coteaux et retrouver la variété d'une campagne vallonnée. Courte étape, elle nous place devant une difficulté pratique: Montgiscard, ville-étape, n'offre aucun hébergement. Nous voici donc obligés soit de nous détourner de notre chemin pour trouver un hôtel (à 2km), soit de dormir dehors. Belle occasion de méditer sur les aléas que devait connaître le Jacquet, et de partager avec lui le même ciel étoilé au-dessus du bivouac...

LE MASSACRE DES INQUISITEURS A AVIGNONET

Avignonet n'a pris qu'en 1921 son épithète lauragaise. Il y avait là, au temps de la Croisade Albigeoise, le puissant château de Gaulch, appartenant au Comte de Toulouse. Le bayle Raymond d'Alfaro en avait la garde. En mai 1242, deux inquisiteurs, Frère Arnaud-Guilhèm de Montpellier et Frère Etienne de Narbonne, y avaient installé leur tribunal avec onze juges, notaires et huissiers en majorité toulousains. Grégoire IX, Pape très humain, avait mis une sourdine aux bûchers, mais il venait de mourir et l'Inquisition reprenait de plus belle. Les haines étaient vives,
et un vaste complot se tissa sans qu'il se trouvât personne pour en prévenir les juges. Pierre de Mirepoix, chef de la garnison de Mont-

0.00
Devant l'église d'Avignonet-Lauragais suivre la D80 jusqu'à la N113. La traverser pour reprendre la D43, direction St Michel-de-Lanès. On croise la voie ferrée, puis l'autoroute A61.
0.16
Pont d'En Borrel: traverser. Nous rejoignons ici le tracé du GR 653-81. Prendre à droite (O) le long du canal. 900m plus loin, suivre le chemin goudronné qui monte à gauche (S.O et O).
0.37
Carrefour. Suivre le chemin goudronné à droite (O-N.O) en sommet de coteau. Nous redescendons sur...

ségur, accourut au galop avec cinquante hommes par des routes toutes gardées. D'Alfaro les conduisit avec des torches jusqu'aux chambres où ils taillèrent en pièces les membres du tribunal. Ce fut dans tout le Languedoc une explosion de joie. Raymond VII comte de Toulouse put croire sa puissance retrouvée. Mais dès Janvier 1243 Saint-Louis et Blanche de Castille lui imposèrent la paix de Lorris. Il dut partir pour Rome demander son indulgence. Et une armée de dix mille hommes s'avança vers Montségur...

UN TABLEAU DANS L'EGLISE EVOQUE LE DRAME

Dans l'église d'Avignonet un tableau de 1631 évoque le drame, et montre les martyrs catholiques reçus au Ciel... L'édifice est du XVe, avec flêche octogonale, portail gothique, abside à cinq pans garnie de contreforts et gargouilles. Cloche du XVIe et mobilier du XVIIIe. Dans le Trésor, une bulle du pape Paul III datée de 1538. - Des anciennes fortifications, il reste une tour et des bouts de remparts.

DE RENNEVILLE A VIEILLEVIGNE,

* Nous sommes au pays ou fleurît jadis l'"isatis tinctoria", à savoir le pastel.
* Rien de très particulier à Renneville (église en partie XVIIIe) sinon que donnée aux Hospitaliers en 1213, la localité devint Commanderie en 1270 et eut alors droit à sa Charte de Coutumes. Mais les Anglais la dévastèrent en 1335.
* 30 minutes après, "Aqueduc des Voûtes" construit en 1690 sur proposition de Vauban : l'Hers-Mort y passe en-dessous du Canal du Midi.
* L'écluse de Gardouch comprenait aussi un moulin et un port, celui de Villefranche-de-

1.24
Un carrefour au pied d'une montée vers le village de Renneville. Prendre à droite (N) en descendant, direction Villefranche-de-Lauragais.
1.30
Carrefour. Prendre à droite (N.E) en descendant la D72 qui traverse bientôt le canal du Midi. Ecluses et pont de Renneville. Suivre à gauche (N.O) le canal par le chemin de halage, rive droite (ici à droite et hors GR,, en 22 minutes en suivant la D72, Villefranche-de-Lauragais, ancienne étape sur le chemin de St Jacques venant de Béziers. Hôtels, restaurants, commerces, gare SNCF).
2.30
Pont de Gardouch. Traverser pour suivre la rive Sud du canal. Sentier ombragé. Passage pour un ruisseau sous le canal du Midi. De l'autre côté, juste devant un cimetière, prendre à gauche (S.O).
2.38
Carrefour. Prendre à gauche (S) vers le centre de Gardouch et continuer par la D16 (Gardouch: ravitaillement, restaurants).
2.41
Carrefour avec Vierge. Prendre la rue qui monte à droite (O). Au carrefour suivant continuer tout droit par le chemin goudronné qui quitte Gardouch en montant une longue côte, en haut de laquelle on trouve un calvaire et un réservoir. Continuer tout droit (O-N.O) par le chemin qui redescend vers...
3.16
La place de la mairie de

Lauragais, que nous laissons sur l'autre rive.
* Cette ville active, connue pour son cassoulet, a aussi une église du XIIIe, en gothique méridional et à clocher-mur.
* Peu avant Vieillevigne, moulin à vent en ruine. Ce village perché possède un château du XVe à tours cylindriques et une Halle.

L'Ecluse du Sanglier, Canal du Midi

LE G.R. 81, SENTIER DES DEUX MERS

Assez récent, le G.R.81 pourrait être une variante pour nous. C'est en effet un "Sentier des Deux Mers", comme le canal ou l'autoroute. Il vient du Lot-&-Garonne par Moissac et continue vers Castelnaudary. Entre Montgiscard et Toulouse, il se confondra d'ailleurs avec notre itinéraire.

MONTESQUIEU-LAURAGAIS, VILLAGE PERCHE.

Le fût du Moulin d'en Haut, puis le Moulin d'en Bas, que le vent a cessé de faire tourner, jalonnent la descente vers Montesquieu-Lauragais, puis un calvaire et une fontaine, la remontée vers ce village perché. Mentionné dès le XIIIe siècle, il fut fortifié par les protestants, puis incendié en 1585 par le Duc de Joyeuse. L'église Saint-Jacques, gothique méridional, date de 1600, même si son mur campanaire paraît plus ancien. Un porche de

Vieillevigne. Continuer à descendre, assez raide, jusqu'au carrefour avec la D97. La traverser. Tout droit (O).
3.26
Pont sur la Thésauque. Continuer par le chemin de terre qui prolonge le pont. 500m après le pont, quitter le chemin en fond de vallée pour suivre à droite (O) un petit vallon montant assez raide.
3.39
En haut du vallon, prendre le petit chemin de terre qui décrit un lacet à gauche (S) dans le bois, avant de déboucher sur un grand champ. Couper tout droit (S-S.O) par un vague chemin vers ...
3.46
Un chemin empierré, à l'orée du bois Barrat. Le suivre tout droit (S-S.O) puis, 20m plus loin, prendre le chemin empierré à droite (O-N.O). 300m plus loin on arrive sur un chemin goudronné. Suivre à gauche (S.O puis O-N.O).
3.58
Carrefour. Prendre à droite (N, panneau balisé et marqué "GR 81"). 1km plus loin...
4.13
Prendre à gauche (N.O) un petit chemin de terre vers "Sanssou". Devant la ferme, prendre à gauche (S-S.O) le vague chemin herbeux qui descend au fond d'un vallon, puis remonte pour rejoindre...
4.26
La D11. Prendre à droite (N-N.E) et suivre jusqu'à...
4.40
Montesquieu-Lauragais (ravitaillement, restaurants). Au monument aux morts, prendre à gauche (N.O puis N-N.O),

1882 a intégré une statue de Jacques-le-Majeur, au-dessus d'une fontaine, aujourd'hui abandonnée. Cloche classée de 1583. La mairie de brique ornée de tours carrées, est un ancien château de l'époque du pastel, en partie Renaissance.

D'AIGUEVIVES A LA CHAPELLE DE ROQUEVILLE

Une borne milliaire romaine, qui se trouvait près de l'église, rappelait l'ancienneté d'Ayguevives, qui eut à l'époque romane une abbaye et un château fort. Le village doit son nom aux "eaux vives", surtout quand elles sont en crues, du ruisseau l'Amadou, longeant le parc du château XIXe, racheté par la ville. Le monument le plus ancien est l'élégante église gothique de 1500 avec un beau mur-clocher ajouré de cinq arcades, une abside à cinq pans, un bénitier XVIIe et une des quatre cloches datée de 1521. - Trente minutes plus loin, la chapelle N.D. de Roqueville, qui exista au Moyen-Age, fut détruite et a été reconstruite au XIXe , est un pèlerinage fréquenté.

MONTGISCARD, PLACE TRES DISPUTEE

Le petit port de Montgiscard sur le canal du Midi conserve, outre la maison éclusière, un lavoir chauffable, datant de Riquet, et qui permettait aux mariniers de laver leur linge. Le nom du village, indique une place fortifiée, et fut peut-être ramené de la route des croisades. Mais ce premier Montgiscard fut détruit, en 1211 pendant les luttes cathares. Alphonse de Poitiers, frère de Saint-Louis, y implanta alors une bastide qui semble avoir survécu au sac de 1355, par le Prince Noir. Ses fossés, comblés en 1820 font aujourd'hui une jolie promenade du "Tour de Ville".

direction Ayguesvives. Le chemin descend jusqu'à...

4.53

La D16, que l'on traverse pour prendre le chemin goudronné en face.

4.56

Pont "d'En Serny" sur le canal. Le traverser, puis prendre à gauche (N.O) en suivant le chemin de halage du canal.

5.21

Ecluse du Sanglier. Ici le GR 653-81 doit emprunter un chemin creux au pied du coteau qui s'élève rive gauche du canal. En 1989 celui-ci était impraticable. En attendant son ouverture (et son balisage que l'on suivra alors), continuer rive droite du canal. Après "Ticaille" on arrive aux pont et écluses juste avant la N113. Traverser le pont pour suivre la D16 à gauche (E-S.E puis S-S.O) vers Ayguesvives.

5.50

Entre les dernières maisons du lotissement des Ourmettes et les premières d'Ayguesvives, prendre à droite (S.O) entre deux piliers de brique surmontés de boules de pierre le chemin blanc qui mène à une rue goudronnée juste devant un château. Tourner à droite.

5.54

Place (ravitaillement). Belle église. Prendre (O-N.O) le chemin des Graves (panneau).

6.01

Prendre à gauche (S.O puis O.N.O) le chemin de Nostre-Seigne, d'abord en goudron puis empierré. Continuer tout droit (O-N.O) par le chemin de Bordières jusqu'au...

L'église gothique est du XIVe avec ses nervures en relief, ses chapelles entre les contreforts, ses voûtes aplaties. Le splendide clocher-mur du XVIe, à deux tourelles et six ouvertures campanaires est l'oeuvre de Nicolas Bachelier, l'architecte toulousain de l'Hôtel d'Assézat. Intéressant mobilier classique : quatre bustes reliquaires, un autel de marbre et de stuc, anges, chaire et Piéta. Aimables boutiques Belle-Epoque, dont un "café du Foirail" à marquise de fer forgé.

RENSEIGNEMENTS PRATIQUES :

* Villefranche-de-Lauragais (à 22 minutes de notre chemin): hôtels, restaurants, commerces.
* Montesquieu-Lauragais: restaurants, services.
* Ayguesvives: commerces.
* Donneville: hôtel-restaurant "l'Enclos", RN113.

Hébergement :
* Villefranche de Lauragais
- Hôtel de France, tél 61 81 62 17
- Auberge Le Nicetas, tél 61 81 62 11
- Syndicat d'initiative, tél 61 27 20 94
* Donneville (Montgiscard)
- hôtel l'Enclos (RN 113), tél 61 81 90 84

6.30
Lotissement des Amouriès. Prendre tout droit (N.O) le chemin de Fontblazy (panneau) qui descend en direction de Montgiscard. Quand ce chemin remonte à gauche, le laisser pour prendre à droite (N-N.O) un petit chemin qui descend sous les saules. On remonte sur...
6.41
Une grande rue à deux pas de l'église. Prendre à droite vers l'église, puis à gauche le long de celle-ci pour arriver sur...
6.43
La place centrale de Montgiscard. Descendre par la grande rue et, 200m plus loin, prendre à gauche (S.O) la rue des Tuiliers. C'est ici qu'il faut décider ce que l'on compte faire:
- Aller au seul hôtel du coin, à Donneville (2 km). Pour cela on peut: soit descendre jusqu'à la RN113 et la suivre jusqu'à l'hôtel; soit continuer jusqu'au carrefour suivant la ferme ruinée de Mont Ratier (voir étape suivante) et de là suivre tout droit sur Donneville (plus long, mais moins désagréable).
- Bivouaquer à la ferme abandonnée de Mont Ratier (43 minutes de Montgiscard) ou au château de Montbrun-Lauragais, également ruiné (1 heure 15 de Montgiscard), ou encore dehors, n'importe où, ce qui est souvent le mieux. Il faut donc compter la véritable fin d'étape au moins une demi-heure après Montgiscard.

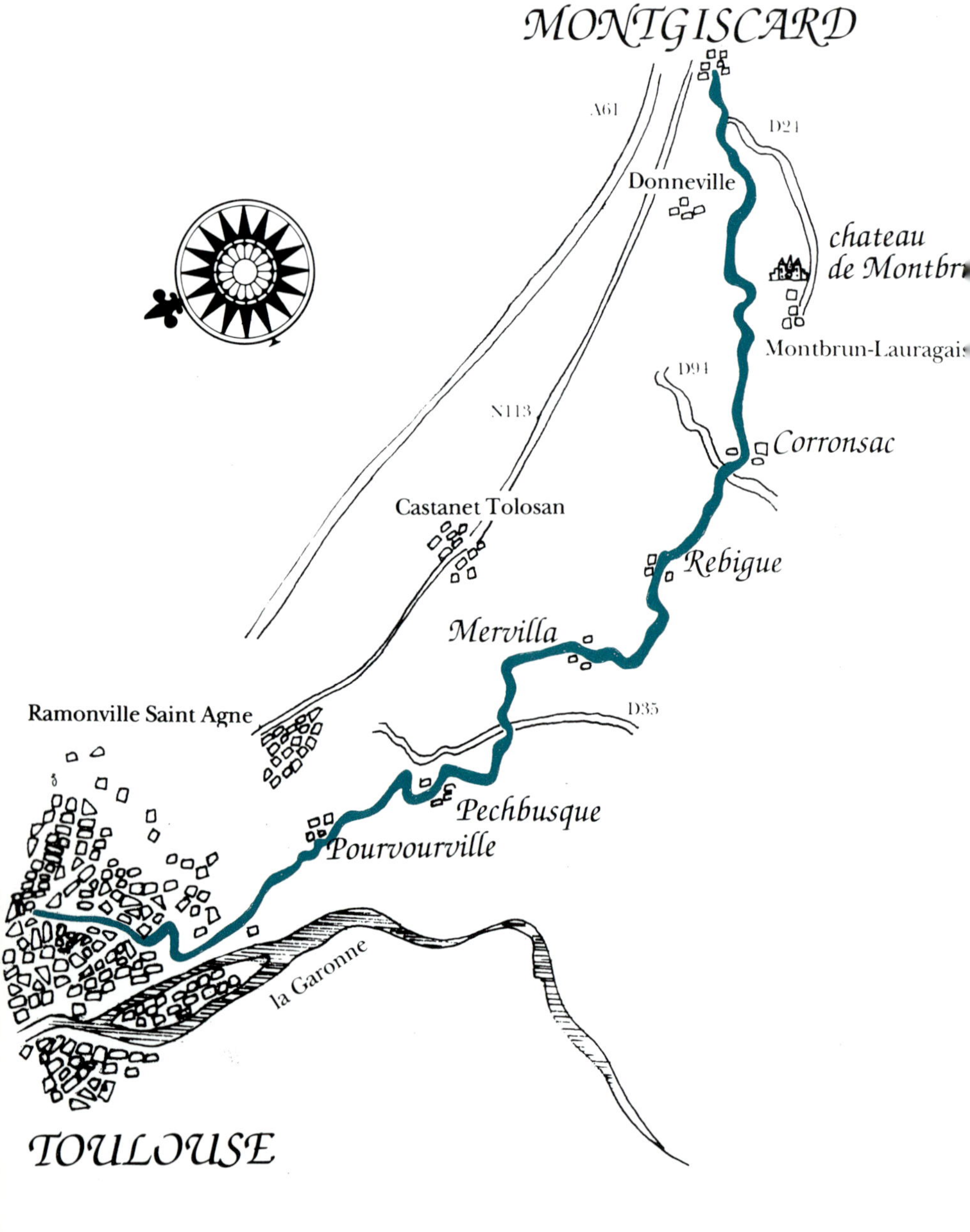

renseignements cartographiques p.: 275

ETAPE 15 - 28 KM - 6 HEURES 50

MONTGISCARD - TOULOUSE

L'itinéraire de cette nouvelle étape, d'une longueur moyenne, s'exile dans les replis des coteaux, loin de l'urbanisation rampante des banlieues toulousaines. Certes, il s'agit d'un tracé biscornu, mais nous ne nous en plaindrons pas, car il est constamment agréable et cela jusque dans le centre de la grande ville. Par monts et par vaux, d'église en chapelle, entre les moulins à vent du Lauragais, nous poursuivons un vagabondage astucieux. On ne perdra pas de vue, cependant, notre but, St Sernin, haut-lieu de la foi médiévale presque au même titre que St Jacques de Compostelle, le coeur battant d'une ville fascinante pour le pèlerin.

TROIS EGLISES, UN MOULIN ... ET UN CHATEAU-BIVOUAC,

* Donneville, qui existait à l'époque gallo-romaine, a une église à clocher-mur, avec double pignon en pinacles datée par une pierre de 1469. L'intérieur est gothique, avec clefs de voûte sculptées. Débris XVe d'une croix de chemin sculptée, cloche XVIe et maître-autel XVIIIe sont classés.
* Si l'église de Montbrun-Lauragais a été très transformée, elle conserve des fonts baptismaux romans du XIIe et une cloche de 1573 classée. Ruines d'un moulin à vent du XVIIe. Le vieux château du XVIe, délaissé, est l'un des lieux de bivouac possibles au bout de l'étape Avignonet-Montgiscard.
* Curieuse et jolie, enfin, avec sa maison accolée, cette église de Corronsac qui nous attend au bout d'un raidillon. Et ancienne aussi, quoique passablement remaniée.. Avec son clocher à l'origine "en fer à repasser", elle aurait fait partie d'un couvent de Templiers, dont subsiste aussi un vieux puits, en bas, chemin d'Urtaut.

0.00
Montgiscard, rue des Tuiliers : la remonter jusqu'à un carrefour. Suivre la D24 en face, direction Montbrun-Lauragais.
0.10
Carrefour: continuer sur la D24 (O-S.O). En haut d'une petite côte, laisser à gauche le chemin de Safrana pour un chemin à droite (O-N.O) qui descend jusqu'à...
0.20
Un pont sur le ruisseau des Rosiers: traverser et prendre tout droit (O-S.O) un chemin de terre entre champs. On traverse un autre petit pont et, 30m après, on prend le chemin de gauche qui suit (S.O) le vallon de Boytouse. En haut de la longue côte...
0.38
Carrefour: prendre à droite, puis encore à droite (N-N.E) le chemin de terre qui monte à...

LES HAUTEURS VENTEES DE REBIGUE

Quelques minutes avant l'église (récente) de Rebigue, le "Chemin du Vieux Moulin" aboutit, comme le nom l'indique, à l'altitude 276m, à un ancien moulin à vent. Plus loin, le groupe de maisons peu après lequel nous quitterons la route porte le nom de "Castel-Vieil" : le vieux château, dont les ruines, bien visibles encore vers 1985, se situaient sur la crête, à l'ouest d'une antenne radio. Seule sa face ouest à été conservée et sert maintenant d'appui à une maison d'habitation.

SUR LE PLATEAU DE L'OPPIDUM DE VIEILLE-TOULOUSE

Mervilla, seigneurie dès le XIVe a une église du XVIIIe. Celle de Vieille-Toulouse, que nous laissons à gauche un peu à l'écart, est du XVe ; mais son plateau que nous traversons, fut dominé, de l'âge du fer au VIe siècle par un oppidum. On y a retrouvé la plus vieille inscription épigraphique de la Gaule, datée de 47 av. J.C : il y avait seulement quatre ans que César avait achevé sa conquête.

DE PECHBUSQUE A POUVOURVILLE, CHEMIN FAISANT...

* Rien de bien spécial, sinon notre émerveillement devant ce cheminement rural qui nous mène aux bords de la Garonne et aux portes de la "ville rose" par les voies de la préhistoire. Mais tout de même :

* L'église de Pechbusque devant laquelle nous passons a un clocher-mur et abrite une Vierge de la Pitié du XVIe, classée. Les maisons de brique et de pierre sont d'une architecture traditionnelle.

0:43
La ferme ruinée de Mont Ratier. Le chemin, goudronné ici, redescend (N-N.O) sur...
0.46
Un carrefour: prendre à gauche (O-N.O) le chemin goudronné qui descend. On laisse à droite le chemin d'Engautier. Le chemin amorce un long virage à gauche (S) en face du château. En bas de la côte, le quitter pour un chemin de terre qui monte vers le château.
1.05
Juste à côté du château, prendre à droite (N.O) le vieux chemin de terre qui descend puis monte raide sous Montbrun-le-Vieux.
1.16
Haut de la côte, la D74: la prendre à gauche (S.O). 200m après, devant la ferme du Capelier, prendre à droite (O) le chemin du Vassal (panneau GR). 150m après, prendre à gauche (O-N.O) le chemin de terre qui descend vers le vallon de Latomy. Suivre tout droit (O-N.O) ce vallon jusqu'aux...
1.49
Premières maisons de Corronsac. Juste avant cellesci, prendre à droite (N) un petit chemin creux qui monte raide à l'église de Corronsac. Prendre entre l'église et le cimetière le chemin goudronné qui descend à...
1.56
La D94: la traverser et prendre en face le chemin de Montseignet. On monte. Jonction avec un autre chemin. Sous un chêne solitaire prendre le chemin de droite

* L'impressionnante Tour de Communication de Ramonville se dresse à l'altitude de 253 m.
* Pouvourville enfin, où le bus urbain stationne sur une place de village, est la pointe de cette avancée du Languedoc rural au coeur de la grande métropole : à quelques centaines de mètres à notre droite, sur la route à grande circulation, Ramonville-Saint-Agne est déjà la ville.
* A voir deux puits (désaffectés, mais peut-être les derniers de Toulouse) rue de Fondeville, l'un face au terrain de foot, l'autre en plein bourg 200 m après l'église.

Christ en Majesté. Eglise St-Sernin de Toulouse

(O-N.O). Bientôt il descend et remonte raide jusqu'à...

2.21

La D95 à Rebigue. Prendre à droite (E) la D95b, puis 150m plus loin à gauche (O-N.O) le chemin du vieux moulin (panneau). On passe devant l'église. 400m après...

2.36

Carrefour: descendre à gauche (S) le chemin de la Croix Blanche, puis 200m après suivre à droite (N.O) un petit chemin herbeux en fond de vallon. 400m plus loin, paddocks à chevaux. Continuer tout droit jusqu'au...

2.56

Fond de la vallée. Le chemin s'arrête dans un champ. Prendre à droite (E puis N.E) en lisière de bois. On monte jusqu'à...

3.06

Falcou, ferme en contrebas à droite. On descend un talus pour prendre le chemin gravillonné qui mène sur le chemin du Moulin (panneau). Le prendre à gauche (O-N.O) sur 200m, puis suivre à droite (N.O puis N) un chemin de terre jusqu'à l'église de Mervilla. Là, prendre à droite (N) un chemin goudronné jusqu'à...

3.26

La D95. Prendre en face la D79, direction Castanet-Tolosan. Juste après la ferme des Ratiers, prendre à gauche (O-N.O, panneau) le chemin de l'Etang. Laisser à gauche le chemin des Micas, puis tourner à gauche (S.O puis O) dans un chemin herbeux devant une vieille maison. Il disparaît mais on continue

TOULOUSE, DES TECTOSAGES AUX CATHARES...

"Tolosa" est née au IIIe siècle avant J.C. avec l'arrivée sur la rive Est de la Garonne d'une tribu celtique, les Volques Tectosages. Leur capitale était l'oppidum de Vieille-Toulouse dont nous longerons le site. Les Romains font naturellement descendre Tolosa dans la plaine, mais ce faisant, au carrefour de la route de Provence ou d'Italie, et de la Garonne navigable jusqu'à Bordeaux, elle devient la principale cité commerçante et intellectuelle de la Narbonnaise : une "Colonie romaine" de 20.000 âmes au second siècle. Pareillement, les Rois Wisigoths en feront leur siège, avant de devoir se replier sur l'Espagne. Après des siècles de confusion, un pouvoir à trois têtes s'établit au Moyen-Age, localisé aux trois portes de l'ancienne enceinte romaine : - porte sud, au Château Narbonnais, voisin du Pont St-Michel, le Comte d'origine carolingienne ; - porte nord, à l'autre bout d'une file de rues commerçantes aujourd'hui piétonnières, le "contre pouvoir" des Capitouls, élus de la bourgeoisie (étymologiquement, les Seigneurs du Chapitre) ; leur siège sera le "Capitole" ; - et porte est, la Cathédrale St.-Etienne est le siège d'un arbitre de plus en plus impérieux : l'Eglise. En 1095, Raymond IV de Toulouse devient le chef de la première Croisade à Jérusalem, prêchée dans sa ville par le pape Urbain II. En 1229, son descendant Raymond VII est le grand vaincu de la Croisade contre les Albigeois. A sa mort, le Comté de Toulouse passe au Roi de France.

... ET DU PASTEL AUX LIGNES LATECOERE

Ce qui frappe dans l'histoire de Toulouse, c'est sa propension à se retrouver, après les pires crises, en position de primauté. Après Raymond VII, une page paraissait tournée,

tout droit (O-N.O) jusqu'à trouver un chemin goudronné, "Cami del Pendut" que l'on suit jusqu'à...

3.45

La D35. La suivre à gauche (S) sur 50m, puis prendre à droite (O-N.O) un passage herbeux entre deux maisons. Lotissement. 50m après on trouve un chemin goudronné que l'on suit à droite (N) en direction d'une ligne HT.

3.53

Après la ligne HT, prendre à gauche (O-N.O) un chemin de terre. Il descend, tourne à angle droit (N.E) sous une nouvelle ligne HT, monte un peu, descend beaucoup puis remonte sur...

4.15

L'église de Pechbusque (panneau GR 81). Suivre à gauche (N.O) la D4 qui traverse le village.

4.19

Christ en croix. Prendre à droite le chemin de Rouzède, puis de suite à gauche (N-N.O) un chemin de terre qui descend très raide. Au fond de la vallée, prendre à droite (S.E) le chemin goudronné.

4.31

Juste après le "syndicat des apiculteurs", quitter le chemin de Coutelas-Pechbusque (panneau) pour une allée privée à gauche (N.O). Devant le portail de la propriété, prendre juste à gauche un petit sentier en lisière de bois. On monte assez raide jusqu'à...

4.46

Un chemin goudronné sous la tour de télécommunications de

celle de la grande métropole occitane, reine du droit écrit et des cours d'amours. Mais non : l'Université créée en 1229 pour enseigner la vraie foi devient l'une des plus actives d'Europe. Elle n'a pas cessé de l'être. A partir du XVe siècle, le commerce du pastel du Lauragais fait la fortune de la ville. Cette entreprise disparue, est-ce la misère ? Pas pour tous : le Canal du Midi arrive à point, et le transit du blé remplace celui du pastel. Puis le Chemin de Fer concurrence les canaux : mais Toulouse a sa ligne ferroviaire. Elle facilitera l'implantation des avions Latécoère (1917) et de l'Office national de l'Azote (1924). Hardi pionnier, Latécoère crée des lignes aériennes, dont les pilotes s'appellent Daurat, Mermoz, Saint-Exupéry. Ainsi débute une nouvelle épopée toulousaine dont l'aboutissement sera la navette spatiale européenne Hermès. La régionalisation a fait de Toulouse la métropole des huit départements de Midi-Pyrénées, et chaque fois qu'il s'agit de prendre une décision à l'échelle du grand sud-ouest, son rôle d'équilibre entre Bordeaux et Montpellier s'affirme. Elle a aujourd'hui 350.000 habitants : la création de la cité Mirail a permis au vieux centre de garder son charme.

Détail de l'autel St Sernin, Toulouse

Ramonville-St Agne. Continuer tout droit (N puis N-N.E).

4.54

La D35 : suivre à gauche (N.O). 100m après continuer tout droit sur le chemin d'Escallès. Au croisement suivant, tourner à droite (N-N.E) vers...

5.04

La place et l'église de Pouvourville (arrêt de bus, ligne 54, pour Toulouse centre-ville). Descendre à gauche (N.O) la rue Fondeville puis, 200m après, à droite (N) le "cheminement du Castel". Un chemin piétonnier descend derrière l'hôpital Larrey jusqu'au...

5.13

Chemin du Vallon. Traverser pour remonter par un chemin piétonnier dans le parc de Pech-David. En haut du coteau (aire de jeux) suivre jusqu'à deux abris piquenique. Fin de balisage GR. Un petit chemin tire à gauche (N.O) à travers un petit bois jusqu'à...

5.26

Une passerelle au-dessus d'une large avenue. Traverser et descendre à droite (N) jusqu'à...

5.31

Un carrefour: prendre à gauche (N.O) le chemin des Canalets puis, 250m après, traverser à droite (N) les grands prés qui le bordent. Il n'y a pas véritablement de chemin, mais l'itinéraire est clair: il s'agit de gagner le rebord des Côtes de Pech David. Là on suit un sentier (N) en corniche juste derrière

St-Jacques Pèlerin : Cour de l'Hotel-Dieu

LE MARTYRE DE SAINT SERNIN, ATTACHE A UN TAUREAU

St. Saturnin, devenu Sernin, fut l'apôtre du Languedoc et le premier évêque de Toulouse, martyrisé en l'an 250. De sa maison à son église, il passait chaque jour devant le temple de Jupiter-Capitolin (futur Capitole) sans sacrifier aux Dieux romains. La foule attribuait à son mépris leur colère et un jour le saisit, et l'attacha par une corde au flanc d'un taureau qu'on aiguillonna du haut du temple. L'animal fonça furieux, la tête du martyr se fracassa sur les marches, la corde ne se rompit que route de Cahors, à l'endroit où seront élevées les églises : d'abord un oratoire de bois puis au IVe siècle, une première basilique, bâtie par St. Silve et St. Exupère. Les restes du Saint y sont transférés en 402.

les clôtures entourant les réservoirs de Patacou. On descend jusqu'à...
5.54
La voie ferrée. Suivre à droite le sentier qui la longe. 200m plus loin on débouche sur la rue des Charbonniers. La suivre jusqu'au premier pont sur la rocade. Traverser. De l'autre côté emprunter un passage piéton qui permet d'accéder à la cité Neil. Traverser tout droit (N.E) jusqu'à...
6.01
La rue St Roch. La suivre à gauche (N.O). Voie ferrée: traverser, tout droit. 500m plus loin, chapelle St Roch et rue de Férétra, que l'on suit tout droit (N) jusqu'au boulevard des Récollets. Belle église. Traverser le boulevard pour prendre en face (N) la rue Achille Viadieu jusqu'à la place Lafourcade. Traverser sous les toboggans et prendre en face (N) la rue-place du Parlement.
6.26
Place du Salin (à gauche, au début de la place, le couvent des Réparatrices, maison où St Dominique fonda son ordre au début du XIIIème siècle). D'ici nous suivons une série de rues tout droit (N) jusqu'à St Sernin sur le tracé de l'ancien "Cardo Maximus" des Romains. Quitter la place du Salin par la rue Pharaon;
6.31
Place des Carmes. Un parking a remplacé les halles du XIXème, qui ont remplacé le couvent. Tout droit par la rue des Filatiers jusqu'à...
6.35
La place Esquirol. Traverser

Charlemagne l'enrichit de nombreuses autres reliques. Elle devient une étape majeure du pèlerinage de St. Jacques. Et en 1080 commence la construction de la Basilique actuelle.

pour prendre, toujours tout droit (N) la rue des Changes puis la rue St Rome jusqu'à...
6.41
La place du Capitole (office du tourisme juste derrière la mairie). Traverser cette grande place et prendre la rue du Taur, ancienne rue de procession. Eglise du Taur. Au bout, la porte Miegeville de
6.49
La basilique St Sernin.

RENSEIGNEMENTS PRATIQUES :

Hébergement :

* Toulouse:

- plus de 100 hôtels au centre
- auberge de jeunesse 125 av J.Rieux (bus 22, arrêt Leygues) tél 61 80 49 93
- office du tourisme, donjon du Capitole tél 61 23 32 00

PLAN DE TOULOUSE

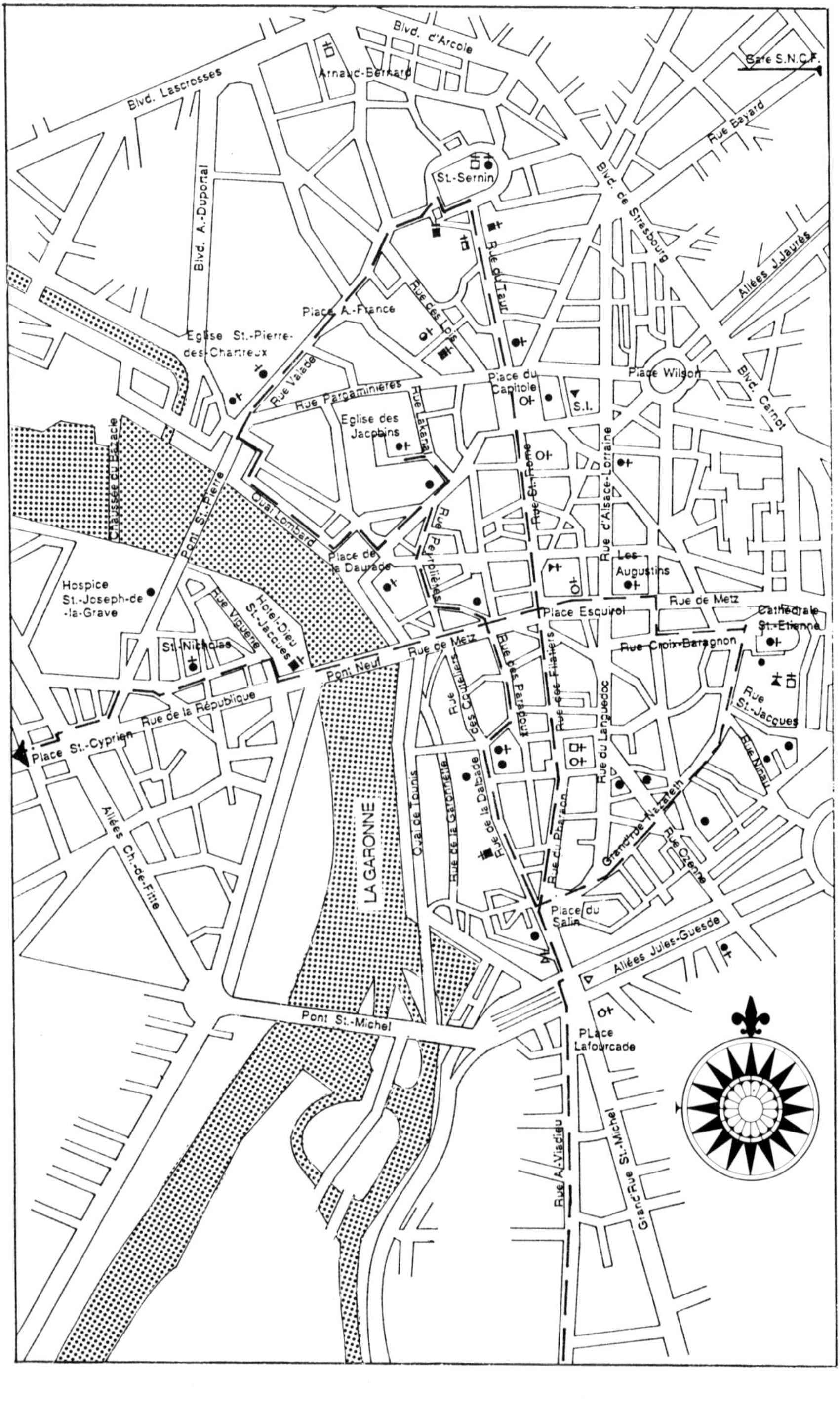

ETAPE 16

TOULOUSE
Une journée dans la ville sur les pas des pèlerins.

Rendu à la basilique St Sernin, ayant accompli son devoir envers sa foi, le pèlerin ne reprenait pas le chemin -du moins pas aussitôt- mais se livrait aux fastes d'une ville alors parmi les plus importantes de la Chrétienté. Nous serions bien inspirés d'en faire autant, car si Toulouse n'a plus sa puissance d'antan, elle regorge de témoignages de ce passé prestigieux, dont beaucoup sont liés au chemin de St Jacques. Comme autrefois, il y en a pour tout le monde: belles pierres, bonne chère. Il s'agit donc moins d'une étape que d'une flânerie; par conséquent le but du descriptif qui suit est moins de montrer le chemin que de "défricher le terrain", donner quelques repères et une idée des distances. Une journée n'est qu'un maigre hommage à une ville d'une telle richesse, mais nous reviendrons... peut-être sur le chemin du retour!

SAINT-SERNIN, EGLISE-TYPE DE PELERINAGE...

Plus grand édifice roman après l'achèvement de Cluny, l'église Saint-Sernin a 15 mètres de large, 64 de long au transept, 21 de haut. Elle compte une haute nef de onze travées, deux collatéraux, un déambulatoire et neuf absidioles dont cinq rayonnantes. C'est le type même de l'église de pèlerinage, destinée à recevoir des foules, à abriter des reliques, à multiplier les lieux de prière. Le chevet, de briques et de pierres, remonte au XIe. Le clocher octogonal, en brique seule, a cinq étages en retraits successifs. Les trois premiers, du XIIe, sont ajourés de fenêtres géminées en plein cintre ; les derniers, du XIVe, ont des ouvertures en chapeau pointu. A 65 mètres de hauteur, la flêche est du XVe. Viollet-le-Duc, dans ses restaurations, a modifié l'aspect du monument, couvrant notamment l'abside de dalles. De nouveaux travaux s'imposant aujourd'hui, fallait-il "dé-restaurer" ?

0.00
St Sernin. Pour le pèlerin c'est sans nul doute le monument essentiel de Toulouse, celui que l'on choisit quand on ne peut en voir qu'un. Devant le portail principal, on a à sa gauche (S) St Raymond, musée archéologique de la ville de Toulouse et ancien couvent. Traverser la place St Raymond pour emprunter la rue Emile Cartailhac, la place du Peyrou, puis l'étroite rue Lautmann. On débouche...
0.05
Place A.France, devant les grands immeubles modernes de la faculté des sciences sociales. Continuer tout droit (S.O) par la rue Valade.
0.08
Eglise St Pierre-des-Chartreux. Continuer tout droit jusqu'à...

Après de vives polémiques, on a abouti à une sorte de compromis : la "dé-restauration" ne sera que partielle. Les très riches et vivantes sculptures de St-Sernin (porte de Comtes, crypte, chapiteaux de la nef) ont servi de modèle à tout le Midi. On y voit aussi des fresques romanes (transept).

LA VILLE DE LA BRIQUE ROSE

L'histoire de la construction de St-Sernin prouve que les Toulousains préférèrent d'abord la pierre et ne vinrent à l'architecture de brique (dont étaient faits, déjà, les remparts romains) que par nécessité. Ils avaient beaucoup de tuiliers et peu de carrières. Mais cela étant, ils devinrent les maîtres d'un nouvel art. Quand la "ville rose" en général, et la basilique en particulier, se parent au crépuscule de chaudes teintes dorées, l'instant est inoubliable.

LE CAPITOLE

Deux étymologies se sont court-circuitées pour former "le Capitole" : le temple romain de Jupiter-Capitolin, et le Chapitre des Capitouls. Du Capitole médiéval ne reste que la Tour des Archives (1525) où siège le S.I. : Viollet-le-Duc en a fait un donjon flamand ! Le grand bâtiment dont la construction s'étend sur trois siècles, mais dont la façade date de 1750, est à la fois hôtel de Ville, musée et Théâtre Lyrique. Les ténors du Capitole de Toulouse ont toujours été renommés. Les Orchestres de Louis Auriacombe et Michel Plasson ont donné à cette tradition un retentissant prolongement contemporain. Dans la cour, une dalle commémore l'exécution sous Richelieu en 1632 d'Henri de Montmorency, le prestigieux gouverneur du Languedoc, insurgé contre le Roi et contre ses impôts.

0.09
La place St Pierre. En face, le pont St Pierre, et sur l'autre rive le dôme de la Grave. A 30m à droite, à moitié cachée, la vieille église désaffectée de St Pierre-des-Cuisines, une des plus anciennes de la ville. Bel enfeu. Remonter les quais (S.E) . Superbes vues sur la Grave, l'Hôtel-Dieu St Jacques, le Pont-Neuf et la Garonne.
0.15
Quai et pont de la Daurade. En face, l'imposante basilique de la Daurade. Prendre à gauche (N.E) la rue Jean Suau puis...
0.18
La rue Gambetta. Hôtel Bernuy (voir cours intérieures). Tourner à gauche (N.O) dans la rue Lakanal qui nous mène au pied des...
0.20
Jacobins, superbe lieu qu'il faut visiter (nef magnifique, avec la dépouille mortelle de St Thomas d'Aquin, cloître, réfectoire qui sert de musée d'art moderne de la ville...), un havre de paix. Repartir par la rue Lakanal, prendre à droite la rue Gambetta, puis à gauche la rue Peyrolières. 40m avant la grande percée de la rue de Metz, prendre à gauche la petite rue de l'Echarpe.
0.26
Hôtel d'Assézat. Traverser la rue de Metz puis suivre (S) la rue des Paradoux jusqu'à...
0.30
L'église de la Dalbade. La contourner par la droite (O) pour prendre la rue de la Dalbade. On trouve à gauche

HOTEL D'ASSEZAT ET JEUX FLORAUX

L'Hôtel de Bernuy (1504) et l'Hôtel d'Assézat (1555) furent tous deux bâtis par de riches négociants de pastel. Originaire de Saragosse, don Juan Vernuy put en 1525 se porter caution de la rançon de François 1er prisonnier de Charles-Quint, et reçut le roi chez lui. Le capitoul P. d'Assézat, protestant , dut s'exiler, ne revint qu'après l'effondrement du cours du pastel, et, ruiné, laissa l'Hôtel inachevé. Au siècle dernier, le mécène Ozenne restaura ce bâtiment en équerre à escalier en tour d'angle pour l'offrir à la ville afin qu'elle y loge les sociétés savantes. Parmi celles-ci, l'Académie des Jeux Floraux, fondée en 1694, mais héritière du "Consistoire du Gai Savoir", qui remontait à 1323 se place sous le patronage d'une légendaire Clémence Isaure. Chaque année depuis six siècles elle récompense de fleurs d'orfèvrerie des poèmes occitans et français. Ronsard, Fabre d'Eglantine (d'où son surnom), Châteaubriand et Hugo ont été ses lauréats.

Cloître des Augustins à Toulouse

l'Hôtel St Jean ou des Chevaliers de Malte, puis à droite la façade délirante de l'Hôtel de Pierre. Continuer tout droit. On passe devant l'Institut Catholique avant d'arriver sur...

0.37

La place du Salin que nous connaissons déjà. La traverser à gauche (E puis N.E), puis prendre un peu à droite (N.E) la Grande rue Nazareth entre hautes façades de brique. Entrer dans les cours intérieures!

0.42

Rue Ozenne. Traverser pour reprendre la Grande rue Nazareth puis, en suivant, la rue Perchepinte. On arrive...

0.45

Place Ste Scarbes (à droite deux rues, celle de St Jacques du nom d'une église disparue, et celle de Ninau, beaux hôtels particuliers dont l'Hôtel d'Ulmo). Continuer tout droit (N) par la rue Fermat qui nous conduit...

0.49

Place St Etienne. Plus ancienne fontaine de la ville et cathédrale St Etienne, ouvrage hétéroclite mais intéressant. Quitter la place par la rue Croix-Baragnon (O) puis tourner à droite (N)dans la rue des Arts.

0.52

Rue de Metz. En face, les Augustins, ancien couvent qui abrite le musée des Beaux-Arts (à voir, exposition lapidaire du Moyen-Age). En sortant des Augustins prendre la rue de Metz à droite (O), traverser la rue Alsace-Lorraine et la place Esquirol

DANS TOULOUSE,

* Saint-Pierre-des-Cuisines doit son nom étrange au terrain sur lequel ce prieuré des clunisiens de Moissac fut construit vers 1060, puis agrandi deux siècles plus tard. Au-dessous, des fouilles ont révélé une nécropole romaine.
* L'église St Pierre, qui fut donnée par la Révolution à l'Arsenal et que la municipalité restaure, était celle où se prêtait le serment aux Capitouls. A côté de l'enfeu, le portail a été reconstitué au XIIIe à l'aide de sculptures romanes.
* La première "Daurade" devait son nom à une mosaïque byzantine disparue. L'église actuelle date de 1773.
* L'église et le couvent des Jacobins, commencés en 1230, achevés en 1385, de transition mais à dominante gothique, étaient la première université toulousaine créée par les Dominicains (dont le siège était rue St. Jacques à Paris, d'où le nom). Quand Mérimée y vint en 1845 il y trouva logés 500 chevaux de l'armée. Il fit campagne pour obtenir sa restauration.
* L'église de la Dalbade (XVe & XVIe) était ainsi appelée pour être, à l'époque, badigeonnée de blanc.
* La Cathédrale St. Etienne fut entreprise en 1073 (base du clocher) poursuivie en 1215 (nef) et achevée de 1275 à 1610 dans le style gothique nord.
* La construction du couvent et de l'église des Augustins, devenue musée, s'étendit de 1310 à 1504.
* Ce n'est point un hasard si l'Hôpital de la rive gauche porte le nom d'Hôtel-Dieu St. Jacques : il résulte de la fusion des deux hôpitaux des XIIe et XIIIe siècles. Les bâtiments actuels sont d'architecture classique du XVIIe.

avant de reprendre la rue de Metz jusqu'au...

1.01

Pont-Neuf qu'on traverse. Sur l'autre rive on a, à gauche, le château d'eau, galerie de photographies qui vaut la visite, bien que sans rapport avec le chemin de St Jacques, et à droite l'Hôtel-Dieu St Jacques qui lui, en re-vanche... Tourner à droite rue Viguerie, puis à gauche (O) Grande rue St Nicolas qu'empruntaient les pèlerins pour quitter Toulouse.

1.08

Eglise St Nicolas. Tout droit. Prendre la rue Réclusane à droite (O) puis la rue du pont St Pierre à gauche (S.O) jusqu'à...

1.11

La place intérieure St Cyprien. Prendre à droite (O) pour traverser les boulevards. De l'autre côté on trouve l'arrêt de bus. En effet, remonter l'ancienne route d'Auch, désormais réservée aux automobiles, n'aurait plus de sens aujourd'hui (elle s'appelle l'avenue de Grande Bretagne, c'est dire!). Prendre donc la ligne 64 direction Colomiers Nord (et non Sud); on en descendra à l'arrêt Champagne où l'on trouve, dans la rue de Champagne, les premières balises du chemin de St Jacques. (Fréquence des bus: 30 minutes environ, de 5h30 à 20h15 tous les jours y compris dimanches et fêtes).

RENSEIGNEMENTS PRATIQUES :

Hébergement :
* Toulouse: voir étape précédente.
* Colomiers; gîte d'étape et relais équestre à Tinturier, tél 61 30 32 30 .

Quartier St Sernin, Toulouse

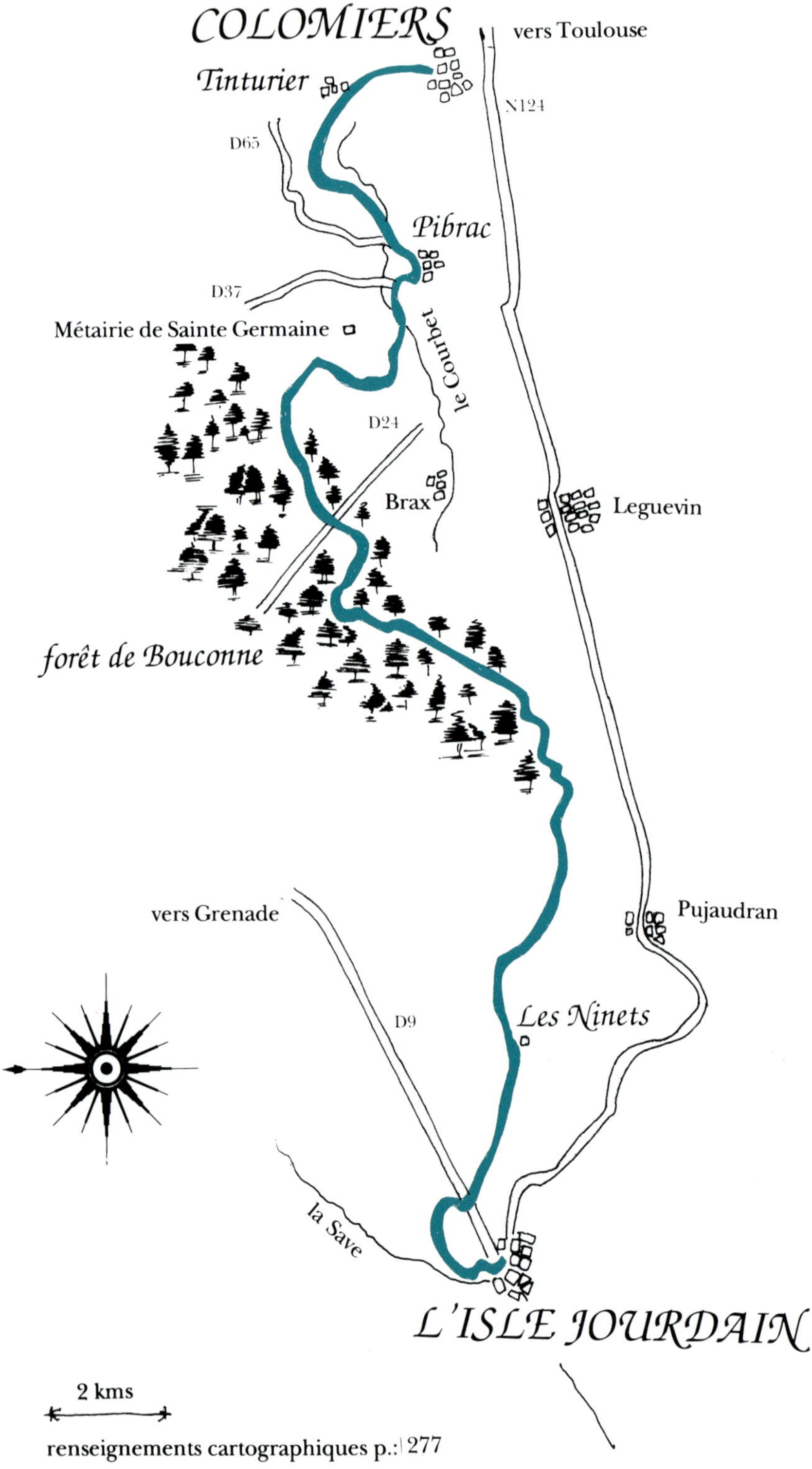

renseignements cartographiques p.: 277

ETAPE 17 - 30 KM - 7 HEURES 30

COLOMIERS - L'ISLE-JOURDAIN

Après les splendeurs de Toulouse, l'impression est celle d'un lendemain de fête. Aucun regret bien sûr. On digère les merveilles entrevues, en traversant la longue plaine toulousaine. Mais finalement on n'est pas mécontent de reprendre bourdon et besace, de marcher simplement par les chemins de campagne, beaux d'ailleurs dès Colomiers. Assez longue étape que celle-ci, qui nous ramène progressivement "chez nous", dans la pérégrination, le mouvement qui constituent déjà -nous en prenons conscience maintenant- notre "demeure". La forêt de Bouconne, vaste écran entre pays toulousain et gersois, semble nous jeter un sort: quand nous en sortons, Toulouse est très loin, et le paysage au-devant mi-boisé, mi-cultivé est à la fois nouveau et connu...énigme qui se résoud facilement à l'Isle-Jourdain, entre la place de Compostelle et l'hospice St Jacques. Nous n'en avons pas moins changé de "nation" dans l'unité du Chemin: fini le Languedoc; en entrant dans le Gers, nous pénétrons en Gascogne. Quand vint César, on parlait gaulois à Toulouse, et plus ou moins basque sur l'autre rive de la Garonne: deux mille ans plus tard, les langues régionales en ont conservé quelques traces dans leurs clivages.

COLOMIERS : DES ACHEULEENS A L'AERO-SPATIALE...

On a identifié une présence humaine sur le territoire de Colomiers dès l'Acheuléen et le Moustérien, il y a quelques 80.000 ou 100.000 ans... Aux âges historiques, ce sera la porte d'une Toulouse celte, sur une Gascogne proto-basque. On va y revenir. Porte que dix-huit siècles plus tard, Wellington franchira pour livrer à Soult la décisive bataille de Toulouse. On y reviendra aussi. Un nouveau Colomiers est né depuis la dernière guerre passant de quelques centaines d'habitants en 1939 à 4.000 en 1958 puis 26.000 aujourd'hui. La ville a su développer en même temps que l'habitat, tous les éléments de la vie collective : écoles, biblio-

0.00
Arrêt de bus "Champagne", à Colomiers. Suivre au Nord la rue de Champagne (balises GR). Au bout, petit centre commercial: en traverser le parking (toujours N) et continuer tout droit. Prendre à gauche (O) l'allée des Vosges qui devient 50m plus loin allée de l'Espinglière. Quand celle-ci vire à droite (N), continuer tout droit (O-N.O) entre garages et petits immeubles. Allée du Mâconnais. 70m plus loin on traverse le chemin St Jean (panneau). Continuer tout droit (O-N.O) jusqu'à...
0.30
La ferme équestre de Tinturier

thèques, crèches, dispensaires, foyers, parc des sports, piscines, espaces verts, commerces, services, parkings. Mais si elle a pu être aussi moderne, c'est qu'elle se couvrait d'industries qui ne l'étaient pas moins, de la verrerie à la charpente métallique en passant par les aliments de bétail ou la boulangerie, mais surtout, les chaînes de la S.N.I.A.S., cette "aérospatiale" dont sont sortis Caravelle, Concorde, Airbus et fusée Ariane, en attendant la navette spatiale Hermès...

LE COLOMIERS DE L'HISTOIRE

Du vieux Colomiers où l'on ne connaissait encore de Caravelle que celle de Christophe Colomb, demeurent une église du XVIIIe siècle avec une Croix processionnelle Renaissance, et un ancien presbytère, au plafond peint, du XVIIe.

LE CHEMIN DE ST. JACQUES HISTORIQUE

Le chemin de St. Jacques historique passait un peu plus au sud suivant la route Royale, qui est devenue la N.124, à deux exceptions près :

- entre le Moulin de Gélis, sur l'Aussonnelle, et Léguevin il suivait quelques centaines de mètres au nord, le lacet recoupé par la route actuelle, et toujours identifiable.
- Entre Pujaudran et l'Isle-Jourdain, la N.124 fait au contraire un détour pour contourner le ravin de Rémoulin, que le vieux chemin traverse droit par le hameau de Sénibel.

Léguevin fut d'abord au XIIIe siècle une commanderie d'Hospitaliers puis en 1309 une bastide. On y trouve quelques châteaux de plaisance plus récents. Pujaudran, avait quatre hôpitaux dédiés aux Saints Barthélémy, Blaise, Marie-Madeleine et Antoine. Ce dernier, St. Antoine-Parguemousques, à la limite ouest du village, appartenait aux Antonins qui entretenaient le pont sur le ruisseau.

(gîte d'étape). Panneaux GR 653. Continuer tout droit (N.O) par un chemin de terre.

0.39

Juste après le pont St Jean sur l'Aussonnelle, bifurcation de chemins herbeux: en face le GR 653 direct, à gauche (O puis S-S.O) sa variante par Pibrac. Ni l'un ni l'autre n'étant le chemin historique, nous choisissons la variante, plus pittoresque.

1.13

Carrefour des D65 et D37. Traverser à gauche (S) un pont puis un passage à niveau. Remonter vers Pibrac-centre (hôtels, restaurants, commerces). Devant le château monter l'escalier à droite jusqu'à l'église, puis tourner à gauche (S.O) vers la basilique Ste Germaine. Tourner à droite derrière les PTT, puis 30m plus loin à gauche (O) sur un chemin goudronné. Château d'eau.

1.25

Prendre à droite (N) le passage de Courbet, chemin gravillonné qui descend, traverse un passage à niveau puis un ponceau sur le Courbet. Poursuivre par un sentier qui conduit au pied d'un calvaire, au lieu-dit "Fontaine de Ste Germaine". Suivre à gauche (O) un chemin goudronné, puis en terre.

1.44

800m après, prendre à droite (N puis N.O) un chemin de terre qui monte la côte à droite. On débouche sur la D37 que l'on suit à gauche (O). 700m plus loin, à hauteur d'un calvaire, on tourne à droite (N) sur un chemin de

POUR LE GASCON, "VIVERE EST BIBERE"

Les auteurs de l'"Atlas Linguistique de la Gascogne" (C.N.R.S.), ont patiemment relevé, village par village, la carte d'une série de particularismes de vocabulaire ou de syntaxe qui rendent le Gascon assez différent des autres dialectes occitans, même du très proche languedocien. Il en résulte une douzaine de limites différentes : par exemple, pour "agneau", *agneth* remplace *agnel* sitôt quitté Toulouse ; alors que pour enregistrer, dans le sens de "nous allons", la forme que *bam* au lieu de *anam*, il faudra attendre d'être à mi-chemin d'Auch. Mais dans l'ensemble, ces mini-frontières suivent toutes de près ou de loin le cours de la Garonne. L'une des différences les plus curieuses est que le "v" devient un "b" doux comme en espagnol ce qui fit dire en latin à l'humaniste Scaliger que pour les Gascons, "vivere est bibere" (vivre c'est boire). De ces observations, mais aussi de plusieurs autres, toponymie, numimastique, datation des modes et de styles de vie, on a déduit qu'avant César l'Aquitaine, à l'ouest et au sud de la Garonne, parlait une variété de basque. - "Basque" et "Gascon" viennent d'ailleurs du même mot "Vascon" : mais ceci est une autre histoire plus tardive, une sombre invasion du septième siècle.

SUR LES PAS DE SAINTE-GERMAINE DE PIBRAC

Le détour par Pibrac est aussi le plus pittoresque, mais soyons sûrs qu'un Jacquet revenant parmi nous, n'aurait pas manqué une boucle passant successivement par le sanctuaire, la fontaine et la métairie de Ste-Germaine... Simone Cousin naquit en 1579 à Pibrac. Tôt orpheline de mère, infirme de la main droite, mal aimée de sa marâtre, elle fut reléguée à la métairie où elle gardait les moutons par tous les temps entre le Courbet

terre.

2.11

Près de la "métairie de Ste Germaine", traverser un chemin goudronné pour continuer en face par le chemin de terre (N.E). 350m de plus: nouveau chemin goudronné, "du Brodeur". Nous retrouvons ici l'autre branche du GR 653 et nous prenons un chemin herbeux, à gauche (N.O puis O) à travers champs.

2.33

Orée de la forêt de Bouconne que nous allons longtemps traverser. Le chemin s'y fait plus petit, mais assez facile à suivre grâce aux balises. A une première bifurcation, tourner à gauche (S.O puis O), à une deuxième encore à gauche (S).

2.48

Derrière une ferme dans une clairière, tourner à gauche (S) vers un chemin mais, à 3m du goudron, prendre à droite (O) un petit sentier sinueux qui s'élargit ensuite.

2.56

Un grand champ. Notre chemin suit en liseré de bois puis rejoint la D24. Suivre en face le chemin en terre rouge qui monte en direction d'un club hippique (panneau). Ensuite, bifurcations bien balisées.

3.18

Centre équestre. Passer derrière le manège pour trouver, 75m plus loin, un sentier minuscule à droite (N) du chemin de terre. Ensuite le sentier s'oriente à gauche (O-N.O) dans la forêt et s'élargit confortablement.

3.30

et la forêt, les menant boire et buvant elle-même à la fontaine aujourd'hui captée. Elle ne les quittait que pour prier à l'église, ou partager avec les pauvres son maigre pain. A 22 ans, en 1601, on la trouva morte sous la soupente, et on l'enterra sous le pavé de l'église. Or en 1644, des fossoyeurs rouvrant cette tombe anonyme furent surpris d'y voir son corps parfaitement conservé. Des vieux consultés reconnurent aussitôt la "dévote Germaine" morte 43 ans plus tôt. On la mit dans un cercueil à la Sacristie. Dévotions et miracles commencèrent. En 1793, sous l'influence de la Révolution, on la fit à nouveau enterrer sous la chaux vive. Deux ans plus tard on retrouva ses ossements intacts. En 1854, ils furent placés dans une châsse, Germaine venant d'être béatifiée. En 1867 elle était canonisée. Fêtée le 15 juin, elle est la patronne de la Jeunesse Agricole Chrétienne Féminine.

PIBRAC, DE L'EGLISE FORTIFIEE A LA BASILIQUE VOTIVE

En montant par la rue de la Gare, nous trouvons d'abord, à gauche, enclos de hauts murs au milieu de son parc, le château des Comtes de Pibrac, belle bâtisse Renaissance de pierre et de brique, bâtie vers 1540 par Pierre Dufaur de Pibrac, restaurée à la fin du siècle dernier. Puis en haut d'une haute volée d'escalier, dominant hôtels et commerces, l'église en partie XIIe, bâtie par l'Ordre de Malte, au clocher-mur languedocien fortifié de tour, échauguette et machicoulis. La nef reconstruite en 1703 a un mobilier de bois doré XVIIIe classé. Devant la vieille église a été percée une large esplanade bordée de cèdres argentés. A l'autre bout se dresse la nouvelle basilique Ste-Germaine, dans le style romano-byzantin, un peu "pâtisserie", qu'on affectionnait à la Belle-Epoque, commencée en briques en 1901, terminée par une coupo-

On rejoint le GR 86 (panneau). Suivre le chemin à gauche (O) jusqu'à...

3.33

Un grand chemin blanc que l'on suit à gauche (S.O) par-dessus un passage à niveau. 450m plus loin, prendre à gauche (S.E) une piste forestière. 200m après...

3.43

Prendre une nouvelle piste à droite (S.O) jusqu'à...

3.55

Un carrefour de chemins où l'on trouve, à droite, une variante du GR pour une stèle à François Verdier (panneau). Tout droit (S.O). Le chemin devient sentier.

4.00

Nouveau carrefour où l'on retrouve la variante précitée. Prendre le chemin à gauche (S.E) puis, 75m plus loin, une piste à droite (S.O) qui redescend sur...

4.10

La D42. Traverser. Tout droit sur une piste dans la forêt.

4.28

Prendre un chemin à droite (N.O). 150m plus loin, les GR 86 et 653 se séparent (panneaux). Nous continuons tout droit (N.O) et retrouvons le "grand chemin blanc". Suivre de nouveau à gauche (S.O). Vallon. 30m après son fond, prendre à droite (O-N.O) sur un sentier. 200m plus loin, on trouve...

4.39

Un chemin de terre. Suivre 30m à gauche, puis prendre à droite (N.O puis O) sur un nouveau chemin de terre. Remonter le long d'une rigole creusée dans la forêt sur

le de béton en 1967. Conçue pour l'accueil des foules autour de l'autel central, la prière y est présidée par une Sainte-Germaine en bronze, de 1869.

HORS SENTIER : LE CHATEAU DE BRAX

A égale distance du G.R. et du chemin historique, Brax, que nous laissons à un km. au sud, a un château de 1352, le château de Change : murs de briques crénelés, fenêtre à meneaux, toit à hauts pignons.

700m.
4.49
Carrefour. Revenir presque sur ses pas sur 50m, puis prendre à droite (S.O) une piste forestière (des 2, celle de gauche).
4.56
Carrefour: prendre le chemin de droite (N.O). 200m de plus, nouveau carrefour: prendre à gauche (S.O).
5.04
Carrefour au fond d'un vallon (Alt 258). Prendre à droite (N.O). 250m plus loin, prendre à gauche (S.O) jusqu'à...
5.10

Eglise de Pibrac

LES SOUVENIRS DE LA FORET DE BOUCONNE

Vaste domaine boisé au sud-est de la Save, la Forêt de Bouconne atteignait jadis Lardenne, quartier sud de Toulouse. Sur les terres décalcifiées de ces terrasses de la Garonne le chêne, sous ses diverses variétés, est l'arbre roi et ses glands y attirent ces "palombes" que les gens du nord nomment pigeons-ramiers. On y trouve aussi par places châtaignier, charme, frêne et depuis peu résineux, ainsi que bruyère, fougère, joncs et genêt. - Une Croix de St-Dominique y rappelle l'implantation dominicaine dans la région. La tradition veut que le Saint y aurait eu la vision de la Vierge lui demandant d'établir la dévotion du rosaire. On dit aussi que le Roi de France Charles VI, égaré dans la forêt, serait ainsi devenu fou. (Il vint à Toulouse en 1389 recevoir de Gaston Fébus la promesse de son héritage, mais ne devait sombrer dans la folie que vers 1392). Enfin la stèle à laquelle mène un sentier latéral commémore le sacrifice de "Forain" (François Verdier) et de ses compagnons Résistants, tués là en 1944 par les Nazis.

LE G.R. 86, SENTIER DU MARECHAL SOULT

Le G.R. 86 avec lequel nous faisons un petit bout de chemin dans la forêt sera, une fois terminé, un autre moyen de rejoindre les Pyrénées via St. Gaudens. L'idée de ses créateurs est de marcher sur "les pas des Grognards", conduits par le Maréchal Soult. Talonné par Wellington depuis l'Espagne, il lui livra bataille sur bataille : du 7 au 23 octobre 1813 près de Bayonne, le 23 février à Navarrenx, le 27 à Orthez. Il atteignit le 24 mars Toulouse où il improvisa un camp retranché avec ses 40.000 hommes. Wellington, arrivant avec 80.000, remporta de justesse la dernière bataille le 10 avril.

Une clairière. Prendre à droite (O) un chemin plus large et moins rectiligne que ceux que nous suivions jusque-là. Tout droit jusqu'à la sortie du bois et...

5.28

La D42. La traverser pour prendre le chemin goudronné en face qui descend jusqu'à...

5.48

Un pont sur le Rémoulin. Remonter sur 200m et, 20m après une maison, prendre à gauche (S-S.O) une amorce de chemin. Lorsqu'il disparaît dans un champ, tirer à droite (O-S.O) en montant dans un pré, cap sur une haie d'arbres: on y trouve un chemin de terre qui mène...

6.05

Aux "Ninets", ferme. Suivre tout droit (O-N.O) le chemin blanc jusqu'à...

6.40

La D9 qui peut nous mener, en 1 km, au centre de l'Isle-Jourdain. Mais nous préférons le détour plus agréable que propose le GR. Traverser la D9 pour prendre le chemin de la Rebastide. Passage à niveau. Prendre à droite (N.E) un chemin goudronné puis, 300m après la voie ferrée, à gauche (N.O) un chemin blanc. 200m après "la Coustère", belle maison, prendre à gauche (O) un...

6.51

Pont en béton par-dessus un petit canal. Suivre le chemin herbeux qui le prolonge jusqu'à...

7.08

Un pont ferroviaire. Le GR

Napoléon avait abdiqué depuis le 4, après avoir reculé "de victoire en victoire". Reculant, lui, de défaite en défaite, Soult avait tenu six jours de plus.

PREMIERS CLOCHERS DE GASCOGNE

Au sortir de la forêt de Bouconne, la maison forestière appartient déjà au Gers. Deux cents mètres plus loin, à la cote 285, le chemin de crête de "la Causse" est la ligne de partage des eaux de la Garonne et de la Save. Le ruisseau "de Rémoulin" sur la carte, est "de St. Antoine" pour les gens du pays en raison d'un ancien hôpital : le chemin historique n'est qu'à 500 m. Au loin sur l'autre rive apparaissent les premiers coteaux de Gascogne, ponctués de ces clochers qui vont nous devenir familiers. Au nord, celui de Castéra et son voisin le moulin de Pradères appartinrent à La Hire, l'actuel Valet de Coeur du jeu de cartes, auparavant compagnon gascon de Jeanne d'Arc. Et au sud on voit la ronde motte féodale de Blanquefort, haute de 25 mètres.

RENSEIGNEMENTS PRATIQUES :

Hébergement :
* Pibrac: hôtel-restaurant Darolles
tél 61 86 00 18
* L'Isle-Jourdain: 3 hôtels-restaurants
- Syndicat d'initiative
tél. (saison) 62 07 25 57,
tél. (hors saison) 62 07 14 39
- Projet de gîte d'étape dans l'hospice St Jacques.

653 continue à droite, mais si l'on fait étape à l'Isle-Jourdain, prendre tout droit sous ce pont, puis à gauche (S.E) un chemin gravillonné. Au carrefour (calvaire) à l'entrée du village, prendre la rue à droite (S-S.O) jusqu'à la place du Foirail. De l'autre côté une ruelle conduit sur...

7.15

La place Gambetta, qui pourrait être la fin de l'étape. Mais pour avoir la satisfaction de terminer au même endroit que les Jacquets, on pourra continuer un peu. Pour cela: traverser la place, puis la N124, suivre la rue de la République (en traversant la place de l'hôtel de ville), et passer au pied de la Collégiale. Tourner à droite (N.O) sur l'esplanade des Pyrénées, descendre par un escalier sur le boulevard Marceau. Le traverser et descendre direction Lombez. On traverse un pont, et l'on trouve...

7.25

L'hospice de St Jacques (aujourd'hui maison de retraite, projet de gîte d'étape).

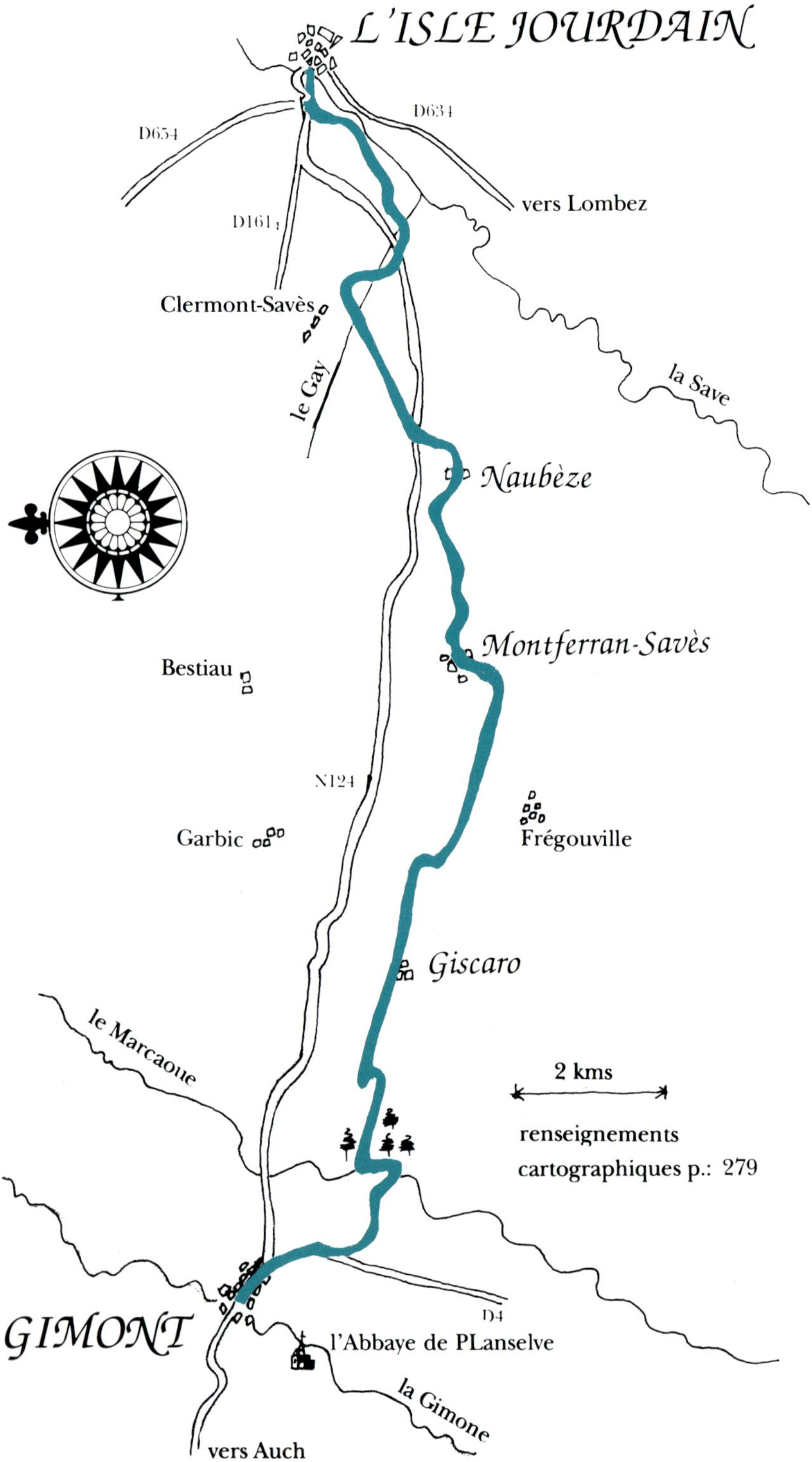
L'ISLE JOURDAIN
D654
D634
vers Lombez
D161
Clermont-Savès
le Gay
la Save
Naubèze
Montferran-Savès
Bestiau
N124
Garbic
Frégouville
Giscaro
le Marcaoue
2 kms
renseignements
cartographiques p.: 279
D4
GIMONT
l'Abbaye de PLanselve
la Gimone
vers Auch

ETAPE 18 - 22 KM - 5 HEURES 30

L'ISLE-JOURDAIN - GIMONT

Celle-ci est le charme fait étape: courte et facile sans être ennuyeuse, elle est belle aussi, et toujours proche d'une réalité compostellane qui est soit d'évidence, soit ressentie comme à fleur de terre. De L'Isle-Jourdain, nous repartons de l'hôpital St Jacques et de la place de Compostelle pour traverser la Save sur l'arche vénérable et dépouillée du pont Tourné, passer au pied du pont Perrin et s'éloigner vers les champs par le chemin des Maures; autant de lieux marqués par les Romieux. Si, par la suite, nous nous séparons du tracé historique, c'est sans douleur ni remords, et en connaissance de cause; car, grâce aux ouvrages comme celui de G.Loubès, nous savons son emplacement et par conséquent pourquoi nous nous déportons un peu au Sud. C'est ici une affaire entendue, une question de bon sens "pèlerin" qui imprègne tout entière cette terre gersoise, large, ondulée, généreuse. Finis ces pays où, si nous ne sommes pas sur le chemin, nous devons en être loin. Simplement, si nous ne pouvons plus passer à Bestiau, à Garbic, à En Bon, eh ! bien nous passerons par Montferran-Savès et Giscaro, pardi! A Gimont histoire et modernité se réconcilient. Halles, église, le tissu même de cette vieille bastide sont, plus que des vestiges, des preuves vivantes de l'âge d'or du chemin de St Jacques. Et la brièveté de l'étape nous permettra de nous balader du côté de l'Abbaye de Planselve, halte des pèlerins, et de la belle chapelle de Cahuzac.

LE FILS DU CROISE DE L'ISLE FUT BAPTISE DANS LE JOURDAIN

La halte antique de la Via Buconis (Voie de Bouconne) a laissé peu de souvenirs. La ville va vraiment exister avec le château de l'Isle, puissante famille. Raimond de l'Isle cousin de Raimond IV de Toulouse le suit à la croisade de Jérusalem en 1099. Son fils est baptisé dans les eaux du Jourdain, et en reçoit le nom. Du coup, la ville devient aussi "L'Isle-Jourdain". Un autre "de l'Isle" célèbre fut Bertrand, devenu Saint-Bertrand de Comminges (1050-1125), d'abord chevalier guerroyant contre les Maures d'Espagne, puis prélat aux miracles sans nombre, apôtre de la Trève de Dieu, et créateur de sauvetés

0.00
Hospice de St Jacques. De là remonter au N.E la route de Lombez (qui devient "rue Pasteur"), direction centre-ville. Au bout, tourner à gauche rue Lafayette, puis de suite à droite (N.E) sur la place St Bertrand. La traverser par son côté Est pour rejoindre la N124. Traverser puis suivre la rue Parmentier (N) et la rue Jean Bart (N.O) jusqu'à la place de Compostelle. Traverser en face (O) un petit pont en direction d'un camping municipal et suivre un cheminement piéton jus-

et d'une cathédrale. Le dernier des "de l'Isle", revendra au XVe siècle son fief au Comte d'Armagnac. En 1621, Richelieu fera abattre le château familial : il en reste une des tours de l'église.

UNE POINTE AVANCEE DE L'ARCHITECTURE DE BRIQUE.

Si l'église construite en 1778 par l'architecte toulousain J.A. Raymond a récupéré pour clocher cette tour du XIIIe, il ne reste rien de la collégiale précédente attestée en 1318, sauf les reliques de St. Bertrand et de St. Odon, abbé de Cluny. La nouvelle église, enrichie de stalles, d'une Piétà du XVIIe, de fresques du siècle dernier est un grand vaisseau rouge à la nef en berceau éclairé d'arcades demi-circulaires. Il est une pointe avancée en Gascogne de l'architecture toulousaine de brique. De briques également, l'Hôtel de ville XVIIIe à fronton triangulaire, et la halle de 1820, arcades en plein cintre, futaie de piliers octogonaux.

LE PELERIN DANS L'ISLE-JOURDAIN

A notre arrivée, la place Gambetta, ancienne place d'Armes bordée de couverts où sont hôtels, banques et commerces, ressemble à une bastide : elle a en fait été aménagée autour de l'avenue percée au XVIIIe par l'Intendant d'Etigny. Au-delà du coeur de brique de la ville, l'aboutissement logique du pèlerin est l'ancien Hospice St. Jacques, devenu aujourd'hui maison de retraite, mais conservant sur son portail classique des coquilles jacobites, - et à l'intérieur un St. Jacques en bois polychrome du XVIIe. De là part l'étape suivante. La place Compostelle, elle, n'est qu'un nom pour une réalité assez tristounette ; en revanche, la place St.

qu'au...
0.10
Pont Tourné. Traverser, remonter les berges occidentales de la Save, puis tourner à gauche (S-S.O) en longeant un plan d'eau. Devant le grillage d'une piscine, tourner à droite (O) pour gagner l'entrée de la base de loisirs sur la N124. Suivre (O)
0.18
200m plus loin, traverser la N124. De l'autre côté on traverse un pont en pierre pour suivre le long de la digue de la Save.
0.33
Pont-Perrin. Prendre à droite (O-N.O) le chemin de terre qui prolonge le pont, puis 50m plus loin, à gauche (S.O) le "chemin des Maures".
0.48
Bifurcation. Prendre à droite (O) et rejoindre le chemin goudronné qui longe la voie ferrée et la N124. Prendre à gauche (S.O).
0.56
Bifurcation, juste avant un ponceau sur le Gay. Prendre à droite (O-N.O) vers la N124. La traverser. En face, suivre un chemin de terre qui longe la voie ferrée, puis la traverse et monte vers "En Martin".
1.13
En haut de la côte, le chemin contourne une haie à gauche (N.O) et rejoint un chemin blanc que l'on suit plein Ouest. A la bifurcation suivante, prendre à gauche (O-S.O) puis encore à gauche, mais cette fois sur un chemin de terre qui redescend la côte. Retraverser la voie ferrée, puis

Bertrand est ornée d'une statue du saint enfant du pays. Et surtout, nous serons sensibles au Pont Tourné, unique arche de brique dressée depuis le XIIe siècle sur la Save, même si l'environnement, camping compris, ne paraît pas à la hauteur...

Maison à "mirande", Gimont

LE PELERIN GASTRONOME AU PAYS DU FOIE GRAS

* L'Isle-Jourdain a, l'hiver, son "marché du gras" : nous entrons dans le grand royaume du foie gras, où les fermières gavent de maïs les oies et les canards. Nous y resterons jusqu'au-delà de Pau.

continuer tout droit jusqu'à...
1.48
La N124. Tourner à gauche (E) puis 30m plus loin à droite (S-S.O) sur un chemin goudronné (panneau GR). 600m plus loin...
1.56
Prendre à droite (O) dans le chemin de Naubèze. Traverser la ferme et descendre dans des prés au fond du vallon. Remonter sur un vague chemin herbeux (O-N.O)
2.10
Un beau chemin entre chênes (panneau GR). Prendre à gauche (S.O) par monts et vaux jusqu'à...
2.34
La D257, à l'entrée de Montferran-Savès. Suivre à droite (O-N.O). Au carrefour avec la D39, juste devant la vieille porte du village, le GR tourne à gauche (S) évitant ainsi le vieux village. Nous préférons passer sous la porte, puis devant le porche de l'église (belle statuette, pèlerin ou compagnon), jusqu'à la place centrale (hôtel, restaurant). Puis en descendant une ruelle à gauche (S), une autre à droite et un escalier, nous retrouvons à gauche (E) le chemin CV4 et les balises du GR. Nous descendons très raide jusqu'à...
2.43
Une retenue d'eau. Quitter le CV4 pour un chemin à gauche devant le cimetière.. Après celui-ci un petit chemin part à droite (S.O, panneau GR).
2.51
Notre chemin débouche sur un bon chemin que l'on suit à

* Ce peut être l'occasion de déguster à la saison un foie gras frais aux raisins : cher mais exquis...
* Plus modestement, signalons à Montferran-Savès, auquel les maisons d'accueil donnent un regain de vie, le "Restaurant d'Application de l'Essor" : fort bon, joli cadre et pas cher du tout.

LE PIGEONNIER GASCON D'EN-GOUARDES

En bordure de la D.124 et à 100 m. du point où nous l'empruntons, mais à droite vers le nord, la ferme En-Gouardès possède un pigeonnier hexagonal, l'un des plus beaux du type gascon. Ils sont plus couramment carrés avec un toit à quatre pentes, en tuile, et percés de lucarnes de la taille des pigeons. Une corniche sert à la fois à ceux-ci de reposoir, et de protection contre les rats. Ces ouvertures, à l'est ou au sud, tournent le dos aux tempêtes océanes. Pour les grosses fermes où ils trouvaient facilement leur pitance, les pigeons étaient certes un apport culinaire, mais surtout, des producteurs d'engrais.

LE CHEMIN HISTORIQUE

Plus au nord, le Chemin de St. Jacques historique allait presque droit. Il passait d'abord par Clermont-Savès (à l'époque Clermont-Cogotois), au sud du château. Celui-ci, qui fut d'abord féodal, et qui est en partie classé, mais a dû être reconstruit après 1814, vit naître Dubourg, féroce gouverneur protestant de l'Isle-Jourdain sous Henri IV. Il y avait deux hôpitaux : le premier au lieu-dit Bestiau ou Bestiol, à mi-chemin de Clermont et de Garbic ; il n'y reste qu'une croix de béton et un transformateur électrique. Le second à Garbic ou deux monastères avoisinaient la motte féodale. Le chemin se confond alors avec la D.253 puis la D.124.

droite (O-N.O) le long du ruisseau. Le chemin traverse le CV 4 puis monte régulièrement.

3.14

Ferme "En Durdes". En haut du coteau: prendre un chemin herbeux qui descend vers "La Barthe" (panneaux GR) où nous retrouvons un large chemin de terre. Suivre à gauche (O).

3.41

Embranchement pour le gîte "Grangé". Notre chemin monte puis redescend sur le hameau de Giscaro, que l'on traverse (O-N.O).

3.58

Bifurcation, panneaux GR. Prendre tout droit 0-N.O, "Gimont 1h".

4.04

Fond du vallon de Guerrère. Laisser le chemin de droite (N) et remonter tout droit (O).

4.15

Chemin goudronné devant "Combes". Prendre à gauche (S-S.E) sur 200m jusqu'à la bifurcation, puis suivre à droite (O) le chemin qui mène à "En Bouzigot", ferme dont on traverse la cour. On gagne les champs par un sentier (panneaux GR). Suivre une clôture à droite (O-N.O). Quand celle-ci vire à droite (N) tirer en droite-ligne vers le bois en face.

4.35

Dans le bois, suivre le sentier balisé qui descend jusqu'à un chemin herbeux dans une clairière avec étang. Suivre à gauche (S) sur la rive droite de la Marcaoue.

4.46

La D160. Prendre à droite

PAR LE SAVES, CHEMIN FAISANT

* Accolée, surtout depuis la Révolution, à plusieurs villages ci-devant du "Cogotois", l'épithète de "Savès" désigne le pays que baigne la Save.
* Monferran-Savès a un plan de ville neuve : des moines s'y étaient installés sur la colline de Ferran et un acte de paréage les unit au seigneur de Marestaing, 4 km au sud-est, qui descendait de Clovis.
* Château, foires et éphémère canton de Monferran ont disparu pendant la révolution, mais il reste la porte médiévale laquelle nous passons, et un gisant de pierre sous le clocher de l'église.
* On a pris ce gisant pour un pèlerin. C'était en fait la statue d'un compagnon qui, lui aussi, allait par les chemins.
* A l'entrée du hameau de Giscaro, jolie petite église, puis manoir délabré.
* Peu après, une variante par le nord de Gimont longe un lac de 10 ha, (pique-nique).
* Cette variante passe par la chapelle St-Jean-de-Las-Monjes (à laquelle on peut aller directement depuis Gimont, en un quart d'heure). C'est un reste de l'ancien couvent de St-Orons (Xe) qui, avant la fondation de la bastide, fut une halte sur le chemin. Des tuiles antiques ("tegullae") y ont été réemployées dans les murs.

RENSEIGNEMENTS PRATIQUES :

Hébergement :
* Monferran-Savès: le relais de la poste, tél 62 07 87 52
* Giscaro: gîte d'étape "le Grangé", tél 62 07 84 92 (HR)
* Gimont: 3 hôtels, restaurants, tous commerces, fermes-auberges dans les environs.
- Office de Tourisme, tél 62 67 70 02.

(N.O), direction Gimont.

4.59

Ligne HT. Juste après, tourner à gauche sur un chemin gravillonné, puis encore à gauche (S) sur celui, herbeux, qui va vers "En Lauzin". 30m plus loin, tourner à droite (O) sur un vague chemin herbeux. On trouve ensuite une allée d'arbres. Suivre tout droit (O). A 30m de la D4 le chemin, parfois vague, vire à droite (N) pour déboucher 200m plus loin sur...

5.11

La D4. La traverser pour prendre à gauche (O) le chemin goudronné qui passe sous le château d'eau. 200m après, le GR continue tout droit en descente vers la Gimone. Mais si l'on fait étape à Gimont, prendre à droite (N) un petit chemin qui descend, puis disparaît dans un champ. Remonter à travers celui-ci en prenant comme cible un poteau électrique. On trouve vite un chemin. Suivre tout droit (N). On coupe le "chemin des Fosses" puis on remonte (N.E puis N) ...

5.26

La rue des Sols. La suivre à gauche (O-N.O) sur 50m; ensuite, sur une place avec un puits, descendre à droite (N.O) la rue "du collège", puis prendre à gauche (N.O) la N124. On passe devant la mairie et un peu plus loin le chevet de l'église.

5.33

Place des Halles

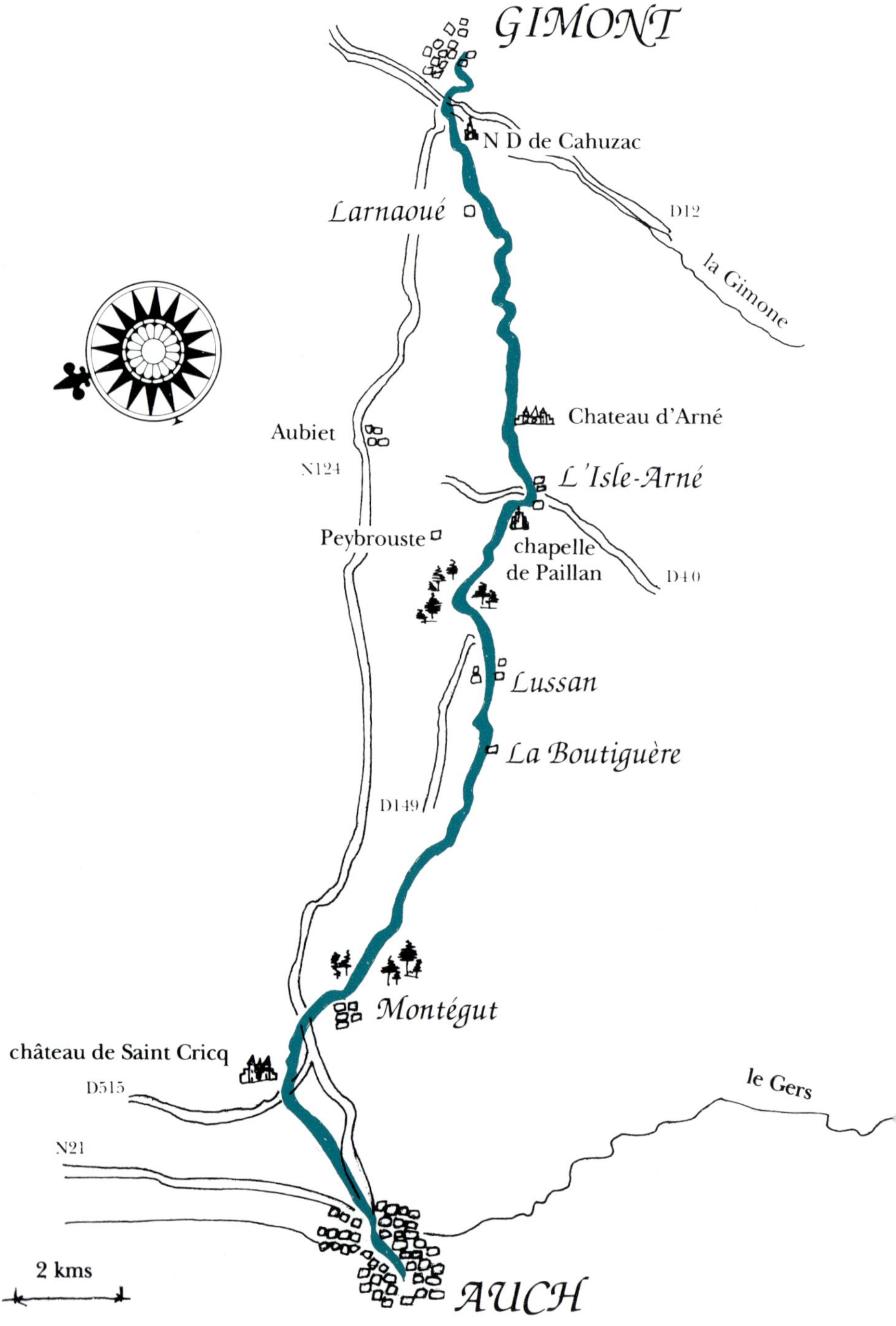

renseignements cartographiques p.:

ETAPE 19 - 30 KM - 7 HEURES 30

GIMONT - AUCH

L'itinéraire de cette étape est plus long, plus tortueux que celui de la précédente, mais l'impression d'équilibre prévaut toujours. Hommes et nature, cultures et forêts, villages et campagnes -jusqu'au soleil et à la pluie!- semblent partager cette terre sans heurts. Grand est le plaisir de la parcourir. Chemins blancs et sentiers nous conduisent vers l'Ouest, par soulanes ensoleillées et versants boisés et abrupts. Un hameau par-ci, une église par-là, chacun aura ses préférences, mais chacun devrait être comblé: masures et châteaux, humbles chapelles et fière cathédrale d'Auch.

BASTIDE DE GIMONT : UNE HALLE EN ARC DE TRIOMPHE

A l'origine, en 1137 il y eut la grande abbaye cistercienne de Berdoues, près de Mirande, mère de plusieurs bastides. Puis, en 1142, ici, sur les bords de la Gimone, sa filiale de Planselve ("la forêt plane"). En 1266 l'abbé de Planselve passa un accord de paréage avec le sénéchal du Comte de Toulouse, qui était alors Alphonse de Poitiers, frère de St. Louis, pour créer une bastide. L'accord prévoyait qu'en cas d'échec du peuplement, les terres reviendraient à l'abbaye, mais ce fut un succès. En 1274 elle recevait sa charte de franchise. On l'appela d'abord "Francheville", puis assez vite "Gimont", aimable calembour : c'était bien un mont au bord de la Gimone. Sur cette hauteur, la ville est tout en longueur. Pour rester sur la crête la longue rue principale passe sous la halle en forme d'arc de triomphe ; quatre autres rues latérales cernent les pentes et les rues transversales les dévalent.

Gimont connut deux fortes périodes de récession : la peste noire au XIVe, les garnisons militaires à la fin de l'ancien régime ; et

0.00
Place des Halles: descendre la N124 et tourner à gauche (S-S.O) rue de la Gendarmerie. 700m plus loin, prendre le chemin goudronné à droite (O) qui traverse les deux bras de la Gimone, puis juste après tourner à droite (N) sur un chemin de terre (on voit l'abbaye de Planselve à 700m).

0.16
Le chemin vire à gauche (O-N.O) jusqu'à la D12. Traverser. Remonter en face l'allée de platanes jusqu'à la chapelle de Cahuzac. Contourner son chevet pour s'éloigner par un chemin blanc entre stade et voie ferrée.

0.29
Prendre à gauche (S puis O) un petit chemin qui monte à Balmane (ferme abandonnée). Suivre un sentier en bordure de champ, puis un chemin qui monte à En Parguet, ferme. 50m plus loin, prendre à droite (O-N.O) un chemin goudronné. 500m de plus, et

trois périodes d'expansion : - au Moyen Age, marché rural et tissage de la laine en liaison avec l'abbaye ; - à la Révolution artisanat favorisé par le morcellement de terres ; aujourd'hui, le foie gras bien sûr. A côté des conserveries à la ferme, les grandes marques, Comtesse du Barry et Ducs de Gascogne, sont ici dans leurs murs.

LE GOTHIQUE DE BRIQUES

Toujours l'architecture toulousaine de briques qui se prolonge en Gascogne le long du Chemin, avec, ici, seulement quelques pierres à la base... L'église N.D de Gimont a une nef du XIVe, un chevet à sept pans du XVe, un portail en anse de panier et un haut clocher octogonal et ajouré du XVIe. Des chapelles s'inscrivent entre les contreforts et autour du choeur. La première à gauche abrite un tryptique XVIe provenant de l'ancienne abbaye de Planselve, partie peint, partie bas-relief ; sur le panneau central, une Crucifixion qui a perdu sa croix, sur les volets, une Marthe aspergeant la Tarasque et une Marie-Madeleine. Reliquaires et tabernacles du XVIe, orgue et autel XVIIIe. - A voir encore à Gimont :

- La Halle XIVe sous laquelle passe imperturbablement la N 124 ;
- Le Musée cantonal (fossiles, préhistoire, Rome et Moyen-Age)
- L'hexagonale "Tour des Evesquerie" (ancien séminaire et aussi résidence de l'évêque de Lombez);
- Le beau Collège Saint-Nicolas, les maisons à colombage trop souvent en ruines ;
- et l'actuelle abbaye de Planselve, à 700 m au sud du Pont sur la Gimone par lequel nous partons pour Auch.

LA CHAPELLE DE CAHUZAC, GIMONT EN MINIATURE

A l'origine de la chapelle de Cahuzac, une bergère qui en 1513 découvrit la statue mira-

on tourne à gauche (S.O) sur un beau chemin blanc.

0.54

Larnaué. Continuer tout droit (S.O) par un chemin de terre jusqu'au...

0.59

Ruisseau de Francillon: le franchir pour remonter tout droit (O-S.O) par un chemin herbeux.

1.10

Chemin goudronné: prendre à droite (O-N.O) puis 30m plus loin à gauche (O) un nouveau chemin blanc.

1.25

Ferme d'En Palenque. On poursuit par un chemin herbeux, tout droit (O) sans monter vers la ferme Bachadou (comme une balise semble l'indiquer). Chemin goudronné. Traverser. Reprendre le chemin de terre en face qui monte à peine, avant de redescendre (S.O) entre haies épineuses. On remonte sur...

1.41

Un chemin goudronné: le suivre à droite (O-N.O). Cimetière. Laisser un chemin sur la droite et continuer tout droit. Château d'Arné. Bientôt le chemin descend sur...

2.19

Le village de l'Isle-Arné. Au grand calvaire prendre à droite (N.O) la D40. Auberge du Moulin. Laisser à gauche la chapelle de Paillan; 300m après, prendre à gauche (O-N.O) un chemin goudronné.

2.45

Ferme Piouec. Chemin herbeux. 300m après, on trouve à droite (N.E) un chemin qui conduit en 800m à Peybrouste

culeuse de la Vierge de l'Orme. Deux ans plus tard on bâtissait, sur le Chemin de St. Jacques et à la limite de l'évêché d'Auch de l'époque, cette chapelle de brique, exacte réplique en réduction de l'église de Gimont. Vitraux du XVIe, attribués à Arnaud de Moles, rétable de bois orné d'une Piétà, antépendium représentant une Vierge et une N.D des Neiges. Dans la chapelle de gauche, Vierge à l'Enfant en bas-relief de bois doré.

Un "Pousterle", Auch

LES VARIATIONS DU CHEMIN HISTORIQUE

Il y eut en fait, deux chemins historiques :
- Le premier avant le XIIIe siècle. Les pèlerins allaient de Garbic à Aubiet par St Jean-des-Monges puis ils obliquaient, sud-ouest, par Roquetaillade qui a une église St. Jacques, et Pessan qui eut au IXe une abbaye bénédictine. Ils atteignaient Auch au monastère St. Augustin, au sud, rive droite.

(gîte équestre). Mais si l'on n'y fait pas étape, continuer tout droit (O-N.O) dans le bois de Lussan.

3.03

Chemin goudronné. Suivre à gauche (O puis S.O) jusqu'à...

3.18

La D149 devant la belle église de Lussan. La suivre à droite (O). A la bifurcation devant le château, quitter la D149 pour le chemin goudronné à gauche (O-S.O).

3.26

En bas de la côte, suivre à droite (O) un chemin de labour qui remonte le vallon de la Boutiguère. On débouche sur...

3.46

Le chemin goudronné de Boutiguère: tourner à gauche (S) vers l'allée du château et 100m plus loin à droite (O) dans un chemin blanc.

3.56

Le Pourtet, ferme. Traverser la cour puis descendre tout droit (O) par un vague chemin qui se perd dans les prés. On retrouve deux lacets d'un chemin de terre qui conduisent...

4.08

Au fond du vallon, d'où l'on remonte par un chemin de terre jusqu'à la ferme de Bédout. Suivre tout droit (O-N.O) le chemin goudronné. Au carrefour continuer tout droit. 300m plus loin, devant la ferme Dilhan, prendre à droite (N) un chemin de terre qui descend un fond de vallon évasé puis remonte à gauche (O), à proximité de la ferme Lassalle Verger.

- Ce chemin initial va subir deux inflexions, la première par l'apparition de l'abbaye de Planselve et de la bastide de Gimont qui le détournent au sud ; la seconde d'Aubiet droit vers Auch où les Clunisiens organisent l'accueil dans la cité.
- Le chemin du XIIIe est donc devenu presque rectiligne de Gimont à Auch, et la D24 le recouvre sauf sur trois tronçons ponctuels. Entre Xaintrailles et Aubiet il suivait la ligne de crête, 500 m. plus au nord. A l'ouest du pont sur l'Arrast, il coupait droit à flanc la cote 223. Au nord de Montégut, recoupant d'actuelles boucles, il s'identifiait plutôt à la D.521.

HUMBLES MONUMENTS RURAUX...

Le charme d'un tel sentier est de nous réserver la surprise de monuments ruraux souvent ignorés des guides. Ainsi, avant de descendre vers le hameau de l'Isle d'Arné et son pont sur l'Arrast, petite rivière boueuse, passe-t-on devant le château d'Arné, caché par les arbres du parc, puis, sur l'autre rive devant une gentille chapelle rurale, et une Vierge de carrefour.

HORS SENTIER : MOULINS ET CHATEAU

Dans les mêmes parages, deux routes conduisent à 3 ou 4 km au nord, vers Aubiet où l'on peut trouver du ravitaillement. De vieux moulins à eau y bordent l'Arrast. Le nom de cette commune est surtout connu aujourd'hui par une coopérative d'insémination artificielle desservant 40.000 éleveurs du sud-ouest. A cinq km à l'ouest d'Aubi ur la D.509, à Marsan, l'imposant château de Montesquiou n'aligne pas moins de 34 fenêtres sur deux niveaux, sans compter les lucarnes. Le domaine appartenait depuis au

4.34
Chemin blanc à l'entrée de la ferme de l'Argenté Neuf. Continuer tout droit en face (N.O) en suivant une haie entre deux champs. 200m plus loin, on trouve un chemin qui descend vers le ruisseau de Larroussagnet. On passe à gué et on remonte par un sentier (O).
4.43
Chemin goudronné: le traverser et continuer tout droit (O-N.O) en longeant une haie. Puis traverser un champ tout droit (O) en prenant comme repère un poteau électrique en plein champ, et de là une langue de terre inculte juste au-dessus.
4.54
Bord supérieur du champ en lisière du bois. Monter par un sentier qui débouche, 50m plus loin, sur un chemin de terre; le prendre à droite (N). A la bifurcation, suivre à gauche (N.O) le chemin de terre au sommet du coteau. Puis prendre à droite (N.O.) un sentier balisé qui descend à travers bois.
5.08
On traverse un champ en sommet de coteau pour atteindre la lisière du bois de Montégut. On y trouve le sentier qui s'enfonce dans le bois, toujours en crête.
5.18
Ruines de la tour des Fées. On descend sur l'église de Montégut. Là, descendre à droite (N.E) les lacets du chemin.

moins 1170 à l'illustre famille gasconne (dont la localité que nous verrons plus loin fut le berceau et conserve le nom). Le château actuel est de 1750.

LUSSAN, PATRIE DES MARECHAUX ET D'UNE BELLE DE COUR

Dans l'église de Lussan, un baptistère roman. Au château assez imposant, un puits voûté du XIIIe siècle et une terrasse du XVIIe, qui remplace les anciens remparts. - Ce fut le berceau de tout une dynastie de Maréchaux de Camp, Sénéchaux et Gouverneurs de l'ancien régime. Et aussi d'Anne Esparbès de Lussan, conquérante d'un autre genre à la cour de Louis XV où elle était amie de la Pompadour.
Dans la commune, quatre autres manoirs mirent le panorama. Précédé d'une allée de cèdres, celui de La Bouliguère est un peu plus loin sur notre chemin.
Au croisement suivant, dit "le Pourtet", le sentier continue en face, mais on peut prendre à gauche une variante passant par le château de la Rochette (hébergement et restauration).

CHEMIN FAISANT, DE ROQUETAILLADE A MONTEGUT

* Le manoir de Roquetaillade, faux Louis XIII du dix-neuvième, n'en a pas moins fière allure : pierre et ardoise, haute cheminée dans les murs de refend.
* L'église dédiée à St. Jacques conserve sa statue en terre cuite.
* Montégut domine le cours de l'Arçon ; des ruines de la "Tour des Fées" (en fait, un ancien moulin à vent...) vue contrastée sur la vallée, la "paguère" boisée exposée au nord, "la soulane" ensoleillée à végétation méditérranéenne.

La Tour des Fées, près de Montégut

5.36
La D149: la suivre tout droit (N) sur 100 m ; puis au virage prendre tout droit un sentier qui conduit à la voie ferrée. La traverser et suivre en bordure de champ jusqu'à la N124. La prendre à gauche(O) sur 50m puis monter à droite (N-N.O) par un chemin blanc.
5.54
Bifurcation: prendre à gauche (O). 100m plus loin, laisser le chemin blanc pour un sentier qui continue tout droit (O) en longeant le bois.
6.03
Chemin dans le bois: suivre à droite (O) puis prendre à gauche (S) le chemin goudronné qui conduit au...
6.08
Château de St Cricq (gîte d'étape). Descendre par un chemin blanc (O-N.O) jusqu'à la ferme de la Bourdasse. Passer à sa droite

* Au village, le château, un vrai cette fois, dresse au-dessus des terrasses boisées, de hauts murs à fenêtres à meneaux et une tour crénelée. Médiéval, remanié aux XVIe et XIXe il appartint aux Comtes d'Armagnac puis à la famille de Polastron. Eglise intéressante et maisons à colombages.

SAINT-CRICQ : GITE D'ETAPE AU CHATEAU

Leur proximité et leur situation analogue de "nids de faucons" dominant la vallée a créé la légende d'une longue rivalité des châteaux de Montégut et de St. Cricq. Ils appartenaient en fait à des familles alliées. Saint-Cricq est d'abord mentionné au XVIe siècle comme "borda de St. Quéric", métairie de l'église Saint-Quirin. Il devint peu après le "Castet de Sen-Cricq" de la famille de Verduzan et fut légué en 1698 à l'Hôpital St. Augustin d'Auch. Aujourd'hui départemental, il comprend un Musée de l'Armagnac et un Gîte d'Etape (sur réservation). Dressé sur un éperon calcaire, il est ceint d'un mur à créneaux flanqué à l'angle S.O. d'une échauguette. Sur la façade sud patinée par le soleil, la tour pentagonale de l'escalier à vis fait saillie. Du XVIe, le mur du levant en bel appareillage et les fenêtres à meneaux encadrées d'écussons. Du XVIIe, les grandes cheminées ornées.

RENSEIGNEMENTS PRATIQUES :

Hébergement :

* Lussan (Peybrouste): chambres d'hôtes chez Arnaud, tél 62 65 91 56
- Château de St Cricq: gîte d'étape, tél 62 63 10 17

* Auch:
- 9 hôtels-restaurants.
- Office du tourisme, tél. 62 05 22 89. Auberge de jeunesse, tél. 62 05 34 80
- Logement gracieux: s'adresser au Presbytère de la cathédrale, tél 62 05 04 64

et continuer à descendre par un chemin herbeux.

6.19

La D515: la traverser pour prendre le chemin du Haget (panneau). Monter puis redescendre vers la voie ferrée qu'on longe avant de passer dessous. Rue du Haget. Suivre, puis prendre la première rue à droite (S.O) qui conduit à...

7.03

La N124: la suivre à droite (S.O) puis, au rond-point, prendre presqu'en face l'avenue d'Alsace. On traverse le pont sur le Gers. Prendre les quais à gauche (S) jusqu'à la rue Brégail, monter 100m à droite (O) puis prendre la rue Daumesnil à gauche. Sur la place Louis Blanc (musée des Jacobins et ancien archevêché) monter à droite (O) la rue Baudin, la rue-escalier (Pousterle) de la Coquille et la place Betclar. Là, tourner à gauche vers...

7.20

La porte latérale de la cathédrale. Devant celle-ci, prendre à droite la rue Arnault de Moles jusqu'à...

7.21

La place de la République.

PLAN D'AUCH

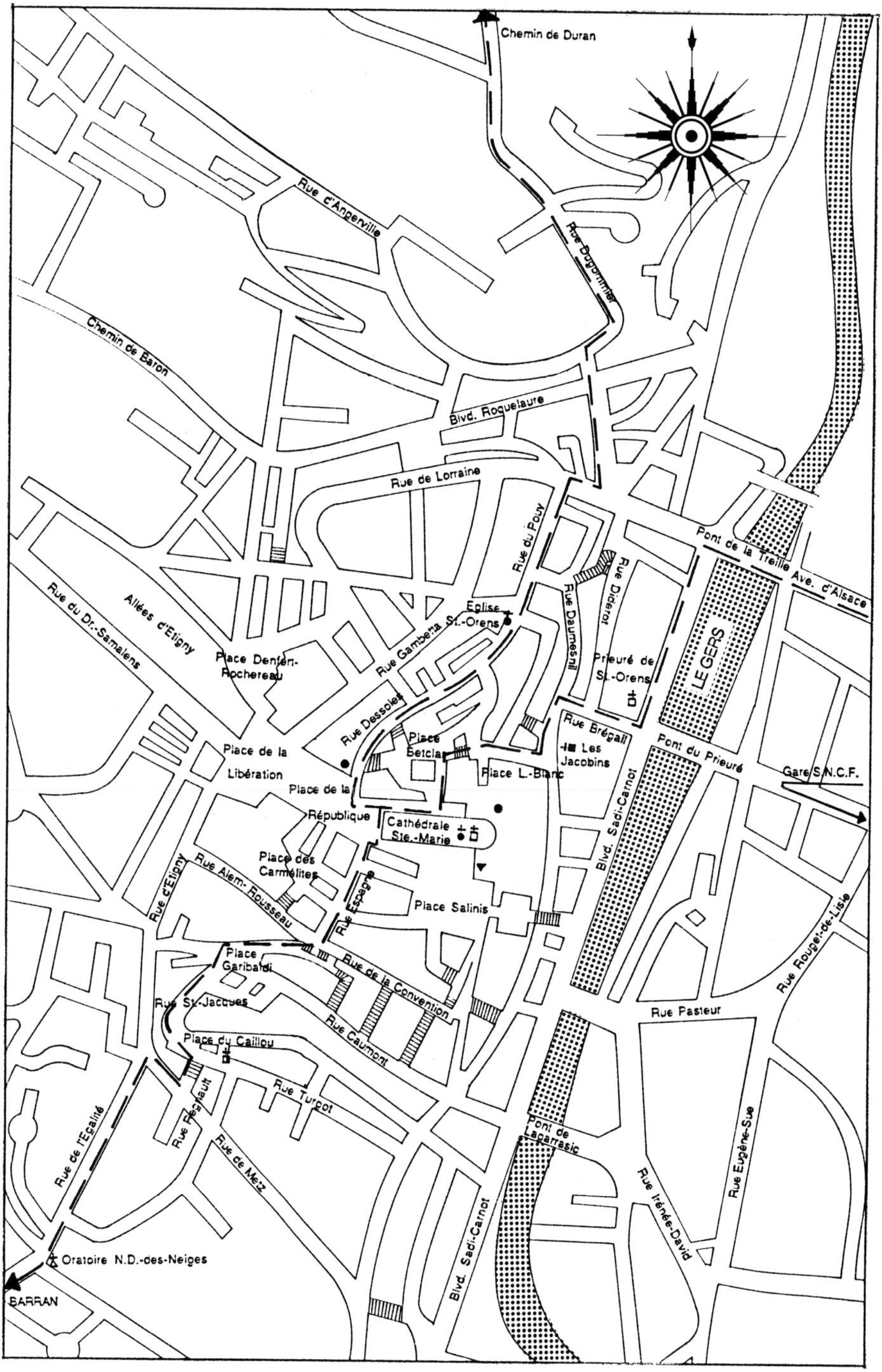

Chemin de Duran
Rue d'Angerville
Rue Dugommier
Chemin de Baron
Blvd. Roquelaure
Rue de Lorraine
Rue du Pouy
Pont de la Treille
Ave. d'Alsace
Rue Diderot
Rue Daumesnil
Eglise St.-Orens
Rue Gambetta
Rue du Dr.-Samalens
Allées d'Etigny
Place Denfert-Rochereau
Prieuré de St.-Orens
LE GERS
Rue Dessoles
Place Betclar
Rue Brégail
Les Jacobins
Pont du Prieuré
Place de la Libération
Place L.-Blanc
Gare S.N.C.F.
Place de la République
Cathédrale Ste.-Marie
Blvd. Sadi-Carnot
Place des Carmélites
Rue d'Etigny
Rue Alem-Rousseau
Rue Espagne
Place Salinis
Place Garibaldi
Rue de la Convention
Rue Rouget-de-Lisle
Rue St.-Jacques
Rue Pasteur
Rue Caumont
Place du Caillou
Rue Turgot
Rue de l'Egalité
Rue Pasteur
Rue Pécrault
Rue de Metz
Pont de Lagarrasic
Rue Eugène-Sue
Rue Irénée-David
Blvd. Sadi-Carnot
Oratoire N.D.-des-Neiges
BARRAN

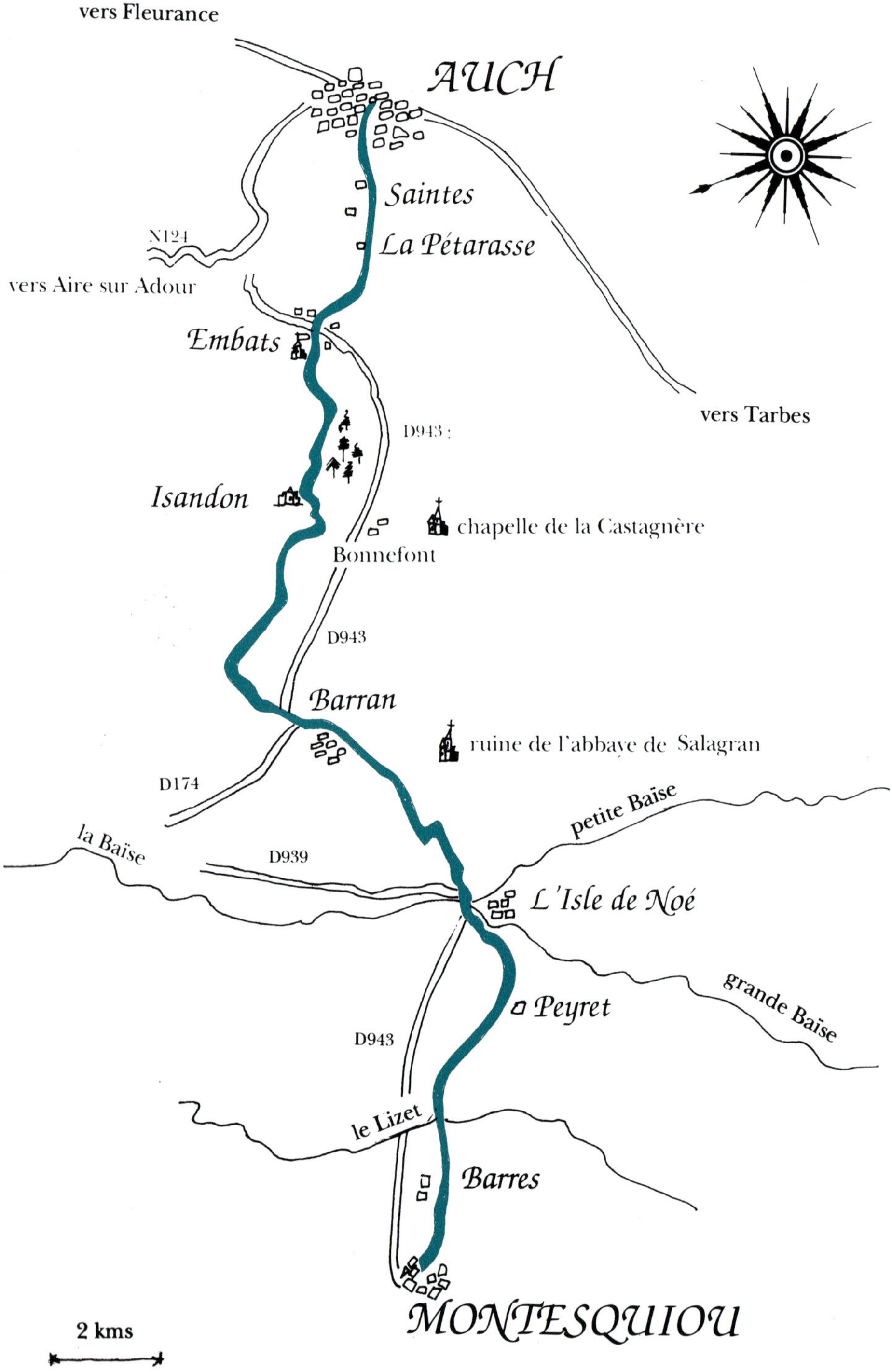

renseignements cartographiques p.: 282

Etape 20 - 28 Km - 7 Heures

AUCH - MONTESQUIOU

D'Auch le GR 653 se sépare en deux branches, ce qui est une très vieille tradition, comme le montre le livre de M. Loubès. Seulement de nos jours, ce sera moins la qualité du gîte et du couvert offerte par les hôpitaux qui guidera nos pas, que notre aversion pour le goudron ou notre désir de rester au plus près d'une authenticité historique. Deux branches donc, l'une au Nord, l'autre au Sud. Celle du Nord est sans doute plus éloignée des sentiers battus, mais également du chemin historique. Elle est belle, jalonnée de lieux et de monuments remarquables et...très longue: plus de 40 km, et non sans difficulté. Prévoir plutôt deux étapes, avec une étape intermédiaire à Ordan-Larroque (gîte en préparation). Nous décrivons la route du Sud car, s'il faut de temps à autre composer avec le goudron, elle est néanmoins très belle, constamment près de -ou sur- le chemin du pèlerin et d'une longueur plus raisonnable. Montesquiou mettra tout le monde d'accord. Ancienne étape sur le chemin de St Jacques, il ne reste que peu de vestiges de son prestigieux passé mais , bien plus important à notre avis, c'est l'esprit qui demeure, la tradition d'hospitalité. Nous garderons de ce village le souvenir d'un accueil particulièrement chaleureux.

AUSCII, AUSKI, EUSKADI

Quand on veut démontrer par la toponymie qu'avant l'arrivée de César l'Aquitaine cisgaronnaise parlait basque, on cite en premier lieu le nom de l'une des neuf peuplades de la "Novempopulanie", les Auscii, devenus Auscitains. Car le latin de l'époque classique prononçait "Aouski", et la parenté semble séduisante avec le préfixe Eusk-, prononcé "Eousk", que l'on retrouve en basque dans tout ce qui désigne la langue, le peuple ou le pays (Eskual, Eskualdunak, Eskerra). De plus, ces Auski avaient construit sur leur colline auscitaine un oppidum nommé "Elimberris". Dans le basque actuel, ce nom signifie toujours "Groupement nouveau"

0.00
Cathédrale d'Auch: devant le portail, place de la République. Suivre la rue d'Espagne (S) jusqu'au bout. Descendre un escalier puis une rue à droite (O) jusqu'à la place Garibaldi. La traverser tout droit et continuer à descendre par la rue St Jacques jusqu'à la place du Caillou, où autrefois les pèlerins trouvaient l'hôpital St Jacques. Remonter par un "pousterle" (la rue Henri Régnault) puis suivre à droite (O) la rue de Metz. Monter à gauche (S) la rue de l'Egalité.
0.10
Calvaire à l'emplacement où se trouvait autrefois la chapelle Notre-Dame des Neiges.

DES AUSCII DE CRASSUS AUX AUSCITAINS D'AUJOURD'HUI

Comme les Eluzates d'Eauze, les Auscii d'Auch résistèrent à l'envahisseur romain et ne capitulèrent qu'en 56 AV. J.C devant Crassus. Le premier soin du conquérant fut de leur faire abandonner leur hauteur fortifiée, et de construire à son pied au bord du fleuve "Augusta Auscorum" ("l'Auguste des Auscii"). St. Taurin l'évangélisa au IIIe siècle mais il fallut attendre la destruction de l'Archevêché d'Eauze par les barbares pour voir naître en 879 celui d'Auch. Pillée à son tour, la capitale se réfugie sur l'oppidum, redevenu citadelle médiévale. Puis la paix de l'église permet aux monastères (Augustins, St. Orens, St. Jacques) de prospérer à nouveau au bord du Gers. D'où un gouvernement fort complexe de cette cité, partagé entre des Consuls élus, le Comte d'Armagnac, l'Archevêché d'Auch, le Prieur de St. Orens. Louis XI rompt ce bel équilibre en anéantissant la maison d'Armagnac par le feu et le sang, en 1473. Après une période d'effacement, la création en 1715 d'une Généralité d'Auch dont les Intendants royaux, comme d'Etigny, rayonnent sur tout le Bassin de l'Adour jusqu'à Pau et Bayonne, rejaillit sur l'urbanisme de la ville. La Révolution l'a réduite au rôle de chef-lieu du Gers, mais ce n'est déjà pas si mal d'être la vitrine de l'armagnac et du foie gras.

A TRAVERS LE VIEIL AUCH

La ville ancienne s'étale curieusement en amphithéâtre sur la pente abrupte d'un plateau. On peut y monter en gravissant 230 marches (mais elles sont 370 avec les volées doubles ; à mi-parcours, une statue de d'Artagnan) de l'escalier monumental qui ne date que de 1863. Ou bien en suivant les vieilles petites rues en échelons abrupts nom-

Tout droit (S.O)
0.13
Bifurcation: continuer par le chemin de Saintes (panneau). Au panneau de sortie de la commune d'Auch, laisser un chemin à droite. On franchit un pont au "Pountet". Tout droit (O-S.O).
0.29
Autre pont juste après Saintes (là se trouvait autrefois l'hôpital Ste Quitterie). Tout droit (O-S.O).
0.43
La Pétarasse, hameau: monter jusqu'à une bifurcation. Prendre à droite (O) le chemin d'Embats.
1.14
La D943 à Embats, hameau: la suivre 75m à droite (N), en passant sous le chevet de la chapelle d'Embats. Y prendre à gauche (O) un chemin goudronné, le long de la chapelle.
1.26
Le Plan, ferme: suivre tout droit le chemin blanc qui tourne vers le Sud.
1.41
Laisser à droite le chemin de la ferme Camasses et descendre 50m jusqu'à un panneau sur un chemin blanc:"chemin privé". A droite (O-S.O) on aperçoit un vague chemin, labouré sur ses premiers mètres, mais visible ensuite: le suivre. On traverse à gué le Camasses. Continuer sur un chemin herbeux jusqu'au...
1.50
Goudron d'un petit chemin. Continuer tout droit (O) sur 100m jusqu'à la ferme Bordeneuve. Devant celle-ci prendre à gauche (S puis O) un petit chemin herbeux.

mées "pousterles" car elles conduisaient aux poternes au-delà desquelles on puisait l'eau dans le fleuve. On verra ici et là :
- la Préfecture, ancien archevêché du XVIIIe ;
- l'Officialité, ancien Tribunal de l'Eglise, flanquée de la Tour d'Armagnac (XIVe), haute de 40 mètres, où était la prison ;
- la Maison du Tourisme installée face à la cathédrale dans la demeure Fedel (XVe) ;
- les Allées d'Etigny longues de 250 mètres aménagées par l'Intendant sur le plateau, et ornées depuis 1806 de sa statue due au toulousain Pierre Vigan ;
- le couvent gothique des Jacobins (XVe) abritant le Musée (histoire, ethnographie, Amérique latine).

Clocher Hélicoïdale de Baran

1500 PERSONNAGES DANS LA CATHEDRALE FLAMBOYANTE

Une première église romane fut détruite pendant un conflit entre Comte et Archevêque. Le Cardinal-Archevêque Jean

100m plus loin, laisser un chemin à gauche et descendre dans le vallon de l'Escu, sous la ferme fortifiée d'Isandon. Suivre l'Escu (S.O et O) jusqu'à...

2.04

L'Auloue, rivière. Remonter celle-ci à gauche (S) sur 100m, traverser au radier pour gagner la D150 que l'on emprunte à droite (N-N.O). 700m après...

2.19

Prendre à gauche (O) un petit chemin goudronné. A Ribère (ferme) il devient un chemin blanc que l'on suit jusqu'au...

2.35

Haut du coteau (alt 233). Vue magnifique. Prendre le chemin à droite (O-N.O). Au carrefour triangulaire, continuer tout droit sur 200m, puis prendre le petit chemin herbeux à gauche (toujours O-N.O) en sommet du coteau. On longe un bois. Y laisser un chemin à droite. Après le bois nous retrouvons...

3.01

Le goudron d'un petit chemin. Descendre à gauche (S-S.O et S) jusqu'à la D174 que l'on emprunte à gauche (S-S.E) jusqu'à la D943. Suivre celle-ci à droite (S-S.O) jusqu'aux...

3.39

Douves et porte fortifiée de Barran. Passer sous la porte pour suivre la rue principale du village (ravitaillement). On passe devant l'église, avec son clocher hélicoïdal, la collégiale et la place des Halles typique d'une bastide. On suit la D943...

ler d'Armagnac était le mieux placé pour entreprendre en 1390 un nouvel édifice. La foudre interrompit les travaux. Repris en 1489, ils furent dès lors menés sans discontinuer et dans le même style flamboyant jusqu'au XVIIe. Bâtie sur une crypte qui rattrape le niveau, et où se trouve un sarcophage du VIIe siècle, elle mesure 105 m. de long, 40 de large, elle est flanquée de deux tours de 44 mètres. 23 chapelles latérales ou rayonnantes s'alignent le long des bas-côtés et du déambulatoire. Les 18 vitraux Renaissance dus à Arnaud de Moles contiennent 50 figures en pied, et les stalles sculptées du choeur totalisent 1500 personnages bibliques, historiques ou légendaires. Voir encore la chaire Louis XV, la "Mise au Tombeau" de 1500 et le grand orgue XVIIe, oeuvre de Jean de Joyeuse, qui chaque année permet un Festival de Musique.

LE PELERIN DANS LA VILLE...

Il reste peu de la cité auscitaine du temps d'Aymeric Picaud. Le pèlerin du XIIe arrivait à un gué fortifié à l'emplacement du Pont de la Treille (qui est de 1750). Il franchissait la porte de "Betclar" (beau clair...) devenue par la suite "de la Couscouille" (coquille) : une coquille St. Jacques y est visible sur une maison. Il gagnait l'Hôpital St. Orens. L'église actuelle est récente, mais le Lycée bâti à l'emplacement du couvent en conserve quelques vestiges romans (Orens était un évêque auscitain du Ve). Il passait devant la ronde "Tour de César" (VIe) qui est rue des Pénitents Bleus, pour aller faire ses dévotions à l'église romane disparue. Signalons tout de même deux Saint-Jacques dans celle qui lui a succédé, l'un sur un vitrail, l'autre en bois à l'entrée des stalles, très usé par les mains trop pieuses. Au bas de la vieille pousterle il trouvait la Porte d'Arton, qui subsiste sous forme d'un porche en arc brisé, surmonté d'un logis en colombage et torchis. Et l'Hôpital St. Jacques. Il en existe toujours un, mais privé,

tout droit (S-S.O).

3.57

Laisser un chemin goudronné à droite, face à l'élevage d'Andrieu. 300m plus loin, juste après la ferme Barthélémy, prendre à gauche (E) un petit chemin de terre. Laisser la branche qui tourne à gauche (N) pour descendre au gué sur le ruisseau. Traverser et prendre un chemin herbeux à droite (S). Petit bois.

4.06

A la sortie du bois remonter tout droit (S) derrière les cribles à maïs de la ferme Ste Anne. Barrage en terre-plein. Remonter au-dessus et suivre le chemin de terre sur les rives de l'étang. Laisser à gauche un chemin de terre montant dans un bois pour suivre, 25m plus loin, une sorte de talus entre deux champs. Il nous conduit à...

4.14

La ferme abandonnée de la Sabathère. Suivre à droite (S-S.E) un chemin herbeux entre champs jusqu'au bois du Chapitre, que nous traversons tout droit.

4.32

A la sortie du bois, prendre le chemin à droite (O) sur 200m jusqu'à la ferme La Tuilerie. Devant celle-ci, descendre à gauche (O et O-S.O) par un petit chemin herbeux. Laisser à gauche la ferme Lapeyre pour continuer à descendre. Bois. Tout droit (O).

4.45

On débouche sur un champ où le chemin disparaît. Grimper à gauche (S.O) par un sentier jusqu'à la crête au-dessus...

avec perron, balcon, façade ornée de coquilles. L'intérieur comportait logements d'hommes, logements de femmes et salle commune.

N.D. de Brétous (variante)

... ET LE PELERIN DANS LA CAMPAGNE

Le chemin de St. Jacques historique est assez proche du nôtre. Identique jusqu'à Embats, il a été ensuite recouvert par la D.943, à l'exception de quelques courbes de la route actuelle, qu'il recoupait à Laubarie, avant Barran, et à l'Estibal, après l'Isle de Noé, alors appelé "Isle-d'Arbéchan".
Dans ce secteur, il a toutefois varié, comme l'a montré Gilbert Loubès. En 1134 le Comte d'Armagnac s'associa avec plusieurs seigneurs et paysans pour créer plus au sud l'Hôpital de Séregrand ; et le pèlerin délaissa

que l'on suit tout droit (O).
4.49
Au-dessus de Marastet (ferme), continuer tout droit sous les pins par un petit sentier. Quand le coteau descend assez raide, tirer à droite jusqu'au chemin goudronné de Marastet qui, pris vers l'aval, nous conduit à...
4.54
La D943. Suivre à gauche (S.O) jusqu'à...
5.00
Sa jonction avec la D939, au lieu-dit l'Hôpital. Suivre la D943 (S. puis O). Calvaire au lieu-dit Bourguignon. Pont sur la Petite Baïse et église de l'Isle-de Noé. Traverser le village (ravitaillement, hôtel) tout droit (S.O) et franchir un pont sur la Grande Baïse, direction Montesquiou.
5.13
On laisse à droite la D179 pour suivre la D943 à gauche (S). 100m plus loin, laisser à son tour la D943 pour un chemin goudronné qui continue tout droit (S) dans la vallée de la Baïse. Le suivre 500m puis prendre à droite (O, panneau) le chemin de Peyret.
5.32
800m après, devant la ferme Peyret, laisser à gauche le chemin blanc pour un chemin à droite, dans l'herbe, derrière la ferme (clôture). 100m après cette clôture, suivre tout droit (O) en bordure d'un champ. Au bout de celui-ci, enjamber une clôture pour continuer par un sentier en lisière de bois, avec cette fois un champ à gauche. Quand le sentier

alors Barran pour prendre le chemin de la Castagnède. En 1279 Barran, promu bastide, créa deux hôpitaux, et récupèra le gros du passage.

CHEMIN FAISANT, D'AUCH A BARRAN

* A 8 minutes de la Cathédrale, au haut de la rue de l'Egalité, une plaque sur un calvaire y commémore l'ancienne chapelle N.D.-des-Neiges détruite à la Révolution. Culte qui rappelle sans doute des hivers plus rigoureux que les nôtres.
* Un quart d'heure plus loin, le lieu "Saintes" fut un Hôpital de Sainte-Quitterie. Laquelle ? La mère commingeoise du Martyr Saint-Gaudens au VIe, ou bien la Vierge martyre espagnole honorée en Béarn, et décapitée en 478 à Aire-sur-l'Adour pour avoir fui un mariage païen ?
* Peut-être bien la seconde, car l'Hôpital suivant, hors de notre itinéraire, était alors Bonnefont, tenu par les Chanoines de Sainte-Christine du Somport, à la limite du Béarn et de l'Aragon.
* Sur le chemin de Sèregrand, l'église de La castagnède (la châtaigneraie), dédiée à St. Jacques, a une statue de lui, en bois doré.

LA FLECHE EN HELICE DE LA COLLEGIALE DE BARRAN

Fondée par paréage entre l'Archevêque d'Auch et le Comte de Fezensac, la bastide de Barran a, par-delà les ravages du chef protestant Montgomery, conservé son église, son plan géométrique et une partie de ses fortifications : en particulier, une large porte percée d'archères à croisillons et précédée d'un fossé au pont en arc brisé, qui eut à l'origine un tablier amovible. L'église St. Jean-Baptiste a toujours un clocher carré du XIIIe curieusement terminé par une flèche d'ardoise à

amorce une descente à droite dans le bois, gagner la bordure du champ et suivre jusqu'au bout.

5.48

Là on trouve un sentier, puis le creux de l'ancien chemin qui conduit à des vignes. Suivre entre celles-ci et le bois jusqu'au chemin de Cadiran-le-Haut. Prendre le chemin blanc qui descend O-S.O vers la ferme. Traverser la cour et descendre (N.O et O) en plein pré (clôture). En bas du pré on trouve...

6.02

Un bon chemin herbeux. Suivre (O) jusqu'à la cour de Linsolle, ferme. Continuer tout droit jusqu'à un chemin goudronné. Le traverser en tirant à gauche vers un chemin herbeux qui conduit à...

6.13

Un ponceau sur le Lizet. 50m après, quand le chemin vire à gauche (S) dans un pré, le laisser pour suivre tout droit (O) une haie d'arbres. Elle disparaît. Grand fossé. Suivre tout droit (O).

6.20

En haut des champs, nouvelle haie que l'on franchit par une brèche. Longer le bois d'Yos en bordure de pré. Monter sous la ferme Thérou jusqu'en haut du coteau. On y trouve, au coin du grand pré, un passage vers un nouveau pré. On suit quelques pas à droite (N) la brèche qu'il ouvre dans la végétation, pour tourner de suite à gauche (O) dans les prés qui descendent au fond de la vallée.

6.39

Chemin goudronné derrière la

charpente hélicoïdale ; le reste de la collégiale est de 1520, avec un lutrin de bois et dix stalles d'époque.

MONTESQUIOU, VILLAGE PERCHE

Le nom est comme un doublet bien gasconnant de Montesquieu, peut-être le Mont-Esquiù, mont-échine ? C'est en tout cas un vieux bourg perché et fortifié entouré d'une promenade-belvédère. Le quartier du "barry" (faubourg) a une maison du XVIIIe. La porte de la ville date peut-être du XIIe, la base du clocher fortifié aussi, tandis que le choeur de l'église est du XVe. Plusieurs maisons ont des façades à colombages. Il ne reste que des ruines, en partie médiévales, du Château de Montesquiou dont sont issues d'illustres branches. Et de l'Hôpital St. Blaise, qui se trouvait plus à l'ouest sur les bords de l'Osse au lieu dit Bourguignon, il subsiste un pan de mur, avec des ouvertures en plein cintre.

grande ferme de Barres. Traverser le ruisseau du même nom puis remonter jusqu'à ce que le chemin goudronné tourne à droite (N). Prendre alors un chemin de terre qui monte doucement (O).

6.48

Fin du chemin de terre. Monter le talus à droite. On se retrouve derrière le nouveau marché au Cadran. Tirer à droite vers la D943 que l'on suit vers Montesquiou. On laisse à droite (N) le chemin balisé GR.

6.54

Carrefour devant les premières maisons de Montesquiou. Suivre à droite une rue qui monte au château puis descendre tout droit (O) jusqu'à...

6.59

La place (auberge).

RENSEIGNEMENTS PRATIQUES :

Hébergement :
- Chemin de Barran: L'Isle-de-Noé, auberge de Gascogne, tél. 62 64 17 05
- Variante Nord:
* Ordan-Larroque: gîte en préparation.
* Montesquiou: hôtel l'Auberge, tél. 62 70 91 15
- Gîte d'étape en projet, au lieu-dit Monplaisir: tél au Syndicat d'initiative: tél.62 70 91 42
- Logement gracieux: Montesquiou: M. Phiquepal d'Arus mont, tél 62 70 94 74.

ETAPE 21 - 21 KM - 5 HEURES 15

MONTESQUIOU - MARCIAC

La distance qui sépare Montesquiou de Marciac n'est pas très grande mais, lorsqu'à l'automne 1989 nous avons parcouru l'étape en vue de la publication du présent guide, de longs tronçons étaient retournés à l'état sauvage. Nous "lisions" bien son tracé, mais pour passer entre arbres, arbustes et vigoureux ronciers, il fallait s'armer d'une machette ou de beaucoup de patience. Ce qui explique que, arrivés fourbus sur la grande place de Marciac, nous n'avions pas l'intention de continuer au-delà. Mais en 1990 tout sera différent et, selon le temps qu'il fait, l'humeur ou l'heure de son arrivée, on pourra avoir envie de prolonger la balade jusqu'au gîte d'Auriébat, par exemple, à 2h30 de Marciac. De bonnes raisons existent toutefois pour rester à Marciac car, à part ses services divers, c'est une belle bastide, dominée par les flèches impressionnantes de l'église Notre-Dame et l'ancienne chapelle des Augustins, toutes deux du XVème siècle. En tout état de cause, c'est de nouveau une belle étape, divisée en deux parties: une première à caractère très gersois; la seconde, à partir de la rivière Bouès, plus plate, plus ouverte, dans les larges vallées séparant les coteaux de l'Armagnac et du Béarn.

MONTESQUIOU, D'ARTAGNAN ET LES MOUSQUETAIRES

Prétendant descendre des ducs de Gascogne, connus dès le Xe siècle, les barons de Montesquiou furent de toutes les luttes : avec le Comte de Toulouse en Palestine, contre Simon de Montfort avec les méridionaux, contre les Anglais (et contre Gaston Fébus) avec les Comtes d'Armagnac. Ils tiennent dans le dictionnaire plusieurs pages ; de Joseph, le capitaine qui assassina Condé à Jarnac (1569) jusqu'au Comte-poète Robert, auteur des "Pas Effacés" (1921). Il y eut aussi en ligne collatérale Blaise de Monluc, chef Catholique des guerres de religion, auteur des "Commentaires" (1592) ; et d'Artagnan (1623-1673) dont la statue est à Auch.
Il s'appelait Charles de Batz de Castelmore. Son père était un marchand enrichi de

0.00
Place . Descendre la rue vers l'église, passer sous la porte fortifiée et prendre le chemin qui descend sur la D943: la traverser et continuer à descendre par un chemin goudronné (S-S.E puis S). A 100m du "Moulin" prendre un chemin herbeux à gauche (S). 500m plus loin...
0.16
Bifurcation de chemins ...laisser le chemin de gauche et continuer tout droit (S).
0.40
Cabane et carrefour: tout droit (S). 600m après, carrefour de chemins de terre: prendre à droite (S.O). On traverse un pont sur l'Osse.

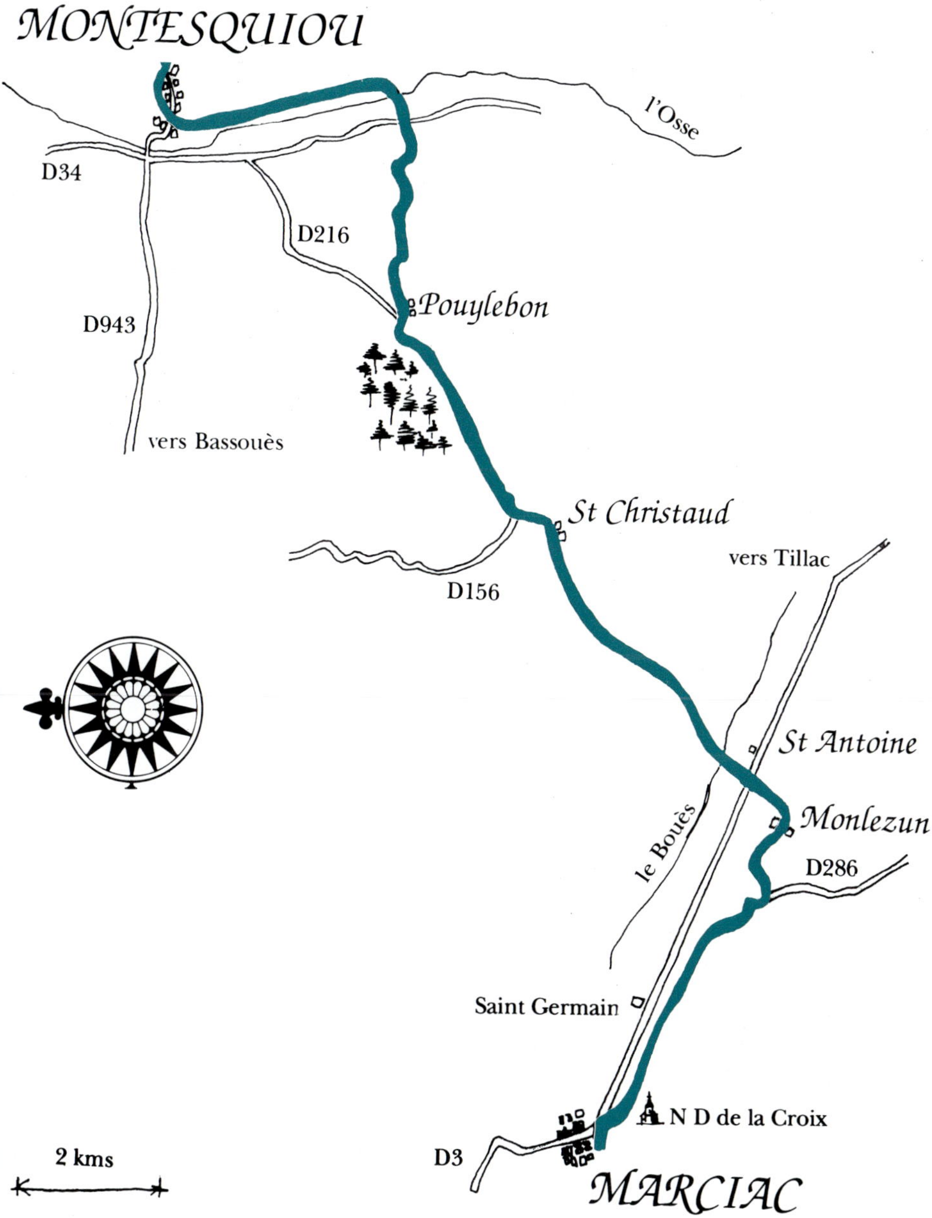

renseignements cartographiques p.:

Lupiac, mais sa mère était née Françoise de Montesquiou. Cette famille possédant la seigneurie d'Artagnan près de Vic, il en usurpa le nom qu'il sut illustrer, mousquetaire à ses débuts, maréchal de camp lorsqu'il fut tué au combat. Ses confidences ont inspiré à un des prisonniers qu'il garda à la Bastille des mémoires apocryphes, dont Dumas a tiré les "Trois mousquetaires". Les faits y sont faux, mais les noms réels.

Parc N.D. de la Croix, Marciac

POUYLEBON - HAUT-LIEU

L'église Ste. Anne a perdu son ancien clocher de brique remplacé au XIXe siècle par une flèche, mais garde sa porte de ville du XIIIe, avec une salle des gardes. Le manoir qui remontait au XVe, a été transformé en aimable demeure au XVIIe par les Montesquiou cadets.

POEME A SAINT-CHRISTAUD

Nous ne saurions passer à St. Christaud sans réciter le beau poème de l'abbé Georges

0.59
La D34: la traverser et continuer sur le chemin goudronné en face. 500m après, prendre à droite (N.O) le chemin d'Embaudéan. Au bout de 150m, tourner à gauche (O-S.O) sur un chemin de terre.
1.13
Chemin blanc. Prendre à gauche (S.O) sur 20m pour trouver à droite (O-N.O) un bon chemin de terre qui descend au fond du vallon.
1.18
On franchit une barrière et, laissant à droite (N) un chemin de terre, on monte à gauche (O) à l'orée d'un bois. 200m plus haut on trouve dans le bois un vieux chemin que l'on suit jusqu'à Milhommes, ferme. On y trouve un chemin goudronné que l'on suit jusqu'à...
1.34
La D216: la prendre à gauche (S puis O-S.O) jusqu'à la porte fortifiée de Pouylebon. Devant la porte, tourner à droite sur un chemin qui contourne le hameau. 150m après, suivre à gauche (S.O, S puis S.O) un chemin qui descend vers la maison Castelbajac.
1.48
Devant Castelbajac, descendre à gauche, sous un gros chêne, un chemin qui s'évanouit dans les prés. Au fond du vallon tirer à gauche (S.O puis S) jusqu'à...
1.56
La D159: la suivre à droite (O). Franchir un pont sur la Baradée, et laisser sur la droite (N.O) le chemin du Pépic, pour remonter tout droit

Bernès :
Devant les Pyrénées, au sommet des coteaux,
Sonnent les pas pesants des légions romaines :
Pour pouvoir en vainqueur sillonner l'Aquitaine,
César traça la voie au partage des eaux.

Puis les siècles de foi virent l'humble troupeau
Sur le Chemin sacré qui vers Saint-Jacques mène ;

Et tous les pèlerins traversant ce domaine
Aimèrent ce lieu qu'on nomme Saint-Christaud.

Cette terre qui dort vit donc au long des ans
Passer au carrefour des siècles et des gens
Le labarum qui brille et le bourdon qui claque ;

Et le temps pour jamais unit en les mêlant,
Dans une même étreinte et dans un même élan
Le Chemin de César au Chemin de Saint-Jacques.

DE SAINT-CHRISTAUD A MONT-LEZUN, CHEMIN FAISANT

* La "voie Césarée" dont parle le poème, devenue la "Thénarèze" est un long chemin de crête, de Trie-sur-Baïse au Bordelais, utilisé pour la transhumance, bien avant que les Romains n'y tracent leur voie.
* Du porche de St-Christaud (Christophe) on voit les Pyrénées et inversement on peut voir du Pic de Jer cette église que les Lourdais appelaient "era baca roya", (la Vache Rouge) pour ses briques insolites dans la Gascogne de pierre.
* Ce sont en effet des "Antonins" de Toulouse qui la reconstruisirent en 1250 dans le style de transition. Seul élément de pierre : le portail à ogive et colonnettes où

(S.O) la D159. En haut du coteau on trouve...
2.19
Un carrefour: c'est ici le chemin de la Ténarèze, voie antique en crête. Prendre à gauche (S) la D156, et 500m après à droite (O) le chemin qui mène à l'église de St Christaud. Poursuivre à l'Ouest par un chemin de terre qui descend dans des prés (clôtures à enjamber)
2.30
"En Pété", grange. Le chemin s'y arrête. Enjamber une clôture puis descendre tout droit (O-S.O) dans les prés sans trop s'éloigner de l'orée du bois à droite. Tout en bas, entrer dans un coin du bois par un sentier. Tirer à gauche pour gagner une...
2.41
Sortie. Suivre entre champs à droite (S.O). En haut d'une vigne on retrouve un chemin herbeux.
2.53
Croisement avec le chemin de la ferme Mont St Jean. Continuer tout droit (S.O). Sous Escoubès, juste avant le ruisseau d'Embarrère, suivre entre rangées de maïs (S.O).
3.00
Nouveau chemin de labour. Prendre à gauche dans un grand pré et, dès que possible, traverser le ruisseau d'Embarrère à droite, pour regagner le tracé du chemin; il faut le suivre S.O, bien au-dessus du fond du vallon.
3.16
Près de la ferme Lagardère, on croise un chemin goudronné: le traverser et prendre en face un chemin encaillouté

sont représentés un seigneur et sa dame. Les clefs de voûte font voisiner écu de France et croix du Languedoc.

* Après les ruines de l'ancien moulin sur le Boués et avant la D3, une ferme à gauche s'appelle Saint-Antoine. Là était le monastère des Antonins dont il reste un pan de mur. Son chrisme a été transporté à Montlezun. Au XIIe°, ils veillaient sur le pont, et accueillaient les pèlerins.

* Les religieux de cet ordre, fondé deux siècles plus tôt en Dauphiné, guérissaient "le feu de Saint-Antoine" (érésipèle ou zona, ou les deux ?). Un pèlerinage local y survécut jusqu'à la Révolution.

HEURES TRAGIQUES DU CHATEAU DE PARDIAC

L'église de Montlezun (XVe-XVIe) a réutilisé un chrisme provenant de l'ancien sanctuaire de St Antoine. Plus remarquable dans ce village sont les ruines de l'ancien château des comtes de Pardiac, que longe le G.R. Erigé dès l'an 980 sur ce coteau escarpé, surélevé d'une motte, il avait une enceinte de 280 m de pourtour et un donjon carré de 40m de haut qui assurait vue jusqu'à l'Adour. Vers 1400, Bernard VII d'Armagnac, inquiet de sa puissance, vint tuer par surprise Géraud de Pardiac et ses deux fils. Cependant, en 1455, il y avait encore un Bernard de Montlezun, compagnon de Jeanne d'Arc, tandis que son père Jacques de Bourbom Comte de Pardiac était gouverneur du dauphin, le futur Louis XI. En 1590, le château qui avait servi de repaire aux brigands du capitaine Sus était détruit. Il en reste un pan de mur, des arcades, deux contreforts et 25 m. de hauteur de donjon.

✲✲✲✲✲ ✲✲✲✲✲✲✲✲✲✲✲✲✲✲✲✲✲

qui descend, toujours S.O. Au carrefour de chemins près d'un ruisseau, continuer tout droit (S) par un chemin de terre qui monte entre talus.

3.24

En haut de la côte, laisser à droite un chemin de terre ; en prendre un autre qui redescend puis franchit un pont sur le Boués.

3.36

La D3 au lieu-dit "St Antoine" : la traverser et remonter le chemin goudronné en face. 50m plus loin, lorsque le chemin goudronné s'arrête, poursuivre par un chemin herbeux. Celui-ci s'évanouit dans un champ. Monter dans la sente en sa bordure (S). On retrouve un chemin herbeux qui conduit (O) à la ferme Samalens. Chemin goudron-né. Le remonter jusqu'en haut du coteau où l'on retrouve...

3.47

Le village dispersé de Montlezun. Prendre le chemin goudronné à droite (O-N.O) devant l'église. Laisser un chemin à gauche. Un virage nous mène sous les dernières maisons du village. Laisser le chemin goudronné qui descend dans la vallée du Boués pour prendre tout droit (O-N.O puis S.O) un chemin de terre qui descend sous le donjon ruiné jusqu'à un vieux pont que l'on traverse. 200 mètres plus loin on trouve...

4.08

La D286: la prendre à droite (N-N.O). La quitter à la première bifurcation pour suivre à gauche (O puis N-N.O) un chemin goudronné qui, 500m

LES DEUX CHEMINS HISTORIQUES

Au XIIe siècle, le pèlerin allait droit vers le sud-ouest de Montlezun à Maubourguet par St Justin et Sauveterre. - St Justin qui était un centre de pèlerinages locaux a gardé son caractère ancien. Son église, dédiée à l'un des fondateurs du diocèse de Tarbes a une porte ogivale, un confessionnal et un tableau classés. Du cimetière qui la jouxte, vue sur l'Arros et les Pyrénées. Sauveterre domine la dernière colline entre les vallées de l'Arros et de l'Adour. Son nom indique à l'origine une sauveté créée par l'Eglise.
La Bastide de Marciac fut construite en 1298 par paréage entre le Comte de Pardiac, Etienne de Luppé Abbé des Prémontrés de la Case-Dieu, et du roi de France Philippe le Bel, représenté par le connétable Guichard de Marciac, dont elle prit le nom. Les Dominicains, les Antonins de Toulouse et les Spiritains de Montpellier s'y établirent, et dès lors les pèlerins se détournèrent vers la nouvelle ville qui comptait quatre hôpitaux en 1482. Et peu d'autres cadastres ont aujourd'hui autant de "camîs roumius " !

ET LA PESTE CESSA...

Avant l'entrée dans Marciac, sur un chemin à gauche, l'oratoire de N.D. de la Croix est du XIXe mais en a remplacé un autre de 1654. La peste sévissait alors. Une humble glâneuse de bois, Marie Dinguidard, vit à cet endroit la Vierge. Elle lui demanda d'édifier une chapelle. Clergé et consuls la bâtirent. Et la peste cessa...

RENSEIGNEMENTS PRATIQUES :

Hébergement :
* Marciac:
- hôtel Comté de Pardiac, tél 62 08 20 00.
- hôtel Relais de la Salamandre tél 62 09 38 29.
  hôtel Les promenades, tél 62 09 38 13
- Logement gracieux: s'adresser au presbytère, tél 62 09 38 36

après, devient herbeux. Suivre en bordure de champs, entre rangées de maïs .
4.29
Chemin d'exploitation près du Paulin (ferme). Tout droit (O-N.O). 800m après, à St Germain, monter à gauche (S-S.O) devant un bâtiment agricole. Un chemin de terre nous conduit par-dessus un petit coteau. Au creux d'un vallon prendre à droite (O) entre champs ...
4.53
Un chemin d'exploitation. Prendre à droite (N). 150 mètres après prendre à gauche (O-N.O) un petit chemin en bordure de champs. 200 mètres après, celui-ci s'élargit et nous mène à...
5.06
Un chemin goudronné sous la chapelle N.D. de la Croix. Poursuivre tout droit (O-N.O) par le chemin goudronné. Il descend jusqu'à...
5.18
La D3. Continuer tout droit (N-N.O) vers le centre de Marciac. 100m plus loin, le GR 653 tourne à gauche (O-S.O) le long des "Promenades". Mais si l'on veut faire étape à Marciac, continuer tout droit (N-N.O) .
5.22
La grande place à "couverts" de la belle bastide de Marciac.

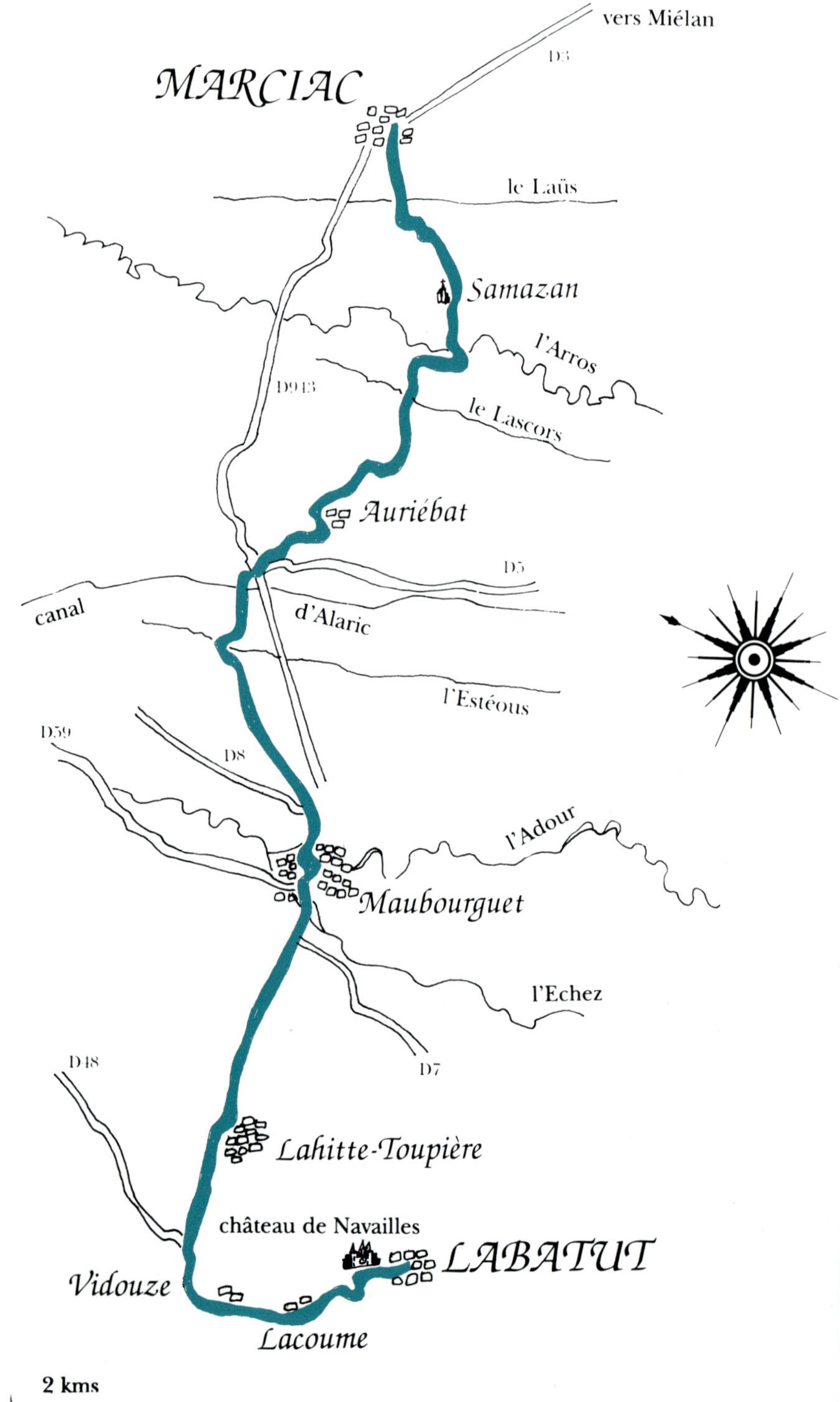

renseignements cartographiques p.: 288

ETAPE 22 - 30 KM - 7 HEURES 30

MARCIAC - LABATUT

Trois pays en une journée! En effet, sans exagération, telle est une des particularités de cette étape pourtant paisible (et sans l'ombre d'un douanier) car si de nos jours nous ne traversons que les intangibles limites de départements, autrefois cette langue de terre des Hautes-Pyrénées fut âprement disputée des Bigourdans, des Béarnais et des gens d'Armagnac. Mais rassurons-nous, nous n'en verrons trace. C'est au contraire une journée bucolique qui nous attend, par petits chemins de campagne à travers les vertes vallées de l'Arros et de l'Adour et, après Maubourguet, dans les replis des coteaux. Maubourguet est bien le pivot de cette étape. Seule commune d'importance que nous traversons aujourd'hui, nous n'y dormirons pourtant pas, car le chemin est long jusqu'à Morlaàs et nous devons donc en prendre un acompte à valoir sur la journée de demain. Le pèlerin d'antan disposait d'un hôpital à Luc-Armau, mais il n'en reste que des vestiges au château et à l'église St Blaise (qui valent un petit détour). En revanche, de l'autre côté de la vallée du Louët, dans la commune béarnaise de Labatut, nous pouvons nous arrêter au gîte équestre "lou Cassou". Ou alors faire un détour considérable pour atteindre Lembeye, par une variante plus routière.

MARCIAC : LE PLUS HAUT CLOCHER DU GERS

La Bastide de Marciac est parvenue jusqu'à nous avec son plan caractéristique, rectangle aux coins arrondis, aux rues vigoureusement quadrillées, sa vaste place centrale bordée de maisons aux passages couverts, conservant même une église du XIVe siècle. En 1595 le sire de Sérignac, lieutenant de Montgomery, démolit seulement voûte et clocher, se contentant pour le reste d'une forte rançon. Il faudra cependant attendre 1865 pour une totale restauration. Grâce à elle, le clocher, carré à la base, puis octogonal et coiffé d'une flèche, est, avec ses 85 mètres, le plus élevé du Gers. Il surmonte un porche abritant un portail à voussures et tympans sculptés. Les

0.00
Place de l'hôtel de ville. En repartir par la D3 que l'on emprunte S-S.E direction Miélan. Aux promenades, prendre à droite (O-S.O balises GR 653).
0.06
Les arènes. Bifurcation juste après: prendre à gauche (O-S.O) la rue des Pavillons. Continuer tout droit (S.O) par un chemin herbeux qui grimpe sur la colline en face. A la bifurcation au sommet, prendre à gauche (S) un chemin de terre. Suivre le sommet du coteau jusqu'à ce qu'il descende pour former un petit col. Là, tirer à droite (S.O

deux portes latérales sont gothiques. Les trois nefs séparées par des ogives brisées ont des chapiteaux historiés, et le choeur pentagonal, trois absides. Puits intérieur au fonds de l'église, et bois sculptés de l'époque classique.

LE CHAPITEAU DU CHEVAL MIRACULE

Ouvrées vers 1400, les sculptures de Notre-Dame de Marciac restent marquées par la tradition romane. L'une des plus curieuses, est, à l'entrée de l'absidiole sud, celle de "Saint-Eloi ferrant son cheval". A gauche, le Saint pince avec des tenailles le nez du diable déguisé en femme. Au centre, le cheval n'a que trois pattes, et un adolescent soutient le moignon de la quatrième. A droite, Eloi devant une enclume ferre la patte coupée, qu'il va recoller par miracle. - Un des piliers porte une coquille St. Jacques. Vraiment romanes elles, deux colonnes d'une des portes proviennent de l'abbaye disparue de la "Case-Dieu".

A VOIR ENCORE A MARCIAC...

* Une autre flèche octogonale, très élégante : celle de l'ancienne chapelle XVe des Augustins.
* A l'Hôtel de Ville, un musée d'histoire naturelle : animaux naturalisés, minéraux, fossiles.
* Les halls d'expositions des artisans, ébénistes notamment.
* A 500 m au nord, route d'Aire, le lac de 25ha : base nautique, piscine et camping.
* En repartant, nous longeons des arènes : comme la Camargue, le sud-ouest a sa tradition tauromachique.

puis O) vers la vallée du Laüs. On retrouve balises et chemin herbeux à mi-pente.

0.24

Pont sur le Laüs: continuer tout droit (O-S.O) puis suivre à gauche (S-S.E) un chemin goudronné. Lorsqu'il vire à 90°, prendre un chemin herbeux à droite (S.O). 150m plus loin, sous un chêne, prendre à gauche (S-S.E) sur un nouveau chemin herbeux.

0.41

La ferme Bugas. Prendre à droite (S.O) un chemin goudronné qui monte jusqu'à la D38, sous la belle petite église de Samazan. Traverser la D38 et descendre sur un chemin de terre jusqu'à...

1.05

Un carrefour de chemins. Prendre à droite (O-S.O) devant le moulin de Samazan, puis franchir une passerelle sur son canal. On arrive à un pont de béton effondré. On traverse l'Arros sur ses débris puis on suit à gauche (O-S.O puis S) le chemin qui longe la rivière .

1.15

Une bifurcation: prendre à droite (O-S.O) un bon chemin de terre. 100m plus loin, virer à droite (N-N.O) jusqu'à un nouveau chemin de terre, que l'on prend à gauche (S.O). On traverse ensuite un pont sur le Lascors. Tout droit sur un large chemin.

1.28

La D31: tourner à gauche (S) puis 30m après à droite (O) sur un petit chemin goudronné. Au carrefour suivant, prendre à droite (N) un nouveau chemin goudronné.

DE
SAMAZAN A MAUBOURGUET

* La petite église de Samazan abrite des fresques. Plus au nord le château médiéval est en cours de restauration.
* Peu après avoir franchi la digue de l'Arros, on entre dans le département des Hautes-Pyrénées. Un coin des vignes voisines cache sous quelques centimètres de terre, les ruines d'une villa romaine.
* L'église fortifiée d'Auriébat (XVe) dresse à 35m. une flèche gothique perchée sur un solide donjon. Chapiteaux et clefs de voûte sculptés. Les maisons se blotissent autour. La mairie-porche enjambe la rue.
* Le canal d'Alaric, qu'on traverse au sortir d'Auriébat, détourne les eaux du Lauzuc pour les restituer à l'Adour 12 km en aval. Fut-il vraiment construit par Alaric II, roi wisigoth qui règna à Aire-sur-l'Adour avant d'être vaincu par Clovis ? Les linguistes objectent que "l'arric" et "l'arriù" sont deux mots gascons pour désigner le ruisseau.
* A l'entrée de Maubourguet avant l'Adour, le Moulin à gauche et son canal appartinrent à la Commanderie de Malte.

MAUBOURGUET : 3000 ANS ET UNE EGLISE ROMANE

Haches de pierre polie, pierres romaines réemployées dans l'autel de l'église, bénitier et sarcophage mérovingiens et le nom germanique "d'Amaloburg" témoignent que Maubourguet existe depuis 3000 ans. Mais son histoire a commencé vraiment au XIIe siècle avec le Prieuré bénédictin. En 1161 l'Abbé d'Alet et le Comte de Bigorre fondent ensemble un castelnau et y intégrent l'église, pour disposer de ses revenus. Elle sera fortifiée au XIVe, et endommagée pendant les guerres de religion. Elle présente un portail orné de personnages, un clocher octogonal sur coupole, une abside en cul-de-four, un Christ en bois du XVIe..

300m plus loin, on trouve...

2.03

Un carrefour (vieux calvaire en bois): prendre à gauche (O) un chemin herbeux qui monte dans un bois. Palombières, chemin de terre. En haut du coteau, en vue d'Auriébat, suivre à gauche un chemin de terre.

2.30

Cimetière d'Auriébat. Tourner à droite (N) vers la mairie qui enjambe la rue. Passer droit dessous.Eglise.500m après, au calvaire de Cap de Gelle, prendre à gauche (O) un chemin gravillonné qui descend à travers bois.

2.53

La D5: prendre à droite (N). On débouche sur la D943 que l'on prend à gauche (S.O), puis on tourne de suite à droite (N-N.O) sur un chemin goudronné. 250m après, nouveau chemin à gauche (O-S.O) que l'on suit.

3.01

Pont sur le canal d'Alaric. Continuer tout droit (O-S.O) jusqu'à un carrefour où l'on prend à droite (N.O) un chemin goudronné. Juste avant une ligne HT, prendre à gauche (S puis S-S.O) un chemin de terre qui conduit en 200m au....

3.21

Gué de l'Estéous (passerelle à droite). Traverser et continuer par le même chemin jusqu'à un large chemin blanc que l'on suit à droite (O-S.O puis S-S.O). On traverse la longue plaine de l'Adour.

HORS SENTIER : L'ABBAYE BENEDICTINE DE LARREULE

Sitôt franchi l'Echez, la D.7, à gauche, mène en 3 km à Larreule. Le Chemin de St. Jacques y passait. Le G.R. évite le goudron. "La Reule" (prononcer "réoule"), c'était, comme la Réole en Gironde, comme un autre Larreule à l'entrée en Béarn de la Route du Puy, "la règle" monacale. Le nom désignait des abbayes bénédictines du Xe siècle. Celle-ci, fondée en 970 par les Comtes de Montanerès, dura jusqu'en 1740. L'église abbatiale est du XIIe, en galets et blocs de grès doré, en forme de croix latine, avec des remaniements du XVe comme le clocher polygonal fortifié. A l'intérieur, quelques sculptures romanes, dont un bénitier dans un chapiteau du XIe. Le cloître du XVe a disparu. Quelques chapiteaux sont dans une maison du village, d'autres au "cloysters" de New-York. - A l'écart, au sud du village, ruines du château de Parabère, XVIe. La Comtesse Marie-Madeleine de Beaudéan-Parabère, maîtresse du Régent, fut surnommée à Versailles, "la Sultane-Reine".

CHEMIN FAISANT : POTS DE TERRE ET BOEUF MEUGLANT

* Lahitte-Toupière a une modeste église gothique.
* "La borne-frontière des pots de terre" est la traduction littérale de son nom, une "hitte" étant une pierre debout, "fichée", parfois menhir, ici borne, car le Béarn est à quelques centaines de mètres au nord. "Toupière", qualifie la production de "toupis", pots de grès ou de terre cuite.
* Dans ces pots semblables à ceux de la préhistoire on faisait jusqu'à une époque récente, cuire la garbure au coin de l'âtre, ou bien on conservait confit et graisse de porc.
* Les "toupiès", potiers, tournaient et cuisaient dans des fours artisanaux l'argile du

3.49
"Rue des Champs" (panneau). Bifurcation: laisser à gauche un chemin blanc. Bientôt un petit canal borde notre chemin à gauche.
4.04
Carrefour (calvaire) : tourner à droite (O) pour arriver sur la D8 que l'on suit à gauche (S.O puis S-S.O). Elle rejoint la D943. La prendre à droite (O) direction Maubourguet-centre. On traverse le canal du Moulin.
4.16
L'Adour. La rue tourne autour du chevet de l'église romane de St Martin et débouche place de la Libération. La traverser et prendre à droite (O) la D943. (Maubourguet: Hôtels, restaurants, commerces).
4.24
Pont sur l'Echez: traverser puis prendre à gauche (S) une rue qui ensuite longe l'Echez. On arrive à la voie ferrée. Traverser les rails puis descendre sur un chemin goudronné (O) jusqu'à...
4.39
La D8 : la traverser pour prendre en face (O) un chemin de terre. On franchit le Layza sur une passerelle, on gagne le bois (fontaine cultuelle de "Houn Dé Basch") puis on monte jusqu'à...
5.01
La D943: on la suit sur 30m (O) puis on prend à droite un petit sentier dans un bois à la végétation touffue. On monte jusqu'à la D59 que l'on traverse pour monter sur un petit chemin.

pays. Pour construire en briques son haut donjon de Montaner, Gaston Fébus y engagea des potiers de Lahitte.
* Vidouze est sur trois côtés une sorte de presqu'île bigourdane en terre béarnaise. Remaniée, son église Saint-Jacques garde peut-être un chevet roman. Il y a aussi une petite Vierge dorée du XVIe siècle, naïve et compassée, tenant l'Enfant sur son bras droit, N.-D. des lannes ("des landes").
* Cette statuette devait d'après son nom se trouver à la limite des champs, dans une chapelle disparue en 1810. Enterrée, elle aurait, a-t-on dit, été redécouverte après la Révolution par un bœuf qui revenait chaque jour gratter le sol en meuglant...

Fontaine culturelle "Houn dé Basch"

5.13
Un chemin herbeux nous conduit au sommet du coteau. Il traverse un chemin goudronné, reprend en face puis s'efface dans un pré; traverser celui-ci (O). De l'autre côté on croise un chemin de terre pour descendre vers le ruisseau du Pradet par un chemin avec galets, et remonter sur...
5.29
Lahitte-Toupière. Prendre une première rue à droite (N.O), puis continuer tout droit jusqu'à un carrefour de chemins goudronnés dans le village. Prendre à droite (N) puis 10m plus loin à gauche (N.O puis N) un chemin herbeux qui descend devant une maison. 20m après, bifurcation: prendre le chemin de droite jusqu'à un abreuvoir, puis à gauche (S.O) en lisière d'un bois.
5.38
En bas de la côte, le bon chemin disparaît. Nous suivons un vague chemin, direction S.O, en franchissant un horrible roncier. En bas on traverse un grand pré en suivant la haie d'arbres.
5.53
Gué sur le Louët (passerelle à gauche). Traverser puis continuer par le chemin en face.
6.08
La D48: traverser et continuer tout droit le long d'une ferme. 100m après, bifurcation: tourner à gauche (S.O) et suivre 300m entre maisons jusqu'à un carrefour triangulaire (abreuvoir). Tourner à droite (O). Encore 250m, et l'on prend à gauche (S) un chemin gravillonné jusqu'à...

LE COMMANDEUR DE LUC N'ACCUEILLAIT PLUS LES PAUVRES DE DIEU

Le pèlerin de jadis montait à travers landes la raide "poudge de Laurède", actuelle route, au haut de laquelle il trouvait Luc. "Lucus" étant un bois sacré, il y eut probablement là un sanctuaire romain. Au XIIe siècle, la Commanderie Caubin-Morlaàs de l'Ordre de Malte y possède un hôpital. Elle le conservera jusqu'à la Révolution, mais sa décadence est attestée en 1557. Cette année-là, les Jurats de Luc portent devant le Conseil Souverain du Béarn la plainte suivante : "De toute antiquité est fondé au lieu de Luc un hôpital approvisionné jadis de lits, linges et autres provisions pour servir d'asile aux pauvres de Dieu passant sur le grand chemin roumiù. Le Commandeur qui a 300 écus de revenus sur le lieu de Luc, malgré le devoir qu'il a d'entretenir cet établissement, l'a laissé si complètement tomber en ruine qu'il n'y reste ni porte ni fenêtre ni lits. Les arbres fruitiers plantés dans le jardin pour le soulagement des pauvres ont été arrachés, le terrain morcelé et affermé à divers particuliers. Les juges condamnèrent le Commandeur à verser au Jurats un quart des dîmes pour qu'ils réparent les lieux et y installent "un hospitalier ou une hospitalière, gens de bien".
En 1790, la Révolution vendit l'hôpital. Il n'en reste qu'un nom de champs appelé "Commandatary", derrière l'église. Et devant celle-ci, transformée au XVIIe, une banquette repose sur des chapiteaux géminés de l'ancien cloître. De l'autre côté de la rue, la grande ferme aux deux tours d'angle et fenêtre XVIe était le château du Commandeur.

VARIANTE ROUTIERE PAR LEMBEYE ET SAMSONS

A Maubourguet, le pèlerin médiéval avait à

6.20
La D943: la traverser pour prendre le chemin de terre en face (S.E). Puis tourner à droite (O-S.O puis S.O) sur le chemin goudronné qui monte au centre de Vidouze. Descendre à gauche (S-S.E puis S) en passant sous l'église St Jacques.
6.38
Prendre à gauche (S.E) un chemin broussailleux qui descend jusqu'au quartier Lacoume de Vidouze où l'on continue tout droit (S.E) par un chemin goudronné. 200m plus loin, on trouve...
6.45
Bifurcation: on laisse le goudron à droite pour un chemin de terre qui, 30m après, se sépare en deux branches. Ici, en fonction de son lieu de halte, il faut choisir son chemin:
- à droite, le GR 653 (mais il n'y a pas de lieu d'hébergement jusqu'à Morlaàs (6h). Lembeye, hors chemin, est à 1h30.
- à gauche un chemin de terre conduit au village de Labatut et au gîte d'étape "Lou Cassou" (0h30).
Prendre donc le chemin de gauche (S.E). Au bout de 300m, virer à l'Est pour traverser un pont sur le Louët, puis remonter le coteau jusqu'au château de Navailles et la rue unique du village de Labatut. A la bifurcation, prendre à gauche (E-S.E) pour passer devant l'église et gagner...
7.28
La D202. Tourner à gauche (N.E). 200m plus loin, on

choisir entre deux hôpitaux rivaux, celui de Malte à Luc sur le vieux chemin le plus ancien, celui de Sainte-Christine à Lembeye, alors ville neuve. L'existence d'hôtels peut, malgré le bitume poser la même alternative.
"L'embeye" signifie en béarnais : "l'envie". Ce "castelnau" fondé par le Vicomte au XIIe sur un haut de colline devait "faire envie", et devint en effet la sixième des treize villes du Béarn. Subsistent aujourd'hui : une porte fortifiée en ogive au toit à lanterneau ; des maisons en portique place du marché ; un bout de rempart près de l'église ; et l'église elle-même, gothique fin XVe : à l'extérieur, portail flamboyant encadré sous le porche-clocher ; à l'intérieur, sculptures sur les bandeaux de piliers et les clefs de voûte.
De Lembeye, la route qui rejoint le Chemin à Momy passe par Samson-Lions : l'église de Samson a pour bénitier une coquille St-Jacques géante. Celle du hameau de Lions a un portail roman.

RENSEIGNEMENTS PRATIQUES :

Hébergement :
- * Auriébat: ferme-auberge, Mme Anne-Marie de Sartre, tél 62 96 96 50.
- * Maubourguet: la Toque d'argent, tél. 62 96 31 38.
- - hôtel de France, tél. 62 96 30 10.
- - hôtel de la poste, tél. 62 96 30 40 .
- - Labatut: gîte d'étape, relais équestre Lou Cassou, tél. 59 81 95 70.
- * Sur la variante par Lembeye: Lembeye:
- - hôtel Labarrère, tél 59 68 10 19.
- - hôtel Clot, tél 59 68 10 30.
- - Office du Tourisme, tél 59 68 28 78

trouve le gîte et relais équestre de Lou Cassou

Variante pour Lembeye:
6.45
Bifurcation, continuer tout droit (S) par le chemin de terre (le "Cami de Nouste Daune"). Au premier croisement, continuer tout droit jusqu'à une bifurcation 200m plus loin, prendre à droite (S-S.O) un chemin de terre, et 250m après, de nouveau à droite (O) jusqu'à...
7.06
La D48. Prendre en face un très vague chemin herbeux qui remonte doucement le vallon de Peyroulet. 10 minutes plus tard nous trouvons un nouveau chemin herbeux qui redescend à gauche. C'est la suite du GR 653 que nous laissons, si nous allons à Lembeye, pour continuer par le même chemin qui, gravillonné puis goudronné, monte le coteau jusqu'au...
7.36
Village de Luc-Armau (à droite, église St Blaise et château de Luc qui gardent des vestiges d'un hôpital pour pèlerins). Continuer tout droit (N.O).
7.48
D224. Traverser et continuer tout droit. Le chemin redescend la côte de Rombertes
7.56
La D943: la suivre à gauche sur 3km jusqu'à...
8.41 Lembeye.

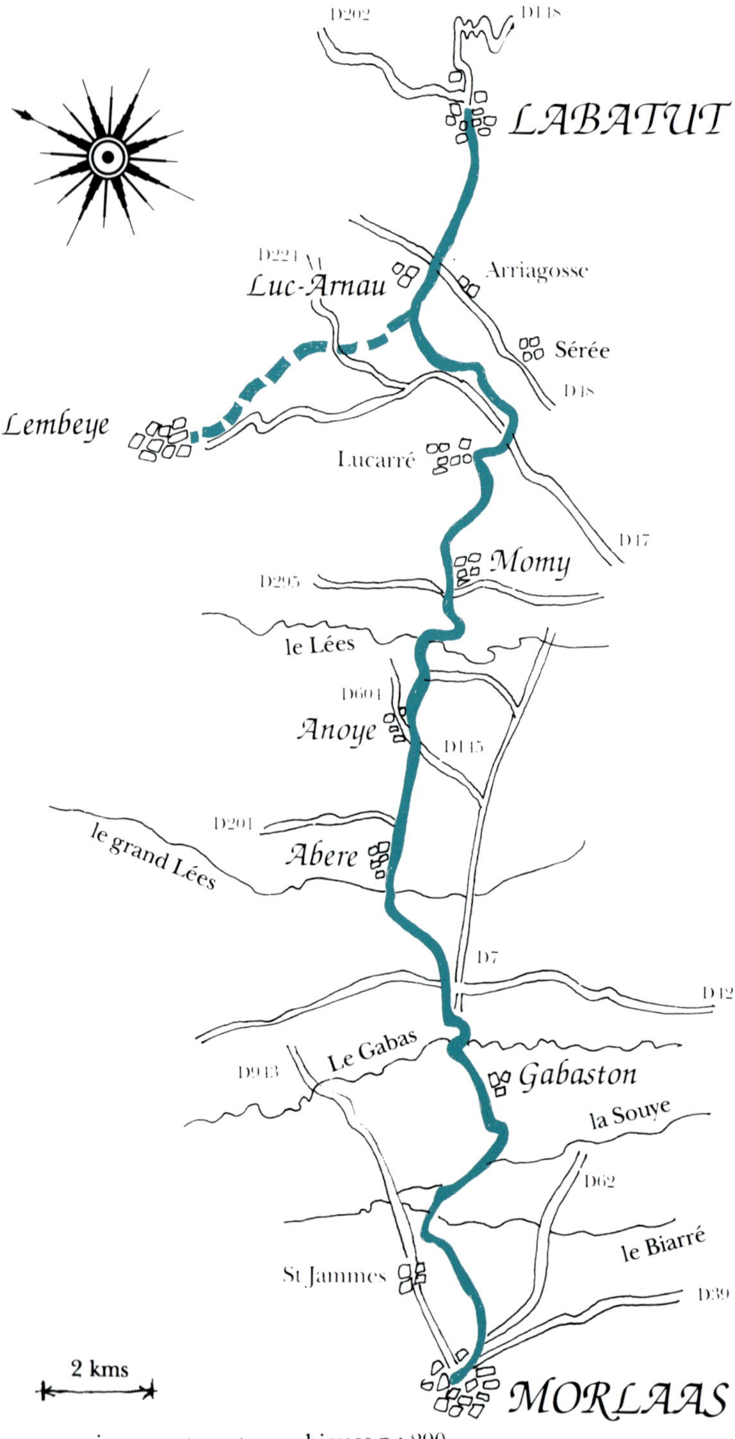

renseignements cartographiques p.: 290

Etape 23 - 30 Km - 7 Heures 30

LABATUT - MORLAAS

Au matin, en franchissant le pont sur le Louët, nous faisons une courte incursion en territoire bigourdan, mais l'étape est - à ne pas s'y tromper et comme les quatre qui suivent - béarnaise. C'est le moment de nous souvenir, mais l'histoire nous le rappellera à chaque pas, que cette province fut un état. Et béarnais aussi sont les coteaux. Nous ne cesserons de les traverser que pour aborder les Pyrénées. Le trajet en est mouvementé, tortueux parfois, et la journée est longue, mais personne ne s'en plaindra. Comme dans le Gers, l'itinéraire est équitablement partagé entre forêts et cultures, un village par-ci, un autre par-là, et le tout harmonieux sans monotonie. On remarquera les changements. Les maisons sont moins carrées, plus allongées et plus souvent à étage. L'ardoise remplace la tuile canal sur des toitures plus raides et à deux pans cassés par des coyaux, des croupes en pignon. Les crépis sont plus gris... Mais le fait saillant sera pour la fin, le portail somptueux de l'église Ste Foy à Morlaàs...

LE CHEMIN HISTORIQUE ENTRE VIC-BILH ET MONTANERES

Le Vic-Bilh (du latin Vicus-Vetullus, la vieille contrée) était, au nord-est de Lescar, l'une des deux parties du Béarn initial.

Le Montanérès, au sud de Vic-Bilh, économiquement attiré par Tarbes, fut d'abord une Vicomté de Montaner, intégrée par mariage au Béarn dès le XIe siècle.

Le chemin de St-Jacques, de Larreule à Morlaàs passait à leurs limites et a été en grande partie recouvert par la D.224, la D7. puis la D.943, entre St-Jammes et la "Fontaine du Paradis".Le Vic-Bilh est aussi un pays de vignes. Il recouvre une bonne partie du vignoble du Madiran, qui déborde également sur les Hautes-Pyrénées (où se trouve d'ailleurs la cité de Madiran, et son abbaye clunisienne) et sur le Gers : au total 1300 ha de coteaux argileux, calcaires et siliceux.

0.00

Gîte d'étape Lou Cassou. Reprendre la D202 (O-S.O). A 1km du gîte, à hauteur d'un calvaire, prendre à droite (S.O) un chemin de terre qui descend la côte des Arrouquilles.

0.31

Carrefour triangulaire en bas de la côte: prendre à droite (N) le chemin qui conduit à un pont sur le Louët. Suivre tout droit (O) jusqu'au village d'Arriagosse et...

0.49

La D48: En face un chemin de terre nous mène à une ferme. 50m plus loin on trouve les premières balises du GR 653, au départ d'un chemin de terre que l'on suit à gauche (O-S.O), dans le bois de la Barthe. En haut du coteau

HORS SENTIER : ENFER ET PARADIS SUR FRESQUES

Montaner possède un donjon de brique haut de 40 m, édifié en 1370 par Gaston Fébus. L'église du village est aussi ornée de fresques du XVe. Si cela est bien loin pour un détour pédestre, les fresques de l'église de Castéra-Loubix sont, elles, très proches : 3 km à peine de Labatut. Elles évoquent la Passion et le Jugement dernier, en costume du XVe siècle. Un démon y porte femmes et évêque dans sa hotte, et des diables tournent les damnés à la broche sur un lèchefrite.

DE LABATUT A LUCARRE,

* A Arriagosse, étroite pointe de Bigorre, et jusqu'à la révolution simple hameau de Vidouze, la chapelle que nous laissons 200 m à droite, est dédiée à St-Jacques.
* "Ne pas descendre à l'église de Sérée" n'est qu'une indication de bonne marche. Pour le randonneur curieux, et pas pressé, le détour peut en valoir la peine. Au bas de la côte, la chapelle, isolée, de ce hameau de Bentayou a un mur-clocher avec habitacle campanaire, un naïf rétable peint et surtout, une croix de Malte sur son petit portail XVIIe.
* A la ferme Haurie on est à 500 m du bourg de Lucarré. Son église un peu excentrée, et restaurée, a un clocher-tour et des contreforts romans. Le village appartenait à l'ordre de Malte.
* L'église de Momy (trois tableaux du XIXe, mais fermée) est dédiée à St-Jacques. En face, le café fait épicerie.

LE CAHIER DE DOLEANCES NE VOULAIT PLUS DE LA COMMANDERIE D'ANOYE

On notera au bas de la côte de Momy une ferme "Lacommande", rive gauche du Lèes.

on traverse de grands prés par un chemin herbeux.

1.23

Chemin goudronné. Tourner à droite (O) puis 20m après à gauche (S) sur un chemin de terre entre champs. Une descente dans un bois nous conduit au...

1.35

Ruisseau de Camgrand. Remonter. En haut, ne pas descendre vers l'église de Sérée, mais tourner à droite (S.O) et suivre le sommet du coteau en lisière de bois.

1.53

Chemin goudronné: tourner à gauche (S). A la ferme Geuré prendre le chemin goudronné à droite (O) jusqu'à...

2.01

La D47: traverser et descendre le C3, direction Lucarré. 150m après, prendre à gauche (O puis N.O) un chemin herbeux qui descend dans le bois. En bas, on longe un champ en bordure de bois, puis on louvoie pour déboucher de nouveau sur...

2.11

Le C3: le suivre (N.O) par-dessus le ruisseau de Lanamia. Juste après le pont, prendre un chemin goudronné à gauche (S.O) à travers la ferme Haurie. 700m plus loin...

2.24

Prendre un vague chemin herbeux à droite (O) dans la "soulane" qui mène au sommet du coteau. On trouve un chemin de terre qui redescend raide de l'autre côté. En bas, longer un champ jusqu'à un gué sur le Petit Lées, remonter l'autre rive sur 20m, puis

C'était "La Commande de Sén-Détz d'Anoye" (Saint-Dèce). Des drainages ne permettent plus d'y passer. Fondée en 1315 par les Hospitaliers, cette commanderie dépendant de Caubin-Morlaàs fut détruite en 1569 par les Huguenots mais le Commandeur de Malte continua à recevoir jusqu'à la Révolution cinq sols de fief annuel, ce contre quoi s'éleva en 1789, le cahier de doléances d'Anoye où il est écrit : "le Commandeur était tenu d'entretenir un hôpital pour les pauvres de la paroisse et ne remplit plus cette mission". En 1791, les biens sont vendus. Mais longtemps, on dira que la maison est hantée, et a porté malheur à ses occupants...

Portail de l'Eglise Ste-Foy, Morlaàs

CHEMIN FAISANT

* Au village d'Anoye, l'église d'origine romane, est pour l'essentiel du XVIe, avec rétable XVIIIe classé. A côté, vestige d'une motte féodale.
* A Abère, village perché, l'église a un clocher-mur, une abside en hémicycle, des bas-côtés tardifs, une cuve médiévale.
* Celle de Gabaston, que nous contournons,

tourner à droite (N) sur un bon chemin qui sort du bois et remonte (O).

2.54

La D224. Tourner à gauche (O-S.O), traverser la D295 et suivre jusqu'à...

3.01

L'église de Momy (à gauche, café-épicerie). En contourner le cimetière. Bifurcation: laisser à droite le chemin de Samson pour celui d'Anoye (panneau); le suivre sur 30m puis prendre à droite (N.O puis N) sur un chemin de terre. Redescendre dans un bois jusqu'à...

3.16

La D224 de nouveau. La prendre à droite (O), traverser un pont sur le Lées et laisser la D145 à gauche.

3.36

Anoye: prendre à gauche (S.O) la rue du village. A la sortie, prendre à gauche (S-S.O puis S.O) un chemin herbeux qui remonte sur...

3.50

La D604: la suivre à droite (N.E) sur 80m, prendre à gauche (N.O) un chemin empierré qui monte à la ferme Nouaoü puis, devant la cour, suivre le chemin goudronné qui monte à gauche (O).

4.00

Bifurcation: prendre la branche de gauche (tout droit, O).

4.14

La D207: tourner à droite (N). 10m avant le carrefour de la D207 et du chemin de Gerderest, prendre à gauche (O) un chemin herbeux. Descendre dans le bois jusqu'au ruisseau, traverser puis remonter jusqu'à...

jolie mais restaurée, est également voisine d'une motte féodale avec restes de fossés. Le village fut l'une des douze "grandes baronnies" de ce Béarn médiéval, où les Barons, pairs du Vicomte, formaient la Cour Majour.
* Près de la D7 où passait le Chemin, on relève le toponyme de Glysia (du latin Ecclésia).
* Le centre de St-Jammes que nous laissons au nord pour aller à travers champs est "la patte d'Oie" où trois routes convergent vers Morlaàs et où convergeaient les pèlerins.
* Bien que rendez-vous traditionnel de chasse à courre au renard, Saint-Jammes n'est pas un anglicisme, mais un toponyme jacobite, Jammes étant une des formes béarnaises de Jacques. (Ainsi le poète Francis Jammes...).
* Hormis le nom, il n'y reste rien du temps du pèlerinage. C'est même le seul village en Béarn à n'avoir pas d'église du tout !
* A l'entrée de Morlaàs, le Pèlerin trouvait "la Fontaine du Paradis" qu'on voit toujours dans le talus de la D.943, à mi-côte, en dessous du débouché de la nouvelle rocade.

MORLAAS, LESCAR, PAU : TROIS CAPITALES DU BEARN

La tribu des Venarni du temps de César qui a donné son nom au Béarn avait pour "civitas" Beneharnum (on retrouve dans les trois mots la racine VNRN). Elle dominait donc un Béarn primitif, Vic-Bilh plus Saubestre. En 853, les Normands installés pour un siècle à Bayonne rasent Beneharnum. Elle renaîtra sous la forme de Lescar qui sera évêché.
Mais entre-temps les nouveaux Vicomtes du Béarn, émergé du chaos, se sont établis à Morlaàs, vraie capitale politique cette fois. Ils y battront monnaie (la "livre morlane") pendant six siècles. Cependant, au XIIIe, Gaston VII Moncade, ayant à faire face à l'Aquitaine anglaise, transfère sa capitale à Orthez, où Gaston Fébus (Gaston III de Foix-Béarn) tiendra une cour fastueuse, tout en fortifiant déjà Pau.

4.35
Un chemin goudronné à l'entrée d'Abère. Tourner à gauche (S-S.E), laisser à droite un premier chemin puis, 400m plus loin, tourner à droite (O) sous un platane.
4.51
Carrefour: continuer en face par un chemin goudronné aboutissant à une bifurcation de chemins de terre. Prendre celui qui descend à gauche (S-S.O). Pont sur le Lées. On remonte (S.O) jusqu'à...
5.16
La D42: la traverser pour continuer tout droit (S.O)
5.25
Des ruines à l'orée d'une forêt. Trois vagues chemins: prendre celui de gauche (S) qui conduit à la D7. Là, tourner à droite (S.O puis O-N.O) et descendre jusqu'au...
5.38
Pont sur le Gabas: traverser, suivre la D7 sur 250m, puis tourner à gauche (S puis S-S.O) sur le chemin de Gabaston. 300m plus loin, à la bifurcation, prendre le chemin de gauche (S-S.O). Laisser plusieurs chemins à droite et à gauche.
5.58
Carrefour près du foyer rural: continuer tout droit. 200m plus loin, autre carrefour: prendre en face un chemin de terre qui devient sentier.
6.06
Chemin goudronné: le suivre à gauche (S.E) jusqu'à la ferme Touya, 300m plus loin. Là, prendre à droite (O) un chemin de terre sous les arbres. 150m après, prendre le chemin herbeux à droite (O).

Et en 1464, Gaston IV de Foix-Béarn, ayant épousé Eléonore de Navarre et faisant couronner leur fils à Pampelune, recentre ses états en faisant de Pau la capitale du Béarn.

L'EGLISE SAINTE-FOY ET LES CANARDS DE LA FOI

Mi-résidentielle mi-rurale, animée par un marché un vendredi sur deux, Morlaàs a perdu château, remparts et couvents. Il lui reste l'Eglise Ste-Foy. Construite vers 1080, en expiation d'un mariage illégitime, par Centulle V (père de Gaston IV le Croisé), endommagée par un incendie en 1520, par le protestant Montgomery en 1569 puis par la Révolution, elle garde d'authentiquement roman, un triple chevet aux fenêtres en plein cintre historiées, et des chapiteaux intérieurs aux motifs animaliers, d'influence espagnole. S'il est un "faux" de 1876, le portail n'en est pas moins beau, et somme toute assez fidèle. Sur les côtés, les apôtres, au centre ; deux "hommes enchaînés" inspirés de Ste-Marie d'Oloron, supportent le trumeau soutenant tympanons et tympan où sont sculptés massacre des Innocents, fuite en Egypte et Christ en majesté. Sur les archivoltes extrêmement ornées, trois frises représentent l'une des Elus, l'autre les Vieillards de l'Apocalypse, et la troisième, très curieuse, une ribambelle de canards : probable symbole de la foi qui sait traverser les épreuves, comme ils traversent l'eau sans se mouiller.

RENSEIGNEMENTS PRATIQUES :

Hébergement :
* Morlaàs: hôtel la Glisia, tél 59 33 41 12.
- hôtel Curon, tél 59 33 41 97.
- hôtel Peryot, tél 59 33 41 38.

A la ferme Dauphy suivre le goudron sur 30m, puis continuer (O) par un nouveau chemin herbeux.

6.28

La D7: la suivre à gauche (O). Pont sur la Souye, lotissement Berthoumieu, puis pont sur le Biarré. Laisser à gauche un premier chemin de terre pour prendre le deuxième, 250m plus loin. Suivre (S puis S.O) 1 km jusqu'à un lotissement. Carrefour de chemins goudronnés: suivre à gauche (S-S.E) sur 200m puis à droite (O)

7.05

Une bifurcation de chemins de terre: prendre la branche de gauche (S.O) qui descend entre chênes et prés.

7.11

Attention! quand le chemin tourne (S.E) vers la ferme Mélot, il faut descendre en lisière de bois (S.O). On tire à gauche sous des peupliers, puis on traverse le Luy de France (à gué profond ou sur des rails instables). On remonte par un sentier encaissé.

7.19

La D943 : traverser et continuer en face jusqu'à la D62 que l'on suit (O). Laisser à gauche la D39

7.26

Traverser un pont sur la Gouttère de Babachette. Là, prendre à droite (N) un cheminement piéton qui conduit à une rue que l'on suit à gauche (S.O). 150m plus loin, prendre à droite un escalier qui monde à...

7.36

La place centrale de Morlaàs, face à l'église Ste Foy.

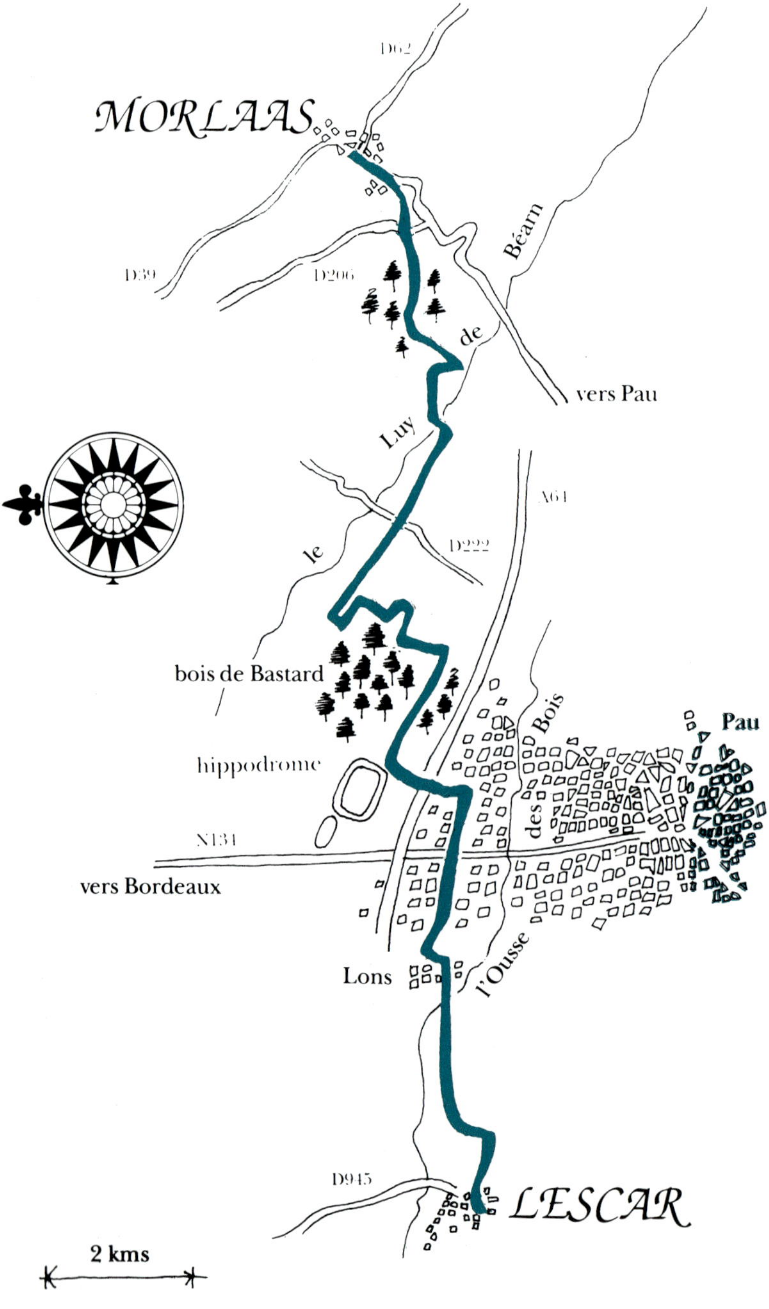

renseignements cartographiques p.: 291

ETAPE 24 - 18 KM - 4 HEURES 40

MORLAAS - LESCAR

Si l'on ne considère l'étape qu'en tant que randonnée, celle-ci paraîtra piètre, surtout mesurée à l'aune des coteaux de l'étape précédente ou des belles forêts de la suivante. Elle est courte et de surcroît quasiment urbaine, puisque prise de bout en bout dans les franges de l'agglomération paloise. Le bois de Baricoumbes, la forêt de Bastard, la lande de Pont-Long nous offrent des passages agréables par chemins blancs et sentiers ombragés, mais nous subissons trop souvent goudron et automobiles pour qu'elle trouve grâce auprès des randonneurs de stricte obédience. Mais le chemin de St Jacques se compose, bien sûr, d'autres ingrédients que la seule marche, et ce seront ceux-là qui donneront densité et caractère à l'itinéraire entre Morlaàs et Lescar. Du point de vue de l'histoire d'abord, puisque nous relions deux anciennes capitales du Béarn à l'ombre de la troisième, Pau, où, bien que tardivement constituée, la greffe a pris autour de la tour en brique bâtie par Gaston Fébus. Quant au pèlerin, les points de départ et d'arrivée, l'église Ste-Foy de Morlaàs et la cathédrale Notre-Dame de Lescar, suffiront largement à justifier l'étape. Cependant, plus d'une raison pourrait l'attirer à Pau, château et vue célèbre du boulevard des Pyrénées par exemple, ou plus prosaïquement les nombreux services proposés ici, et qui font un peu défaut à Lescar. En tout état de cause, le détour, vue la brièveté de l'étape, peut être facilement inclus dans une journée raisonnable.

LE CHEMIN HISTORIQUE DE MORLAAS A LESCAR

De Morlaàs, la majorité des pèlerins suivait le rebord du plateau dominant la plaine du Gave en direction de Buros, puis descendait à gauche par le "Chemin de Roumieu" (Camî roumiù) figurant toujours sur la carte, jusqu'au pont de Biacabe. Là fut sans doute , de 1286 à 1358, "l'Espitàu du Luy assis à Buros", important hôpital dépendant des Cisterciens de Sauvelade. Puis, Pau n'existant pas encore, les pèlerins devaient longer la rivière vers le nord-ouest jusqu'au hameau de Bruscos, disparu. Ils y trouvaient la voie Aire-Lescar qu'ils prenaient, direction sud-ouest jusqu'au terme de l'étape. Certains faisaient, de Mor-

0.00
Devant le portail de l'église Ste Foy. Prendre la rue des Cordeliers, direction Pau (S.O). Passer un premier carrefour, puis prendre à droite (tout droit S.O) la rue des Frênes qui monte assez raide.
0.15
En haut de la côte prendre à droite la rue Capdessus. Elle conduit à la D206. La suivre à droite (N) sur 100m, puis tourner à gauche (O-S.O puis O) sur le chemin de Grabasse. On descend dans le bois de Baricoumbes.

laàs, le détour par la chapelle de Berlanne, au pied du coteau (il y en a toujours une, mais récente). De là, ils regagnaient la Biacabe (voie creuse) par le "Cami Morlanné", où nous passerons.

PAU, BERCEAU DE DEUX ROIS QUI ONT CHANGE DE RELIGION...

L'Histoire de Pau se résume en quatre périodes. 1. - Jusqu'au XIIIe siècle, il n'y eut, pour surveiller le gué sur le gave, qu'un fort avec palissade d'où le nom de la ville qui s'édifia autour ; "û pàu" (pron. pà-ou) est un pieu. 2. - En 1464 elle devient capitale du Béarn, puis du royaume de Navarre jusqu'à la Révolution. 3. - A la défaite de Napoléon, les officiers de Wellington se plaisent dans ce paysage vert et amorcent le siècle cosmopolite de "Pau Ville Anglaise", aux parcs exotiques. 4. - Cette gentry cosmopolite disparue, Pau stagne d'abord entre les deux guerres, puis connaît un gros essor économique, grâce au repli d'industries, au gaz de Lacq, à la culture du maïs hybride et à son Université-Campus.
Pas de monuments médiévaux donc, sauf certaines tours du château, enrichi au fil des siècles et où est né Henri IV en 1553. Protestant, il devait se faire catholique pour régner sur la France. Rue Tran, on verra la maison natale (1763) du catholique Bernadotte, qui, de simple soldat devenu Maréchal d'Empire, se fit, lui, protestant pour accéder au trône de Suède. Voir aussi, face aux montagnes, ce Boulevard des Pyrénées, nommé par Barrès "la sublime terrasse".

DE PAU A LESCAR, CHEMIN FAISANT.

* "Paloès, grate-papès" (Palois, Gratte-papiers), dit un dicton béarnais, en mémoire

0.39
Carrefour de chemins empierrés. Prendre à droite (O), puis 50m après à gauche (S-S.O) en lisière de bois.
0.50
Tourner à droite (N.O) sur le chemin de Guitte. Au carrefour suivant, prendre à gauche le chemin de Higuères, puis 30m après à droite (N.O puis O) le chemin de Casteyre. Le goudron cède aux gravillons.
1.06
Bifurcation: prendre à gauche (S). 100m après, on traverse le Luy de Béarn. A la bifurcation suivante, prendre à droite (N.O) un chemin rectiligne dans la lande de Pont-Long.
1.24
Carrefour: suivre à gauche (S.O) le chemin de Larricq, puis 50m plus loin à droite (N.O) le chemin de Morlané, goudronné.
1.31
La D222: continuer tout droit (N.O) sur le chemin de Morlané jusqu'aux...
1.49
Pépinières Laborde. On les longe sur 100m avant de tourner à gauche (S.O) dans un chemin empierré. 150m après, tourner encore à gauche (S.E) sur le chemin des Platanes. Encore 150m et l'on prend à droite (S-S.O puis S.E) un chemin herbeux dans les champs.
2.13
On passe un pont sur l'Aygue Longue. 50m après, tourner à droite (N.O) dans un chemin gravillonné qui conduit à l'orée du bois de Bastard. Suivre à gauche (S) un che-

du temps du Parlement de Navarre.
* Les 400 hectares de la Forêt Domaniale de Bastard, ont été plantés au XVIIIe siècle par un Maître des Eaux et Forêts, dont nous verrons le manoir à Bedous, Jean de Laclède.
* Jusque-là, ce sol appartenait aux "Landes du Pont-Long", terrains de transhumance hivernale des bergers Ossalois qui le défendirent âprement par les armes et les procès.
* Le "Boulevard du Cami-Salié" longeant le Bois de Pau est un fragment d'un "chemin du sel" allant, depuis l'âge du bronze, des sources de Salies-de-Béarn au plateau de Lannemezan. On le sait par les fouilles des tumuli qui le bordaient.
* L'Hippodrome de Pau-Pont-Long fut aménagé en 1878. Les courses de chevaux avaient commencé vers 1830, sous l'influence anglaise.
* Du carrefour de l'Hippodrome, route de Bordeaux, un bus mène au centre de Pau.
* Le paysage ancien du Pont-Long était fait de "touyas" marécageux peuplés d'ajoncs épineux (les "tuies"). Il a récemment cédé le pas aux champs de maïs, mais aussi à l'aérodrome, héritier du premier vol avant 1914 des frères Wright sur la lande de Lescar.
* Le Lac des Carolins serait un bien joli site si sa porte ne mentionnait pas plus d'interdictions que d'invitations.
* Le Zoo de Lescar présente dans ses cages des rapaces pyrénéens et des animaux exotiques.
* A l'entrée de Lescar, on reconnaît dans les murs les vestiges des remparts médiévaux, et même les traces d'un soubassement romain

L'ARCHER A LA JAMBE DE BOIS SUR LA MOSAIQUE DE L'EVEQUE-SOLDAT

De l'antique Beneharnum, on verra des indices au Musée : outillage néolithique des tumuli, poteries et mosaïques romaines des deux "villæ" du Bilaà et du Bialé. Les Nor-

min entre bois et champ.

2.25

300m après, à hauteur d'une maison, franchir la limite du bois à l'entrée d'une grande allée et continuer (S) par un sentier en bordure intérieure du bois. Encore 300m et on prend à droite (O-N.O) à travers bois une nouvelle grande allée.

3.15

Traverser le chemin du bois de Pau (maison forestière) et continuer tout droit. A la sortie du bois, suivre à gauche (S-S.O) le chemin qui mène à l'autoroute A64. En traverser le pont puis continuer en face (S-S.O) en longeant l'hippodrome.

3.33

Le Cami-Salié: le suivre à droite (O) jusqu'au carrefour de la route de Bordeaux. Traverser pour prendre la rue en face, direction Lons (possibilité ici de prendre le bus pour Pau-centre). Puis tout droit (1km) jusqu'au...

3.44

Panneau de fin d'agglomération de Lons. Juste derrière, prendre à gauche (S-S.O) un premier chemin gravillonné puis, 300m plus loin, à droite (O) un second. On traverse l'Ousse des Bois à gué ou sur une passerelle.

4.00

Juste après le lac des Carolins, suivre à gauche (S.O) le chemin de Teulère. On passe un pont sur le Lescoure.

4.13

La D945: la traverser et prendre en face (S) le chemin de Lauce. Puis suivre à droite (O) un nouveau chemin gou-

mands ne laissèrent pas une pierre debout. Mais vers l'an 1000, Loup-Fort, fils du seigneur de Serres-Castet, ayant tué un homme sur l'ordre du Vicomte s'en repentit, et, pardonné par le Pape, se fit ermite sur les ruines. Un nouveau village y naquit, peut-être nommé d'après "le Lescourre", ruisseau qui en contourne le site. Grégoire de Montaner, abbé Clunisien de Saint-Sever, en fit un évêché qui devait durer jusqu'à la Révolution, où il sera fondu dans celui de Bayonne. Au XIIe siècle, l'actuelle cathédrale remplace la première église de Lescar. Son fondateur l'évêque Gui de Loos (ou Lons) accompagna Gaston IV le Croisé dans la "Reconquista" de l'Espagne. Il fut fait prisonnier, et mutilé par les Maures puis libéré contre rançon. Ses restes ont été dispersés par les Réformés, mais sa pierre tombale est scellée dans le mur. Son nom figure aussi sur le texte latin de la curieuse mosaïque du chœur montrant des scènes de chasse. On y notera un archer à la jambe de bois, appareillé selon la technique des chirurgiens arabes...

dronné jusqu'au...
4.33
Carrefour avec la rue Lacaussade, à l'entrée de la vieille ville de Lescar.
Traverser pour continuer par la rue de la Cité. 250m entre de vieilles maisons béarnaises nous mènent devant...
4.36
La cathédrale Notre-Dame.

VOIR ENCORE A LESCAR...

* L'esplanade sud, face aux Pyrénées, flanquée d'une demeure à tourelle Renaissance, dominant l'ancien Collège des Barnabites (1755).
* L'ancien Palais épiscopal : porte fortifiée de l'Esquirette (cloche) dominant une côte abrupte ; Tour de l'Evêché ; et le Musée dans d'anciens communs.
* Les remparts dont un sentier fait le tour.
* A la basse-ville, l'église St. Julien, reconstruite après 1569, mais d'origine médiévale.

RENSEIGNEMENTS PRATIQUES :

Hébergement :
* Pau: 50 hôtels, 2 auberges de jeunesse.
- Office de tourisme,
  tél. 59 27 27 08 ou 59 27 41 24
* Lescar: hôtel de la Terrasse,
  tél. 59 81 02 34.

Portail de l'Eglise Ste-Foy, Morlaàs

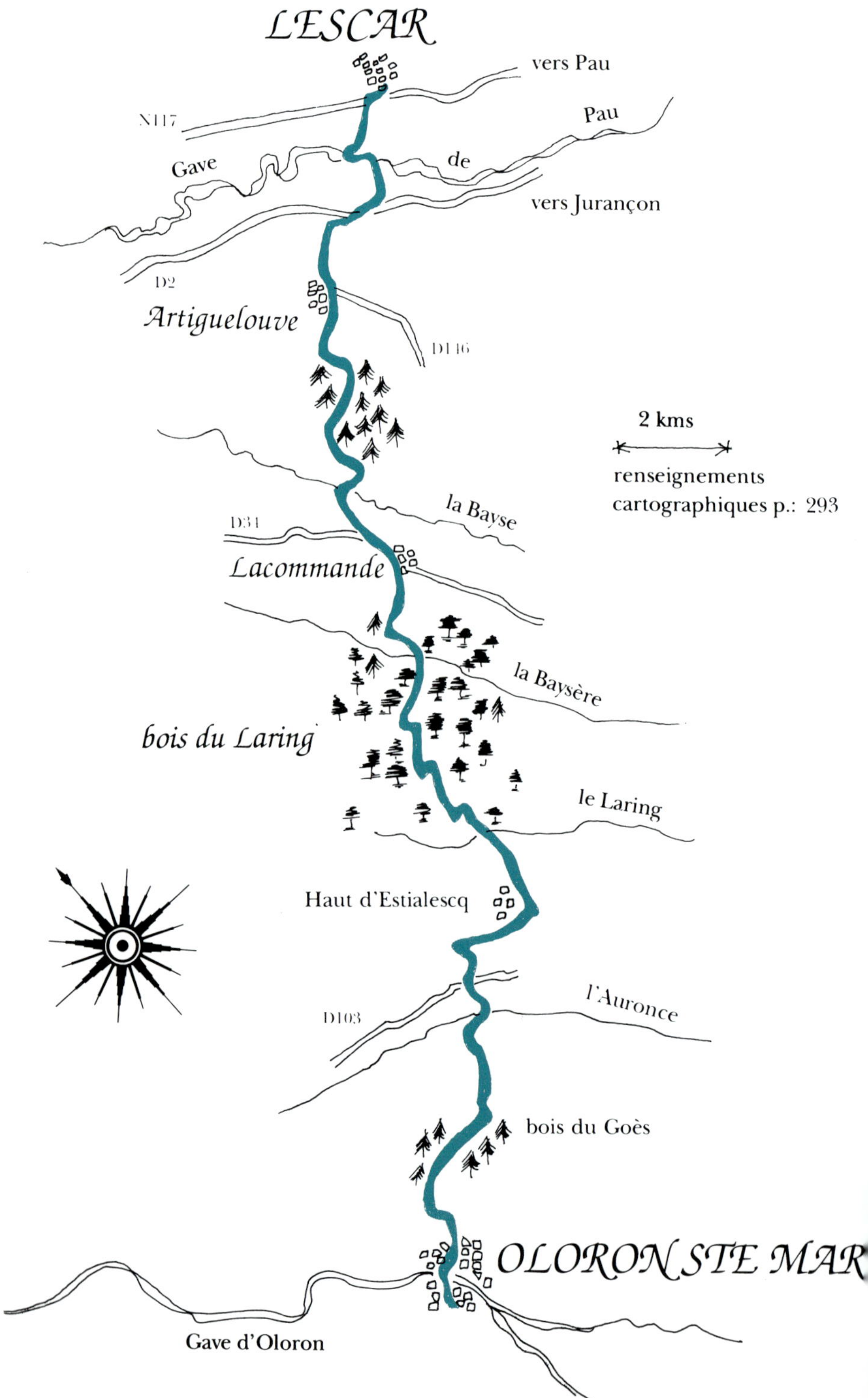

LESCAR
vers Pau
N117
Pau
Gave
de
vers Jurançon
D2
Artiguelouve
D146
2 kms
renseignements
cartographiques p.: 293
la Bayse
D34
Lacommande
la Baysère
bois du Laring
le Laring
Haut d'Estialescq
l'Auronce
D103
bois du Goès
OLORON STE MAR
Gave d'Oloron

ETAPE 25 - 30 KM - 7 HEURES 30

LESCAR - OLORON

Une fois traversée la "Saligue", plaine d'alluvions charriés par le Gave de Pau, nous remontons dans les coteaux, les premiers depuis ceux laissés avant Morlaàs. Mais ce ne sont plus les mêmes. Fini le plissement régulier qui scandait le paysage de bandes alternativement dédiées aux cultures et aux bois, finies aussi les pentes douces et ensoleillées des soulanes, car si le dénivelé est encore modeste, le relief ici est tourmenté, abrupt et couvert de vastes forêts. Nous devinons l'influence subie; parfois même, à la faveur d'une clairière, nous la voyons: la montagne est proche. On sent cette terre comme étant longue à apprivoiser, rapide à retrouver son état primitif. Ainsi les maisons (beaux volumes massifs derrière de hauts murs, couronnés de grandes toitures en une ardoise rugueuse, percées de petites ouvertures) qui, malgré cet aspect fortifié, n'en paraissent pas moins vulnérables. Et de fait, nous croiserons plus d'une ruine engloutie sous ronces et lierre. Première brèche dans la forêt entamée à Artiguelouve, Lacommande est à peine un village, tant ses fermes hésitent à former rues; mais nous y trouverons un des plus beaux ensembles du chemin d'Arles: belle église romane qui jouxte la commanderie rénovée récemment par les Monuments historiques, et où il y aurait un projet de gîte. Le paysage s'ouvre de nouveau à Estialescq, puis pour de bon dans la plaine qui nous mène à notre étape, Oloron-Ste-Marie. Cette cité jumelle au confluent de deux gaves n'a été que tardivement réunie, ce qui nous vaut non pas une, mais deux splendides églises: la Cathédrale Ste-Marie dont les sculptures du portail évoquent les métiers du pays et la cuisine béarnaise, et l'église hiératique et sévère de Sainte-Croix qui domine la citadelle d'Oloron depuis un millénaire...

OU ETAIT LE CHEMIN HISTORIQUE ?

Le nom l'indique, le Chemin du Bac mène en un point où l'on traversait le gave avant qu'il n'y eut un pont métallique. Mais le cours du fleuve a varié. Le chemin médiéval pouvait être plus à l'ouest, dans le prolongement du "Bialé" (petite "via") les châteaux d'Eslayou et d'Artiguelouve surveillant alors le gué primitif. Le gué de Laroin, où était une villa romaine, a aussi ses partisans. Le

0.00
Parvis de la cathédrale Notre-Dame: se diriger vers la tour de l'Esquirette puis descendre à gauche (S.O) la rue du Parvis sous la porte fortifiée. Après une petite place (hôtel), continuer tout droit (S) par la rue Maubec et la rue Ste Catherine qui nous mène, pardessus la voie ferrée, à...
0.14
La N117: la prendre à droite (N.O), puis tourner à gauche

chemin historique n'apparaît clairement qu'à Lacommande, où nous le suivrons jusqu'à la ferme Castille, puis sur un bout de crête. Il restait sur celle-ci jusqu'à la ferme Ticoulat. Nous le retrouvons sur la crête suivante, qui est le "chemin d'Ossau". Après Estialescq il devait se confondre avec la route vicomtale de Lasseube, actuelle D.24, jusqu'à Oloron.

DE LESCAR A LACOMMANDE, CHEMIN FAISANT

* Au bas de la côte, porte XVIIIe de l'ancien collège Barnabite, qui fut ensuite Ecole Normale d'Instituteurs. Puis on longe le ruisseau Lescourre.
* Le chemin du Bac franchit, entre un ancien moulin et une scierie, un pont sur le "Canal des 7 Moulins". Sa prise d'eau est à Lons et son débouché à Siros, soit 9 km. Des dragages ayant détruit la tête amont, il est de nos jours alimenté par des ruisseaux dont le Lescourre.
* Plus loin un bras d'eau au débit très variable, en réalité un déversoir, a été pourvu d'une élégante passerelle spécialement construite pour le Chemin de Saint-Jacques par les Scouts de Notre-Dame de Pau, avec l'aide du village de Lescar.
* Les bords du gave, de la passerelle au camping, faits de galets, de sable et de limon, sont peuplés d'une végétation semi-aquatique où le saule (en latin "salix") domine. D'où le nom béarnais de ce type de paysage "la saligue".
* Au sud du carrefour D.501-D.2, deux piliers de pierre marquent l'entrée d'un bois privé, "le Taillis", dont les sentiers, sans raccourcir, sont plus agréables que le goudron. Prendre en ce cas l'allée principale sur 50 m puis une longue allée à droite. On débouche dans le village par une brèche de la clôture.
* Artigue est en béarnais une clairière défrichée souvent humide, et mise en culture : Artiguelouve fut, il y a des siècles, "la Clairière

(O puis S.O) sur le chemin du Bac. On passe devant une scierie. 200m plus loin,...
0.28
Bifurcation: prendre le chemin à droite (N.O). A la bifurcation suivante, tourner à gauche (S.O), passer par-dessus un canal avant de virer à gauche (S.E) au bord du Gave de Pau. On débouche sur la D501: la prendre à droite (S.O), puis traverser le Gave de Pau.
0.53
Carrefour avec la D2: la prendre à droite (O-N.O). Après 500m prendre la bifurcation de la D146 pour Artiguelouve. Puis suivre à gauche (S.O) en direction de Lacommande (panneau routier).
1.19
Juste après l'auberge Senmarty, prendre le chemin du Cinquau à droite (S.O, panneau). Quand le goudron tourne à droite vers la ferme du Cinquau, continuer tout droit par un chemin de terre qui monte assez raide dans le bois.
1.39
Bifurcation dans une fougeraie: prendre le chemin de gauche, puis encore à gauche (S) le goudron du chemin des Crêtes.
1.49
Carrefour: prendre à droite (S.O) le chemin de la Fontaine. Laisser à gauche un premier chemin. A la ferme Echardiès, le nôtre redescend. Laisser à droite un second chemin goudronné pour descendre dans un bois (O puis N). Ferme Manciet. Le che-

aux Loups".
* A l'extrémité N.O du village, et à 1 km du G.R., le château (privé) d'Artiguelouve, délabré depuis un incendie des années 70, a un donjon carré du XIVe, deux tourelles cylindriques et une tour ronde, percées de fenêtres Renaissance.

Cathédrale de Lescar

LE PELERIN GASTRONOME AU PAYS DU JURANCON

Sur le chemin goudonné de crête d'Arbus à Aubertin, deux écriteaux indiquent l'un que nous sommes sur "la Route des Pyrénées", l'autre que nous entrons dans "le Vignoble du Jurançon". Celui-ci est vaste (560 ha, 23 communes) et clairsemé (vignes sur les seuls versants ensoleillés, entre 250 et 350 m d'alt.). A cause des fortes gelées, elles sont cultivées en hautain, le long d'échalas hauts de 2 mètres. Grâce à l'ensoleillement d'automne, les vendanges y sont tardives : octobre et novembre, pour certains décembre. Le Jurançon traditionnel est un blanc liquoreux et

min, en terre, décrit un virage dans le bois (N.E puis O).

2.10

On débouche du Bois de Haut presqu'en bas de la vallée, puis on prend à gauche (S) un chemin de terre qui conduit à la ferme Alic. Tout droit (S) sur le goudron jusqu'à la ferme Sarthou, où notre chemin vire à droite (O-S.O), puis au Sud devant un moulin.

2.31

Bifurcation: prendre le chemin de droite (O) qui traverse la Bayse. A la bifurcation suivante, prendre le chemin goudronné à gauche (S).

2.48

La D34: la suivre tout droit (S), direction Lacommande, puis la quitter pour un petit chemin-rue à droite (S) à l'entrée du village. Sur une placette (fontaine), prendre à gauche (E) vers l'église romane (la visite s'impose) et la Commanderie. Repartir par la rue passant devant la Commanderie (S.O). Carrefour: tout droit (S.O). Le chemin descend, traverse le ruisseau de Brouqua, puis remonte la côte.

3.18

Sommet du coteau, carrefour: prendre à gauche (S-S.E) le chemin de terre qui entre dans le bois de Lacommande.

3.25

A la deuxième palombière, prendre à droite (O, puis S) un petit chemin qui descend en écharpe dans la vallée. On passe à gué la Baysère. On traverse juste après un chemin gravillonné, puis on remonte droit en face (O puis S.O)

capiteux à goût de noisette. Cépage dominant : "Petit Manseng". On a développé depuis la guerre un Jurançon Sec (à base de gros Manseng) plus commode pour accompagner un repas. L'ancien Jurançon rouge (Bouchy ou Manseng noir) n'a pas droit à l'appellation contrôlée mais existe localement. Beaucoup de viticulteurs pratiquent la dégustation à la propriété.

90 BREBIS PLEINES POUR UN JOYAU ROMAN

Fondée entre 1100 et 1124 "La Coumande (commanderie) deù Faget d'Aùberti", fut la pièce maîtresse du réseau d'Hôpitaux mis en place par Gaston IV lors de la reconquête de Saragosse (1118) pour faire passer la majorité des Pèlerins d'Arles par le Somport. Un "Faget" était hameau ou hêtraie, et l'endroit, sans doute l'ancienne villa d'un Albertinus. Un noble, se prétendant seigneur du lieu, fit un procès que termina un arbitrage ; les moines lui donnèrent 90 brebis pleines et eurent droit de labourer et de planter jusqu'à la crête.

Autour de leur monastère naquit Lacommande, qui devait se séparer d'Aubertin en 1773. L'église romane avait un dessin simple et pur : nef unique et abside en cul-de-four, 8 m. de large pour 24 de long. De cette époque restent les chapiteaux de l'arc triomphant (Nativités avec ou sans Joseph !) et ceux des arcatures aveugles du chœur, qui, en évoquant la danse de Salomé ou la fuite en Egypte, font vivre tout un petit monde médiéval : sonneurs d'olifant, lutteurs, chevaliers. Elle s'est compliquée au XIIIe siècle d'un clocher à escalier extérieur bâti sur une Chapelle de la Vierge gothique aux fenêtres hispano-mauresques, et d'une tribune sur colonne-bénitier.

Le 14 mai 1970, le chœur de l'église de Lacommande s'ouvrit en deux. On craignit de la perdre. Mais l'union de tous les efforts publics et privés en permit le sauvetage. Le ré-

dans le bois.

3.46

Sortie du bois: remonter le grand pré en face, sous une ligne H.T., pour aboutir en haut du coteau. Laisser à droite un chemin herbeux, redescendre 100m puis, au carrefour de chemins de terre, prendre à gauche (S-S.E) l'un d'eux. Juste avant de rejoindre la ligne HT. prendre à droite (S-S.O) un chemin herbeux qui descend dans le bois du Laring

4.14

Chemin goudronné en fond de vallée: le traverser et continuer en face (S.O) par un chemin de terre qui franchit le Laring sur un pont. A la bifurcation 10m après, prendre le chemin de gauche (S.O, puis S) qui longe une coupe avant de monter une combe raide dans la forêt.

4.34

En haut, bifurcation: prendre à gauche (S) le chemin forestier sur la crête de Burgon. Il nous mène à...

5.01

Un chemin goudronné au Haut-d'Estialescq; le prendre à droite (O). A la bifurcation suivante, prendre le chemin de gauche qui monte un peu avant de descendre sur...

5.08

Une bifurcation (calvaire): prendre la branche de droite (O puis N.O) en sommet de coteau.

5.23

250m avant la grande ferme Puyou, prendre à gauche (S.E) un chemin de terre. Il s'oriente S.O et descend sur Sombielle (ferme) et...

sultat est une rénovation complète non seulement de l'église, mais du village et de l'Hôpital attenant, devenu Centre Culturel, en attendant une Halte de St-Jacques.
On notera, comme à Usclas-du-Bosc, des dizaines de stèles discoïdales (appelées ici "basques") provenant du cimetière des Hospitaliers.

DE LACOMMANDE A OLORON

* Les bois successifs de Lacommande, de Goès, d'Estialescq, d'Oloron, de Monein, forment la vaste forêt du Laring qui était au XIIe siècle infestée de loups et de bandits, d'où la nécessité d'une halte avant de l'aborder.
* Le "chemin d'Ossau" (Cami d'Aùssaù) qui nous mène à Estialescq, d'abord curieusement bordé de feuillus à gauche et de résineux à droite, puis dégagé, était le chemin de transhumance des bergers allant vers Monein.
* Estialescq ne conserve pas de vestiges historiques mais fut mentionné au XIVe siècle sous les formes Estheles (1383) et Esquialest (1385).

EAUX, DIEU ET FORS D'ILURO

La cité d'Iluro, mentionnée sur une inscription romaine à Escot, sur une borne milliaire au Somport et sur l'itinéraire d'Antonin était la citadelle de l'actuel quartier Ste-Croix, entre les gaves d'Aspe et d'Ossau. Ce fut auparavant un oppidum. L'explication par le basque : "Il-Uro" (beaucoup d'eaux) est remise en cause, des chercheurs ayant trouvé à Toulouse une stèle "au Dieu Iluro". Le mot est de toute manière antérieur aux Romains. Iluro fut rasée en 845 par les Normands basés à Bayonne. Unie au Béarn au XIe siècle par mariage, Oloron fut repeuplée en 1080,

5.35
La D103: la traverser pour prendre en face (S) un chemin de terre qui descend et franchit l'Auronce. 100m après...
5.43
Prendre à droite (N.O) un chemin goudronné. Après 300m, laisser à droite (N) le chemin goudronné et choisir à gauche, entre les deux chemins de terre, celui qui passe juste au-dessus d'une cabane en pierre. Juste après celle-ci, suivre le chemin de gauche (O puis S.) qui grimpe assez raide au coteau de la Tibalesque.
6.04
Bifurcation près du sommet: prendre à gauche (S.E) le long d'un pré clôturé. A son extrémité, tourner à droite (S.O) par-dessus le coteau sur un chemin d'abord vague, meilleur ensuite, qui descend dans la vallée.
6.21
Bifurcation: franchir à gauche (S) un pont sur le Laberou, puis remonter raide. En haut de la côte, prendre le chemin de terre à droite (O) qui pénètre dans le bois de Goès. Au carrefour de pistes, continuer tout droit (O).
6.40
Sommet du coteau. Continuer tout droit (O) en descendant jusqu'à la ferme Couatémas. Tourner à gauche (S.O puis S.E) sur un chemin goudronné que l'on suit jusqu'au...
7.05
Carrefour avec la D116. Suivre à droite (S.O) et traverser un pont sur l'Escou pour entrer dans le quartier Ségues d'Oloron. Puis tourner à droite (S.O) dans la rue de

Eglise de Lacommande

en partie par des Aragonais. Le premier "For" de Béarn leur fut accordé codifiant libertés et obligations de chacun. Il s'inspirait du "Fuero" de Jaca, en Aragon. Face à ce pouvoir vicomtal, les évêques bâtirent leur évêché sur la rive droite du gave d'Aspe ; ce fut la ville de Ste-Marie, longtemps rivale de la citadelle. C'est seulement en 1858 que Napoléon III les mit d'accord en imposant leur fusion.

A TRAVERS LE VIEIL OLORON

* A l'angle des rues Fontaine et Navarrot, l'Hospice des Hommes, à fenêtres à croisillons et lucarnes, surmonté d'un clocheton d'ardoise, est l'ancien Hôpital du XVIIIe.
* En outre, après le monumental Hôtel-de-Ville-Halle, on débouche sur le "Chemin Historique". Les deux places inclinées, Gambetta et de la Résistance, sont en effet l'ancien "Marcadet", marché extérieur, sur lequel le pèlerin débouchait, au sommet, par la route de Lasseube. Belles demeures en bas, dont l'"Hôtel du Corn d'Enric" (XVIe).
* Après, vieux pont d'Oloron sur le gave d'Ossau, bordé de maisons perchées comme des falaises. Il a été reconstruit vers 1830 sur

Sègues. Après un pont pardessus la voie ferrée, continuer tout droit.

7.14

Carrefour avec la D9: continuer tout droit par la rue de Sègues qui conduit au pont Henri Laclau sur le gave d'Oloron. Ici, plutôt que suivre le GR, il est plus intéressant de passer par le beau centre d'Oloron. Donc: tourner à gauche (S) et remonter jusqu'à la place de la Résistance (office de tourisme, hôtel). Tourner à droite (O-S.O) sur celle-ci pour descendre jusqu'au pont sur le gave d'Ossau. Remonter vers le Palais de Justice avant de traverser le pont sur le gave d'Aspe. Gagner les jardins de la Sous-Préfecture, et les traverser tout droit (O) jusqu'à un grand carrefour (hôtels, gare SNCF à droite). Traverser et prendre la direction Bayonne (S.O). Après avoir franchi un pont sur la voie ferrée, on arrive à un carrefour routier: suivre à gauche (S-S.E) la rue Emile Casamayor-Dufaur jusqu'à...

7.36

La place de la cathédrale Ste Marie. Prendre à droite (O-S.O) pour voir son magnifique portail.

les piles du pont médiéval.
* Afin d'aller à Ste-Marie, nous laisserons à gauche l'antique voie du Biscondau par laquelle les pèlerins grimpaient à Ste-Croix.

LA RECETTE DU SAUMON GRILLE

La Cathédrale Ste-Marie fut édifiée dès 1102 à la fois par l'évêque Roger de Sentis, et le Vicomte Gaston IV le Croisé, à son retour de Jérusalem. De cette époque date le merveilleux portail. Mais incendié au XIIIe siècle par des routiers albigeois et en 1302 par la foudre, elle fut reconstruite deux fois, avec des croisées d'ogives gothiques puis un chœur flamboyant, le seul en Béarn avec un déambulatoire. Endommagée par les Réformés qui détruisirent le cloître, rénovée par les évêques de Révol et de Maytie, qui l'ont dotée d'un somptueux mobilier de bois sculpté et polychrome. A voir en particulier la crêche aux santons de bois en béret et sabots, et aussi, en visite guidée, les ornements sacerdotaux brodés du XVIe.
L'essentiel à voir est cependant le portail roman, mieux conservé par le clocher-porche que celui de Morlaàs. Des "esclaves enchaînés" (les hommes de l'ancienne Loi) supportent le trumeau central. Les deux tympanons figurant église souffrante et église triomphante. Sur le tympan de marbre blanc d'Eysus, la descente de Croix est copiée d'un reliquaire d'ivoire. Mais surtout, deux archivoltes portent l'une les Vieillards de l'Apocalypse, et l'autre une préparation des Noces de Cana, sauce béarnaise ; on tue le cochon, on débite son jambon, on porte, tranche et grille le saumon, on nettoie le tonneau pour la vendange, on refait ses cercles, on prépare le fromage rond de "pur-brebis", la galette, le chaudron de garbure, toutes recettes qui n'ont pas beaucoup changé depuis 800 ans. A gauche un démon avale un damné. A droite, un Empereur Constantin à l'image de Gaston IV.

RENSEIGNEMENTS PRATIQUES :

Hébergement :
* Artiguelouve:
- auberge Senmarty, tél. 59 83 00 12
* Lacommande:
- projet de gîte dans la Commanderie : Tél mairie, 59 82 70 39
* Oloron-Ste Marie:
- 9 hôtels-restaurants.
- Office du tourisme,
- tél. 59 39 98 00

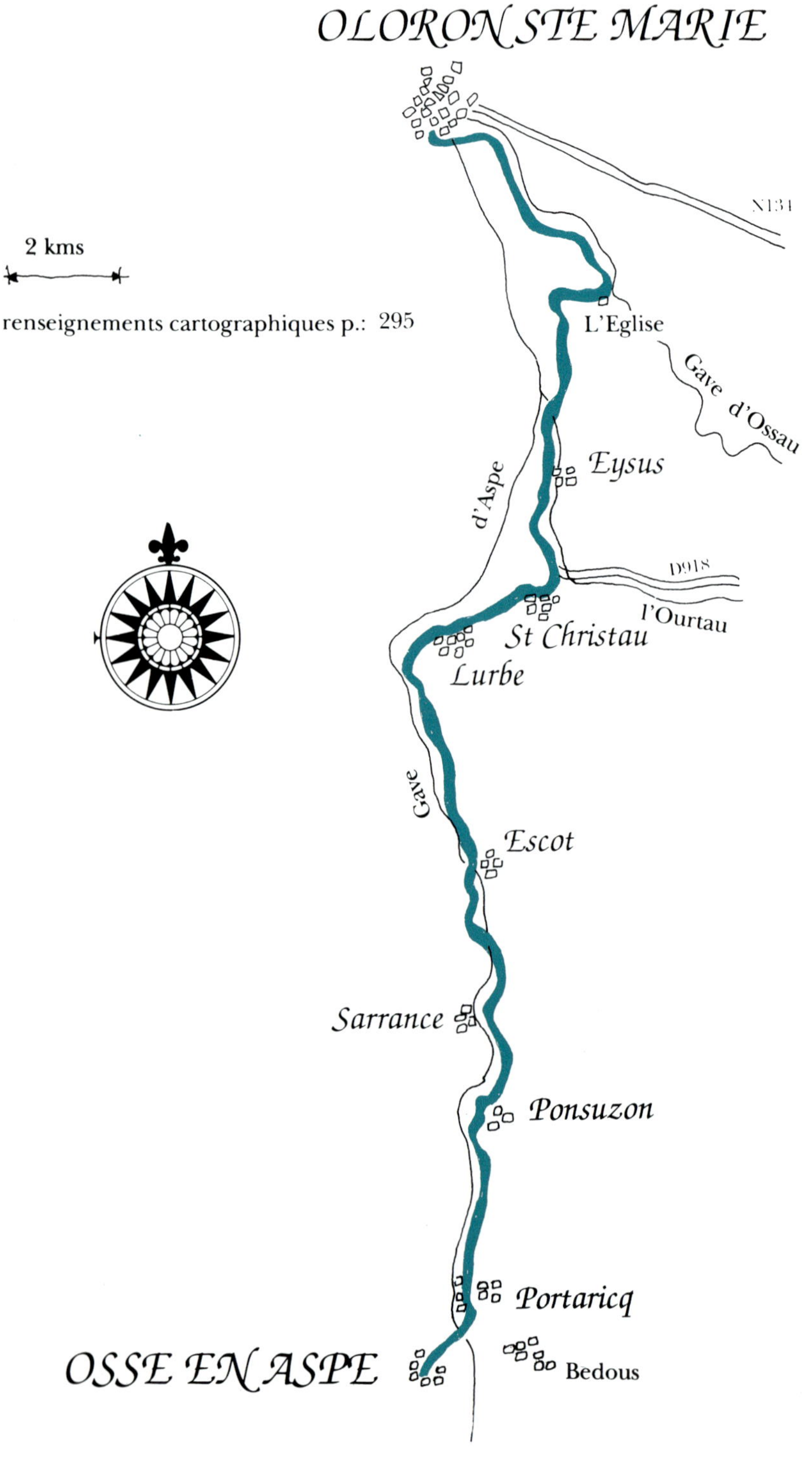

renseignements cartographiques p.: 295

ETAPE 26 - 31 KM - 7 HEURES 45

OLORON - OSSE-EN-ASPE

Depuis dix jours qu'elle nous hantait au détour de chaque colline -bleue dans le lointain, chimérique- nous commencions à ne plus y croire. Mirage? A Oloron cependant, le doute s'efface devant la montagne qui s'élève noire et puissante sur notre chemin, tour à tour inquiétante et attirante. Quelle crainte ne devait-elle pas inspirer aux pèlerins médiévaux...Mais, avec nos yeux de contemporains, de citadins, nous la trouverons belle, peut-être le plus beau paysage du Chemin. Il est vrai qu'aujourd'hui nous ne risquons guère de nous égarer sérieusement ni de nous faire attaquer par loups et ours; tout au plus serons-nous la proie, par ce climat doux et humide, d'une végétation dense, drue et piquante. Modeste danger. Nous nous laisserons aller, trois jours durant, aux mailles de la chaîne pyrénéenne. Curieusement, la structure disséminée de l'accueil tout au long de la vallée rappelle le jalonnement régulier des hôpitaux de jadis: l'abondance des gîtes et des hôtels nous laisse entière liberté quant à l'étape. Pourquoi donc Osse-en-Aspe plutôt que Lurbe-St-Christau et Sarrance en aval, ou Accous et Cette-Eygun en amont? Une part d'arbitraire, sans doute, mais aussi parce que Osse constitue une sorte de pivot pour nous, à mi-chemin entre Oloron et le Somport, et qu'il se situe au début de la plaine de Bedous, là où la vallée d'Aspe, entre deux étroits défilés, prend en quelque sorte sa respiration. Nous avons, depuis ce beau village, une vue imprenable dont nous conserverons le bénéfice pendant tout le début de la prochaine étape.

LOUIS XI LOGEA DANS LA CITADELLE

La rue Révol, ancien "Vialer" bordée de maisons XVIIIe, le pont Ste-Marie (l'actuel est de 1751) et la vieille rue Labarraque sont l'itinéraire historique qui unissait les deux cités.
L'église Ste-Croix est en haut de l'ancienne citadelle d'Oloron. La Tour Vicomtale, disparue dans l'explosion d'une poudrière, était à côté. Mais aux alentours, demeurent bien d'autres maisons médiévales : rue Dalmais, celle dite du Sénéchal aux arcades en ogive ; et la Tour de Grède (XIVe), à côté de laquelle la "Maison du Patrimoine" est un intéres-

0.00
Portail de la cathédrale Ste Marie: la contourner par le Sud et prendre en descendant (S.E) la rue de Révol. Traverser la N134 et le pont sur le gave d'Aspe. Prendre à droite (S, puis E) la rue Labarraque puis, au milieu de la montée, l'escalier Bellevue. En haut, suivre quelques mètres à gauche (N.O) pour gagner le parvis de l'église Ste Croix. Continuer dans la même direction (E), puis suivre la rue Centullée (S) jusqu'à...

sant Musée dans un Hôtel Louis XIII ; rue Cujas, la "prison" du XIIIe siècle, qui fut d'abord un hôtel où Louis XI, au retour de Sarrance, aurait logé.

SUR LA COUPOLE, UN SCEAU DE SALOMON

La tradition veut que la première pierre de Ste-Croix ait été posée en 1070 par l'évêque Amat, légat du pape réformateur Grégoire VII. Son achèvement après 1090 du temps de Gaston IV le Croisé est plus certain. Son plan est celui d'une basilique bénédictine, avec juste ce qu'il faut de transept pour ébaucher la forme d'une croix, une haute nef et une haute abside, des bas-côtés et des absidioles réduits ; à l'extérieur, une tour fortifiée au-dessus du bas-côté nord, un portail en plein cintre aux voussures décalées en coquille, avec deux chapiteaux érodés représentant l'un la Damnation (un pécheur enlevé par des monstres ailés) l'autre la Vie éternelle (une colombe buvant le calice tendu par une main). Les modillons du chevet sont beaux, mais neufs, car l'église avant sa restauration à partir de 1841 avait subi les avanies habituelles, des Routiers à la Révolution.
A l'intérieur, chapiteaux bibliques des piliers et de l'arcature aveugle du choeur, et surtout superbe coupole à la croisée du transept : d'un type hispano-mauresque qu'on retrouve à l'Hôpital-St-Blaise et à Jaca, elle est soutenue par huit nervures de pierre qui, entre-croisées, dessinent l'étoile du Sceau de Salomon.

D'OLORON A ST-CHRISTAU, CHEMIN FAISANT

* Au sud-est de la citadelle, la place St-Pierre, aérée, est bordée de maisons XVIIe et XVIIIe et d'une ancienne église Contre-Réforme transformée en garage.

0.16
La place St Pierre, que l'on traverse au S.E pour prendre la rue d'Aspe. Prendre 100m après la place, le 2ème petit chemin herbeux à gauche (E puis S.E) qui descend vers la fontaine des Maures (clôtures) et 700m plus loin à...
0.30
Un barrage sur le Gave d'Ossau. Enjamber une clôture pour traverser tout droit (S-S.E) un très grand champ (1,1km de long!). Au bout...
0.46
Enjamber une clôture puis remonter à droite (S) dans un petit bois pour trouver un chemin gravillonné. Le suivre à gauche (S.E puis E).
0.58
Sombielle (ferme). Continuer tout droit (E-S.E). 300m plus loin le chemin est envahi d'arbres et d'arbustes. Suivre dans les prés qui bordent son tracé. On longe un bois (S) sur 400m avant de retrouver un bon chemin venant du haut. Le suivre à gauche (E) jusqu'au...
1.18
Pont en pierre de "Malet" (ferme et moulin en ruines) sur le Gave d'Ossau. Le laisser à gauche pour remonter (S puis S.E) sur la ferme "l'Eglise". En traverser la cour puis prendre à droite (O puis S, puis O) un chemin blanc qui grimpe au sommet du coteau et retrouve...
1.37
La D338, la "route des crêtes". Suivre à gauche (O puis S) 2km jusqu'à...
2.02
Un carrefour avec abreuvoir.

* Cette place fut créée en 1288 par Gaston VII Moncade : il lui fallait une lice pour les tournois à l'occasion de la visite de deux rois, Edouard 1er d'Angleterre et Alphonse III d'Aragon, préparant l'entrevue du Somport.
* La place St Pierre se prolonge par la rue d'Aspe et la route des Crêtes où est, au nouveau Cimetière de Ste-Croix, la tombe du poète Jules Supervielle, avec l'épitaphe de sa main : -"Ici est le relais où l'âme change de chevaux...".
* A Eysus, cité dès l'an 1077, l'église XVIe à clocher-donjon domine les maisons étagées sur les bords de l'Ourtau. Près du dernier pont, un "travail" de maréchal-ferrant.
* A l'est du G.R., la ferme "Roumas", toponyme jacobite, marque peut-être l'endroit où le chemin de St-Jacques rejoignait celui du Bager.
* La route forestière du Bager fut incluse en 1860 dans la "Route Thermale" joignant les différentes stations, ici St-Christau aux Eaux-Bonnes, et qui elle-même est devenue la "Route des Pyrénées" (N.618 ou D.918).

SAINT-CHRISTAU : DIEU IBERE, LEPREUX, PELERINS ET CURISTES.

On ne sait rien d'une station antique de St-Christau (St. Christophe) sinon qu'on y a retrouvé un buste proto-historique baptisé "Dieu Ibère" (il est dans la Rotonde) et des fibules gallo-romaines. La tradition veut que les vertus des eaux cuivreuses contre les maladies de la peau aient été découvertes au Moyen-Age par un bûcheron "Cagot", guéri de la lèpre. (Légende intéressante, car elle identifie bien ces parias pyrénéens à des descendants de lépreux).
Le premier bâtiment à l'entrée, converti en appartements pour curistes, est l'ancien Hôpital du Bager, remontant au XIIe et dépendant alors de celui de Ste-Christine du Somport. Comme la maison-mère, il fonctionna jusqu'en 1532.

100m plus loin prendre à droite (S.O) un chemin goudronné qui descend, direction mairie-école (panneau). On franchit un pont sur l'Arrigouli.

2.11

Bifurcation: prendre le chemin de gauche. A la bifurcation suivante, prendre à droite le chemin goudronné qui descend vers un pont sur l'Ourtau, puis remonter une rue vers le centre d'Eysus.

2.19

Place: rester à gauche, en laissant filer trois rues à droite. Place avec monument aux morts: continuer à gauche (S) puis traverser un nouveau pont sur l'Ourtau. Juste après, suivre le chemin goudronné à droite (S) le long du ruisseau.

2.29

Laisser à gauche le chemin goudronné qui monte vers Arroue pour continuer en fond de vallon (S puis S.O) jusqu'à la ferme de Capdepon. Le chemin, maintenant herbeux, traverse un bois puis disparaît dans un pré dont on suit la bordure jusqu'à trouver en bas...

2.46

Un passage à gué sur le Larran (clôture). Remonter les berges en face puis un pré au-dessus (S) jusqu'à un épaulement de la montagne où l'on trouve un vieux chemin de terre. Le suivre (S.E) jusqu'à...

2.58

La D918: tourner à droite (S.O) et traverser le pont sur l'Ourtau. St Christau (hôtels, restaurants). A l'entrée des

Les autres bâtiments, dans un beau parc qui s'étend du pied de la montagne au lac aménagé sur les bords de l'Ourtau, - chapelle, grands hôtels de type pyrénéen, thermes à Rotonde-, sont des XVIIIe et XIXe, dûs aux propriétaires successifs, - Seigneur de la Salle, acquéreur après la Réforme, Comte de Barraute à l'époque romantique-. On y retrouvera (girouette, mosaïque d'une salle à manger) la "colombe" héraldique de Ste-Christine.

DE LURBE A SARRANCE, CHEMIN FAISANT

* Ne pas prendre le sentier de la Roseraie si l'on a choisi de dormir dans un hôtel de Lurbe : la D.918 y mène tout droit.
* Dans le village de Lurbe, église et rétable XVIIIe, maisons à linteaux millésimés.
* A gauche du chemin, le piton boisé de 357m dit Tute de Carrelore, est un fortin naturel dont la grotte fut habitée puis protégée d'un rempart de terre, de l'Azilien à l'âge du bronze. (Privé, accès difficile).
* L'église rurale d'Escot, au clocher coiffé d'un toit caréné, a un porche daté de 1676, un tableau de l'Assomption, un rétable XVIIIe, une chaire surmontée d'un ange.
* Le mince ruisseau l'Arrécoutou était la frontière de la Vallée d'Aspe où les Princes mettaient pied à terre pour y échanger des otages ; ainsi Edouard 1er d'Angleterre et Louis XI.
* Le nouveau Pont d'Escot a laissé subsister l'ancien ouvrage à dos d'âne. A côté, l'oratoire rustique à claire-voie. On s'y recommandait à Dieu avant le défilé.
* Plus loin sur la route, hors sentier, deux inscriptions sur la falaise, l'une, de 1826 après un accident, l'autre, romaine, détruite mais rétablie sur une plaque par l'Académie des Vallées, rappelant que Lucieux Valérius Vernus, duumvir d'Iluro, refit la Voie.
* L'arche unique de l'imposant viaduc ferroviaire en pierre de taille, long de 56 m, fran-

thermes, bâtiment qui aurait été un hospice de St Jacques. Laisser à droite les thermes puis la D638. 300m plus loin...
3.15
Juste après la villa La Roseraie (plaque gravée), prendre à gauche, derrière la maison suivante, un chemin bordé de buis qui monte au-dessus de la D918 puis redescend dans le village de...
3.28
Lurbe. La D238: la prendre à gauche (S puis S.O) à travers le village et franchir le pont sur l'Arrec de Bugalas. Sur une placette, prendre le chemin du milieu (la D238) puis la première rue à droite (N.O, poids public). 100m plus loin prendre le chemin de gauche qui conduit à un abreuvoir: suivre le chemin de gauche (S.O) qui bientôt perd son goudron.
3.45
Ligne HT On rejoint 200m plus loin la ligne de chemin de fer désaffectée Oloron-Canfranc et on la longe. Laisser un pont à droite. Tout droit (S).
4.03
Passage difficile de l'Arrec de Lassalle (terrain spongieux, barbelés). Continuer à travers prés pour rejoindre un chemin gravillonné qui traverse la voie ferrée. Le remonter jusqu'à...
4.09
La D238, que l'on suit sur 2km jusqu'à...
4.34
Escot: passer devant l'église et franchir le pont sur le Barescou.

chit sur nos têtes la vallée. Le trafic y est, hélas, interrompu.
* Rive droite, mais visible du sentier, l'ancien Hôtel Thermal des "Fontaines d'Escot", efficaces pour l'estomac, très fréquentées du XVe au XIXe siècle, abandonnées aujourd'hui.
* Nous débouchons à Sarrance à côté d'une naïve et touchante chapelle votive semblable à une grange.

Eglise Ste-Croix, Oloron

SARRANCE : BOEUF, BERGER ET ROIS

Officiellement, l'histoire de Sarrance commence en 1330 par l'installation de Prémontrés venus des Landes, mais peut-être prenaient-ils seulement en main un obscur sanctuaire local dont les fondations peuvent remonter au XIIe, et dont la "Vierge noire" conservée au Musée, pourrait être proto-historique.
Dans une chapelle de l'église, de beaux pan-

4.45
La N134, oratoire du XVIIème. Traverser le pont sur le gave d'Aspe, puis prendre à gauche (S) un sentier sous le pont ferroviaire. 250 m plus loin, bifurcation de sentiers: prendre celui qui grimpe en lacets raides jusqu'à...
4.54
Un pré avec une grange. Derrière celle-ci prendre un bon chemin herbeux jusqu'à un chemin gravillonné. Le suivre vers la gauche et l'aval. Escalader (sans difficulté) une barrière métallique pour descendre sur un pont sur le gave, juste sous l'hôtel de St Jacques (fermé). Laisser le pont à gauche et suivre la rive gauche du gave par un joli sentier.
5.09
Granges de Pénecq: par la suite, passages difficiles, ronces et végétation épaisse. Suivre le gave sur ses galets puis, lorsque les rives deviennent falaises, trouver le passage taillé dans le roc à une quinzaine de mètres au-dessus du gave. Encore quelques ronciers et on arrive à...
5.35
La jolie chapelle "de la paroisse d'Uzein, à Notre-Dame de Sarrance". Remonter sur le pont, puis suivre la N134 jusqu'à Sarrance. Prendre la première rue à droite jusqu'à la place de l'église de Sarrance. Il faut visiter le cloître, qui permet d'ailleurs de traverser le pâté de maisons. Après l'église, descendre jusqu'à...
5.44
La N124 que l'on traverse.

neaux sculptés et polychromes relatent la légende de cette statue, découverte au bord du Gave près d'une source par un berger et un pêcheur de truites parce qu'un bœuf revenait s'y agenouiller tous les jours. Les chanoines d'Oloron auraient tenté de la placer dans leur cathédrale, mais, par miracle elle revint à Sarrance où l'on bâtit le sanctuaire. (La statue actuellement vénérée, derrière l'autel, est du XIXe, la Vierge Noire faisant alors "peur aux enfants du Cathéchisme").
Le pèlerinage se développa au XIVe siècle, au point qu'il fallut un jour y interdire "tambourins, danses et pécheresses". En 1461, le Roi de France Louis XI y fit ses dévotions entre deux entrevues internationales. Au XVIe siècle, Marguerite de Navarre y situa les conteurs de son "Heptaméron", bloqués par une crue. En 1569, le sanctuaire fut détruit par un lieutenant protestant de Montgomery. En 1605, les Prémontrés reconstruisent les bâtiments actuels, qui seront encore vendus durant la Révolution puis restaurés en 1846.
Haut clocher galbé aux six cloches anciennes ; et derrière un mur austère, cloître où chaque arcade à deux étages est coiffée d'un pavillon d'ardoise, dans un savoureux mélange baroque et béarnais s'inscrivent dans le bel ensemble régional d'une vieille rue et d'une place pavée de galets, bordée d'un lavoir et d'une fontaine de 1828.
Le monastère tenu par les Pères de Bétharram accueille toujours des hôtes.

DE SARRANCE A OSSE, CHEMIN FAISANT

* Il y a eu au Musée de l'église de Sarrance une icône russe. Elle fut ramenée de Sébastopol par le Général Camou né dans la localité.
* Nouvelle chapelle votive près du pont de la gare : c'est en contrebas que se trouvait la fontaine au bord du Gave où aurait été trouvée la statue mariale.
* Ne cherchez pas à Pontsuzou, parfois francisé en Pontsuzon, le souvenir d'une quel-

Belle chapelle au bord de la route. Traverser le pont sur le gave et prendre un chemin herbeux à droite (S-S.E). Devant la ferme Latapie, prendre en contrebas à droite un sentier de pêcheurs (clôtures), gagner le pré derrière la maison Latapie, le traverser et ...

5.54

Passer sous un pont ferroviaire. Nouveau pré à traverser. Grange. Suivre par un sentier qui conduit à une nouvelle grange. Descendre un peu vers le gave.

6.05

Clairière au bord du Gave. Laisser les galets du Gave à droite pour grimper à gauche par un petit sentier qui surplombe le Gave de 15m. Passages impressionnants mais sans difficulté. On contourne le verrou du Mail de Couret par ce sentier au pied des falaises.

6.10

Petit bois. Grange (abri possible). Passer juste au-dessus et par un minuscule sentier traverser une nouvelle zone escarpée. On redescend sur une sorte de talus de galets et des grands prés. Au milieu, ...

6.17

Une grange solitaire sur les rives du Gave. Juste derrière un sentier remonte en écharpe sur des pentes abruptes. Il devient très bon et nous conduit tout droit à "Ponsuzou"(hameau). Remonter sur la N134, revenir à droite (N) sur 50m jusqu'à...

6.29

La D241 pour Lourdios-Ichère. Derrière la maison du gar-

conque Suzanne : cela veut simplement dire en béarnais "pont-d'en-haut".

OSSE, LE VILLAGE OECUMENIQUE...

Si l'on prend son temps, on peut, après avoir dormi au Monastère catholique de Sarrance, faire halte au Gîte d'Etape d'Osse qui appartient à la Jeunesse Protestante du Béarn. Ce village a en effet conservé une communauté réformée, fidèle à sa foi en dépit de toutes les persécutions, depuis le temps de Jeanne d'Albret. Ce fut possible parce qu'un relatif climat de tolérance existait entre les habitants. Voisin du Gîte, l'émouvant petit "Temple de Bethel" fut reconstruit dès 1789. Le pasteur Cadier fut un historien de la Vallée, et ses cinq fils, auteurs de "Au Pays des Isards", de grands pyrénéistes. L'église St-Etienne, incendiée en 1589, a gardé une abside romane. Portail en arc brisé de 1768, et mobilier XVIIe. Maison forte du XIIe siècle. Autre gloire d'Osse : l'"austère" Marie Acerquet, dite Marie-Blanque (surnom local des vautours pernoctères) au début du XIXe siècle. Les "aurostères" étaient des bouts rimés en béarnais que les pleureuses improvisaient lors des obsèques.

de-barrière, prendre à gauche (S) un chemin qui conduit 50m plus loin à un pré fermé par une barrière. Poursuivre par un sentier sous une ligne HT

6.50

Passage à travers ronces pour accéder à un pré (clôture). Traverser le pré vers une grange en ruine. Derrière on trouve un bon chemin herbeux. Suivre (S).

7.08

Entrée d'un grand champ (clôture): le traverser. Aux maisons de Portaricq, on trouve un chemin goudronné que l'on suit. Il monte puis redescend dans la grande plaine de Bedous. Laisser un chemin de terre à gauche. 500m après on trouve...

7.29

Une bifurcation. Le chemin goudronné à gauche (S) conduit vers la D237 et Bedous, la suite du GR 653. Mais si l'on désire faire étape à Osse-en-Aspe, continuer par la branche de droite (S.O) un chemin de terre.

7.44

Osse-en-Aspe (beau village, gîte d'étape).

RENSEIGNEMENTS PRATIQUES :

Hébergement :

* Lurbe-St Christau: Station thermale, tél 59 34 40 04. Les Vallées, tél 59 34 40 01. Au bon coin, tél 59 34 40 12

* Sarrance: hôtel Lestanguet, tél 59 34 72 03.

- hôtel Lacroix, tél 59 34 73 03

* Osse-en-Aspe: gîte d'étape "les amis de Chaneü", tél 59 34 73 23

- Logement gracieux: Sarrance, s'adresser au monastère, tél 59 34 72 07

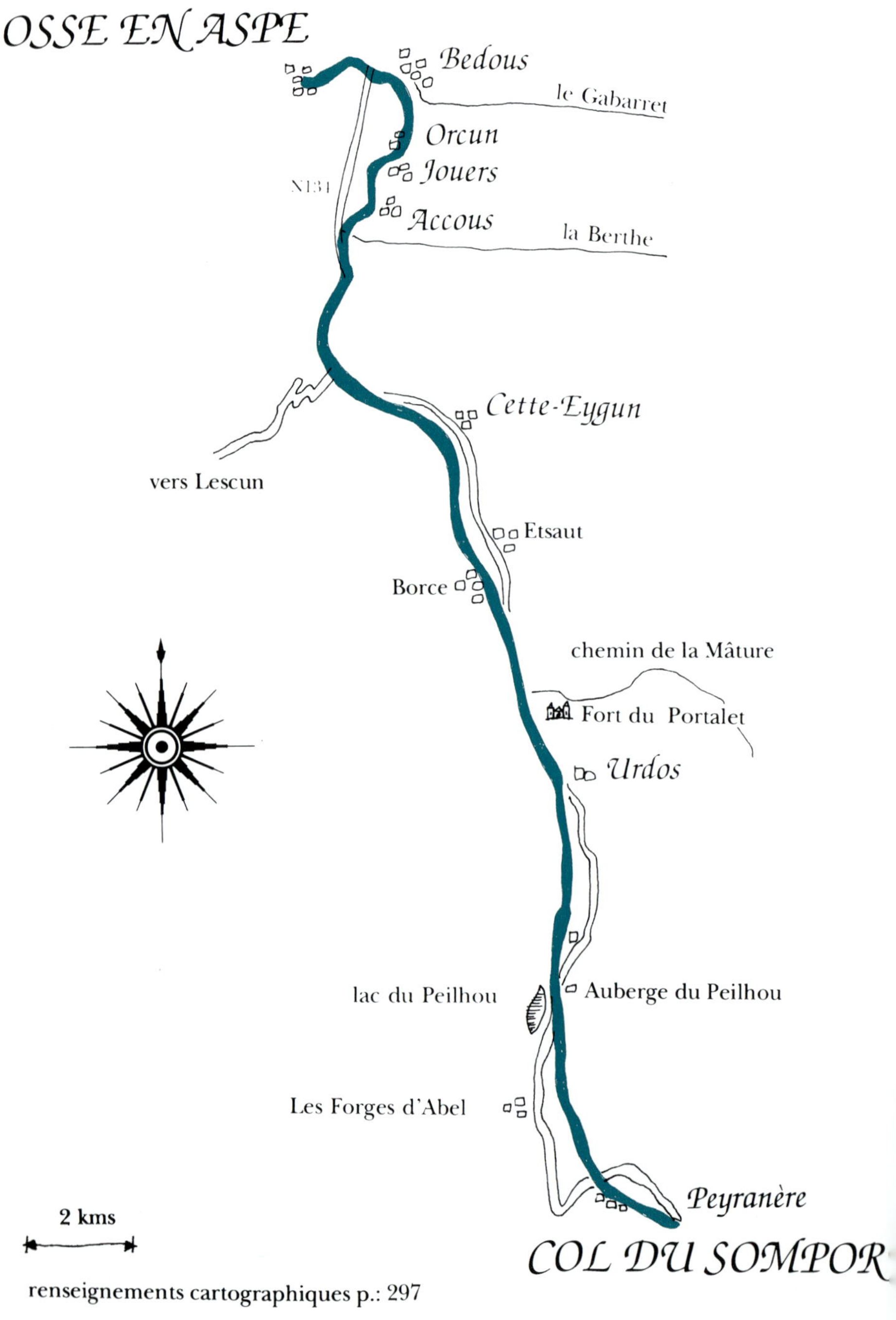

renseignements cartographiques p.: 297

ETAPE 27 - 33 KM - 8 HEURES 15

D OSSE-EN-ASPE - SOMPORT

Dernière en France, cette étape commence comme la précédente s'est terminée, sur la plaine de Bedous. Loin d'être direct, le chemin qui la traverse "butine" de villages en hameaux, s'élève en belvédère sur la montagne et redescend entre maisons aspoises, comme pour mieux souligner la parenté entre deux architectures massives, secrètes et pourtant légères, aériennes même en leurs faîtes hauts et pointus. Ensuite, au "Trou des Fées", nous retrouverons la vallée encaissée qui ne laisse guère que la place nécessaire au gave et à la route nationale, que nous serons donc obligés de suivre sur de longs tronçons. Un sentier reliant les gîtes de la Goutte d'Eau et de Borce est prévu, mais peut-être pas avant la parution de ce guide. Dès que possible, le balisage l'indiquera. Entre-temps, il faudra se consoler avec le cadre qui est pour le moins spectaculaire. Au Fort du Pourtalet, la vallée s'ouvre de nouveau et nous entamons par petits chemins et sentes de bêtes les 1000 mètres de dénivelé qui nous séparent de l'Espagne. Pas une mince affaire! Enfin nous franchissons le Col du Somport qui est, avec ses 1632 mètres, le point culminant de tous les chemins de St Jacques de Compostelle. Passage symbolique à plus d'un titre car si la frontière, elle, est matérialisée par des postes de douaniers, notre fin d'étape est sans abri. De Santa Cristina du Somport qui fut, d'après Aimery Picaud, l'un des trois hôpitaux les plus importants du monde chrétien, il ne subsiste que quelques pierres de fondation. Juste à côté il y a les hôtels de Candanchù, mais leur prix n'est guère en relation avec la bourse du pèlerin, même s'ils nous attiraient. Le bivouac est possible, mais gare au froid (même en été) et au mauvais temps, car c'est bien de la montagne qu'il s'agit ici. Le "Centre de jour" à 300 mètres sous le col doit, malgré son nom, comporter un gîte, mais en attendant, le mieux serait sans doute de gagner l'un des abris qui jalonnent le chemin côté aragonais, grottes, cabanes pastorales ou vieux refuges, qui sont frustes, certes, mais dans un site enchanteur.

LE BEDOUSIEN LACLEDE FONDA LA VILLE DE ST-LOUIS

A Bedous, maisons aux linteaux de marbre sculpté, harmonieuse place centrale, où se déroule le marché du jeudi, avec sa fontaine centrale, ses maisons en arc de cercle, sa mairie-halle, et l'église St-Michel (1691). Au sud, de part et d'autre du Gabarret, le château

0.00
Osse-en-Aspe. Quitter le village par la D237, direction Bedous (panneau, N.E.)
0.17
Pont sur le gave. Continuer jusqu'à...
0.24
La N134 dans Bedous. Traverser (attention!) pour prendre une petite rue en face.

Lassalle (XVIIIe) abbaye-laïque flanquée de tourelles rondes, et le manoir Laclède, aux pignons en escalier. La famille aspoise dont il fut le berceau a compté des juristes : Jean de Laclède (1728 - 1813), Maître des Eaux et Forêts, qui planta à Pau la forêt de Bastard. Armand, son fils, qui à la tête de volontaires remporta en 1794 une "bataille de Lescun" contre les Espagnols ; et Pierre-Liguest de Laclède (1729 - 1778) frère cadet de Jean, qui, cherchant fortune dans le commerce des fourrures en Louisiane, remonta le Mississipi et fonda la ville de Saint-Louis.

DE BEDOUS A JOUERS,

* A gauche hors Chemin, le village perché d'Aydius, où naquit en 1754 le chevrier Pierre Loustaunau. Parti pour les Indes, devenu le riche général des Mahrattes, il racheta les forges d'Urdos que les Espagnols ravagèrent, et mourut fou au Liban.

* La petite église d'Orcun, à mur-clocher et arcade campanaire remonte au XVe mais fut détruite en 1569 puis reconstruite : croisée d'ogives, merveilleux autel doré à antependium en cuir de Cordoue.

* A la fois Chemin historique et voie romaine, la route Orcun-Jouers-Accous longe près d'un bois la colonie de vacances de Suberlaché où fut édifié au Moyen Age, un important monastère.

* A Jouers, l'église St-Saturnin, une des plus vieilles de la vallée, a un chevet semi-circulaire du XIIe orné de modillons bibliques : Abraham moustachu, Agneau pascal, monstre crachant des serpents, et une scabreuse "Luxure", sous la forme d'une femme-acrobate léchant son sexe. Brûlée en 1569 et transformée en fenil à la Révolution, elle a cependant conservé son autel classique et sa copie de la Ste-Famille de Raphaël.

* A côté de l'église de Jouers, l'"Apathie", prononciation aspoise de "l'abbadie" est l'ancienne abbaye laïque, XIVe et XVIIe, avec pigeonnier pentagonal, bien restaurée.

On franchit un pont sur le Gabarret.

0.25

Place de la mairie. Longer la façade Sud de la massive église pour accéder à une nouvelle place (château Lassalle). Contourner le fronton de pelote basque par la gauche (N) suivre une rue-chemin sur 250m, puis la laisser à gauche pour un chemin gravillonné (S.E). 400m plus loin on traverse le pont d'Orcun sur le Gabarret. Prendre à gauche (E-S.E) la D237 sur 200m.

0.38

Prendre à droite (S-S.E) un chemin rocailleux bordé d'un ruisseau. Il monte raide et finit par s'estomper dans une fougeraie; mais on monte facilement juste au-dessus des bois. Trouver un chemin puis redescendre jusqu'à...

0.54

La borde de Soudious. Suivre vers l'aval un bon chemin caillouteux.

1.01

Juste au-dessus de Jouers, descendre à droite (O) par un sentier de chèvres jusqu'au village. Abreuvoir. Là, une rue à droite (O-S.O) conduit à la chapelle de Jouers, mais, pour poursuivre notre route, prendre à gauche (S) un chemin de terre. 200m après, laisser à gauche un chemin qui monte. On parvient à...

1.13

Un chemin goudronné sous le Poey: le suivre à gauche (S.E) sur 200m puis prendre à droite (toujours S.E) un chemin de terre qui descend entre des murets. A la bifurcation de

* Le pain de sucre du Poey est tout entier un piton d'ophite : un référendum municipal a écarté un projet d'exploitation minière.

Accous

ACCOUS, ET LE MALEFICE DE ST-SAVIN

A Accous fut peut-être l'"Aspa Luca" (bois sacré d'Aspe ?) de l'Itinéraire d'Antonin. Son nom évoque plutôt le basque Accoce, mais un champ "dit" Aspalus figure au cadastre.
Au Moyen Age "Capdulh" de la vallée, aujourd'hui chef-lieu de canton, elle est riche de maisons anciennes sur des ruelles pentues. La place centrale, le long d'une mairie monumentale sur une terrasse-fontaine, penche au pied de l'église à façade classique (1724), au portail surmonté d'un Saint-Martin en bois ; nef de 17 m. de haut à ogives surbaissées et rétable de bois doré.
Le poète Cyprien Despourrins (ou d'Espourrins) y naquit en 1698 et composa des chansons en béarnais. Un obélisque de 15 m. érigé en 1840 sur un piton boisé proche du sentier lui est dédié. Il fut également le syndic de la vallée d'Aspe dans un procès séculaire

deux chemins herbeux, prendre celui de droite. On contourne le Poey puis on descend assez raide sur...
1.29
Accous. Rue goudronnée. Au premier carrefour, prendre à droite (O) puis encore à droite vers la place de l'église et de la mairie d'Accous (Syndicat d'initiative de la vallée d'Aspe). La quitter par son coin S.O. Laisser une rue à droite et, au carrefour suivant, continuer tout droit par la rue qui descend en tournant à droite (O). On arrive sur le chemin qui mène vers la N134 au bord de la Berthe (ruisseau). 150m après la sortie du village, prendre à gauche (S puis S-S.O) le "Pont de Pierre" et le chemin qui le prolonge jusqu'à...
1.54
La N134 au pied du verrou de la haute vallée d'Aspe. La suivre (résurgence du Trou des Fées). On remonte à "l'auberge cavalière", gîte d'étape. Continuer sur la N134.
2.24
Laisser à droite la D239. 1km plus loin, on passe devant la Goutte d'Eau, gîte d'étape. 800m après, en contrebas de la route, prendre...
2.46
Le Pont des chèvres. Descendre à gauche dans un pré le long du gave. Suivre jusqu'à...
2.56
Un pont sur le gave, à la sortie d'Eygun. En 1989 nous étions obligés d'emprunter celui-ci pour regagner la N134, car une passerelle 1km en amont avait été emportée.

contre celle de Saint-Savin (65).
L'origine en est mythique : l'Abbé de St-Savin aurait jeté contre des Aspois un maléfice paralysant : ils furent massacrés. Le Pape excommunia la Vallée de St-Savin où pendant six ans bêtes et plantes furent stériles. Les Lavedanais n'en sortirent qu'en signant en 1348 le traité de Bedous. Ils s'engageaient à payer chaque St-Michel un "tribut des médailles." L'arrêt du versement fut cause du procès. Despourrins le gagna, mais du coup se maria en Lavedan.

D'ESQUIT A EYGUN, CHEMIN FAISANT

* A l'entrée du défilé, à gauche de la N.134, en dépit d'un captage, une abondante cascade bouillonne toujours au "Trou des fées", dans une conque naturelle.
* La mythologie aspoise y logeait des fées malfaisantes ("hades"), capables par exemple d'échanger votre beau bébé contre un de leur affreux "hadots".
* En face, usine hydro-électrique du pont d'Esquit et cascade intermittente du trop-plein du captage souterrain.
* Avant le Gîte d'Etape de Lestanguet, on voit en contrebas un pont ferroviaire rompu. Il s'écroula le 27 mars 1970 sous le poids d'un train de marchandises en folie, interrompant du coup la liaison Pau-Saragosse par Canfranc, ouverte en 1934.
* La vieille auberge de Lestanguet, au sud du gîte, fut jadis, le "Tihadé", lieu fédéral de la vallée.
* L'ancienne gare de Cette-Eygun-Lescun est devenue le Gîte d'Etape "la Goutte d'Eau", avec train dortoir.
* Eygun n'était à l'origine qu'un hameau de Cette, mais placé sur la route, prospéra. Deux maisons ont des fenêtres ogivales. La "Maison forte" du XIIe, transformée en demeure au XVIIIe garde un fruste visage de femme sculpté sur son porche.

Mais en 1990 le projet d'un sentier reliant le gîte d'étape de la Goutte d'eau en aval et celui de Borce devrait être réalisé. Dans ce cas un balisage GR serait mis en place. Cela n'affectera pas beaucoup l'horaire ci-dessous, mais l'itinéraire en sera nettement plus agréable.

3.35

Pont de Borce. Emprunter la D739 en direction de Borce. Après les premières maisons du village, prendre à gauche par-dessus le ruisseau de Boussoum. On entre dans le village par une ruelle (panneau "Cami de Sen Jaques"). Placette. Monter à droite jusqu'à la belle église et une maison fortifiée (gîte d'étape). Descendre devant celle-ci par un passage qui nous ramène sur la première rue. La prendre à droite (S puis S.E)et suivre la D740 .

4.06

Pont de Cebers et N134: laisser à gauche les balises GR10 et suivre la N134 vers l'amont.

4.26

Laisser à gauche le pont menant au fort du Portalet. Continuer sous les vertigineuses falaises de la Mâture. Pont d'Urdos. Laisser à droite le chemin pour Aubise et Berat-du-bas (panneau). 400m plus loin...

4.36

Aire de pique-nique d'Urdos: prendre à droite un chemin goudronné qui passe devant l'ancienne gare d'Urdos. Camping, puis belle rue dans le village d'Urdos.

BORCE ET ETSAUT SOUS LE SIGNE DE L'OURS

Le Chemin laisse à gauche Etsaut (du latin "saltus", bois sauvage) aujourd'hui sur la grand'route. Mais, pour qui dormira à Borce ou Etsaut, il mérite visite. En amont du pont, la gare a été transformée en musée de l'Ours par le Parc national des Pyrénées (ouvert sur demande). L'ours est encore présent à Etsaut sous la forme d'une tête aux dents acérées sculptée dans la pierre à l'angle d'une maison du XIVe siècle. Etsaut possède encore une "maison forte" du XIVe, tour habitable avec archères.

Borce, elle, a un ours vivant, Jojo, orphelin recueilli en 1961 par les enfants d'un Centre et qui, depuis, vit en cage. Outre la maison du chanteur Marcel Amont qui en est originaire, on y voit de vieilles demeures XVe à portails en tiers-point, fours à pain saillants et fenêtres à meneaux ; - une "Maison forte" du XIIIe ; - une grange au portail ouvragé (à droite en entrant) qui fut l'hôpital de St-Jacques, et conserve dans son grenier, des fresques naïves peintes par des grognards de l'Empire. Dans l'église XVIIe, on verra le bénitier médiéval de marbre noir, sculpté d'une coquille St-Jacques, d'un bourdon, et d'un personnage, Apôtre ou pèlerin.

Fort du Portalet

4.53
Passerelle entre maisons et au-dessus de la rue. 30m après, monter à gauche dans un petit passage jusqu'à la N134, à 50m de la douane. Passer le poste frontière puis, juste après, descendre raide à droite. Calvaire. Là, tourner à gauche (S-S.E) puis descendre dans la vallée sur un chemin de terre.
5.01
Le chemin passe sous la voie ferrée. Continuer tout droit (S). Granges. Le chemin se fait sentier, le sentier se perd dans un pré, mais on continue sans difficulté entre les pentes abruptes et le gave.
5.13
Passage à gué du Larry, qui peut être difficile et nécessiter le détour par la route au-dessus. Tout droit (S).
5.18
Pont sur le gave devant deux granges. Traverser. Sur l'autre rive, tourner à gauche (S) dans un pré. Au bout, on trouve les lacets d'un petit chemin qui monte raide. Entre granges et prés, on trouve...
5.28
Un chemin goudronné: le suivre. Après la ferme Naudin, à la bifurcation, remonter à droite.
5.41
A la ferme Marrassaa, fin du goudron. Malgré le panneau d'interdiction, continuer par le chemin herbeux qui monte à droite (S.O). On comprend l'interdiction: un couloir d'éboulis récent coupe le chemin. Gagner la maison, îlot entre deux branches de l'ava-

CHEMIN DE LA MATURE ET FORT DU PORTALET

A Borce, nous croisons le G.R.10 ou Sentier des Pyrénées, d'Hendaye à Banuyls. Nous le quittons au Pont de Cébers, où il suit le chemin de la Mâture. Celui-ci, que nous verrons plus loin de la route, est une prodigieuse entaille de 1200 m. de long, creusée à partir de 1766 dans la falaise par des ouvriers suspendus à 200m. du sol. Dix à douze attelages de bœufs y descendaient chaque jour les charrois de mâts coupés dans la forêt du Pact, pour être groupés en radeaux à Athas . La falaise est devenue aujourd'hui une Ecole d'Escalade.
En face, sur l'autre rive du canyon de Sescoué, également ancré dans la falaise, le Fort du Portalet, à 150 mètres au-dessus du gave, avec 258 marches reliant des batteries, et de longues galeries creusées dans la roche. Construit de 1838 à 1848 pour loger 400 hommes, il a eu des hôtes notoires. Le prix Nobel St-John-Perse, alors soldat Alexis Léger, y fut en garnison. MM. Blum, Daladier, Mandel, Reynaud et le Général Gamelin y furent détenus sous Vichy puis le maréchal Pétain à la Libération. Il a depuis été vendu à un particulier qui le laisse à l'abandon. Alfred de Vigny, lui, fut Capitaine et situa une scène de "Cinq-Mars" dans le fort précédent dont il reste une ruine au bord de la route.

D'URDOS AU SOMPORT, CHEMIN FAISANT

* Si hôtels, commerces et douane font l'intérêt de la rue supérieure d'Urdos, l'inférieure est plus pittoresque avec ses ponts-galeries l'enjambant d'une maison à l'autre.
* Parvenu face au ravin d'Arnousse, on peut observer les deux orifices du tunnel hélicoïdal du chemin de fer, qui entre dans la montagne au bord du gave et en ressort au-dessus de la route, ayant gagné du dénivelé.
* Avant d'être gare ferroviaire, les Forges

lanche, traverser le deuxième couloir puis monter à droite (S.O) au-dessus d'une grange en ruines.

5.51

Autre passage de ravin, avec torrent. Le sentier suit assez clairement sur l'autre rive, puis devient vite intermittent. Monter régulièrement de pré en pré (S.O) pour gagner quelque 200m de dénivelé et arriver, après Lapénère...

6.03

Dans une sorte de cuvette calcaire entourée de buis. Ruines de granges. On retrouve une sente de bêtes au-dessus de la falaise qui justifie notre montée. Continuer à traverser à flanc jusqu'au...

6.09

Ravin de Lapachouaou, au-dessus des granges Bordeneuve. Traverser le torrent et forcer son passage sur 30m dans le bois en face. Traverser à flanc au-dessus de la ferme Sayerce pour gagner...

6.18

La maison Fouillassar. En-dessous, suivre les prés plutôt que le sentier encombré de ronces. Des sentes de bêtes conduisent à un torrent et aux granges de Lacau, en ruines. De là, descendre à travers prés jusqu'à...

6.28

Un pont ferroviaire: le traverser et suivre la N134 à droite (S). 500m plus loin...

6.35

A hauteur d'un petit ruisseau, prendre à gauche un très vague sentier qui monte très raide près de celui-ci. 100m au-dessus, suivre en légère descente un chemin de

d'Abel furent une exploitation minière du XVIIIe, reprise par Loustaunau d'Aydius sous l'Empire, puis par un "Abel" de Stuttgart sous la Restauration. Ils fondaient le minerai de Peyranère à l'aide du bois des forêts.
* Au bout des Forges d'Abel, la Voie Ferrée entre dans la montagne par le long "Tunnel International" pour n'en ressortir que sept kilomètres plus loin, à Canfranc, en Espagne.
* Le projet a été lancé en 1989 d'un tunnel routier qui lui serait parallèle et permettrait aux véhicules de rester à 1050 m, (hors neige), au lieu des 1632 m. du Somport.
* A partir du Viaduc de l'Auberge du Peilhou les sentiers forestiers puis pastoraux que nous suivons jusqu'à la frontière sont pratiquement le Chemin Historique.
* A Peyranère (en béarnais, "pierre noire", désignant justement le pyrite de fer) 100 mètres avant de retrouver la route, ruine de l'ancien Hôpital dépendant de Ste-Christine. Une "auberge de Peyranère" lui fit suite jusqu'au siècle dernier.

RENSEIGNEMENTS PRATIQUES :

Hébergement :

* Accous: Syndicat d'initiative de la vallée d'Aspe, mairie, tél 59 34 77 97. Auberge-cavalière, hôtel et gîte d'étape, tél 59 34 72 30
* Cette-Eygun: gîte d'étape "la Goutte d'eau", tél 59 34 78 83
* Borce: gîte d'étape communal, tél 59 34 86 40
* Urdos: hôtel des voyageurs, tél 59 34 88 05
- hôtel le Pas d'Aspe, tél 59 34 88 93
* Les Forges d'Abel (500m): gîte d'étape à la colonie SNCF, tél S.I. de la vallée.
* Peyrenère: gîte en projet
* Somport: centre de jour du Somport (gîte en projet), tél 59 36 00 61
* Candanchú: 4 hôtels, chers.
Refugio forestal de Huesca, abri sommaire.

coupe: il débouche sur une "clairière" envahie par les ronces. Batailler sur 200m avant de retrouver un bon chemin sous les hêtres. Continuer à flanc en montant en écharpe et en laissant des chemins de coupe à gauche. Suivre les "têtes d'isard" du Parc National.

7.06

Grande clairière. Scabreux: on traverse 100m d'un horrible chausse-trappe (trous et cailloux enfouis sous ronces et orties). pour retrouver un bon chemin sous les hêtres.

7.18

Sortie du bois de Lazaque. Continuer par un bon sentier ancien.

7.35

La N134: la traverser et continuer tout droit vers les cabanes de Peyrenère. Suivre un chemin rocailleux évident sous une ligne électrique (S.E puis E-S.E). Lorsque le sentier tire à droite (S.E) le long du ruisseau, remonter un petit vallon spongieux pour déboucher sur...

8.09

La N134. Traverser les parkings tout droit (E-S.E) vers le garage des Ponts et Chaussées.

8.16

Col du Somport ; frontière.

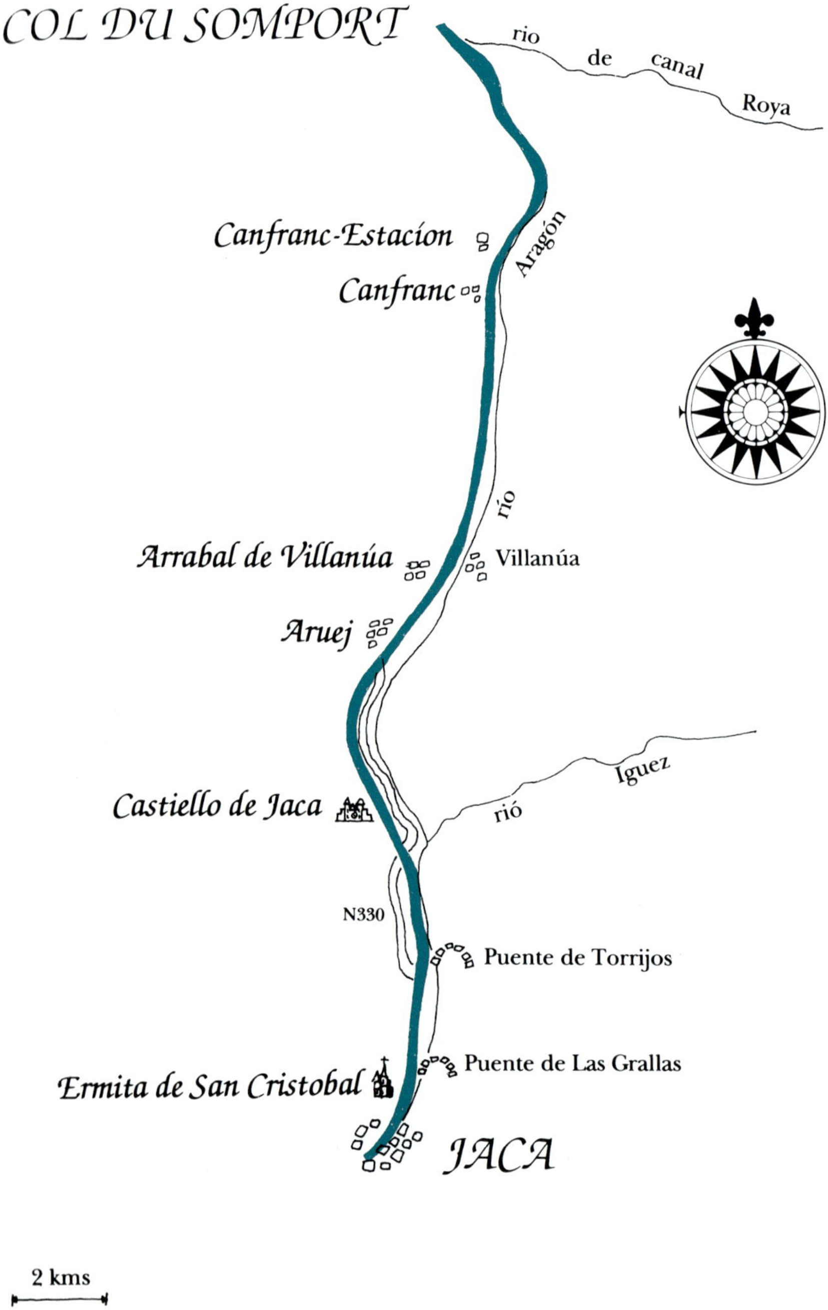

renseignements cartographiques p.: 299

ETAPE 28 - 30 KM - 7 HEURES

SOMPORT - JACA

Trente kilomètres d'Espagne...le temps de humer, de toucher la différence. Différence du paysage qui se dessèche et s'aplanit. Différence des gens qui l'habitent, rugueux et chaleureux à l'image de leur langue. Différence du chemin de St Jacques qui, ici, n'est pas à redécouvrir mais existe réellement, fait territorial et culturel, patrimoine dont les habitants ont collectivement conscience. Nous le constatons dès cette longue vallée d'Aragón: là où le chemin de St Jacques est en France sujet de conjecture, à débusquer sous mètres cubes de terre et recherches étymologiques, "el camino de Santiago" est poussière et ponts, chapelles et saluts de passants...Adressez un mot au berger qui vous regarde passer, et aussitôt la conversation s'animera entre porteurs de bourdons et besaces. Jaca, notre étape, est une petite ville, mais son centre est beau, "patiné", et vous vous laisserez séduire par l'animation de ses vieilles ruelles, par la chaleur bruyante et communicative de ses habitants au soir, par la lumière et le silence cristallins au lever du jour.

DE GABAS AU SOMPORT PAR LE COL DES MOINES

Somport vient du latin Summus Portus, le plus haut passage. C'est donc ici que devait passer la voie romaine de Bordeaux à Saragosse, et non par le col de Pao, ou Palo. A notre gauche, dominant la station de ski d'Astùn, le col des Moines nous sépare du massif d'Ossau. Son nom vient de ce qu'il assurait la jonction entre l'Hôpital de Ste-Christine du Somport, et sa Commanderie de Gabas, à six heures de marche, aboutissement du "chemin du piémont". Les pèlerins cheminant le long des Pyrénées rejoignaient au Somport ceux de la "via tolosana".

LES HOPITAUX DES NEIGES

Trois-quarts d'heure de marche seulement séparent les ruines de l'Hôpital de Peyranère

0.00
Poste frontière espagnol. Suivre la route de Candanchù à droite (S) sur 75m, (panneau pour el camino de Santiago et balises jaunes), puis prendre en contrebas un sentier qui descend en écharpe jusqu'aux ruines de l'ancien hôpital Santa Cristina de Somport. Descendre jusqu'à la N330 que l'on suit à gauche (E puis S) par-dessus le pont Santa Cristina sur le río Aragón.
0.19
Laisser à gauche un premier chemin de terre pour prendre le deuxième 100m après. On monte jusqu'au refugio forestal de Huesca (abri sommaire mais correct). Derrière celui-ci, un sentier poursuit la

de celui de Ste Christine. On peut s'étonner de cette proximité. Elle a deux explications. L'une économique : les Moines étaient aussi des éleveurs, qui avaient de grands troupeaux sur les deux versants. L'autre climatique : les hivers étaient rigoureux, et le chasse-neige inconnu. Un abri avant le col par tempête de neige pouvait sauver le voyageur. C'est encore le rôle attribué en 1810 par le pyrénéiste Chaussenque à l'auberge de Peyranère, qui subsistait alors.

LES RUINES DE STE-CHRISTINE

Les ruines de l'Hôpital de Ste-Christine sont visibles sur le talus dominant le pont du même nom, au bas de la station de ski de Candanchù. Elles ont été fouillées, notamment par le chanoine Aznarès, de Jaca. On reconnaît au sud la forme d'une chapelle à nef unique, plus au nord des cellules et une salle.

"UN DES TROIS GRANDS HOSPICES AU MONDE"

Aymery Picaud intitula le chapitre IV de son Guide du Pèlerin "de tribus hospitalibus cosmi", - des trois grands hospices du monde. Il ajoutait : "Trois colonnes nécessaires entre toutes au soutien de ses pauvres ont été établies par Dieu en ce monde : l'hospice de Jérusalem, l'hospice de Mont-Joux (Grand Saint-Bernard) et l'hospice de Sainte-Christine sur le Somport. Ces hospices ont été établis à des emplacements où ils étaient nécessaires : ce sont des lieux sacrés, des Maisons de Dieu pour le réconfort des saints pèlerins, le repos des indigents, la consolation des malades, le salut des morts, l'aide aux vivants."
A voir les dimensions des ruines, ce n'est pas la taille de l'hôpital qui justifiait ce choix, mais sans doute sa position stratégique, et aussi son rayonnement.

montée vers un petit col sous el Castillo de Candanchù, montagnon que nous contournons par l'Est. Au col, descendre en traversant une zone de travaux routiers.
0.30
200m plus loin, on retrouve le sentier et quelques balises. Suivre en descendant en écharpe (abri creusé, correct pour un bivouac). A la bifurcation au-dessus du pont del Castillo, laisser le sentier de droite pour continuer à flanc.
0.40
Grotte, abri possible. Le sentier rocailleux descend assez raide (E, bâtisse). On trouve ensuite un chemin empierré et, à la bifurcation (obélisque), on suit le balisage vers le haut à gauche (Jaune = CS, camino de Santiago; GR = GR11).
0.51
Juste avant de sortir du bois quitter le chemin et descendre à droite (S.E) à travers un pré pour trouver un sentier que l'on suit à droite (S.E) et vers le bas. Petit refuge (bon abri). En dessous...
0.56
Un chemin goudronné: le remonter à gauche (N.E) jusqu'à un petit barrage sous lequel on passe en tournant au sud. 100m plus loin, quitter le chemin pour un sentier qui continue tout droit à travers prairies (point d'eau, bel endroit pour un bivouac).
1.06
Casa Cuartel en contrebas. Parmi les nombreuses pistes de chèvres, continuer en légère descente jusqu'à un grand pré. Le traverser en direction

LA COLOMBE DE STE-CHRISTINE : DES LE SEPTIEME SIECLE ?

Selon la tradition orale, il y aurait au Somport un monastère bénédictin dès le règne du roi wisigoth Wamba, soit vers l'an 680. Une colombe (ou un pigeon, ou une palombe) tenant une croix d'or dans son bec aurait indiqué aux frères de St-Benoît l'endroit où il convenait de le bâtir. Elle demeura dans les armoiries de Ste Christine.

LA GRANDE EXPANSION DU XIIème SIECLE

En tout cas, deux donations des Rois d'Aragon en 1100 et 1108 aux "frères et habitants de Ste-Christine" prouvent qu'à cette date, le monastère existe bien avant Gaston IV. Ce que va faire le Vicomte de Béarn dans la décennie suivante, c'est le confier à l'ordre des Chanoines réguliers de St-Augustin, puis le mettre à la tête de tout un réseau de biens et de commanderies tels que Gabas, St. Christau, Mifaget, Lacommande, Lembeye. La majorité des moines ont alors des noms béarnais. Mais Alphonso 1er d'Aragon n'est pas moins généreux sur son versant : Ste Christine possèdera à la fin du siècle huit commanderies ou prieurés en Aragon, un en Navarre, un en Castille. En 1151, Roncevaux figure même dans la liste de ses biens sans qu'il apparaisse clairement s'il s'agit d'une filiation... ou d'une sorte d'O.P.A. La prospérité de l'ordre, grande pendant deux siècles, déclinera ensuite, mais le monastère du Somport existait encore en 1569, quand un chef huguenot, l'ossalois d'Espalungue, le détruisit.

DE CANDANCHU A ARUEJ, CHEMIN FAISANT

* Au "Puente del Ruso" (Pont du russe) la route repasse rive droite du río Aragón. Peu avant, butte et quelques pierres du "château d'un abri tout en bas. Là, laisser à droite un pont sur le río Aragón pour prendre un sentier à gauche vers des ouvrages hydrauliques abandonnés. En traverser le ravin puis suivre le sentier rocailleux.

1.20

Bifurcation sous les falaises du Coll de Ladrones: suivre le chemin de terre à droite (S). Passerelle sur le río Aragón. La laisser pour prendre 100m plus loin un pont de pierre. Suivre la N330 tout droit à travers Canfranc-Estacion (hôtels, auberge de jeunesse, commerces, banques) puis le long d'un lac artificiel.

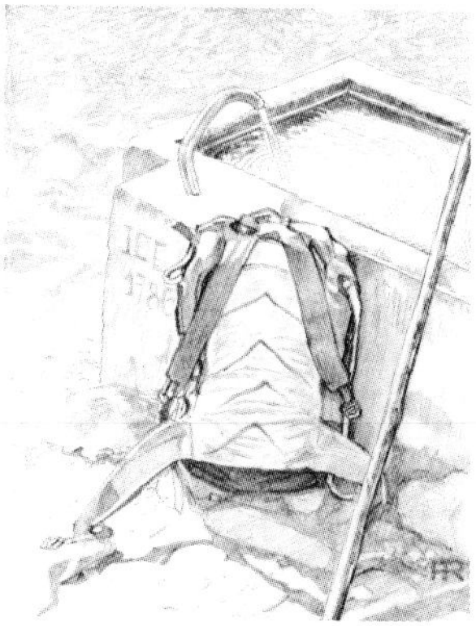

Source près du col des Ladrones

2.00

Tunnel routier: traverser, puis prendre à sa sortie un escalier à gauche sous le barrage. Pont sur le rio. Traverser puis descendre en écharpe le sentier, rive gauche. (Torre de Espelunca en face).

2.29

Laisser à droite un pont sur le río Aragón. 500m après, on

de Candanchù" qui en 1293, prélevait un péage.
* Le G.R.11 dont on croise les balises blanc-rouge est, du Pays basque à la Catalogne, le Sentier des Pyrénées espagnol, version sud de notre G.R.10.
* Le site actuel de Canfranc-estacion (gare) s'appelait avant sa construction "los Aranones" (grosses araignées, ou ronces griffantes ?). Canfranc était le nom du vieux village, un peu en aval. Son étymologie, "Campum Francum" est liée aux franchises dont la vallée a bénéficié, plutôt qu'à la présence des pèlerins français (ce qui eut donné "campum francorum").
* Surprenantes dimensions de la Gare internationale, sur la voie Pau-Saragosse sortie peu avant du tunnel. Ces immenses quais, ces interminables couloirs où n'arrive plus qu'un petit train espagnol, semblent un palais de la Belle au bois dormant.
* Plus bas, à gauche de la route, massif et puissant fortin du XVIe construit, face aux Français, par l'architecte de la citadelle de Jaca.
* Le village de Canfranc-pueblo (qui avait en 1095 "une auberge au service des pauvres et des pèlerins") a été détruit en 1944 par un incendie et reconstruit avec monotonie. Mais les ruines du château abattu au siècle dernier pour la construction de la route, dominent toujours la fontaine, et celles de l'église XVIe gardent un portail gothique tardif.
* Et surtout, au sud du "pueblo", subsiste pour nous le merveilleux pont roman "de los peregrinos", grande arche reliant deux chemins pavés.
* Autre pont ancien à Vilanùa ("Villeneuve"). L'église a une Vierge du XIIe et un St. Jacques polychrome du XVe. A signaler aussi, pour qui séjournerait, des grottes (clef à la mairie) et les dolmens.
* L'humble église désaffectée d'Aruej est du XIIe : chevet semi-circulaire, timides modillons. A côté, la ferme a une tour aux ouvertures gothiques.

trouve un chemin forestier qui descend sur...

2.40

Un grand pont sur le río: traverser. Prendre la N330 à gauche sur 20m, avant de descendre à gauche dans Canfranc-Pueblo par la calle Albaredal (panneau). Traverser le village tout droit (donjon médiéval, église).

2.49

La N330 à la sortie du village. Là, tourner à gauche (E) dans un petit chemin. En face, ruines imposantes de la vieille église de Canfranc Pueblo. On descend vers le cimetière et un beau pont roman (panneau St Jacques). Traverser puis suivre à droite (S) un bon chemin rocailleux.

3.09

Bifurcation à hauteur de travaux d'électrification: suivre à gauche le vieux chemin qui conduit au...

3.40

Pont de Vilanúa,(à gauche auberge de jeunesse): le traverser puis suivre la N330 à gauche (O puis S-S.O) à travers Arrabal de Vilanúa (hôtels).

3.48

Juste avant l'hôtel "Faus-Hütte", tourner à droite sur 50m puis à gauche (S) sur 30m avant de tourner de nouveau à droite (O) dans une rue entourée d'une construction neuve. La remonter jusqu'au bout. Maisonnettes roses. Enjamber le caniveau de l'artère, continuer sur 50m dans la garrigue, puis tourner à gauche (S.O) dans un pré. Un chemin herbeux conduit derrière

DE CASTIELLO A JACA

* Castiello de Jaca, mentionné en 1203, doit son nom à un château dont ne restent que des vestiges. Eglise d'origine romane, restaurée au XVIe. Trois piles d'un ancien pont au milieu du rio.
* Avant l'entrée de Jaca, la Ermita San Cristobal, de style classique, a succédé à une chapelle médiévale.
* Peu après, pont superbe sur le Rio.
* Pour gagner la ville, le pèlerin de jadis passait par le lieu dit "Banco de la Salud" où s'élevait un hôpital.

JACA, UN BERCEAU DE LA RECONQUETE

L'antique "Iaca" battait déjà monnaie ibérique. Avec la Galice, les Asturies, la Navarre, son héritière chrétienne, Jaca, a été un des berceaux de la "Reconquista", la reconquête de l'Espagne sur l'Islam. Ramiro 1er, fils naturel de Sancho el Mayor de Navarre y établit sa cour en 1035. L'évêché suit, dès 1042. Et l'imposante cathédrale romane est édifiée en 1063. En 1077 le roi Sancho Ramirez accorde à la ville les libertés d'un "Fuero". Mais en 1096, il transfère à Huesca, qui vient d'être conquise, la capitale de son petit royaume d'Aragón. Et en 1118, Alphonse 1er le Batailleur, flanqué de son fidèle Gaston IV de Béarn, entre dans Saragosse. Dépassé par son succès, Jaca n'est plus qu'une petite ville frontalière, mais demeure une grande étape du Chemin de St. Jacques.

CATHEDRALE DU XIème, FRESQUES DU XIIème

La Cathédrale San Pedro de Jaca est donc un des premiers monuments romans d'Espagne où son influence fut considérable. Elle frappe par sa hauteur et son ampleur, à cette époque, dans un si petit pays : portail sculpté,

des entrepôts abandonnés et à un chemin empierré. Le suivre à droite (S) sur 10m puis prendre encore à droite un vague chemin herbeux qui mène en louvoyant sous une ligne électrique. La suivre.
4.04
Pré au-dessus de la petite église d'Aruej. Suivre toujours sous la ligne électrique jusqu'à un canal. Aqueduc. Le canal passe en souterrain. Urbanisation récente. Suivre tout droit (S.O) une grande rue. Au bout de celle-ci tirer à droite en montant légèrement jusque sous une ligne électrique. On retrouve là le canal que l'on suit jusqu'à...
4.45
La route d'Arratores: la prendre à gauche (S.E) en descendant jusqu'à la N330. Prendre derrière une maison (panneau CS) un chemin de terre qui descend dans un ruisseau puis remonte sur un chemin caillouteux. Tout droit (S). 200m plus loin...
4.53
Bifurcation: prendre le chemin de gauche (S). Au croisement devant un bois de peupliers, suivre la branche de gauche (S). Tout droit jusqu'au...
5.15
Cimetière puis église de Castiello de Jaca. On descend sur le pavage de la calle de Santiago jusqu'à la N330 (hôtel, épicerie): la traverser et prendre la route de Bescos qui traverse le río Aragón. Juste après le pont, prendre à droite (S) un chemin blanc.
5.35
Le chemin disparaît dans les

trois nefs, douze chapelles, et par la richesse de sculptures, chapiteaux fouillés, d'un grand réalisme sous les deux porches, frises et modillons de l'unique abside qui n'ait pas été modifiée en 1970, coupole à nervure de la croisée du transept, s'inscrivant dans ce courant hispano-mauresque qu'on suit de Cordoue à Ste-Croix d'Oloron. Sous le porche occidental, voir le chrisme en marguerite du tympan, et la statue de Saint-Jacques. On ne saurait oublier les enrichissements ultérieurs, rétables "plateresques" du XVIe, orgues du XVIIe. - Et il faut surtout voir le prodigieux Musée diocésain du cloître, où ont été transportées et recollées une douzaine de fresques, souvent du XIIe siècle, sauvées dans les églises des villages abandonnés des montagnes de Serrablo.

A VOIR ENCORE A JACA

* La Casa Consistorial, mairie "plateresque" du XVIe où se trouve une copie des Fueros du XIIIe.
* L'imposante citadelle de 1595.
* Le sarcophage roman de Doña Sancha (XIe) conservé au monastère des Bénédictines.
* La Tour de l'Horloge, - ou de la Prison (XIIIe).
* Nombre de maisons anciennes et de statues nouvelles.

galets du río Ijuez. Remonter sa rive droite vers le pont ferroviaire, traverser à gué et remonter le ballast pour suivre les rails. Tunnel. Passer à droite par un sentier. On rejoint le chemin de fer.
5.48
2ème tunnel: prendre un chemin de terre à droite.
6.01
Puente de Torrijos: on rejoint ici la N330 qu'il faut suivre sur 2km.
6.30
Sortie des gorges: prendre à droite (S) un chemin caillouteux. Ermita de San Cristobal ; pont roman. Tout droit (S). On remonte sur...
6.45
La N330 à l'entrée de Jaca. Suivre tout droit (S) l'avenue vers le centre de Jaca.
6.55
Place (à droite la citadelle du XVIème siècle). Continuer tout droit jusqu'à la cathédrale de Jaca dont l'entrée s'orne d'une grande sculpture de Santiago en pèlerin.

RENSEIGNEMENTS PRATIQUES :

Hébergement :
* Canfranc:
- hôtel "Villa Anayet" tél: 37 31 46
- hôtel "Ara" tél: 37 30 28
- hôtel "Casa Marraco" tél: 37 30 05
- Auberge de Jeunesse
- Office du Tourisme, tél 37 31 41

* Vilanúa
- hôtel "Faus-Hutte" tél: 37 81 36
- hôtel "Roca Nevada" tél: 37 80 35
- hôtel "Reno" tél: 37 80 66
- Auberge de Jeunesse

* Castiello de Jaca :
- hôtel "El Mesón" tél: 36 11 78

* Jaca:
- 17 hôtels, nombreux commerces
- Office du Tourisme, tél 36 00 98
- Logement gracieux: "calle del Obispo"

Jaca

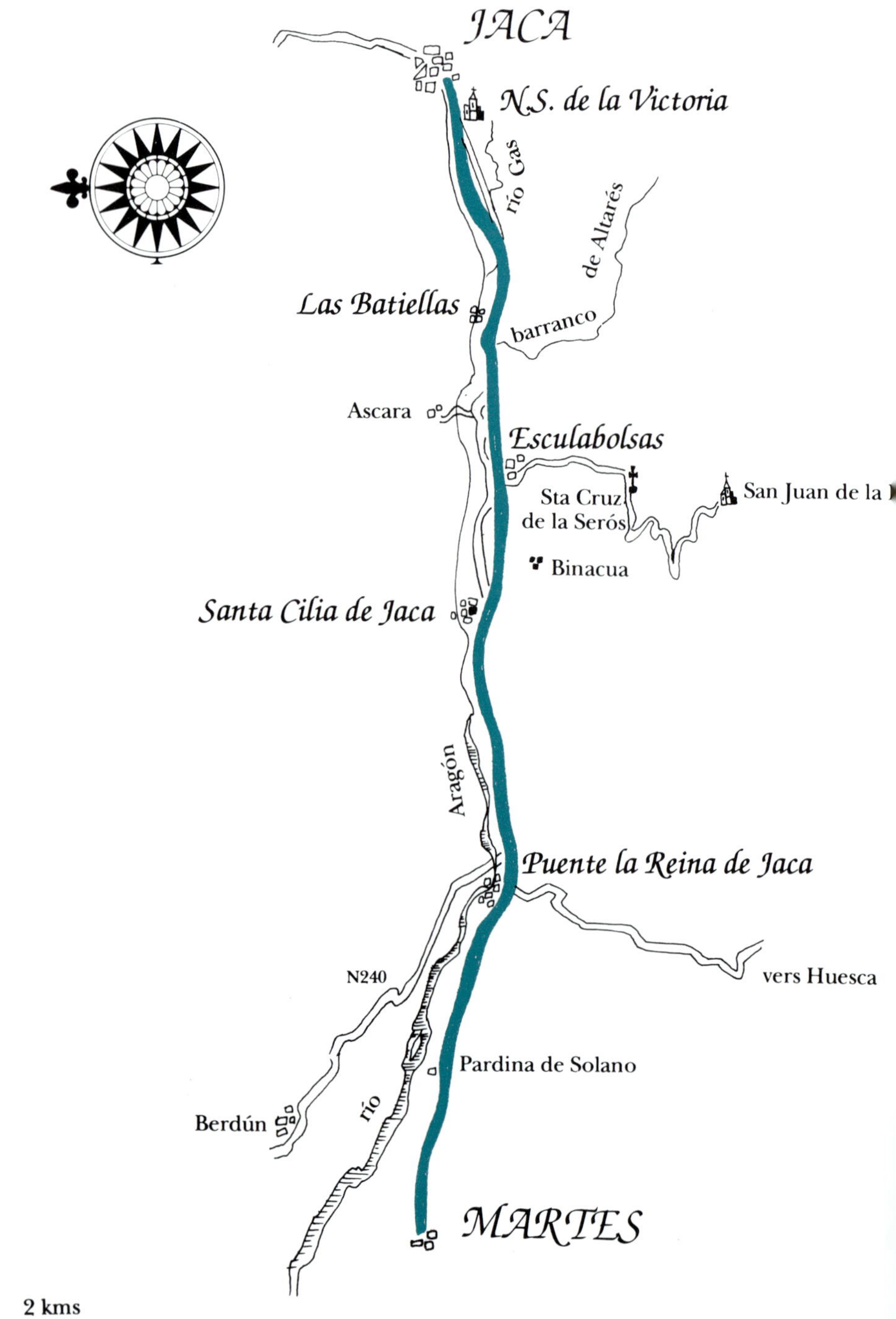

renseignements cartographiques p.: 301

ETAPE 29 - 30 KM - 7 HEURES

JACA - MARTES

Le chemin de Jaca à Martes paraît par moments bien long car si la beauté du paysage est émouvante - le canal de Berdún, immense vallée évasée, large et sévère, où coule le río Aragón - le goudron de la route nous accompagne trop souvent à notre goût. Mais cette "pénitence" est largement compensée par les derniers kilomètres sur un chemin blanc et surtout par le village de Martes qui recèle, peut-être plus que n'importe quelle autre halte, la sensation "santiagueña": humble village, à la population vieillissante et sans illusion sur le sort de son monde. La beauté du cadre est saisissante, dépouillée, réduite à l'essentiel et chaque bâtisse ici parle du temps où l'agriculture - la terre - était richesse. Maintenant le silence qui y règne laisse transparaître le passé mais évoque la ruine. Prenez vos précautions à Jaca: il vous faudra manger et dormir par vos propres moyens pendant trois jours, car Martes (comme Ruesta, l'étape suivante) n'offre rien ... si ce n'est l'hospitalité de ses habitants.

CHAPELLE DE LA VICTORIA

Déjà, en 1197, le Chemin, sortant de Jaca par une porte de los Baños (des Bains), passait par la chapelle N.S de la Victoria (de la Victoire). Mais l'une et l'autre ont disparu : l'actuelle chapelle a été reconstruite au siècle dernier.

HORS SENTIER : SANTA CRUZ ET SAN JUAN DE LA PENA

Pour qui peut prendre le temps, le détour s'impose à Santa Cruz de las Seros, à 4 km au sud et plus encore à San Juan de la Peña, 2km plus loin mais avec un fort dénivelé. Ce sont des lieux majeurs, tant pour l'histoire de l'art que pour la renaissance d'une Espagne chrétienne.
Santa Cruz de las Seros (étymologiquement, Sainte Croix des Soeurs) a une très belle église romane des Bénédictines, étageant ses

0.00
Portail de la cathédrale de Jaca: prendre la calle del Obispo (S), traverser la calle Mayor (à gauche la belle mairie et plus loin el torre del Reloj) et continuer tout droit (S) par la calle Carmen. Tourner à droite dans la calle Ramiro Iero puis encore à droite (O-N.O) vers l'artère principale de Jaca que l'on suit à gauche (S.O) jusqu'à un grand carrefour: prendre à droite (O) sur la N134, direction Pamplona.
0.11
150m plus loin: el Matadero. Prendre à gauche (S.O) un chemin de terre que l'on suit 1,5km jusqu'à...
0.33
La N134 devant l'église N.S. de la Victoria. Nous domi-

toits de lauzes au pied de la montagne. Elle a la forme d'une croix surmontée en son centre d'un lanterneau octogonal, à une seule nef et trois absides. Un escalier mène à une salle capitulaire en coupole, aménagée au-dessus de la voûte et qui devait aussi servir de refuge. Portail et chapiteaux sont historiés : le tympan, -chrisme et lions-, rappelle celui de Jaca. Le monastère fut fondé en 984 par le roi Sanche de Navarre et sa femme doña Urraca. La construction de l'église commença au XIe siècle. - A l'entrée du village, l'église San Capracio, de la même époque, est archaïque : nef unique, arcatures aveugles et "baquetones" lombards.

LE PANTHEON CLUNISIEN AUX DISQUES FUNERAIRES

Une route a doublé l'ancien sentier montant au monastère de San Juan de la Peña (St Jean de la montagne) niché dans un creux de falaise. Un ermitage y fut fondé dès le VIIIe dans une grotte, et en 1025, San Juan était le second monastère d'Espagne, après la catalane Ripoll, à adopter la règle clunisienne. La crypte y est une église primitive mozarabe du Xe siècle en arcs outrepassés. La salle capitulaire et l'église supérieure sont du XIe, le cloître aux très beaux chapiteaux et le "panthéon des nobles" du XIIe. Celui-ci, dans la tradition des colombariums romains, n'en rappelle pas moins les stèles discoïdales par la décoration circulaire de chaque "niche".

A SANTA CILIA, LA DIGUE DES MOINES

Une digue de pierre construite par les moines protège l'aire de Santa Cilia de Jaca des crues du río Aragón. En 989, le roi Sancho Garcès II donna d'abord le village à ce monastère, nommé San Juan, puis en 1098, Pedro 1er lui accorda une franchise de peu-

nons le canal de Berdún. Suivre la nationale sur 300m, puis prendre à droite (O) le chemin de terre qui descend pour longer un petit canal. On se rapproche peu à peu de la N134.

1.01

Belle maison et, juste devant un hangar métallique en demi-cylindre, rejoindre la N134 à 10m à gauche. Traverser le pont sur le río Gas. 300m après, suivre à droite (N.O) un chemin bordé par le barranco Payal. Puis à hauteur d'une sorte de décharge sur les galets du río Aragón, tourner à gauche (Ouest.S.O) sur un chemin de terre.

1.15

Le chemin disparaît dans les galets. On suit toutefois sans difficulté entre les galets et les rives herbeuses du río Aragón.

1.23

On croise un chemin venant du camp militaire de Batiellas. Continuer tout droit (O) entre les saules. Un peu plus loin, suivre un chemin qui remonte sur un remblai de galets jusqu'à la N134. Suivre à droite de celle-ci sur un chemin de terre. 600m plus loin...

1.35

Traverser la N134 pour reprendre le chemin de terre qui s'éloigne un peu de la route.

1.43

Barranco de Atares (au-dessus, Torre del Moro). Traverser à gué. Sur le chemin goudronné d'Atares, descendre à droite (N) puis longer à gauche la forêt, à 50m environ de la N134.

plement. Un monastère du XVIIe est toujours au bord du fleuve, à l'emplacement du premier. Le Chemin passait près d'une chapelle de San Decimo dont ne reste que le soubassement. L'église paroissiale a un rétable Renaissance de 1565. - Hors sentier, à 5km au sud, Alastuey a une église romane.

Martes

PUENTE LA REINA, LE PONT DESERTE

Au confluent du río Aragón et de l'Aragón Subordàn qui vient de la vallée de Hecho, le pont actuel de Puente la Reina date de 1870. Le semblant de village est dépeuplé. Il y eut ici au Moyen Age un important monastère, Astorit, totalement disparu.

LE CHEMIN ALTERNATIF DE LA RIVE DROITE

Puente la Reina d'Aragón, à ne pas confondre avec son homonyme Navarrais, offrait aux pèlerins le choix entre deux chemi-

2.03
Laisser à gauche un premier chemin forestier pour prendre le deuxième. Il monte franchement au-dessus de la N134 puis redescend à...
2.39
Esculabolsas (hôtel-restaurant). Suivre la N134.
2.48
Croisement avec la route de Santa Cruz de la Seros et San Juan de la Peña: la laisser à gauche. 100m après, traverser le barranco de Tosquera et piquer à gauche (S.O) à travers un champ jusqu'au...
2.55
Chemin de terre au pied des collines qui recouvre la "cañada real": le suivre vers l'Ouest.
3.10
Chemin goudronné de Binacua: le prendre à droite et en légère descente. Quand il tourne à droite vers la N134, le laisser pour prendre un passage bétonné sur le lit du barranco de Perreres, puis le chemin qui le prolonge jusqu'à...
3.20
La N134: la suivre sur 150m puis traverser et prendre à droite le chemin de Santa Cilia de Jaca.
3.29
Place à l'entrée du village (bar, alimentation). Prendre à gauche (O) en suivant le canal, puis suivre un sentier entre des potagers. On traverse un aqueduc sur le barranco de la Virgen de la Peña.
3.34
Bifurcation de petits canaux: suivre celui de gauche qui conduit en 100m sur un chemin de terre près de la natio-

nements, sur l'une et l'autre rive. Notre sentier se poursuit rive gauche. Aymery Picaud indiquait la rive droite : "... Après avoir franchi la crête du mont, on trouve l'hospice de Sainte-Christine, puis Canfranc, ensuite Jaca, puis Osturit, Tiermas, où il y a les bains royaux dont les eaux sont toujours chaudes, puis Monreal." Hélas, la vaste retenue du "Pantano de Yesa", ou "mer des Pyrénées" a noyé les sources chaudes qui existaient encore avant-guerre.

* Ce parcours passait par Berdùn (toponyme celtique, notre Verdun) dont le piton fut donc tôt fortifié. Il le fut à nouveau au XIIe et au XVIe siècles. Vieilles maisons armoriées. Eglise baroque de 1738.

* A Sigüès, où il ne reste rien d'historique, le chemin secondaire venant par Sainte-Engrâce et Roncal faisait sa jonction.

* Esco, qui fut âprement disputé entre Aragón et Navarre a aussi perdu son puissant château.

* Tiermas par contre, à défaut de ses thermes noyés, conserve son village perché fondé en 1201 par Pierre II d'Aragon et ses murailles de pierre de taille.

DE PUENTE LA REINA A MARTES,

* Comme le nôtre, le Chemin médiéval passait à l'écart de plusieurs villages, allant plutôt de monastères en prieurés, qui ont aujourd'hui disparu.

* A notre gauche, Arres, village perché sur un piton rocheux, presque face à Berdùn, fut donné en 1096 par le monastère de San Juan de la Peña, au Roi Sancho Ramirez d'Aragon.

* Egalement plus au sud, Xavierre de Martes, cité en 1067, a été abandonnée depuis 1785. Il n'y reste qu'une chapelle perchée du XIIIe siècle.

* Le Chemin qui traversait, au carrefour, le hameau disparu de Borigüela, laissait également un peu à l'écart Martes, notre étape. Ce

nale. Le suivre (O).

3.45

Km 298 de la N240 (N240 ou N134? Erreur de carte?). Un pont par-dessus le canal nous mène entre la N240 et le canal. Continuer tout droit sur la N240.

4.16

Camping "los Pireneos", (restaurant). Tout droit (O).

4.49

Puente la Reina de Jaca. (Sur l'autre rive hôtel) Continuer tout droit (O) direction Huesca. En haut de la côte, quitter la N240 pour un chemin gravillonné, direction Arres. (Panneau) Il redescend jusqu'au pont sur le barranco La Longana: traverser et continuer tout droit (N.O). Beau chemin blanc...

Martes

5.28

Près d'une vieille maison, le chemin s'approche d'un canal puis remonte jusqu'à une première bifurcation: laisser à droite le chemin herbeux et

pittoresque village appartenait depuis 1096 au Monastère de San Juan de la Peña, et eut plus tard un château fort.

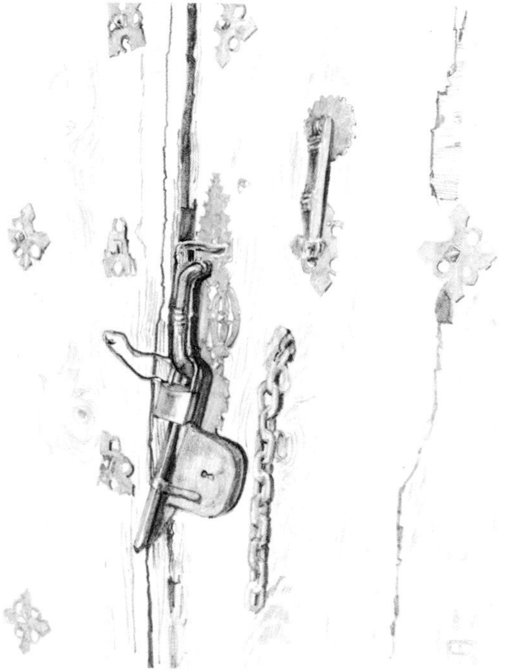

Martes

RENSEIGNEMENTS PRATIQUES :

Hébergement :

* Esculabolsas (Santa Cruz de los Seros):
- hôtel Aragon tél: 36 21 89

* Santa Cilia de Jaca:
camping "Los Pireneos"
tél: 37 73 51

* Puente la Reina de Jaca (Santa Engracia):
- hôtel del Carmen tél: 37 70 05

* Berdún, à 6km au Nord: hôtel
tél: (974) 37 70 44, restaurant et commerce.

* Martes:
Il n'y a rien d'"officiel". On peut bivouaquer sous l'auvent de l'église ou dans des granges. On peut aussi demander l'hébergement et le repas chez l'habitant (à recommander, mais sans garantie...)

continuer à monter jusqu'à une seconde bifurcation. Là, laisser à gauche le chemin qui monte vers Arres. Tout droit (O) jusqu'à...

6.11

La Pardina de Solano (ferme). On vire à gauche (S), on franchit un barranco sur un pont, puis on continue direction O-N.O.

6.26

Barranco del Patral. Le chemin remonte un ravin érodé jusqu'à une bifurcation devant le monticule coté 604. Le chemin de droite, marqué CS, contourne cette proéminence: le suivre si l'on poursuit sa route ou si l'on désire faire étape à Berdún (5 ou 6km). Mais pour aller à Martes, prendre le chemin de gauche (O, balises "M").

6.51

Fond d'un barranco au pied de Martes. Le chemin monte raide jusqu'aux premières maisons. Tirer à gauche (S.O) vers la...

6.59

Belle église et le magnifique centre du village.

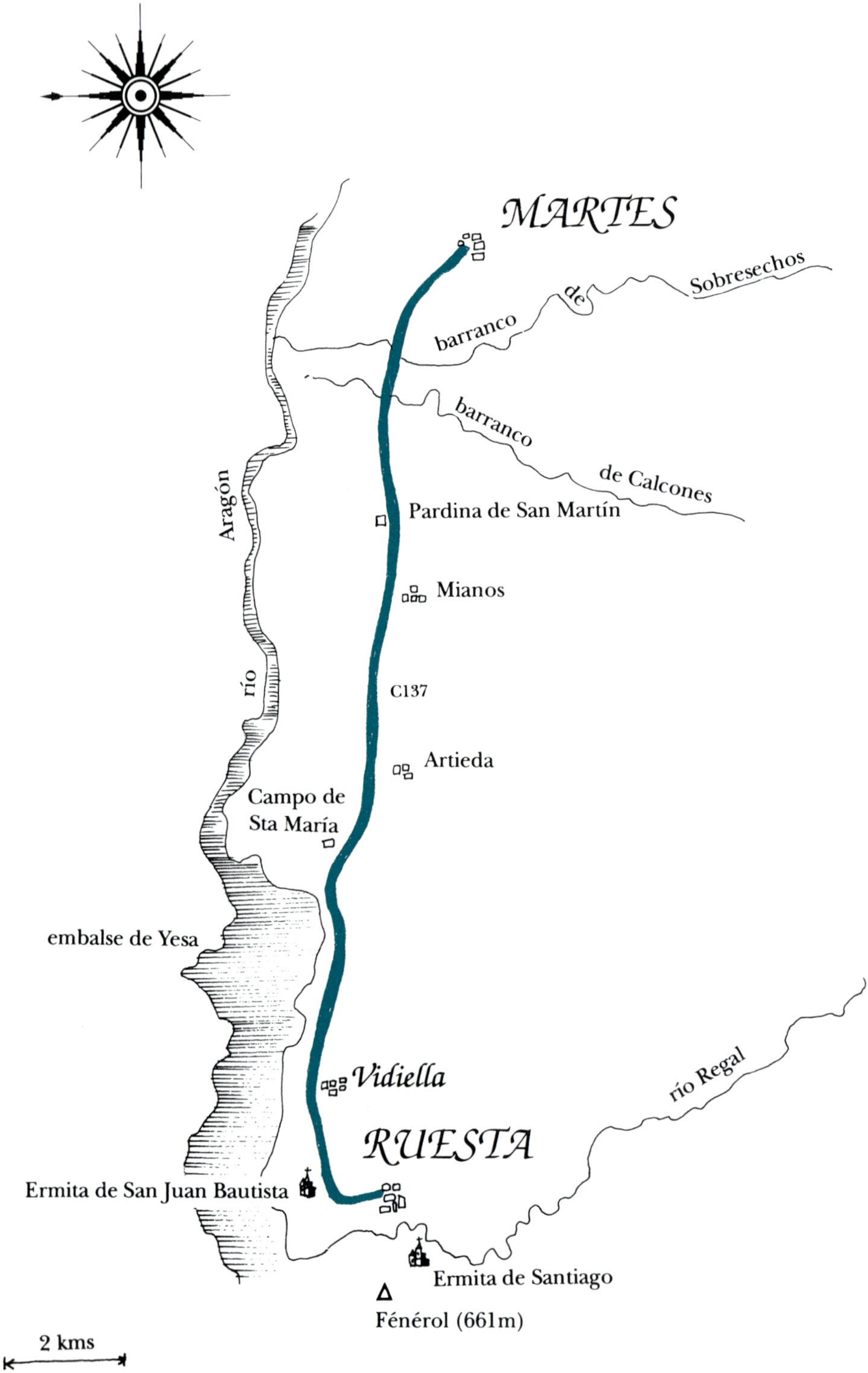

renseignements cartographiques p.: 304

ETAPE 30 - 22 KM - 5 HEURES 30

MARTES - RUESTA

Certains jours, nous touchons à l'essentiel. Souvent là où ne nous l'attendions pas. Du moins tel est notre sentiment. Cette étape est brève et ne comporte aucun monument qui ait le prestige de ceux que nous avons vus à Jaca, que nous verrons à Sangüesa, et pourtant elle est indéniablement d'une rare intensité. A travers une terre brûlée, nous cheminons de l'austérité à la désolation; et comme une parabole biblique, c'est cet extrême dénuement -cette simplicité nue- qui nous émeut plus que toute richesse. L'air est à ce point pur, le silence et l'immobilité si grands, le paysage si épuré, réduit à la poussière et aux cendres, que la comparaison avec une Terre Sainte devient inévitable. Ici la foi est évoquée, sinon éveillée. Jacques, fils de Zébédée, se serait senti chez lui. En quittant Martes, nous nous sentons de nouveau impressionnés par son dépouillement. Chemin faisant, la distance que nous gardons avec Mianos et Artieda les transforme en une sorte de géométrie, d'abstraction, car nous n'y entendons pas de voix, nous n'y voyons pas de mouvement. Ainsi l'isolement paraît porté à son comble. Le lac de Yesa, le tremblement de ses eaux l'atténuent un peu. Mais devant Ruesta, c'est une sorte de vertige qui vous saisit, une sensation mêlée d'admiration et de malaise: de quel cataclysme ce village a-t-il été victime? Un instant on pense aux pillages, à l'épidémie, à une de ces punitions infligées pour un terrible péché. La réalité est plus banale. Ce sont les eaux montantes, retenues par le barrage qui, en noyant les terres du village, l'ont condamné. Cependant, le savoir n'enlève rien à notre inquiétude, et nous repartons, presque soulagés de descendre vers le río Regal.

DE MARTES A RUESTA,

* La plaine de la Pardina San-Martin fut peut-être l'emplacement premier du village de Mianos, qui en tout cas, au XIIe siècle s'est fortifié sur le relief, un peu plus au sud.
* Toujours au sud, le village d'Artieda, qui eut un château médiéval... Mais à notre droite, la fontaine du Campo Santa-Maria est l'ultime vestige de l'ancien prieuré de Sta-Maria d'Artieda. Le barranco de Vidiella conserve le nom d'un village disparu, qui était au sud, et existait au XIe.
* Les ruines de la Ermita de San Juan Bautista, chapelle romane qui dépendait de San

0.00
Devant l'enceinte semi-circulaire de l'église de Martes, prendre le chemin de terre qui descend en longeant l'église à l'Ouest. On passe le cimetière. 200m après...
0.11
Bifurcation de deux vagues chemins de terre dans de grands champs: prendre celui de gauche (N-N.O puis N).
0.19
On bute sur le chemin laissé la veille avant Martes, el camino de Santiago. Suivre à

Juan de la Peña étaient à un carrefour : on pouvait continuer sur Ruesta, ou passer rive droite à Tiermas. L'Embalse ne laisse plus le choix.

Ruines de l'Eglise de Ruesta

RUESTA, VILLE MORTE

Spectacle désolant : par l'ampleur et la simultanéité de l'abandon total qui, en 1959, en a fait une petite ville morte debout, Ruesta fait penser à ces villages de la Sierre de Guara ou du Serrablo, abandonnés en une seule génération. Pourtant, son église était grande, et richement décorée. Et au-dessus des toits de tuile canal de ses maisons éventrées, son château, aux deux tours carrées et crénelées, percées d'archères, reliées par une brève courtine, semble surveiller toujours le grand lac bourbeux.

La forteresse avait d'abord été construite par les musulmans. Au Xe siècle, les Chrétiens navarrais s'en emparèrent. Dans les siècles suivants, ils édifièrent le monastère de San Juan. En 1054, le Roi de Navarre céda la forteresse de Ruesta au Roi d'Aragón qui en fit un point fort de la défense de ses frontières.

gauche (O). Il s'estompe dans un champ à 30m d'un autre que l'on rejoint sans problème. De là traverser directement les champs en face (N.O) pour trouver à 400m environ un chemin blanc. Il conduit (O. N.O) à...

0.34

Une bergerie: laisser à droite un autre chemin. On descend bientôt au fond d'un barranco raviné: traverser un large gué, remonter puis redescendre dans un étrange défilé jusqu'au...

0.49

Fond d'un nouveau barranco: remonter tout droit (O).

1.00

Bois de chênes verts: suivre le chemin tout droit (O), en en laissant d'autres à droite et à gauche. On descend (S.O) sur...

1.19

La Pardina de San Martín (ferme). Continuer tout droit (O). Au carrefour triangulaire, laisser à gauche le chemin qui monte vers Mianos pour celui qui descend à droite (N).

1.26

Autre carrefour triangulaire: monter à gauche (O) jusqu'à une grange et un chemin: continuer tout droit en face (O) sous le village de Mianos.

1.41

Ruines. Continuer tout droit sur un large chemin qui fait des montagnes russes. A la bifurcation dans une côte très raide, laisser le chemin de droite pour continuer à monter. Puis suivre tout droit (O).

2.04

Le chemin tourne à gauche (S) vers le chemin goudronné

Artieda-Mianos: suivre jusqu'au cimetière d'Artieda. 50m plus loin, laisser à gauche le chemin d'Artieda pour continuer tout droit sur le chemin goudronné. Après quelques virages, le chemin s'oriente au Nord dans...

2.08

Le Campo Santa Maria. 50m plus loin, devant une grange à deux parties identiques, tourner à gauche (O) sur un chemin gravillonné qui passe devant un hangar agricole à 200m du croisement.

2.39

Chemin goudronné; l'emprunter (S, O-S.O, puis O-N.O). Le projet existe de noyer cette partie du chemin sous les eaux du lac de Yesa, auquel cas il faudrait suivre un hypothétique chemin plus élevé pour atteindre Ruesta. Pour l'instant suivre celui-ci..

3.35

Barranco de Vidiella: 50m plus loin, grimper par un sentier rouge sur la pente qui domine la route. Aux granges de Vidiella (ruines) suivre à droite (S puis O) un chemin en bordure de champ qui conduit au...

3.43

Chemin goudronné de nouveau: tout droit vers l'Ouest. 500m plus loin, dans une légère inflexion du chemin, prendre à droite un sentier assez large qui descend, plein Ouest. Le suivre, toujours O jusqu'aux...

4.19

Belles ruines de la ermita San Juan Bautista: prendre à gauche (S-S.O) un chemin de terre. Laisser un chemin à droite pour monter jusqu'au chemin goudronné, que l'on suit face aux ruines spectaculaires de Ruesta.

4.36

Eglise ruinée. Continuer sur le chemin goudronné, sinueux, jusqu'au...

5.08

Pont sur le río Regal: traverser puis remonter 150m pour prendre à droite (N) un chemin rocailleux (panneau pour un camping).

5.16

Bifurcation: prendre à droite (N) le chemin encadré par deux bornes. On descend.

5.33

Ruines de Santiago de Ruesta, presqu'ensevelies sous la végétation. Un peu plus bas on trouve un agréable camping. (sources et ravitaillement sommaire de juin à août (sujet à caution)).

RENSEIGNEMENTS PRATIQUES :

Hébergement :

* Ruesta: le camping est ouvert de juin à août. Ouverture incertaine pour l'été 90. Ravitaillement dans la petite épicerie voisine.

- Abris de bivouac: la ermita de Santiago et des bergeries, à 30 minutes de marche sur l'ancien chemin de Ruesta à Undues-de-Lerda.

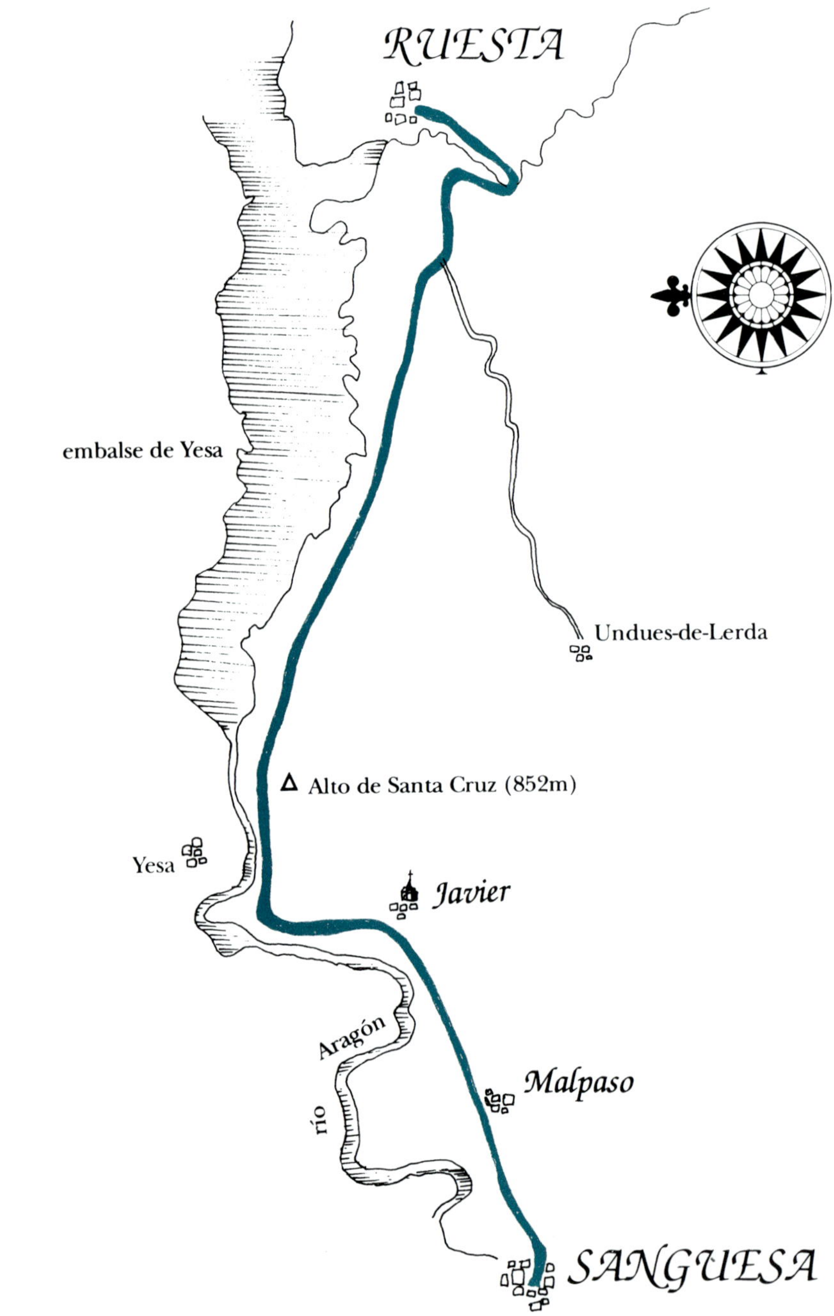

renseignements cartographiques p.: 305

ETAPE 31 - 25 KM - 6 HEURES 20

RUESTA - SANGÜESA

Habitués maintenant au paysage desséché et aux chemins poussiéreux entre garrigue et rocaille, nous passons aujourd'hui de l'Aragón à la Navarre sans nous en apercevoir. Plus tard l'itinéraire de l'étape passera par le village abandonné d'Undues-de-Lerda mais comme pour l'instant ce dernier est plutôt hasardeux nous retenons une piste forestière sur les rives du lac de Yesa. Nous passerons au pied de ce village où passait une boucle du camino aragones ainsi qu'à proximité du château imposant de Javier où naquit St François Xavier en 1506.
Dans chaque virage de notre descente sur le chemin de Malpaso, nous espérons voir surgir la ville de Sangüesa. En vain. Elle ne se révèle à nous qu'à la fin, nichée dans le creux insoupçonné du río Aragón que nous croisons ici pour la dernière fois. Nous sommes brusquement immergés entre de hautes façades, richement ornées, couronnées d'impressionnants encorbellements qui repoussent au loin le ciel délavé. Nous nous sentons comme baignés d'une lumière filtrée, presque aqueuse. Eglises, palais, sculptures...la richesse de la pierre laisse ici rêveur et l'importance des édifices dédiés à St Jacques montre combien le chemin contribua à cette splendeur vieillissante.

LE PRIEURE DE SANTIAGO DE RUESTA AVAIT UNE AUBERGE FRANCAISE

A quelque distance au sud du sentier, sur la vieille route d'Undues-de-Lerda, se trouve une chapelle romane abandonnée où passait le Chemin : c'est ce qui reste de l'ancien Prieuré de Santiago de Ruesta. Edifié au XIe siècle, il appartenait à l'abbaye française de la Sauve-Majeure, qui y tenait une auberge, et y recevait les pèlerins.
Le chemin, traversant la montagne de Fenerol, atteignait ensuite les villages de Serramania, Undues-de-Lerda dont il ne reste que des traces : leurs trois églises dépendaient du monastère de Leyre.

0.00
De la source du camping de Ruesta, remonter le chemin caillouteux jusqu'à...
0.24
Bifurcation "entrée du camping": remonter à droite (N.O).
0.40
En haut de la montagne de Fenerol, on trouve de belles prairies, des bergeries et un chemin herbeux à gauche. C'est l'ancien chemin de Ruesta à Undues-de-Lerda qui sera aussi, à terme, le GR 653. Mais pour l'instant il n'y a pas de balisage et le chemin en 1989 était plutôt impraticable. En attendant un

D'UN ROYAUME L'AUTRE...

L'ancien village de Lerda était le dernier du Royaume d'Aragón. On franchit aussitôt après la frontière qui le sépare du Royaume de Navarre. Alors que l'aragonais était un langage roman proche du castillan, la Navarre, rappelons-le, reste sur une bonne moitié de son territoire, bascophone.

LE CHATEAU DE JAVIER, BERCEAU DE SAINT FRANCOIS-XAVIER

Le château de Javier est le berceau de Saint-François de Jassu, dit Saint-François Xavier (Javier en espagnol). Né en 1506, compagnon d'Ignace de Loyola et Jésuite à ses côtés, il évangélisa l'Inde (Goa), Malacca et le Japon, et mourut aux portes de la Chine. Le château, s'il a perdu le donjon abattu au XVIe siècle sur l'ordre du cardinal Cisneros, comme beaucoup d'autres en Navarre récemment conquise, a pour le reste été restauré. L'église paroissiale conserve une Vierge du XIIIe, et aussi les fonts baptismaux sur lesquels fut porté le futur saint. Des évocations historiques commémorent son souvenir.

SUR LA RIVE NORD, LE MONASTERE DE LEYRE.

Le Monastère de Leyre ne figure pas sur l'itinéraire d'Aymery Picaud, bien que le Chemin de la rive nord n'en passe pas loin, et qu'il existait de son temps. Il est pour nous nettement hors sentier : à onze kilomètres au nord-ouest de Javier. Mais on ne peut pas ne pas mentionner ce haut lieu de l'art religieux navarrais, qui est en même temps un des points d'où partit la "Reconquista". A l'origine, un très ancien couvent wisigothique servit de refuge aux seigneurs et évêques chré-

balisage GR suivre le chemin indiqué ci-dessus (très agréable): continuer tout droit (N.O) jusqu'à un col qui domine le lac de Yesa. Redescendre par ce chemin forestier qui décrit un lacet avant de s'orienter à l'Ouest.

0.58

Fond d'un barranco: laisser à droite un chemin qui descend vers le lac. On remonte, puis traverse une grande clairière.

1.10

Laisser à droite un chemin de terre qui descend vers le lac, puis un second qui conduit à des bergeries.

1.23

Col derrière le monticule coté 563m. Le chemin vire à droite (N-N.O) sur 300m. Devant un réservoir enterré, prendre à gauche (O) un chemin forestier rectiligne.

1.44

Barranco de Articaza. Tout droit (O).

2.04

Bifurcation: prendre à droite le chemin qui descend légèrement.

2.14

Barranco de Catameses: le chemin suit à flanc de montagne au-dessus du lac de Yesa.

2.59

Bifurcation de chemins forestiers: prendre la branche de droite, la plus grande, qui continue à flanc vers...

3.08

Barrage de Yesa. Laisser à droite les énormes entonnoirs et le barrage pour descendre un chemin goudronné au-dessus d'un grand canal et du río Aragón.

tiens quand la vague islamique atteignit la Navarre. Il fut réédifié au IXe siècle, puis agrandi au XIe par Sancho el Mayor. De cette époque datent la crypte et l'abside de l'église romane, dont les arcs élevés sont légèrement outrepassés. La crypte est étonnante de puissance et de lourdeur, non par archaïsme comme on le croirait, mais pour supporter le poids de tout l'édifice. Les sculptures du portail du XIIe (Christ, Vierge, Apôtres, vices, vertus) appartiennent nettement à l'art du Chemin de St. Jacques. - Les moines, auxquels le monastère de Leyre a été rendu en 1954 après un siècle d'expropriation, y tiennent une hôtellerie.

Eglise de Sta Maria de Sangüesa, portail

SAN VIRIDA ENCHANTE PAR UN OISEAU

A proximité de Leyre, la fontaine de San Virida conserve le nom d'un moine qui a effectivement vécu au Xe siècle, qui serait né à Tier-

3.16
Pont sur le canal: le traverser puis quitter le chemin goudronné pour descendre à gauche et en écharpe à travers la forêt jusqu'à retrouver en contrebas un nouveau chemin goudronné. Le suivre (O-S.O, puis S et S.E).
3.41
On retrouve, au fond d'un vallon, un ouvrage hydraulique qui correspond au canal. Fin du chemin goudronné. Traverser à droite (O) un petit ravin et suivre un sentier qui remonte en face vers une vigne. Il conduit à...
4.04
La route 410 (Sangüesa-Yesa), près du pont sur le río Aragón: la suivre à gauche (O puis S) en direction de Javier.
4.33
Devant le "Centro Misional de Javier" laisser à gauche le chemin goudronné vers le village (château sur la colline) et continuer tout droit sur 300m. Juste après l'aire de pique-nique, quitter la route pour un chemin de terre qui la longe à droite.
4.40
Laisser à droite un chemin gravillonné pour entamer la montée de la "Cañada de Leyre". A la bifurcation, prendre à droite le chemin rocailleux. Il se ramifie en multiples sentes que l'on suit en leur milieu.
5.08
Croisement de chemins: prendre celui de droite (S.O, borne en pierre) qui conduit à un col (socle d'un calvaire). Redescendre jusqu'au...

mas, et qui réforma le monastère galicien de Samos. Les "Cantigas" d'Alphonse X le Sage de Castille racontent à son sujet un épisode moins historique, mais ravissant. Tout saint qu'il fût, Virida craignait de s'ennuyer dans l'éternité. Pour lui donner une leçon, Dieu lui envoya un petit oiseau dont le chant le plongea dans un charme profond. Il y resta 300 ans, et quand il en sortit, il ne reconnut naturellemnent plus les autres moines de son monastère.

LES RADELEURS DE L'IRATI

Entre Javier et Sangüesa, le río Aragón se grossit du Río Irati, descendu de la forêt du même nom à la frontière française. Aussi les "navateros" y firent-ils longtemps naviguer des radeaux de troncs d'arbres, tout comme les radeleurs français sur le gave d'Aspe, mais jusqu'à une époque bien plus récente. A Yesa, à mi-chemin de Leyre et de Javier, les arches interrompues de l'ancien "pont des pèlerins" sont toujours sur le río Aragón).

SANTA MARIA LA REAL, JOYAU DE SANGÜESA

L'église de santa Maria la Real (la royale) est le joyau de Sangüesa. Sa tour est coiffée d'une aérienne flèche du XIIIe, qui, à l'intérieur, correspond à un lanterneau sur trompes. Le portail du XIIe, merveilleux fronton garni dans tous ses angles de savoureuses sculptures en haut-relief, est dû au maître de San Juan de la Peña. Impossible d'énumérer tout ce qu'on découvre dans ce génial fouillis autour du Créateur, du Tétramorphe, ou de la Résurrection : Siegfried transperçant le dragon Falner, pour sûr conté à l'artiste par un pèlerin germanique, y voisine avec Judas pendu ou bien avec l'archange Saint-Michel pesant les âmes. Autre indice de l'influence du pèlerinage sur cette

5.16
Campo del Lugar, grand champ haut-perché. Deux vagues chemins le traversent: prendre l'un ou l'autre pour atteindre un col en face. Descendre par un large chemin caillouteux.
6.08
Bifurcation: continuer tout droit (O-S.O) sur un chemin blanc (hôtel-restaurant à gauche). 200m plus loin on trouve une route à l'entrée de Sangüesa. Descendre à droite (O) jusqu'à...
6.14
La place "centrale". Continuer tout droit (O-N.O) dans la calle Mayor, puis tourner à gauche (S) dans la calle Santiago. Encore 200m pour trouver...
6.19
Une placette remplie d'une symbolique "santiagueña": bourdons et coquilles sur le linteau de la maison paroissiale, sculpture de St Jacques au tympan du portail de l'église Santiago, portail au linteau orné de coquilles St Jacques...

église ornée d'une N.D de Rocamadour : dans la galerie des apôtres, Saint-Jacques prend le pas sur Saint-Pierre... L'intérieur malheureusement souvent fermé est de transition romano-gothique : derrière le rétable, beau chapiteau de la fuite en Egypte.

A VOIR ENCORE A SANGÜESA

Etape du pèlerinage s'il en est, Sangüesa eut jusqu'à 6 églises, 13 hospices, et nombre de couvents. On verra en particulier :
* L'église de Santiago (XIIe-XIIIe) ; clocher carré ; sur le portail, St-Jacques sur une coquille dorée vénéré par deux pèlerins ; à l'intérieur colossale statue gothique du Saint, découverte en 1965.
* En face, sur la clef de voûte du portail de la maison paroissiale, bourdons, coquille et gourdes.
* L'église San Francisco (cloître XIIIe).
* L'église San Salvador (XIIIe), clocher pentagonal et portail gothique.
* Le couvent du Carmel, chapelle et cloître gothique.
* Le Palais des Ducs de Grenade (XVe, gothique).
* le palais royal des Princes de Viane, qui étaient les "Dauphins" du royaume de Navarre (XIee et XIVe).
* Le palais du marquis de Vallesantoro (XVIIe, baroque).
* A l'extérieur de la ville, sur la route de Sos del Rey Catolico, vestige d'un ancien monastère, la petite église (16 mètres de long) de San Adrian de Vadoluengo n'en est pas moins un beau monument roman du XIe ou XIIe.

Eglise Santiago, Sangüesa

RENSEIGNEMENTS PRATIQUES :

Hébergement :
* Yesa : Hospederia de Leyre, tél. 88 41 00
* Sangüesa : hôtel "Yamaguchi" tél. 87 01 27
- Chambres chez l'habitant
au 17 et 19 calle Mayor.

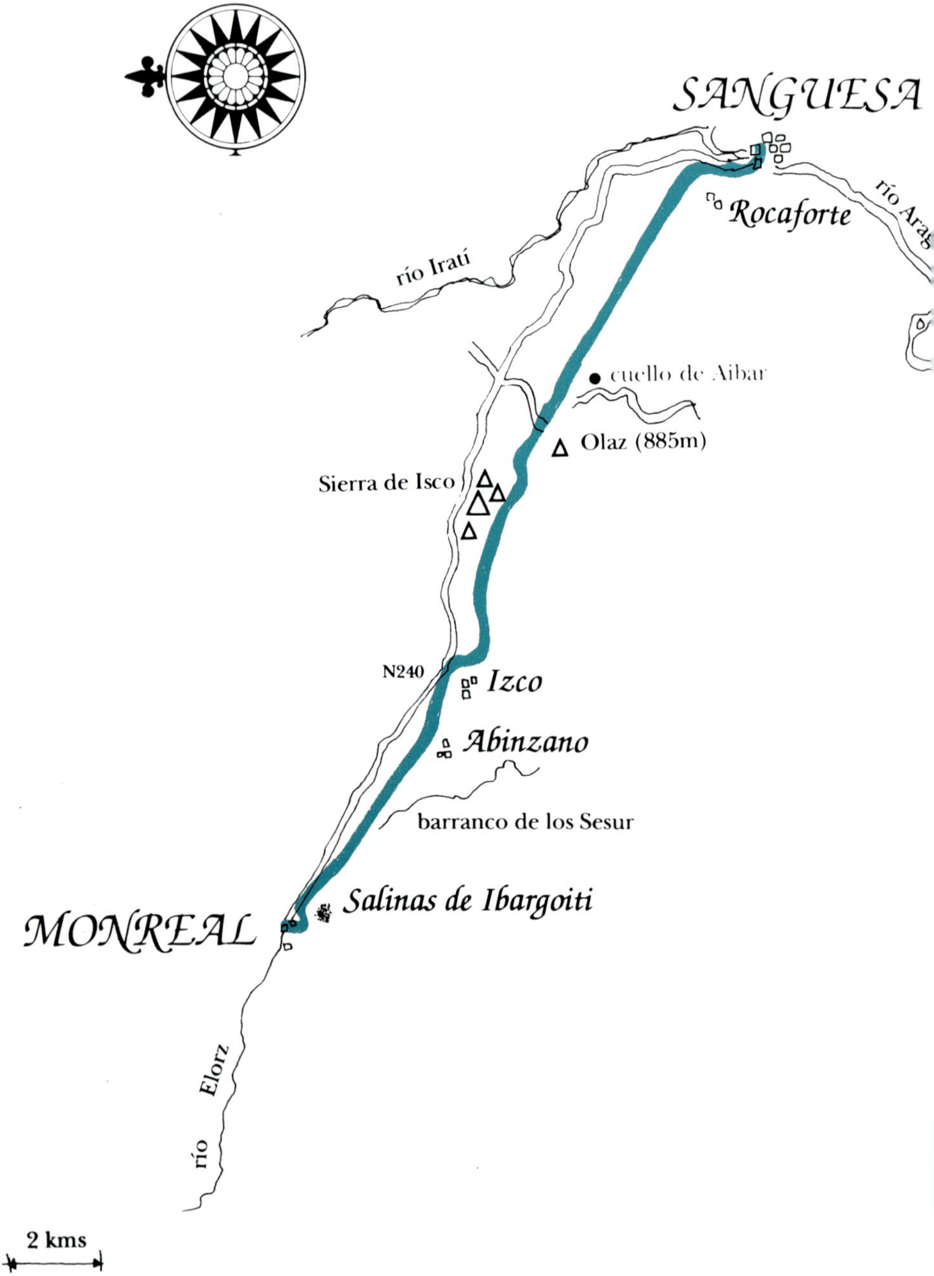

renseignements cartographiques p.: 307

ETAPE 32 - 25 KM - 6 HEURES 15

SANGUESA - MONREAL

Cette très belle étape est partagée en deux parties égales: la première âpre et dépouillée, presque sauvage; la seconde plus civilisée, chapelet de villages égrenés dans la vallée du río Elorz. Nous voyons s'affirmer le caractère basque dans l'architecture, la toponymie, le paysage. Monreal, au nom si fier, déjà mentionné dans le "Codex Calixtinus" comme étape du pèlerin, ne garde que quelques vestiges de son passé. Mais, blotti dans le resserrement de la vallée à l'ombre de sa montagne, ce village joue encore aujourd'hui son rôle d' étape, dont l'humble beauté sied au pèlerinage.

LE "POVERELLO" A ROCAFORTE

Sur la rive droite de l'Aragón, Rocaforte (...un "roquefort", et la "Sancossa" des romains) fut le site primitif et fortifié de Sangüesa, qui s'est ensuite développé sur les bords de l'autre rive. Il reste à Rocaforte, sorte de crâne chauve et jaune ceinturé en son milieu de maisons jaunes aussi, quelques ruines de murailles. Selon la légende, St François d'Assise y serait passé. On montre la pierre près d'une fontaine où il se serait assis, et les herbes médicinales qui seraient nées du bâton qu'il avait posé à terre...

HORS SENTIER : AIBAR LA MEDIEVALE

Aibar, que sauf à faire le détour nous laissons un peu à gauche, sur la route de Tafalla à Sangüesa, a conservé son caractère médiéval : rues à arcades et portails ogivaux, rues, château du prince Viana, Christ du XIIe et trésor dans l'église. Le chevet a été reconstruit à la Renaissance, mais la nef garde des chapiteaux médiévaux, d'une expression man-

0.00
Portail de l'église Santiago: reprendre au Nord la calle Santiago jusqu'à la calle Mayor. Tourner à gauche (O). On passe devant la mairie, ancien palais du prince de Viana (un peu plus loin, dans une rue à gauche, palais de Vallesantoro et église San Salvador) et devant le superbe portail de Santa Maria la Real. Traverser le pont Santa Maria sur le río Aragón et prendre à droite (N) direction Pamplona.
0.10
Juste après le monastère de Comendadoras Sancti Spiritus, prendre à gauche (N.O) le chemin goudronné vers Rocaforte, puis à droite (N) un chemin gravillonné qui passe derrière l'usine. Au bout du chemin, devenu herbeux, on trouve...
0.24
Un nouveau chemin de terre: le suivre à droite. Il s'incurve à gauche (N.O) devient sen-

quant un peu de grâce, mais non de puissance.

SUR LA ROUTE HISTORIQUE : LIEDENA, FOZ DE LUMBIER, IDOCIN

Jusqu'à Monreal, le chemin historique est devenu Nationale 240. Il s'en séparait autrefois sur 13 kilomètres au départ de...

* ... Liedena, qui en soit a peu d'intérêt, en restant rive gauche du río Irati jusqu'aux...

* ... Gorges de la Foz de Lumbier. Au fond de cette fascinante et profonde entaille de la roche creusée par le río Irati, deux moitiés du Puente del Diablo (qui comme le Pont du Diable de St. Guilhem était celui des Pèlerins...) restent ancrées aux deux falaises, le centre de la voûte s'étant effondré. On visite en excursion, mais on ne traverse plus... (On peut aussi voir de loin la Foz de Lumbier, de la route nationale N240). Près de là se trouvait une villa romaine dont les mosaïques sont à Pampelune, au Musée de Navarre.

* Il n'est pas tellement étonnant qu'au sortir du Pont du diable, l'ancien chemin retrouvât l'actuelle route à la "Venta de Judas", aujourd'hui fermée...

* Idocin, sur la N240, au bord de l'Elorz naissant, est surtout connu pour être le village natal du général Espoz y Mina, héros de la guerre d'indépendance. Sa maison, incendiée par ses adversaires français, est restée en ruines. L'ermitage roman de San Miguel est perché sur le rocher d'Izaga. L'église San Clemente a un portail gothique.

PONT DES PELERINS AU ROYAL MONREAL

Nous retrouvons ici la N240, donc le chemin historique, et l'étape était d'ailleurs mentionnée par Aymery Picaud après celle de Jaca. Monreal tire son nom du "Mont Re-

tier et grimpe le vallon au nord de Rocaforte.

0.29

Rocaforte. Traverser un chemin pour passer entre deux maisons et prendre un chemin à droite (O-N.O, panneau GR653 frappé de la coquille St Jacques).

0.35

Bifurcation: laisser le chemin de droite. Devant un abreuvoir, nouvelle bifurcation aux deux branches balisées: laisser celle de gauche pour continuer au fond du vallon, en laissant de petits chemins de part et d'autre. On arrive sur un plateau superbe

0.55

Bifurcation au pied de quatre peupliers: prendre à gauche (N.O). Bergerie superbe, abri. Continuer tout droit.

1.14

Brusquement le chemin disparaît dans un champ labouré. Suivre (O-N.O) en bordure de champ jusqu'à un col évasé. On passe sous la bergerie Corral de Herrero.

1.30

Sous le Corral de Arbolue, continuer tout droit en visant le sommet boisé au-devant (O-N.O). Traverser la cañada Lumbier-Aibar pour continuer tout droit en fond de vallon par un vague sentier.

1.55

Bosquet de peupliers, point d'eau. Suivre en lisière de bois pour gagner, 400m plus loin, la C132. Malgré les balises qui indiquent le contraire, suivre le chemin blanc qui monte dans un vallon sous le Alto de Olaz (en tout cas, ne pas suivre la C132 au-delà

galis", mont royal, qui domine le lieu : les ruines du château "Real" le couronnent toujours. Ce fut un des plus imposants, carré, avec des tours cylindriques aux angles et un donjon au centre. Il reste aussi des vestiges des remparts, et le pont gothique à deux arches sur le río Elorz, où passait le Chemin. La ville reçut en 1149 du roi Garcia Ramirez les privilèges du "Fuero de los Francos" d'Estella, et une petite communauté juive y vivait. L'église "San Martin de Tours y Sta Maria" (ce double patronage résulte d'une fusion de paroisses) est d'origine gothique mais a été trés modifiée au XVIIIe siècle, l'ancien chevet polygonal devenant bras de transept.

LES 1289 METRES DE LA "FIGUE" DE MONREAL

La Higa (figue) de Monreal, au pied de laquelle le chemin passe, est un mont conique de 1289 mètres de haut, point culminant et jonction des petites montagnes qui sont au sud, la Sierra de Izco, orientale, et la Sierra de Alaiz, occidentale. Au sommet de la Higa, chapelle de la Ermita de Sta-Barbara.

Cle d'arc armoirie, Sangüesa

d'Aibar, col à 706m).

2.16

Col. Quitter le chemin blanc et grimper sur le talus de gauche. Suivre un vague sentier qui monte sur une crête émoussée, d'abord entre prés et bois, ensuite en plein bois.

2.25

Large sommet d'Olaz. Prendre à droite (N.O) un chemin forestier qui se maintient en sommet de l'Alto de Olaz. Palombières et cabanes de chasse. (abris possibles)

2.38

On retrouve le chemin blanc laissé au col d'Olaz. Continuer tout droit (N.O).

2.44

On sort du bois pour s'engager dans un grand plateau ondulant et désolé..

2.54

Bifurcation de chemins à hauteur d'une cabane, la "Villa Monna": laisser le chemin de gauche. A la bifurcation suivante, laisser à gauche un chemin herbeux pour garder le chemin de terre.

3.08

Col puis petit sommet. Suivre, plein Ouest, la crête en dents de scie.

3.20

Cabane de chasseurs, "Villa Canuto" (panonceau): laisser à droite le chemin qui descend versant Nord, pour grimper sur une hauteur plus désolée que les autres. On redescend sur...

3.30

Le petit col "Cuatro Mugas". Passage confus. Laisser un chemin à droite. En suivant la clôture en lisière de forêt, on trouve une brèche dans les buis, départ d'un sentier balisé en jaune. D'abord clair, il disparaît, ainsi que les balises, en pleine forêt. Suivre tant bien que mal dans la pente (N-N.O) jusqu'au village de...

4.11

Izco. Remonter la rue unique, puis suivre (O-N.O) un beau chemin blanc.

4.38

Abinzano, hameau: traverser une placette au pied de l'église et passer entre deux maisons pour reprendre un chemin blanc (O-N.O puis N.O). Laisser à droite et à gauche d'autres chemins.

5.04

Fond du barranco de Los Sesur. Remonter tout droit (N.O). A la bifurcation en haut de la côte, laisser un chemin blanc à gauche.

5.19

Avant un pont sur le barranco Chinchario, tourner à droite (N) dans un sentier qui suit le fond du barranco.

5.33

Pont ancien sur le río Elorz. Le chemin blanc qui le prolonge conduit au centre du village de Salinas de Ibargoiti. Devant un "fronton-mur à gauche" et avant l'église de Salinas, prendre à gauche (O, panneau GR 653) un chemin herbeux qui descend jusqu'à...

5.39

Un gué sur le río Elorz: traverser et remonter pour suivre un sentier entre bois et champs. Il devient chemin dans un bois de chênes.

5.59

Terrain de sport de Monreal: le contourner par le Nord. Pont sur le río Elorz: remonter une allée bordée d'arbres. Lavoir public. Remonter la rue à droite, puis prendre la première rue à gauche. On navigue à vue dans ce beau village jusqu'à...

6.11

L'église de Monreal. Juste à côté, "centro parroquial".

RENSEIGNEMENTS PRATIQUES :

Hébergement :

* Salinas de Ibargoiti :
- gîte rural ; chez Isabel Perez Galech.

* Montreal :
- Hs : Unzué, tél. 36 20 08
- logement gracieux : se renseigner chez M. le Curé ou au "centro parroquial"

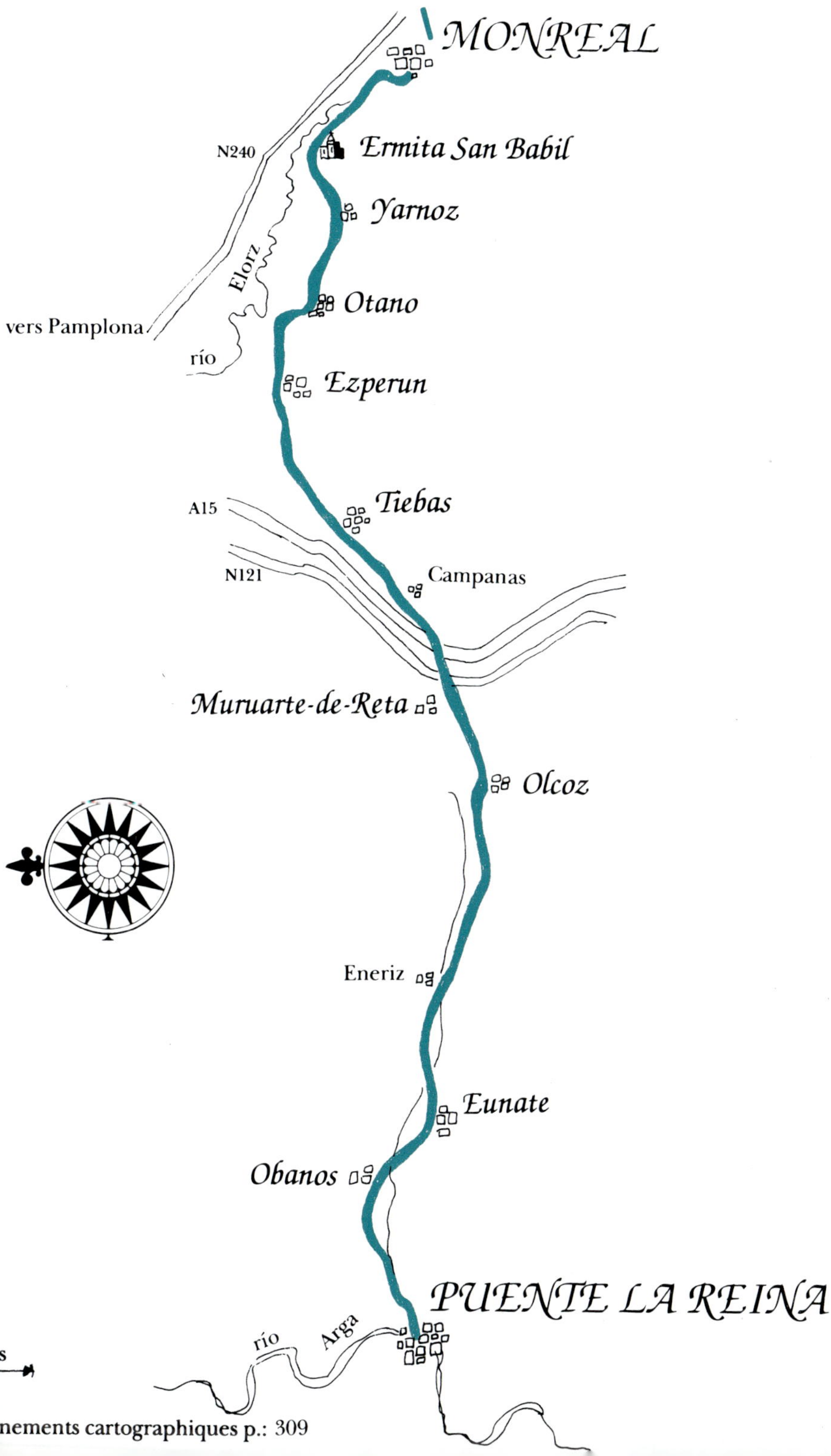

nements cartographiques p.: 309

ETAPE 33 - 30 KM - 7 HEURES 20

MONREAL - PUENTE-LA-REINA

Cette étape hétérogène nous réserve quelques passages désagréables (routes à proximité d'usines et d'autoroute) mais aussi de beaux chemins blancs qui ondulent sur la houle des coteaux navarrais. Et puis, elle nous conduit au bourg le plus marquant peut-être depuis Arles: Puente-la-Reina. Ce n'est pas encore Santiago de Compostela, mais c'est une étape particulière où "todos los caminos se hacen uno", un aboutissement déjà dans un lieu -splendide- né pour et par le chemin de St Jacques de Compostelle.

LA TOUR FORTIFIEE DE YARNOZ

Yarnoz où nous abandonnons le río Elorz, est dominée par une tour fortifiée du XIVe siècle, perchée sur les pentes de la sierra Alaiz : elle a conservé meurtrières et machicoulis.

PAR OTANO, EZPERUN ET TIEBAS, CHEMIN FAISANT

* A Otano, sur le versant de la chaîne d'Alaiz, l'église de San Salvador est du XVIe siècle. Le pont récemment restauré a deux arches médiévales en plein cintre.
* A Ezperun, outre l'église paroissiale en ruine de Santa Maria, on peut voir les armoiries de l'ancien palais.
* Tiebas eut un château fort, édifié au XIIIe siècle par Thibault 1er de Champagne, devenu Teobaldo 1er de Navarra. Il fut démoli au XVIe quand la Navarre conquise fut mise au pas. Il en reste les ruines par lesquelles nous arrivons : trois pans d'épaisses murailles ajourées, sur une hauteur. L'église du village est

0.00
Perron de l'église de Monreal: descendre les deux volées d'escaliers devant le centre paroissial, puis remonter à gauche (O) la calle del Burgo. Laisser à gauche un cheminement pavé pour redescendre un peu puis suivre à gauche (O) un chemin blanc. On descend (N.O) jusqu'à...
0.16
Un gué sur le río Elorz. Le chemin disparaît: traverser et suivre en bordure de champ la rive gauche du río jusqu'à...
0.28
Un chemin blanc: le suivre à gauche (S) puis, au carrefour, prendre à droite (O) le chemin qui passe à 300m de la ermita de San Babil, ou Garitoain, ancien hôpital sur le chemin de St Jacques. Remonter à gauche (S.O)
0.42
Un petit col face à Yarnoz. Le chemin disparaît. Contourner un champ par le haut, à gauche. On trouve un petit sentier qui mène au...

gothique, avec des sculptures. Richesse plus moderne : une coopérative vinicole...

HORS ITINERAIRE : TAFALLA, OLITE, LA OLIVA

Il faut encore mentionner ici trois hauts lieux au sud de Tiebas, sans doute hors de portée du pèlerin non motorisé, mais importants pour l'histoire de la Navarre :
* Tafalla, à une vingtaine de kilomètres plus loin, où, sur d'anciennes murailles romaines, a été édifié un merveilleux château gothique du XVe siècle, aux jardins suspendus ; deux églises du XIIIe, l'une solidaire du château, avec beau portail et rétable peints plus tardifs, l'autre avec cloître roman.
* Enfin plus difficilement accessibles encore, au sud-est d'Olite, le monastère de la Oliva, (1164) berceau de l'ordre de Citeaux en Espagne, et à l'est le village médiéval perché et fortifié d'Ujué.

LE MYSTERE OCTOGONAL DE LA CHAPELLE D'EUNATE

Eunate (prononcer évidemment "é-ou"") signifierait en basque "les Cent Portes", allusion en ce cas, à la ceinture d'arcades en forme de cloître (mais à ciel ouvert) qui entoure ce monument du XIIe siècle, déjà curieux en soi. Sa forme octogonale inspirée du Saint-Sépulcre de Jérusalem l'a fait attribuer aux Templiers. La découverte d'ossements et de coquilles semble permettre d'élucider cette origine mystérieuse : ce fut une chapelle funéraire pour les morts du pèlerinage, et aussi pour les membres de la confrérie de Santa-Maria de Eunate. Celle-ci assurait le culte, et l'assistance aux pèlerins. Il existe sur le Chemin deux autres chapelles funéraires comparables, l'une à Roncevaux, l'autre, plus loin, à Torres del Rio.

0.53
Village de Yarnoz. Tour fortifiée et belle petite église. Remonter au-dessus de l'église pour suivre à droite (O) un chemin blanc jusqu'au cimetière. Continuer par un sentier de chasseurs. On arrive ...
1.20
Juste au-dessus de l'église d'Otano. Redescendre à travers le village sur la route goudronnée qu'il faut suivre sur 5km (O).
1.50
Ezperun, hameau. Continuer tout droit. La route passe un petit col (alt 532) puis redescend doucement. Laisser à gauche les chemins menant au village de Guerendiain.
2.31
Alto de la Ermita. Au km 1, laisser à droite un chemin blanc. 200m plus loin, prendre à gauche (S, panneau GR653) un chemin blanc.
2.40
Prendre à droite (S.O) le chemin blanc vers Tiebas.
2.59
Château ruiné de Tiebas. Remonter à gauche (S-S.O) par le chemin goudronné vers le centre du village, puis, 100m plus loin, prendre la rue à droite (S-S.O). Deuxième bifurcation: monter à gauche jusqu'à l'église de Tiebas. Suivre la rue .
3.08
Une bifurcation devant une école: prendre la rue à gauche puis, 150m après, le chemin goudronné qui monte à gauche vers les carrières qui nous dominent. 20m plus loin, tourner à droite (S.O)

Les arcades extérieures les mieux conservées, en plein cintre, reposent par des chapiteaux sculptés sur des colonnes géminées. A l'intérieur, surmonté d'une coupole mozarabe,

Eglise du Crucifix, Puente-la-Reina

l'apparente régularité géométrique est un peu atténuée par l'abside orientale en cul-de-four. Un escalier monte au toit : c'est probablement qu'il y eut à Eunate une "lanterne des morts", qui, comme à Torres del Rio, devait rester allumée toute la nuit.

A OBANOS, "LES CHEMINS SE FONT UN"

C'est en réalité à Obanos que le Chemin Navarrais et le Chemin Aragonais se rencontrent pour ne plus former qu'un "Camino Francés". Le monument symbolique se dresse deux kilomètres plus loin à Puente la Reina. Mais c'est tout un... Ces deux localités sont

sur un chemin blanc qui longe un terrain de sport. Le suivre tout droit (S.O).

3.25

La clôture de l'autoroute A15: la suivre à gauche sur un chemin gravillonné.

3.45

Passage sous l'autoroute: l'emprunter pour gagner la N121. Traverser et suivre le chemin de terre en face, el camino de la Cascajera. Il tourne au Sud puis descend jusqu'au...

4.00

Chemin de fer à Muruarte de Reta. Traverser le passage à niveau puis suivre à gauche (S) le chemin goudronné au pied du village. Au carrefour, prendre à gauche (S.O) sur 100m le chemin goudronné qui s'éloigne de Muruarte, puis à droite (O) un chemin blanc rectiligne.

4.20

Village d'Olcoz: suivre une rue en terre jusqu'au superbe donjon (église à gauche). Remonter à droite (N) jusqu'au bout du village. A la bifurcation de deux chemins de terre, prendre celui de gauche qui gagne la crête d'Olcoz-Aldapa.

4.26

Patte d'oie sur la crête. Continuer tout droit (O) par un sentier qui descend sur la crête.

4.43

On croise un chemin de terre qui traverse la crête Olcoz-Aldapa: le suivre à gauche (S.O).

4.51

Route goudronnée: la prendre à droite (N.O).

décrites dans “Le chemin de Saint-Jacques de Compostelle, Guide pratique du pèlerin en Espagne”, qu'il faut suivre désormais. Mais pour ne pas laisser le lecteur sur sa faim, nous en rappellerons les particularités :

* A Obanos, bel ensemble architectural très bien restauré : église (abritant une Vierge du XIIIe provenant d'un ermitage) mairie et maisons seigneuriales, vaste place.

* Dans ces demeures se réunirent au XIIIe et XIVe siècles les “Infançones” de Navarre, gentilhommes de petite noblesse qui constituèrent par leur “Protesta” un contrepoids au pouvoir royal.

* Les 700 habitants de la localité ont participé à la mise au point d'une reconstitution historique à grand spectacle, le “Mystère de San Guilhem et Santa Felicia”.

* Ste Félicie était une princesse d'Aquitaine qui après un pèlerinage à Compostelle se serait fixée à Amocain pour y mener une vie de prière. Guilhem (un Guillaume d'Aquitaine) son frère serait venu la chercher, et comme elle refusait de le suivre, tuer cette soeur marginale. Puis, pris de remords, il fut lui aussi à Compostelle et fit retraite dans un sanctuaire voisin, celui de la Vierge d'Arnoteguy.

UN CHEMIN SECONDAIRE PAR TAFALLA ET ARTAJONA.

Il semble bien qu'une partie des pèlerins faisant le détour par Sangüesa ait rejoint directement Puente la Reina par le sud de la Sierra de Izco. Ils seraient alors passés par Aibar (château médiéval, rues à arcades), l'Alto de Lerga (753 m), Artajona (ville fortifiée, avec portes remontant à l'époque Califale).

4.58

Pont sur le río Robo: le laisser à droite pour suivre un chemin herbeux le long de la rive gauche du río.

5.11

Chemin labouré sur 300m: suivre à travers champ jusqu'à retrouver un chemin qui conduit aux...

5.21

Premières maisons d'Eneriz . Chemin goudronné. Place: continuer tout droit (O).

5.51

En vue de Santa Maria de Eunate, seule au milieu d'un grand champ. Pour l'atteindre on peut soit continuer tout droit en longeant les champs sur la rive du río Robo, soit suivre, un peu plus loin, un canal entre deux champs.

6.03

Santa María de Eunate, lieu splendide. Pour repartir, prendre le chemin blanc qui longe le bâtiment-refuge puis tourne au Sud. 300m plus loin, prendre à droite (N.O) un chemin blanc qui traverse le río Robo .

6.21

La route de Puente-la-Reina: la traverser et suivre en face un chemin blanc qui tourne ensuite à gauche (O-N.O) vers Obanos.

6.30

Cimetière d'Obanos. Tout droit (O-N.O). On traverse la route et le barranco de Muruzabal, pour remonter (S.O) jusqu'à Obanos. Prendre une rue à droite (O) qui traverse le village.

PUENTE LA REINA, LE PONT DU "CAMINO FRANCES"

Puente la Reina est comme son nom l'indique née du pont qu'une Reine (soit Doña Estefania, soit Doña Elvira la Mayor), compatissant aux difficultés des pèlerins sur le gué du río Arga fit bâtir au XIe siecle. Un noyau de "francos" s'y fixa pour l'accueil, et cent ans plus tard Alfonse le Batailleur, lui donna sa forme de bastide aux rues en carré que sont venues entourer un rempart du XIIIe.
On y voit successivement :
* L'ancien hôpital devenu collège religieux et l'église du Crucifix (XIIe et XIVe) reliés par une arche sur le chemin. L'église doit son nom à sa curieuse croix en "Y",
* La "Rùa Mayor" avec en son centre l'Eglise de Santiago ; rebâtie au XVIe, elle conserve un portail roman à plusieurs voussures, dont l'une "polylobée" d'une sorte de dentelle mozarabe ; le rétable baroque décrit la vie de St Jacques ; et une magnifique statue de St. Jacques pèlerin est sculptée dans le cèdre noirci, pieds nus, avec coquille et bourdon, l'air extatique.
* Le splendide pont enfin, aux cinq arches et piles ajourées, départ de l'étape suivante, vers Estella....

RENSEIGNEMENTS PRATIQUES :

Hébergement :
* Tiebas : hôtel Iramzu, tél. 36 00 67
* Obanos :
- hôtel Arnotegui, tél. 34 42 08
* Puente la Reina :
- hôtel Méson del Peregrino NIII et Monte de Campanas, tél.34 00 75
- Hs : Puente, tél. 34 01 46
- Logement gracieux
* Puente la Reina voir chez los PP Reparadores au couvent de la Crucifix (se munir d'une attestation de sa paroisse)

6.43
Place de l'église d'Obanos (hôtel). Passer sous une arche armoriée (épée avec coquille) pour accéder à une autre place avec fronton de pelote basque. Contourner le fronton par la droite et traverser la route goudronnée qui monte de la vallée. Suivre plein Ouest une rue bétonnée (chapelle). A la sortie d'Obanos, elle descend à gauche (O-S.O) vers la vallée en devenant un chemin de terre.
6.55
Route de Puente-la-Reina : la suivre à droite (O) sur 200m puis, face à un grand bâtiment ("Almacen de Sal") prendre, 10m à gauche de la route, un chemin de terre. On regagne la route à 100m d'un...
7.04
Grand carrefour avec la N111 (hôtel). Statue du Pèlerin: "Y desde aqui todos los caminos se hacen uno". Suivre la N111 à gauche .
7.09
Entrée de Puente-la-Reina et refuge pour pèlerins des P.P. Reparadores de Puente-la-Reina à droite. Pour s'y inscrire, passer sous le porche entre l'église du Crucifix et le monastère des Pères Réparateurs. Ensuite, on peut remonter la rue jusqu'à la nationale, traverser et suivre en face la calle Mayor. Eglise de Santiago, Tout droit .
7.20
Milieu du pont qui a donné naissance à Puente-la-Reina au XIème siècle.

NOTES

INDEX

BIBLIOGRAPHIE

- "Le Guide du Pèlerin de Saint-Jacques de Compostelle", par Jeanne Vielliard : bilingue latin-français, le texte d'Aymery Picaud réédité à la Librairie Philosophique J. Vrin, 152 pages 1984.

- "Priez pour nous à Compostelle", par Barret/Gurgand. Récit de voyage, 348 pages, Hachette 1978 et Livre de Poche.

- "Rutas Jacobeas : historia, arte, caminos" par Eusebio Goieoechea Arrondo" (en espagnol, 708 pages). Ed. Amigos del Camino de Santiago, Estella, 1971.

- "Villes médiévales du Chemin de Saint-Jacques de Compostelle (de Pampelune à Burgos)" par Jean Passini.
183 pages, Ed. Recherche sur les civilisations, mémoire n° 47, Paris 1984.

- "La quête du sacré, Saint-Jacques de Compostelle, Puissance du Pèlerinage" par Alphonse Dupron.
256 pages, Ed. Brépols, 1985.

- "Les Chemins de Saint-Jacques de Compostelle, Guide trilingue (français, anglais, allemand)".
Comité Régional du Tourisme Toulouse-Midi-Pyrénées. 236 pages, 1990.

La Société des Amis de St-Jacques, 4, square du Pont de Sèvre, 92100 Boulogne-sur-Seine, joint une documentation à ceux qui préparent le voyage.

Achevé d'imprimer en Juin 1990 par Conseil Imprim s.a. à Tarbes
pour le compte de :
Randonnées Pyrénéennes, de la Fédération Française de la Randonnée Pédestre,
et de la Fondation Européenne du Chemin de St Jacques.
Illustrations Alain Ricaud - Conception, maquette Pro-Création Tarbes.

légende des cartes

itinéraire décrit ————————
variante - - - - - - - - - - - - - - - - - -
chemin historique • • • • • • • • • • • •

ISBN : 2/905521/33/3

Dépôt légal Juin 90

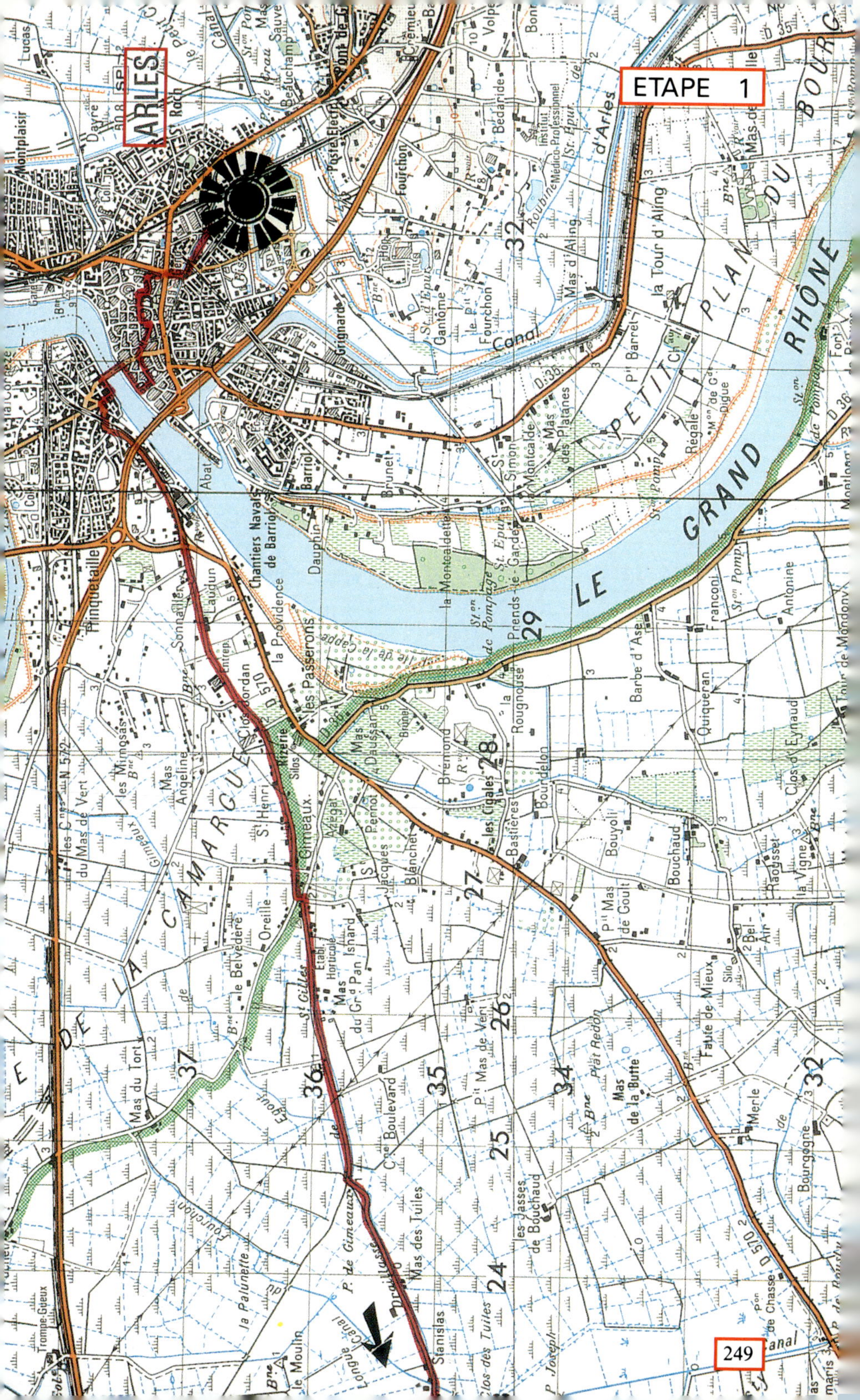
ETAPE 1
ARLES
LE GRAND RHÔNE
PLAN DU BOURG
PETIT
DE LA CAMARGUE
Canal d'Arles
Trinquetaille
Chantiers Navals de Barriol
Barriol
Dauphin
la Providence
les Passerons
Mas d'Aussan
Brémond
les Cigales
Bastières
Bouyoli
Bouchaud
Clos d'Eynaud
Antonine
Franconi
Barbe d'Ase
Quiqueran
Rougnouse
Boundelon
Gimeaux
St. Henri
Mas Angeline
les Mimosas
Oreille
le Belvédère
Mas du Tort
Mas Isnard
du Gd Pan
Jacques
Pennot
Blanchet
Pt Mas de Goult
Faute de Mieux
Raousset
la Vigne
Bel-Air
Mas de la Butte
Prat Redon
Pt Mas de Vert
Cne Boulevard
Mas des Tuiles
les Jasses de Bouchaud
Merle
Bourgogne
Stanislas
la Palunette
le Moulin
Trompe-Gueux
Fourchon
Gantome
Grignarde
Bédarride
Mas d'Aling
la Tour d'Aling
Pt Barret
Regale
Mas des Platanes
Montcalde
St. Simon
Abat
Laudun
Sonnailler
Clos Jordan
Rizerie
Silos
Fourchon
Institut Médico-Professionnel
Pont de Crau
Montplaisir
N 572
D 570
D 35
D 36

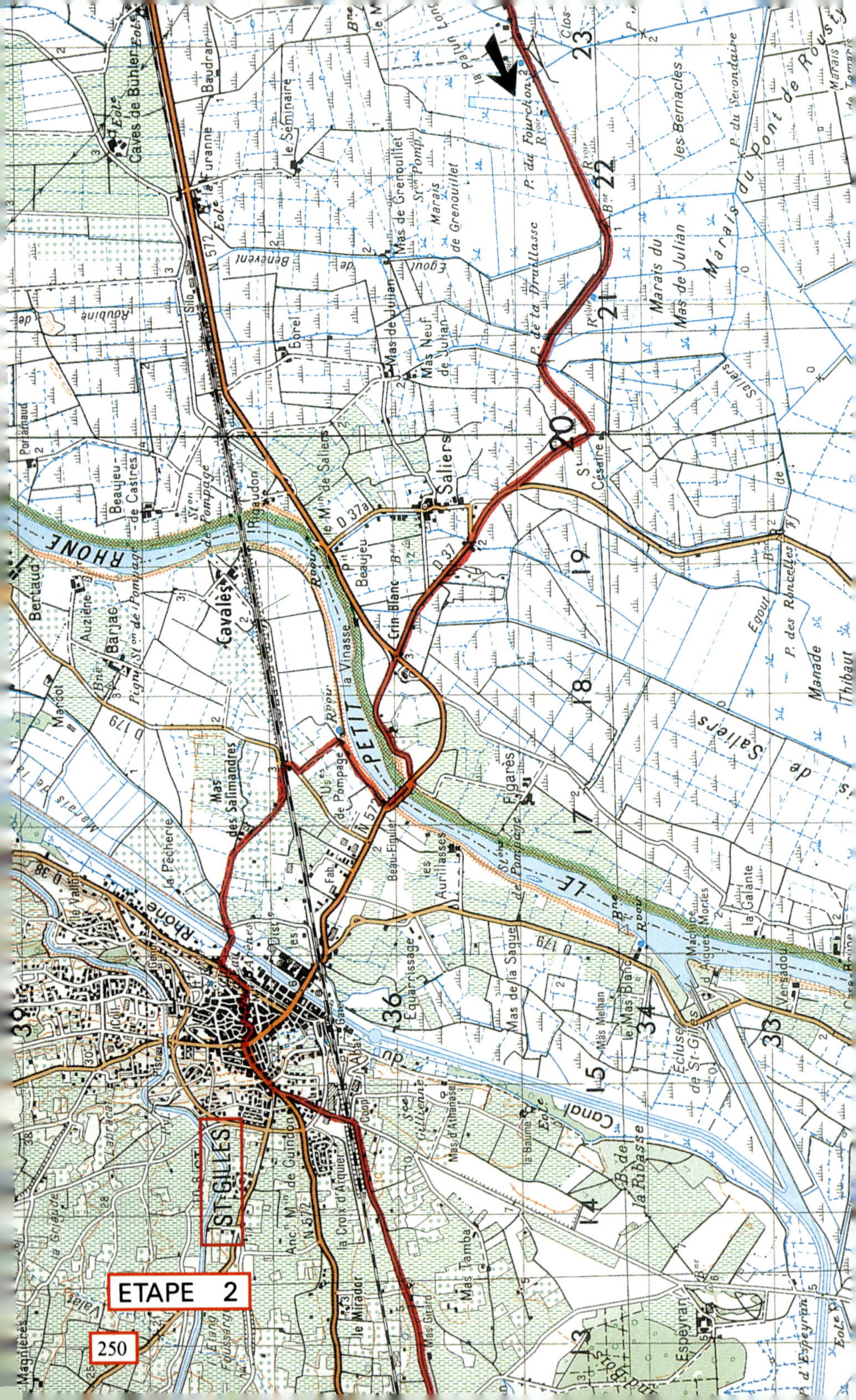

ETAPE 2
ST-GILLES
RHONE
PETIT RHONE
Saliers
Cavalès
Caves de Bühler
Baudran
le Séminaire
Furanne
Mas de Grenouillet
Marais de Grenouillet
Mas de Julian
Mas Neuf de Julian
Borel
Beaujeu
Pt. Beaujeu
Grin Blanc
la Vinasse
Mas des Salimandres
la Pêcherie
Barjac
Auzière
Bertaud
Mandot
Figarès
les Aurillasses
Equarrissage
Mas de la Sague
Mas Meilhan
le Mas Blanc
Ecluse de St-Gilles
la Galante
Versadou
les Bernacles
Marais du Mas de Julian
Marais du pont de Rousty
St Césaire
Manade Thibaut
Mas d'Athanase
la Baume
B. de la Ribasse
Mas Tamba
Mas Girard
le Mirador
la Croix d'Arquier
Anc. Mn de Guindon
Espeyran
Canal
Magnières
Portamaud
Beaujeu de Castres
Benevent
D 179
D 37
D 37a
D 38
N 572

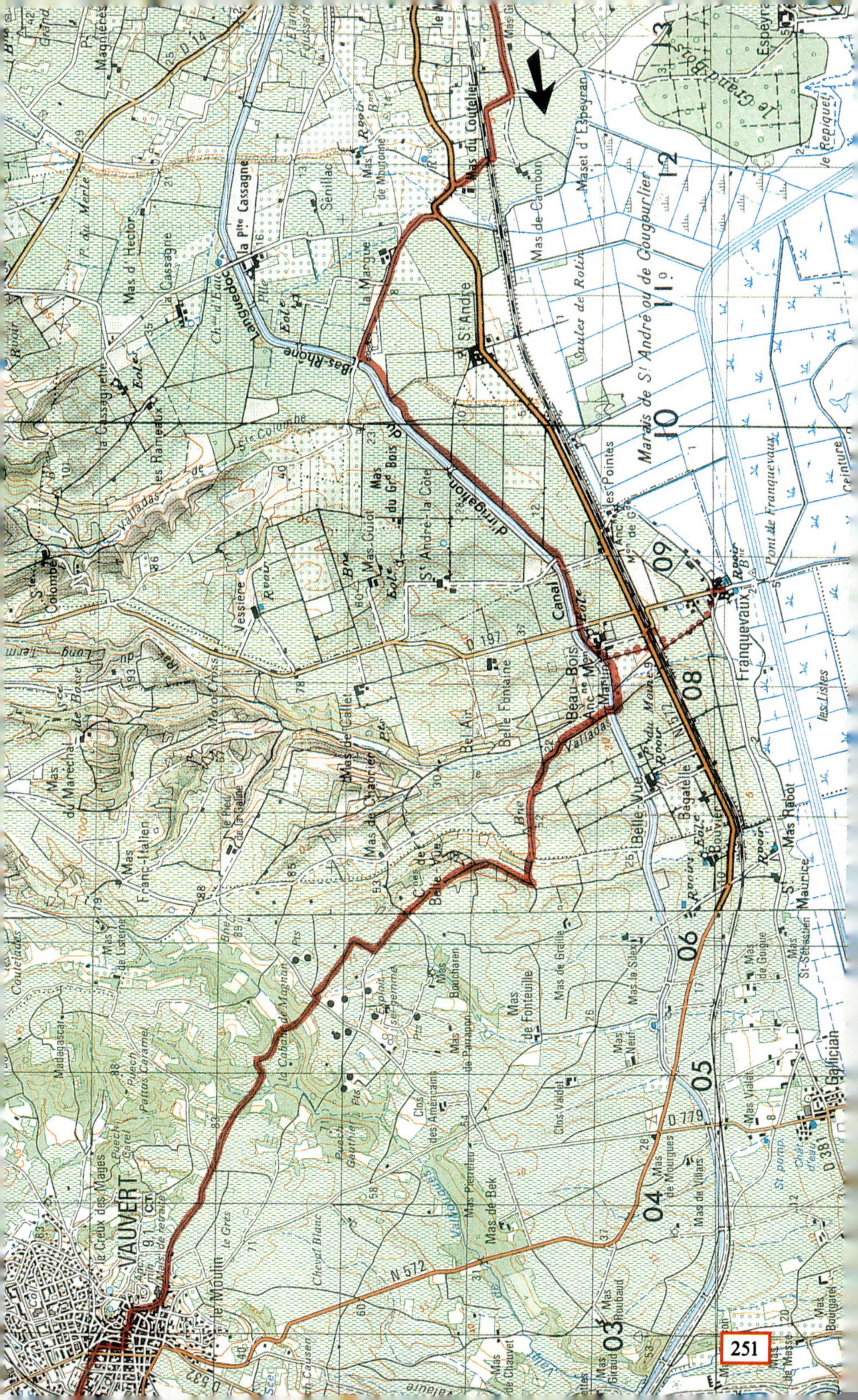

VAUVERT
Franquevaux
Gallician
St André
Beau-Bois
Belle Vue
Bas-Rhône
Languedoc
Canal
d'irrigation
Marais de St André ou de Gougourlier
Mas de Cambon
Mas du Coutelier
Mas Rabot
St Maurice
Mas St-Sébastien
Mas de Bek
Mas Pierrefeu
Clos des Américains
Clos Valdet
Mas de Fonteuille
Mas de Gratille
Mas de Chauvet
Mas Roubaud
Mas de Mourgues
Mas de Villars
Mas Vialet
Mas de Guigue
Belle Fontaine
Bel Air
Mas Guiot
Mas de Chabrier
Mas de Callet
Mas du Maréchal
Mas Franc-Italien
Madagascar
Le Creux des Mages
Ste Colombe
Mas d'Hector
Cassagne
la Pte Cassagne
Senillac
la Margue
Mas de Mourone
Maset d'Espeyran
Le Grand Bois
Espeyran
Mas Bouzigat
Le Moulin
Cheval Blanc
Pont de Franquevaux
les Listes
N 572
D 779
D 381
D 197
D 14

ETAPE 3
Gallargues-le-Montueux
Codognan
Aimargues
Aigues-Vives
Canal du Bas-Rhône
le Vidourle
Vistre
Langudedoc
Oppidum d'Ambrussum
D 135
D 104
D 979
N 313
N 572
N 113
D 142
D 363
D 378
D 12
D 56
D 139
43
42
40
39

Lunel
St-Andrieux
Lunel-Viel
St-Just
Valergues
St-Brès
Baillargues
St-Geniès-des-Mourgues
Ste-Colombe

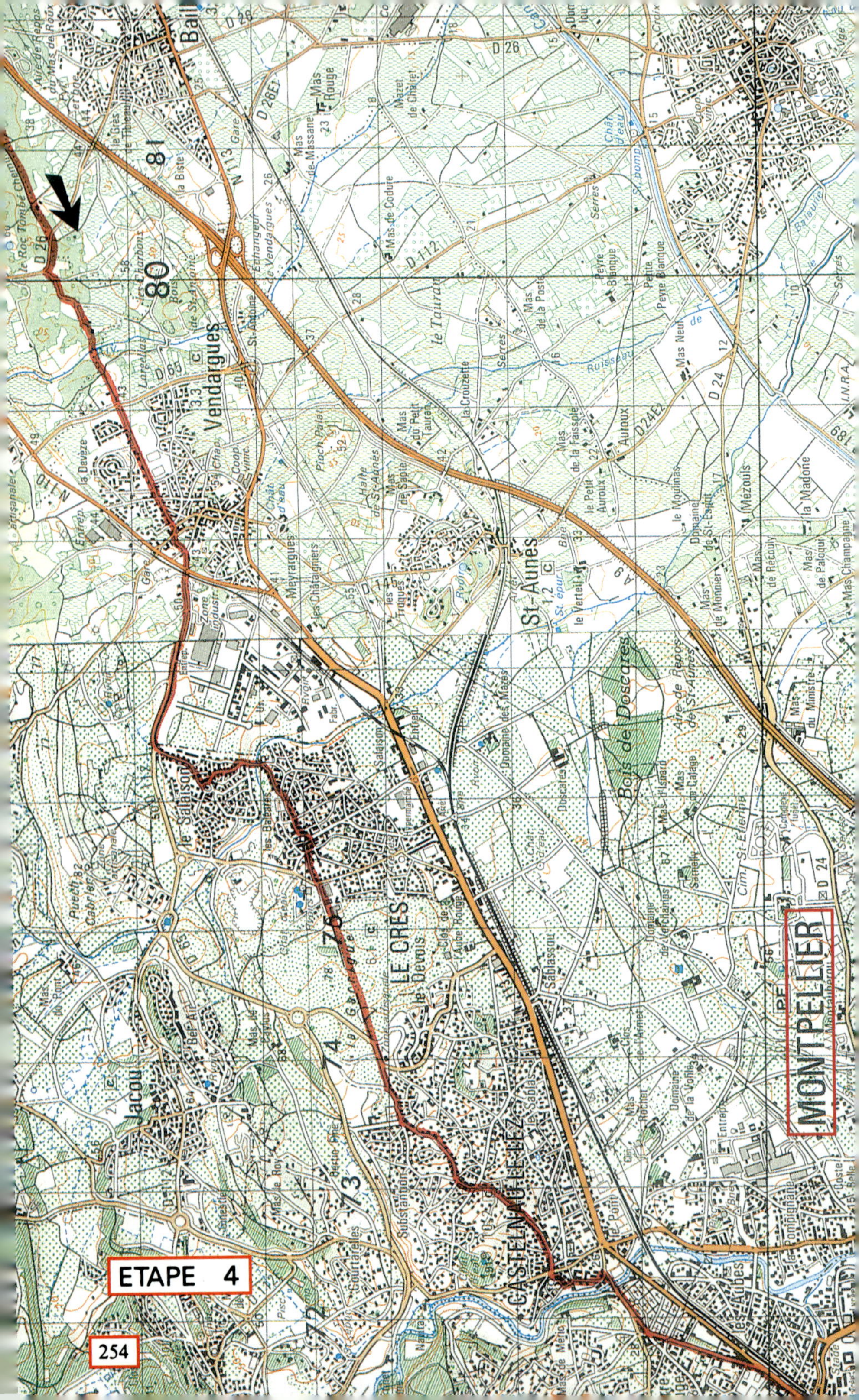
ETAPE 4
MONTPELLIER
Vendargues
St-Aunès
LE CRES
Jacou
CASTELNAU-LE-LEZ
Bois de Doscares
Meyrargues
le Salaison
Mas Rouge
Mas de Codure
le Devois
Sablassou
Mézouls
la Madone
Mas Neuf
Peyre Blanque
le Petit Auroux
Auroux
Mas de Ricard
Domaine de St-Esprit
le Moulinas
Domaine des Mazes
Mas Rochet
Cim. St-Etienne
Aire de Repos de St-Aunès

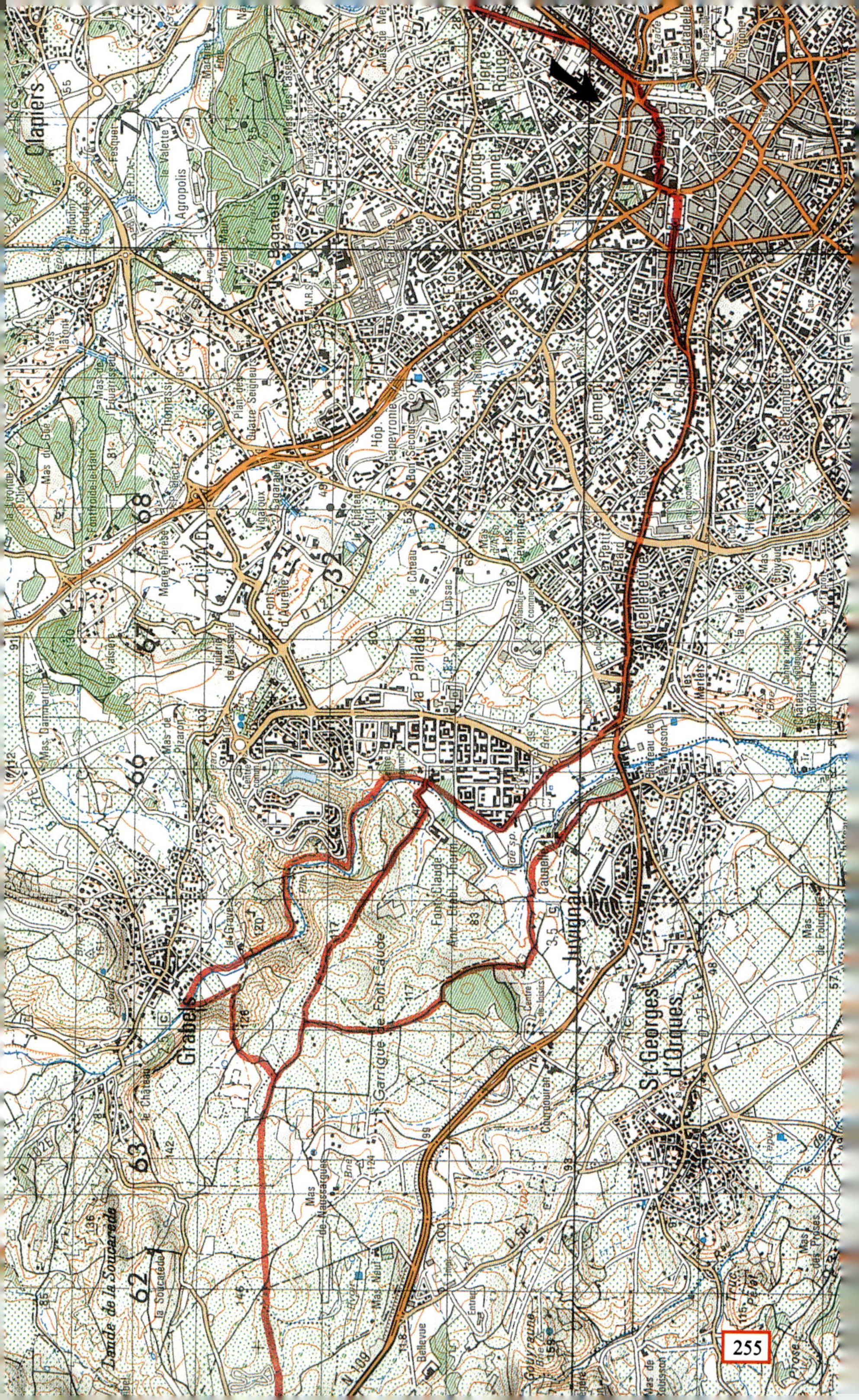
Clapiers
Agropolis
Bagatelle
La Paillade
Juvignac
St Georges d'Orques
Grabels
Garrigue de Font Caude
Celleneuve
Lande de la Soucarède

Montarnaud
Vailhauquès
la Boissière
St Paul et Valmalle
B. de Montlobre
B. des Chênes
B. de Paturascle
B. des Gauques
les Chênes
B. de la Rouvière
B. de Bringou
B. de Capion
Bois Nègre
Garrigue de Tamareau
Mas d'Agrès
Mas Marchal
la Fleurière
la Prade
Mas Thibaud
le Vignier

ETAPE 5
Puéchabon
Aniane
St-Jean-de-Fos
St-Guilhem-le-Désert
Montpeyroux
Lagamas
HÉRAULT
Les Cougnets
B. des Brousses
les Ramassèdes
St-Sylvestre-des-Brousses
Combe de Valloubière
Pioch Cam
Combe Madame
Le Barry
les Mazes
Combarels
Mas de la Méjane
Mas des Carottes
les Clavellès

St-Baudille
Arboras
St-Jean-de-la-Blaquière
Usclas-du-Bosc
St-Privat
les Salces
Pioch de Roquebrune
Pioch Farrio
Combe Madame
Pioch Cane
la Rouquette
Puech Bouissou
le Rocher des Vierges
Devois de la Trivalle
le Val Durand
Puech-Haut
les Cans
D. 122
D. 153
D. 144

Combe Royal
Puech de Gons
Parlatges
Plateau de Courcol
les Salces
St-Privat
la Rouquette
les Crozes
les Cans
Puech Haut
Pioch Louvie
Pas de l'Aussé
Serre de Mélanque
Mas des Clergues
les Maurels
St-Etienne-de-Gourgas
Gourgas
Pioch Blanc
Cirque du Bout du Monde
la Roque
Soubès
Fozières
Pioch de Rouvier
Serre Baou
le Brandou
Grandmont (Anc. Prieuré)
Bruyère d'Usclas
Bois de Mazel
Bois des Coutelles
Lergue
le Relais de l'Escalette
Camping
la Fontaine d'Amour
les Saulières
D. 25
D. 149
D. 153

ETAPE 6
LODEVE
Olmet
Villecun
Campestre
les Plans
Esparrou
l'Ambayran
Cervel
Vasplongues
Bernagues
Briandes
Lacan de Nize
Cap Espigne
Bois de Mélac
Orb
D. 142

ETAPE 7
Lunas
Joncels
le Bousquet d'Orb
St Martin
la Séguinerie
Seyrias
Truscas
Ste Colombe
Col de Ste Colombe
Graissessac
FORÊT DOMANIALE
DES MONTS D'ORB
Col de Layrac
Col de la Pause
Col de Peyremale
Col des Clares
Col de Lissobre
Col de Vernazoubres
Cap Nègre
Mont Sénégra
Sénégra
Taillevent
Cazilhac
les Boucarels
Fontenilles
Méguillou
le Roc Mendic
Truscas
le Serre
Montmarie
Pic Ségala
Verdusclé

ETAPE 8
St Gervais-sur-Mare
Castanet le Bas
Rongas
St Geniès de Varensal
Plaisance
Andabre
Castanet le Haut
Col des Cabanes
Col du Layrac

ETAPE 9
Murat-sur-Vèbre
Boissezon de Masviel
Fagairolles
la Baraquette
Ginestet
Col de Garenne
Mt Froid
Cap de Faulat
Col de Cap Estève
Set de l'Espinouse
Bois de Lause
Forêt Domaniale de la Salesse
Col des Saints
Montaigut
Puech de Montaigut
Candoubre
les Senausses
B. de la Ramasse
Bois de Bétirac

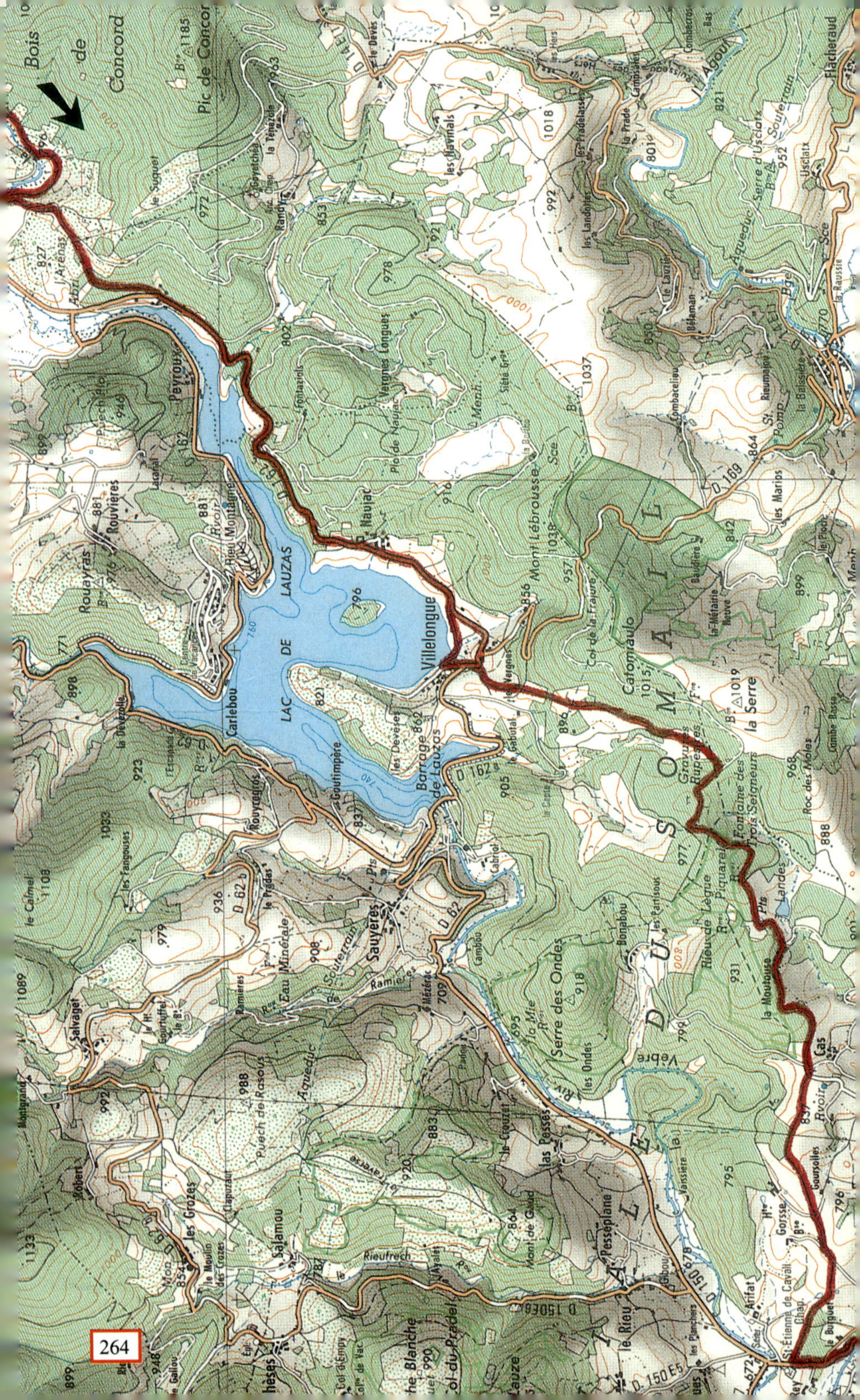
Bois de Concord
Pic de Concor
LAC DE LAUZAS
Villelongue
Barrage 862 de Lauzas
Sauyères
Serre des Ondes
Mont Lébrousse
Fontaine des Trois Seigneurs
la Serre
Goutimpère
Carlebou
Peyroux
Rouvières
Salvaget
Puech de Rasous
Pesseplane
Gourrsolles
Flacheraud

ETAPE 10
la Salvetat-sur-Agout
LAC DE LA RAVIÈGE
LES REBONDINNES
Col de Verniole
Planacan
Rieumajou
Condax
Rouquié
Barthézou
Castelade
Base Nautique
Club Nautique
Les Terrières

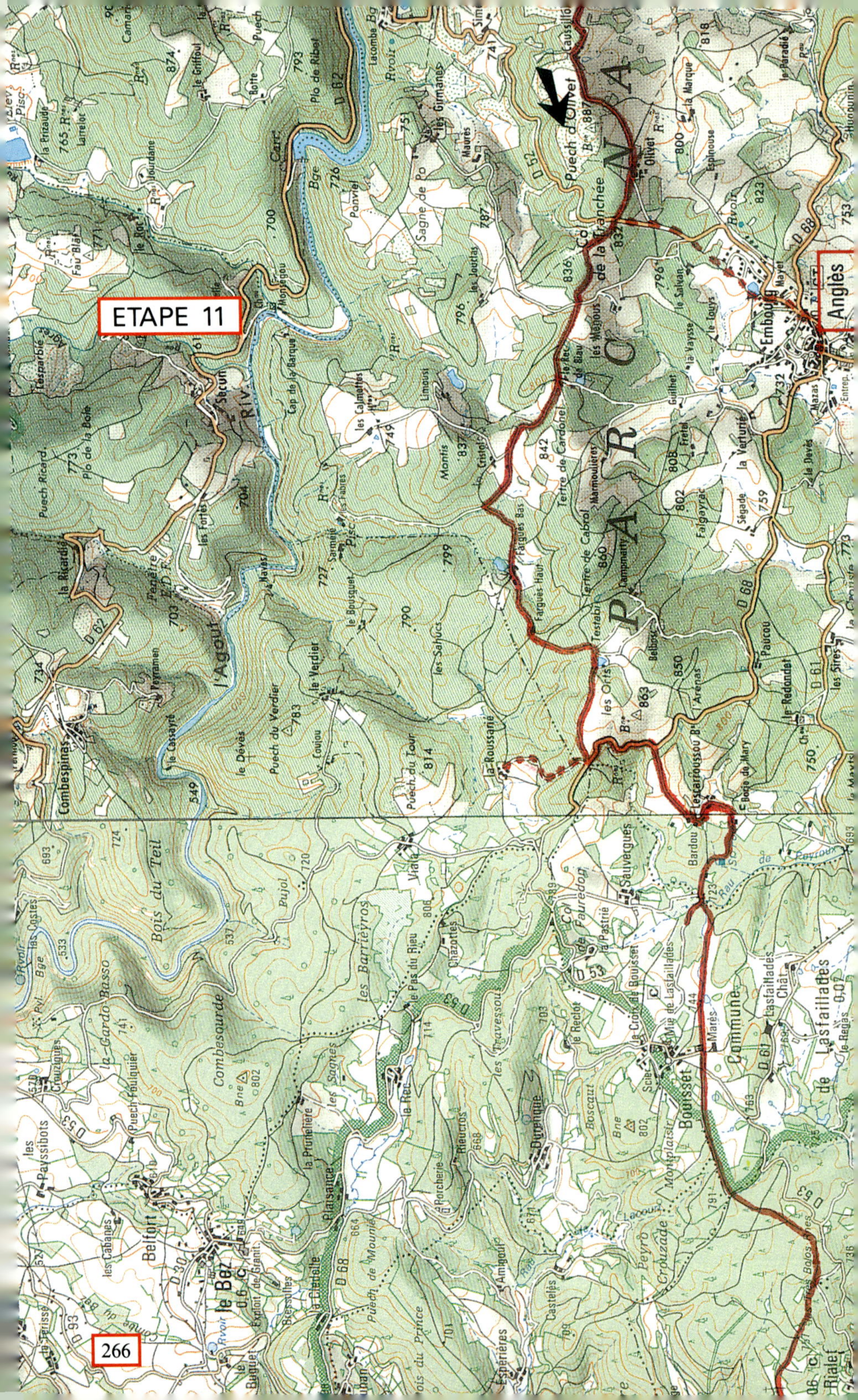
ETAPE 11
Anglès
Embourg
Boisset
Belfort
le Bez
Combespines
l'Agout

St Salvy-de-la-Balme
Boissezon
Noailhac
Cambounès
Fontbelle
Fontanelles
Labro
Sarrague
Flaïessuch
Triadou
Chaos de la Balme
Bois de Camp Sirven
Bois du Devès
Bois Grand
le Pont du Grel
Malacan
Lavergne
la Sigarié
Roquelongue

ETAPE 12
CASTRES
la Bourdarie
Lagarrigue
Valdurenque
la Vitarelle
St-Hippolyte
Lameilhé
Verdun
Beaumont
Sercloise
Lacaze
Zone Industrielle de Mélou
Barginac
Galibran
Teillède
la Caulié
Lambert
la Pouzencarié
D 622
D 66
D 85
D 60
D 83
N 112
Thoré

Saix
le Théron
Alary
Fédevieille
Barginac
Puech Mermen
Puech Bertou
les Martinel
Tulens
le Pioch
les Hérissous
Labronde
Mont de Saïx
Blima
Gaillard
En Basi
En Toulze
la Calarié
En Bajou
N 126
Sendrone
les Vergnères
les Carayols
le Rieu
Marty
Lacal
D 50
las Aguals
Borio Nobo
Galèye
Borio
Donadieu
Beaupré
la Garrigade
les Mignonnades
Florence
la Sesquière
le Vacant
Gaches
la Bouriette
En Mathieu
Viviers-les-Montagnes
St-Georges
le Gué de Rousset
les Bels
le Pastelié
En Salvage
D 621
les Bessous
Centre d'Elev. du Sud-Ouest
les Nauzes
Anc. Gare
Fabr.
la Plaine
Rauly
Silos
le Tournal
l'Ardenne Basse
Anc. Min
le Moulin à Vent
Château d'eau
l'Ardenne Haute
la Caussade
le Bessou del Prat
la Bouzigue
la Prade
les Planes
Barthe de Nébrouze
Métairie Grande
en Bouige
le Térondel
Minhard
Boyer
Molinier
St-Affrique-les-Montagnes
Lavergne
en Aussenac
l'Esquirol Haut
En Régy
Boissié
les Andrieux
la Bonicarde
en Vayssière
la Métairie Sèche
En Bedel
la Sabartarié
les Escudiés
en Barreau
Troupiac
en Cougot
la Coutarié
En Penariès
le Moulin de Sant
Luarié
En Alias
la Métairie Neuve
Lartusié
Lugarié
Eglise St-Jean
la Bourdasse
Castel Millas
en Rivals
le Poupet
Puech Gayraud
le Moulin de St-Jean
le Terme
Rasigous
D 85
Pas Couyoul
la Barraque
le Moulin Bas
Parisot
Gros d'Orly
D 148
Verdalle
En Vistou
les Maurels
Monsalous
D 14
Mont Louis
la Sauze
la Ricardarié
Méroult
le Brel
le Talou Nègre
Bartolles
Rigal
Métairie Grande
Touscayras
la Rivalarié
D 60
Fontvieille
en Jaurès
C. d'Etudes Agric.
Métairie Neuve
Escoussens
les Ségarès
En Segonne
la Fumade
Bastide
en Calcat
Piquetalen
Vareilles
les Martinels
Enbelis
la Combe
Mont St-Jean
le Moulin de Just
le Pasquet
le Gazel
le Sautenc
Ste Scolastique
Massaguel
la Toupinarié
la Borde
Puech Fouletier
la Rivière-Haute
Lavessenq
la Rassègue
la Pouzaque

Revel
Couffinal
les Ouilles
le Château de Couffinal
les Pugets
les Canards
la Séguègne
les Croses
les Croses Petites
Bosc Batut
Belleserre
0,1 C
le Château de Beauregard
les Pesquiès
en Calcat
les Lattes
en Cramaussel
Jeannot
en Beysse
Beaupré
Plaisance
las Brugues
Montplaisir
en Benne
en Segonne
Teyssières
la Plaine
Borie Grande
la Fleuraussié
la Jonjaune
en Calmettes
Malaprade
au Moulin Bas
en Gros
le Bouriou
en Guinet
Lagardiolle
0,2 C
la Rochelle
en Calas
la Rolandié
Métairie de Madame
la Vergnière
en Gourgory
en Lanet
la Gascarié
la Salle
la Bastide
en Salvignol
Métairie Neuve
en Séguier
Châteaurpux
Montmoure
Ste-Affrique
la Coustaussarié
les Faures
en Bouchi
Jean Grand
Fondouce
-Basse
la Barrabié
Montplaisir
la Cave
la Montagnarié
Tarsicoy
le Tartissou
en Rives
la Borie Neuve
la Janardarié
la Borie Grande
Cahuzac
0,2 C
la Barthe Vieille
Galinié
les Vilas
la Bautarié
l'Allégrette
Rousseille
la Vigne
le Château de Cahuzac
Centre Hospitalier
la Borie Basse
les Trivales
le Pinié
Haut
Bas
les Peyrounels
la Tuilerie
le Baylou
St-Amancet
0,2 C
le Fialayré
Château de St-Chameaux
Cap du Pal
le Rebec
Malabarthe
Peytiès
Chantilly
Limoges
Sorèze
1,8 C
Trois Fontaines
Forêt Domaniale
Château de Limatge
Limatge
Mougnes
Oratoire de Mougnes
Sacaze
Cantemaraud
le Caussarel
la Bourriette
le Causse
les Sémalettes
la Tuilerie
Belfroi
St-Michel
Pauqueterre
le Pignier
les Plagnoulets
la Condamine
Pont Crouzet
le Bouriou
en Taillades
Moulin de Lauzy
Moulin de l'Abbé
les Ouls
la Garrigole
Belair
Caussignères
la Grave
Devals
Carpinel
la Terrasse
le Cédassier
Vigouroux
la Roumenguière
Coursan
la Tour
Beaufort
Champeaubois
les Azemars
la Mourène
la Jonquerie
les Mengauds
Métairie Haute
la Balbauge
la Balbaugette
las Combes
Belles Herbes
le Bouscatel
la Borie Basse
les Moureaux
Mondésir
la Landelle
Coins
D 84
D 79
D 622
D 150
D 85
D 12
D 45
D 44
Ruisseau
Ruisseau de Dourdou
d'Aygo Pesado
Avaris
Champign
Malric
Rvoir
Plaine
16
17
21
22
23
24
25
26
27
29
30
13
14

ETAPE 13
Revel
St-Ferréol
Vaudreuille
Dreuilhe
Montcausson
la Jalabertie
St-Pierre
les Fouets
Roumens
St-Félix-Lauragais
Graissens
D 622
D 79
D 67
Rigole
Canal du Midi

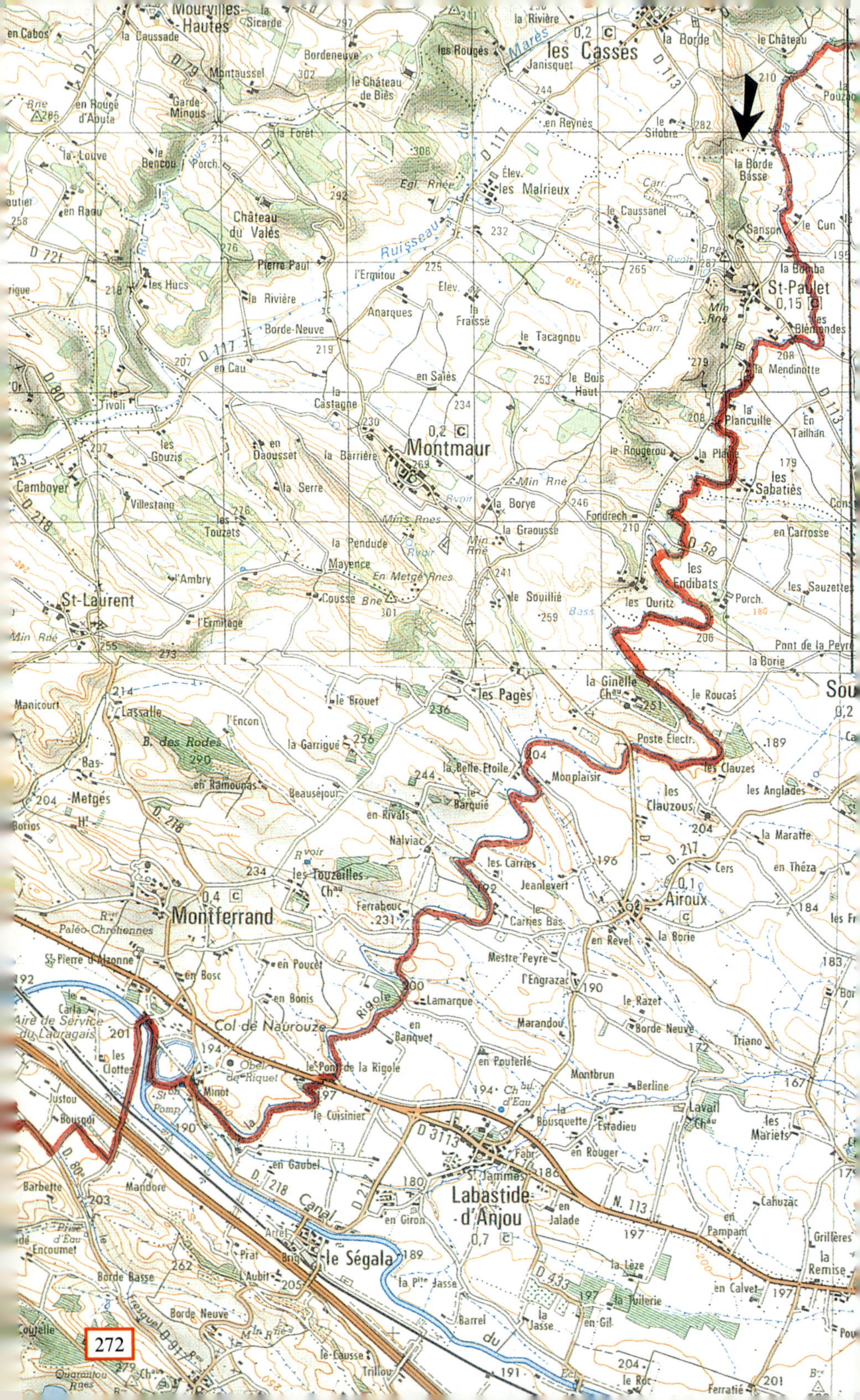

Mourvilles-Hautes
la Sicarde
la Caussade
en Cabos
la Rivière
les Casses
la Borde
le Château
Marès
Janisquet
les Rouges
Bordeneuve
Montaussel
le Château de Biès
Garde-Minous
en Rouge d'Aputa
en Reynès
le Sitobre
la Forêt
la Louve
le Bencou
Porch.
Élev.
les Malrieux
la Borde Basse
en Raou
Château du Valès
le Caussanel
Sanson
le Cun
Ruisseau
Pierre Paul
l'Ermitou
St-Paulet
la Bomba
les Hucs
la Rivière
Anarques
Fraïssé
les Blémondes
Borde-Neuve
le Tacagnou
la Mendinotte
en Cau
en Salès
le Bois Haut
Tivoli
la Castagne
la Plancuille
En Tailhan
les Gouzis
en Daousset
la Barrière
Montmaur
le Rougerou
la Plane
les Sabatiès
Camboyer
la Serre
la Borye
Villestang
Fondrech
les Touzets
la Graousse
en Carrosse
la Pendude
Mayence
les Endibats
les Sauzettes
l'Ambry
En Metgé
le Souillié
les Ouritz
St-Laurent
Cousse
l'Ermitage
Pont de la Peyre
la Borie
Manicourt
le Brouet
les Pagès
la Ginelle
le Roucas
Lassalle
l'Encon
B. des Rodes
la Garrigue
Poste Électr.
Bas-Metgès
la Belle Étoile
Monplaisir
les Clauzes
en Ramounas
Beauséjour
le Barquié
les Clauzous
les Anglades
en Rivals
Nalviac
la Maratte
les Touzeilles
les Carries
Jeanlevert
Cers
en Théza
Montferrand
Ferrabouc
le Carries Bas
Airoux
la Borie
en Revel
Paléo-Chrétiennes
St Pierre d'Alzonne
en Poucet
Mestre Peyre
l'Engrazac
en Bosc
en Bonis
Rigole
Lamarque
le Razet
Aire de Service du Lauragais
Col de Naurouze
en Banquet
Marandou
Borde Neuve
Triano
les Clottes
Obél. de Riquet
le Pont de la Rigole
en Pouterle
Montbrun
Berline
Minot
le Cuisinier
Lavail
les Mariets
Justou
Bousquet
la Bousquette
Estadieu
en Rouger
en Gaubel
St Jammes
Barbette
Mandore
Canal
Labastide d'Anjou
Cahuzac
en Giron
en Jalade
en Pampan
Grillères
Encoumet
le Ségala
la Lèze
la Remise
Borde Basse
l'Aubit
la Tuilerie
en Calvet
la Pte Jasse
la Jasse
en Gil
Borde Neuve
Barrel
le Causse
Trillou
le Roc
Ferratié
D 117
D 113
D 58
D 217
D 218
D 3113
N. 113
D 433

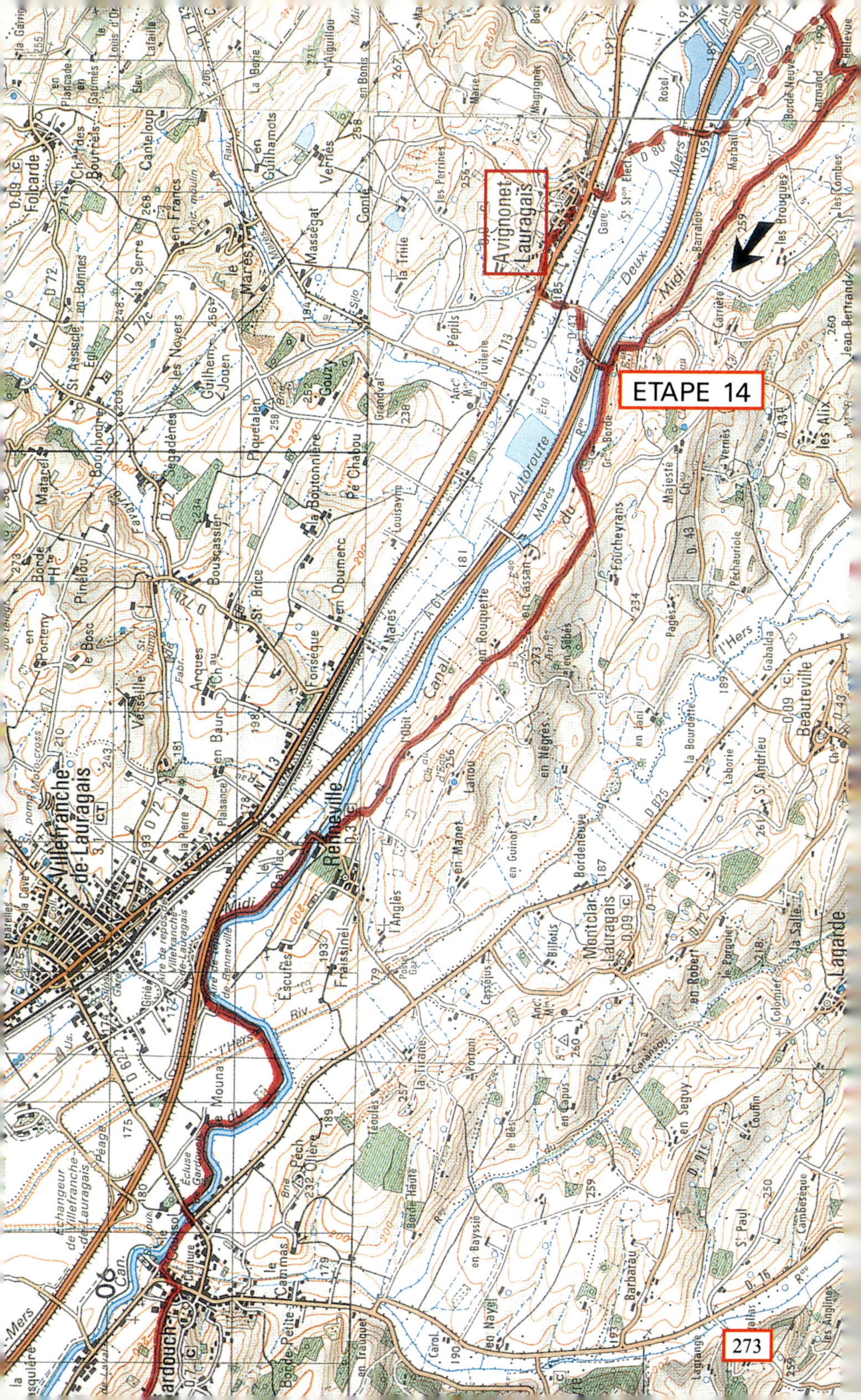
Avignonet-Lauragais
ETAPE 14
Villefranche-de-Lauragais
Renneville
Montclar-Lauragais
Beauteville
Lagarde
Folcarde
Canal du Midi
Autoroute des Deux Mers
A 61
N. 113
l'Hers
Gardouch
Echangeur de Villefranche-de-Lauragais
Aire de repos de Villefranche-de-Lauragais
Aire de Renneville

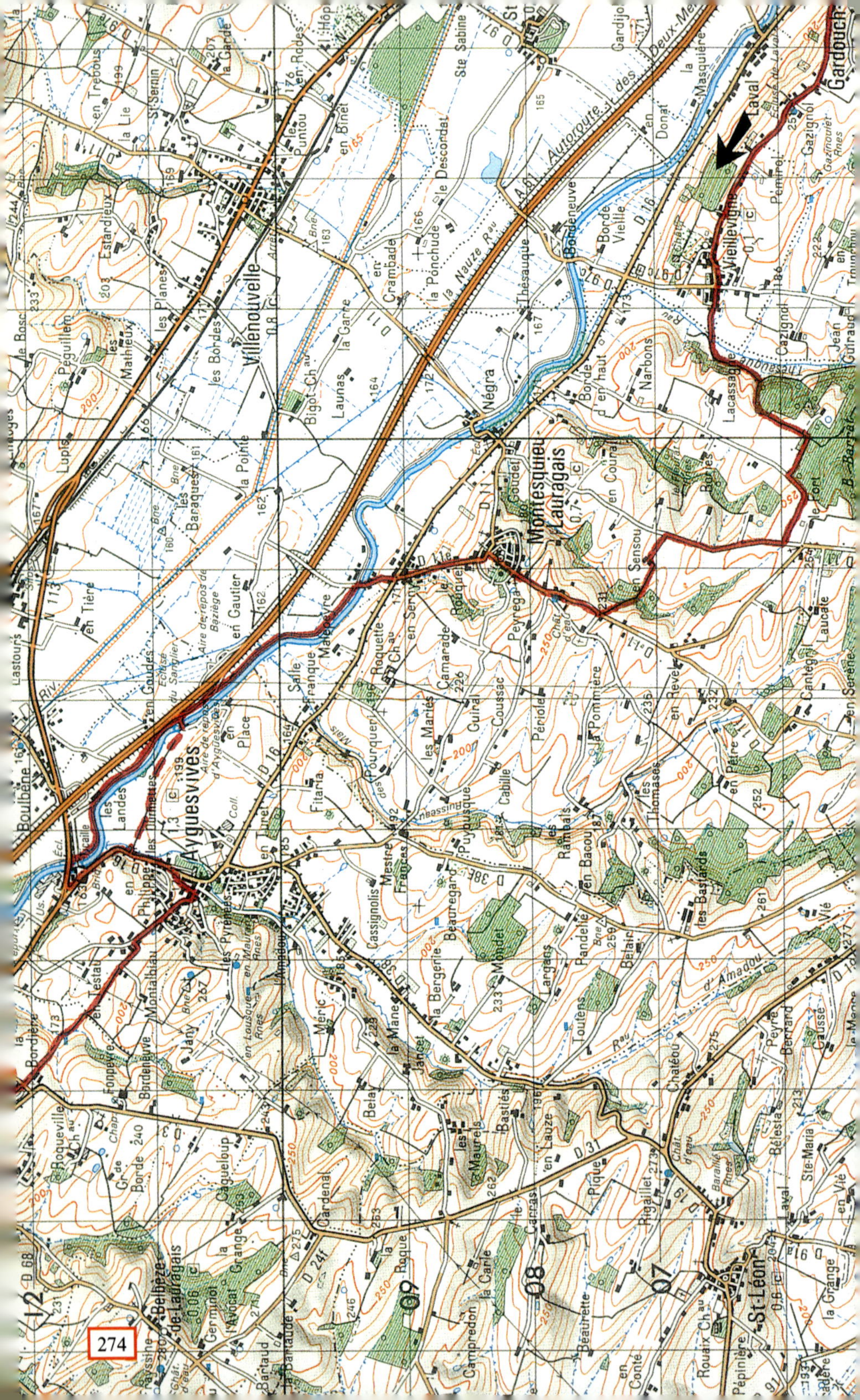
Villenouvelle
Montesquieu-Lauragais
Ayguesvives
St-Léon
Vieillevigne
Gardouch
Belbèze-de-Lauragais
Autoroute des Deux-Mers
A 61
N 113
D 16
D 11
D 38E
D 31
D 19
D 24I
Négra
Thésauque
Bordeneuve
Lacassagne
Laval
la Masquière
Boulbène
Lastours
Lupiac
Montalbiau
Montaudran
Fitaria
Roquette
Coussac
Mondel
Bastiés
Cardenal
Pandelle
Belair
Toutens
Laucate
Narbons
Aire de repos de Bazièges
Aire de repos d'Ayguesvives
la Nauze Rau

ETAPE 15
Montgiscard
Donneville
Deyme
Pompertuzat
Pechabou
Montbrun Lauragais
Corronsac
Rebigue
Aureville
Espanès
Belber
St-Lautier
Autoroute des Deux-Mers
Canal
Mervilla
Vigoulet
Auzil

TOULOUSE
ETAPE 16
Bonhoure
la Côte Pavée
St Cyprien
St Michel
St Roch
Sauzelong
Busca
Rangueil
Chaffard
Le Mirail
Reynerie
Bellefontaine
Fourguette
Braqueville
LA GARONNE Fl.
Malroc
Pouvourville
Gleyze Vieille
Complexe scientifique de Rangueil
Savignac
Pouzol
Auzeville Tolosane
Pechbusque
Vieille Toulouse
PORTET SUR-GARONNE
Récebedou
Hurlevent
Lespinasse
Mervilla

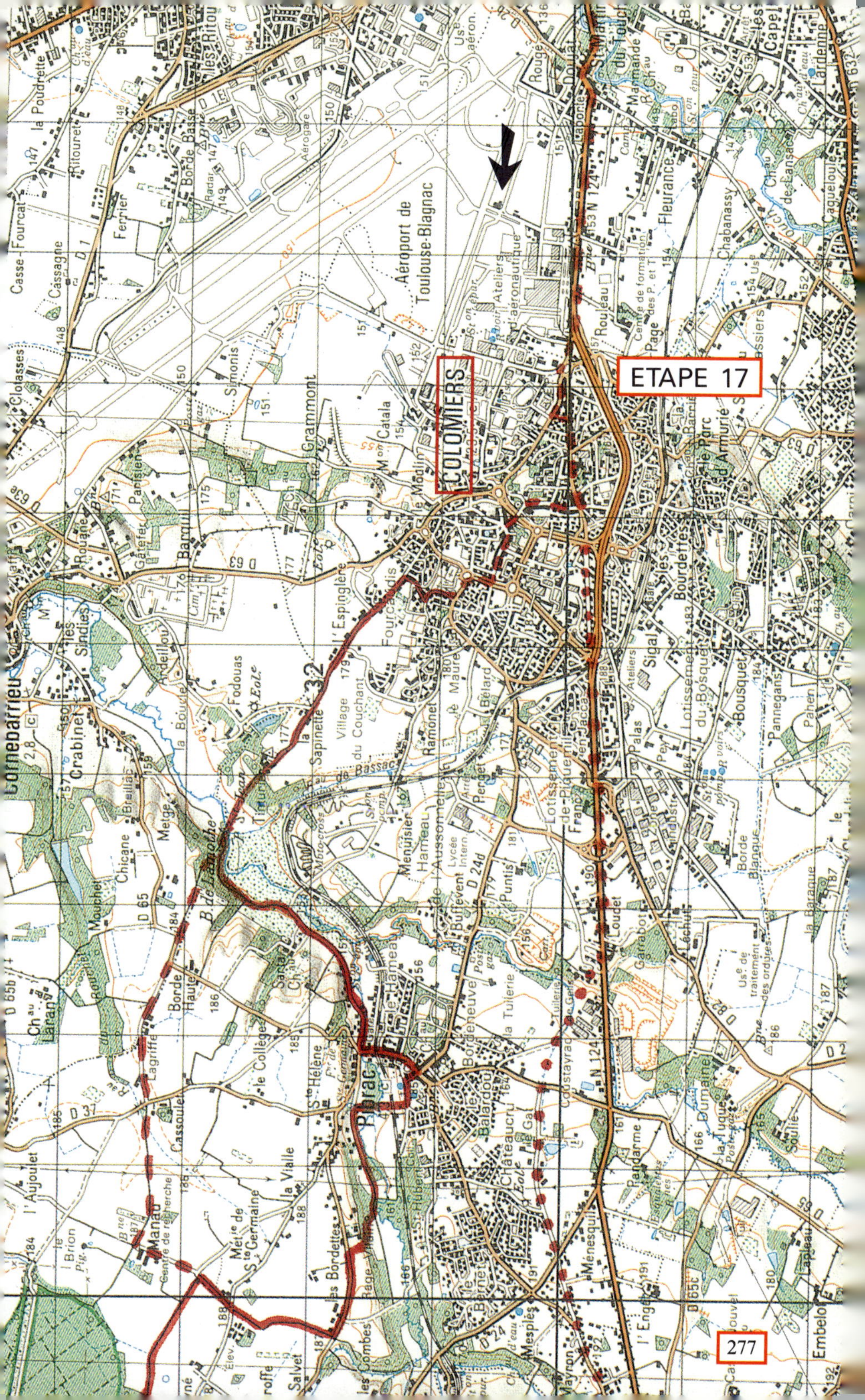
ETAPE 17
COLOMIERS
Aéroport de Toulouse-Blagnac
Pibrac
Cornebarrieu
Grammont
Fleurance
Mesplès
Ménesquil
Coustayrac
Mandou
Village du Couchant
N 124
D 63
D 65
D 37
D 24
32

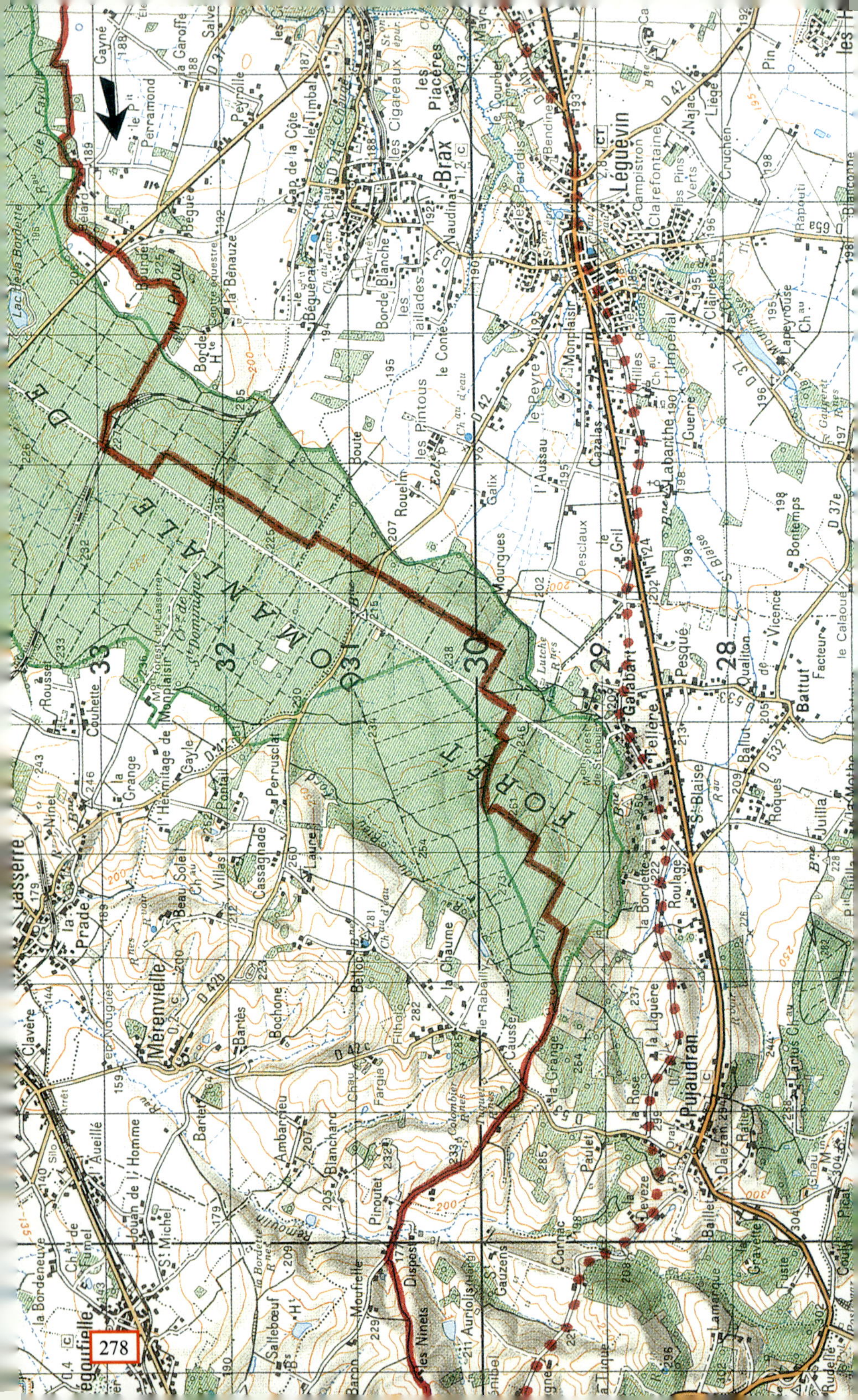

Léguevin
Brax
Pujaudran
Mérenvielle
Lasserre
FORÊT DOMANIALE DE

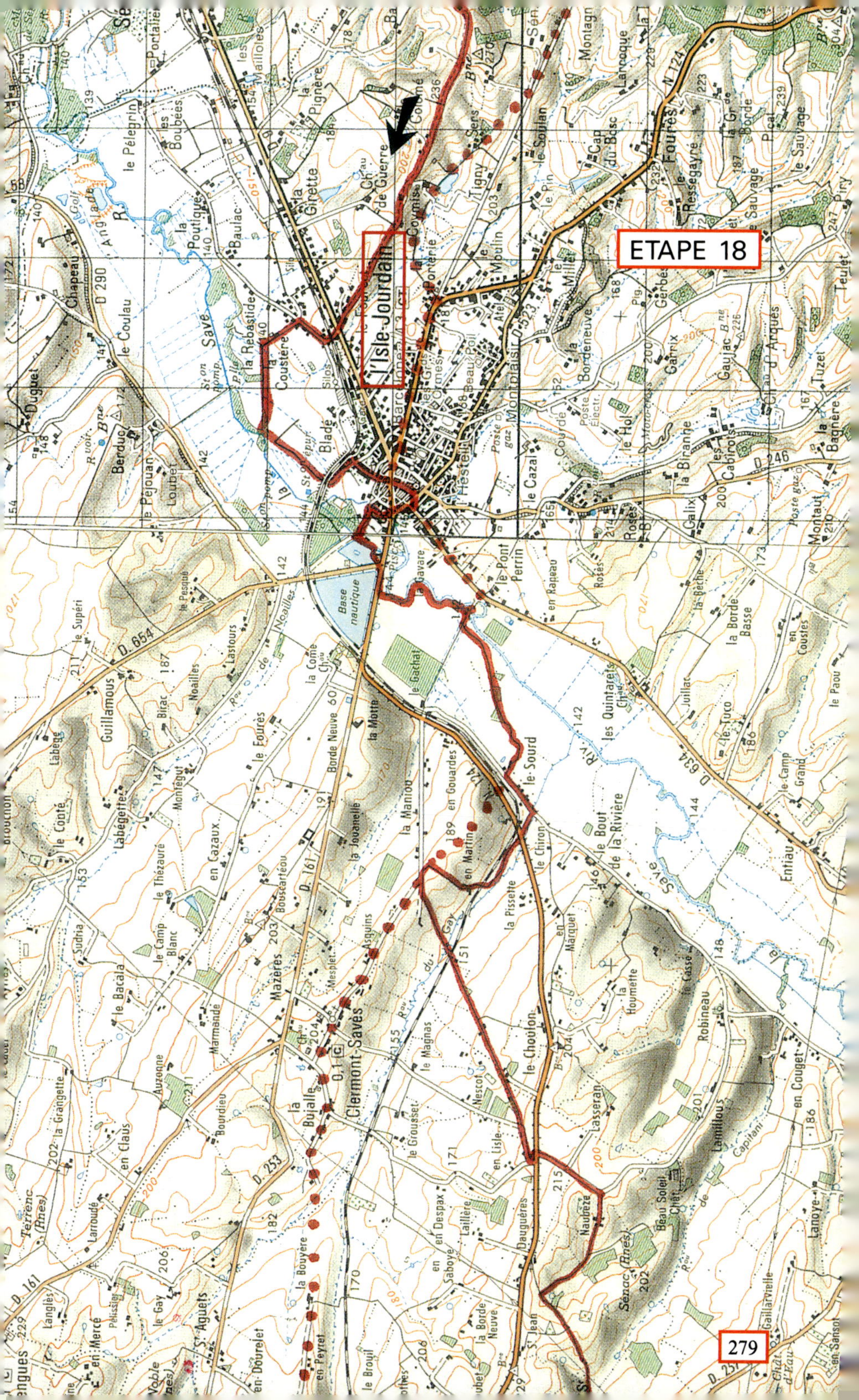
ETAPE 18
l'Isle-Jourdain
Clermont-Savès
Base nautique

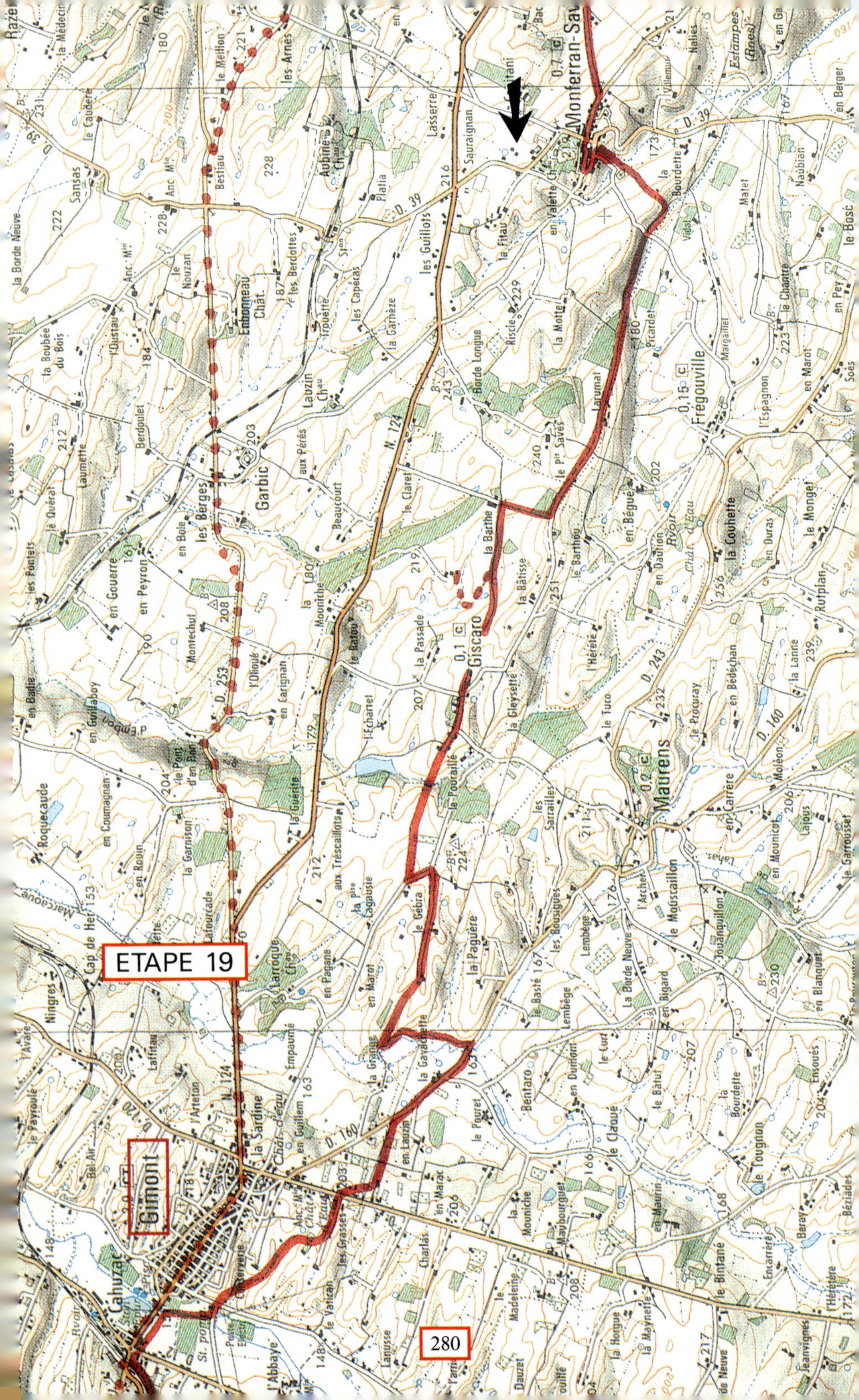
ETAPE 19
Gimont
Cahuzac
Monferran-Sav
Giscaro
Maurens
Frégouville
Garbic
Lauzin
Aubinet
Embonneau
les Berges
la Sardine
Laroque
N. 124
D. 39
D. 160
D. 253
D. 243

Aubiet
l'Isle-Arné
Juilles
Bois de Tulle
Arné Chau
les Guillas
Laverdale
la Jalousie
Cap de Her
le Garrabousta
Enjouanides
la Tour Blanche
Fontenille Chau
Brequé
Laurange
la Peyssère
D. 928
D. 256
D. 513
D. 40
D. 149
N. 124
Chât. d'Eau

ETAPE 20
AUCH
Marsan
Lussan
Lahitte
Montégut
Pessan
Roquetaillade
Leboulin
Laboubée
L'Hospitalet
Larroussagnet
l'Arçon

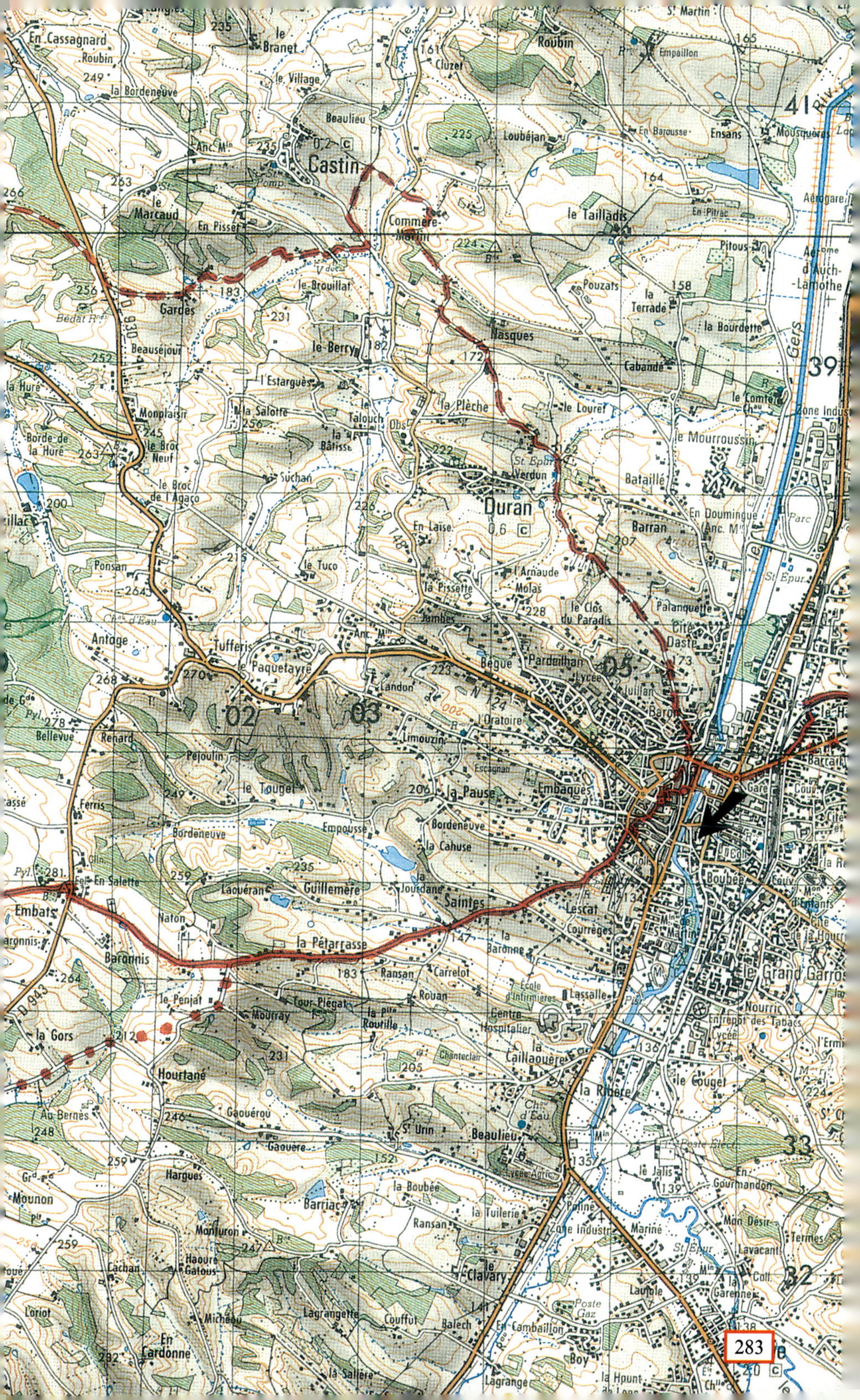

En Cassagnard
Roubin
le Branet
Roubin
St Martin
Cluzet
Empaillon
la Bordeneuve
le Village
Beaulieu
Castin
Loubéjan
En Barousse
Ensans
Mousquères
le Marcaud
En Pisset
Commère-Martin
le Tailladis
En Pitrac
Aérogare
Pitous
Aérodrome d'Auch-Lamothe
Gardès
le Brouillat
Pouzats
la Terrade
la Bourdette
le Berry
Nasques
Cabanè
Beausejour
l'Estarguès
la Salotte
la Plèche
le Louret
le Comtes
Zone Indus
la Huré
Monplaisir
le Broc Neuf
la Bâtisse
Talouch
le Mourroussin
Borde de la Huré
Suchan
Verdun
Bataillé
le Broc de l'Agaço
Duran
En Laïse
Barran
En Domingue
Parc
Ponsan
le Tuco
l'Arnaude
Molas
la Pissette
le Clos du Paradis
Palanquette
Antoge
Tufferis
le Paquetayre
Begué
Pardeilhan
Lycée
Cité Daste
Landon
Juillan
l'Oratoire
Bellevue
Renard
Pejoulin
Limouzin
Encagnan
le Tougel
la Pause
Embaques
Gare
Barrat
Ferris
Bordeneuve
Empousse
Bordeneuve
la Cahuse
Boubée
En Salette
Laouéran
Guillemère
la Jourdane
Saintes
Lescat
Courrèges
Embats
Naton
la Pétarrasse
Baronnis
Ransan
Carrelot
la Baronne
le Grand Garros
le Penjat
Tour Plégat
Mourray
Rouan
la Pte Routille
École d'Infirmières
Lassalle
Centre Hospitalier
Nourric
Entrepôt des Tabacs
Lycée
la Gors
Hourtané
Chanteclair
Caillaouère
la Ribère
le Couget
Au Bernès
Gaouérou
St Urin
Beaulieu
Gaouère
Hargues
Lycée Agric
le Jalis
Gourmandon
Mounon
la Boubée
Barriac
la Tuilerie
Ransan
Mon Désir
Termes
Monturon
Marine
Lavacant
Cachan
Haoure Gatous
Clavary
Loriot
Micheou
Lagrangette
Coufflut
Balech
Poste Gaz
En Camballion
En Cardonne
la Sallère
Lagrange
Boy
Zone Industr
D 930
D 943
N 124
Gers
02
03
05

le Hourquet
En Trouet
Espugos Chau
Mengot
la Citadelle
Tartifume
l'Archevêque
le Prioü
les Nauzes
Ordan-Larroque
le Pic
Lavenère
Meilhan
Chau Vieux
le Cancelle
En Janblan
Lasterrandes
Mauhourat
Caubinot
le Bourdieu
Martin
la Bourdette
Lamothe
En Fliché
le Padouen
le Merle
Damiette
le Marquet
le Carboué
Poumadère
Mézerac
le Mourou
Coucut
d'Espis
Anc. Mln
En Carrère
Esparevent
le Clavary
Espis
En Doumenguet
les Esplassots
Cap de Bosc
N 124
Nalies
En Dumet
Hargues
le Guit
Mesternaut
Marengo
Numérac
le Canonge
Labarthe
En Cassagne
Larriouau
Cabiran
Capélanie
Liarès
Moïse
Tégle Neuf
Labarre
Cante-Perdic
En Guillot
Cap de la Serre
Thomas
Ardenne
Lassalle
Laouerre
St Jean de Bazillac
Labarthète
les Moulères
le Boirat
Guibat
la Bourdette de Serre
Petit Jean
Caillau
Forêt Do
Clajac
Beaupré
Biannes
Téoulet
Lartigolle
Sounes
Macau
le Breton
la Tuilerie
Mousquère
d'Ordan-La
le Bigourdan
le Grasset
Poste Gaz
Castel St Louis Orphelinat
le Husté
les Touzettes
Bois d'Auch
Cocuron
Bel-Air
Peyrucole
Pujos
Roumégué
Nux
Pey
Espiau
Cussouau
Toulicau
Terrebuse
Hargouère
Lauzé
Pétroche
Cabos
Forêt Dom.
Anc. Mln
Quillon
Rousseau
Létouat
d'Ordan-Larroque
le Pla
Bellevue
Francisse
Colomès
Christian
Isandon
Camasses
Bournac
Ribère
Bordeneuve
Haoure
Bascou
la Bourdette
St Uret
Bajegat
Malaro
Berrin
Courrent
Baraillac
Maupeu
Laubarie
Berdoulet
le Président
Anc. Mln
la Brane
Pulong
Barran
Fatigué
Bonnefont
la Martinique Haras
Domaine d'Aylies
Poudio
D 943
la Concorde
Monplaisir
Lalanne
Cassadou
la Moge
St Roch
Monbernat
l'Aulouè
En Peluche
l'Espiet
Belair
Dom. de la Castagnère
St-Barthélemy
Arties
Grangé
Gaston
la Hit
le May
Gd Mené
la Sabathère
Crucé
D 150
D 374

le Brouilh-Monbert
Sansounet
Bourraquète
Tanazac
Lamothe
Daran
Cabanious
le Gouté
le Priou
Lussan
Houres
Cassebertats
le Juge
Laubarie
Monbert
Pouchot
Ribère
Cabos
la Lannette
Barade
Labade
Jaymes
Tuilerie d'en Caillau
Soulès
Rigueреu
Marseillan
Monrepos
En Caillau
Menginat
la Gde Borde
Chau de Mazères
le Gardian
Broustana
Montaut
Couet
Mln de Mazères
la Tuilerie
Pélozit
Pécler
le Blondin
la Tuilerie
Grousselle
Labenne
Malambin
Armagnac
la Bourdasse
le Gd Bois
Picon
le Paladot
Labarthe
St Aubin
la Brana
Luglon
Lassalle
Bernadon
Laguarde
Biensan
St-Arailles
la Barrère
la Palome
Houres
Merlieu
Bireboach
Boulos
Bellegarde
l'Arrecebedou
Auxion
Peres
Guillaumet
Bruhou
la Doussine
Crouchet
Mirannes
Frescatis
Silo
Garros
le Cousin
Hargues
Picasson
Chapelle
Laas
Labourdette
Geleneuve
la Ribère
Courbet
Maymac
Maripouy
Malard
Idrac
Belesta
Capitou
l'Ermitage
Gaspons
Soubagnan
Cauderon
Tourneur
les Pétarrots
Gazax
le Marchand
Cridehort
Bouscassé
Mauron
Pontic
Capitany
la Gascogne
Larroque
Peydelors
Vidalies
Claus
Ardeune
Limbert
Bartet
Pégut
Bordeneuve
Marastet
Borde Neuve
Custret
Cadiran de Bas
Come de Hour
l'Hôpital
Hourtané
Enlaurens
Rouquezan
l'Estibal
l'Isle-de-Noé
Coutimbelle
Pété du Rey
Yos
Linsolle
Cassagnard
l'Hérèté
Peydelon
Thérou
Comegeille
Rabanéou
Ladiran de Haut
la Laqueue
le Picaillon
Coop Agricole
les Aguiraults
Priou
Peyret
Biadous
Couget
Capé
Caumont
Bertin
D 174
D 939
D 179
D 943
D 191
D 34
Baïse
Lizet
Maripouy

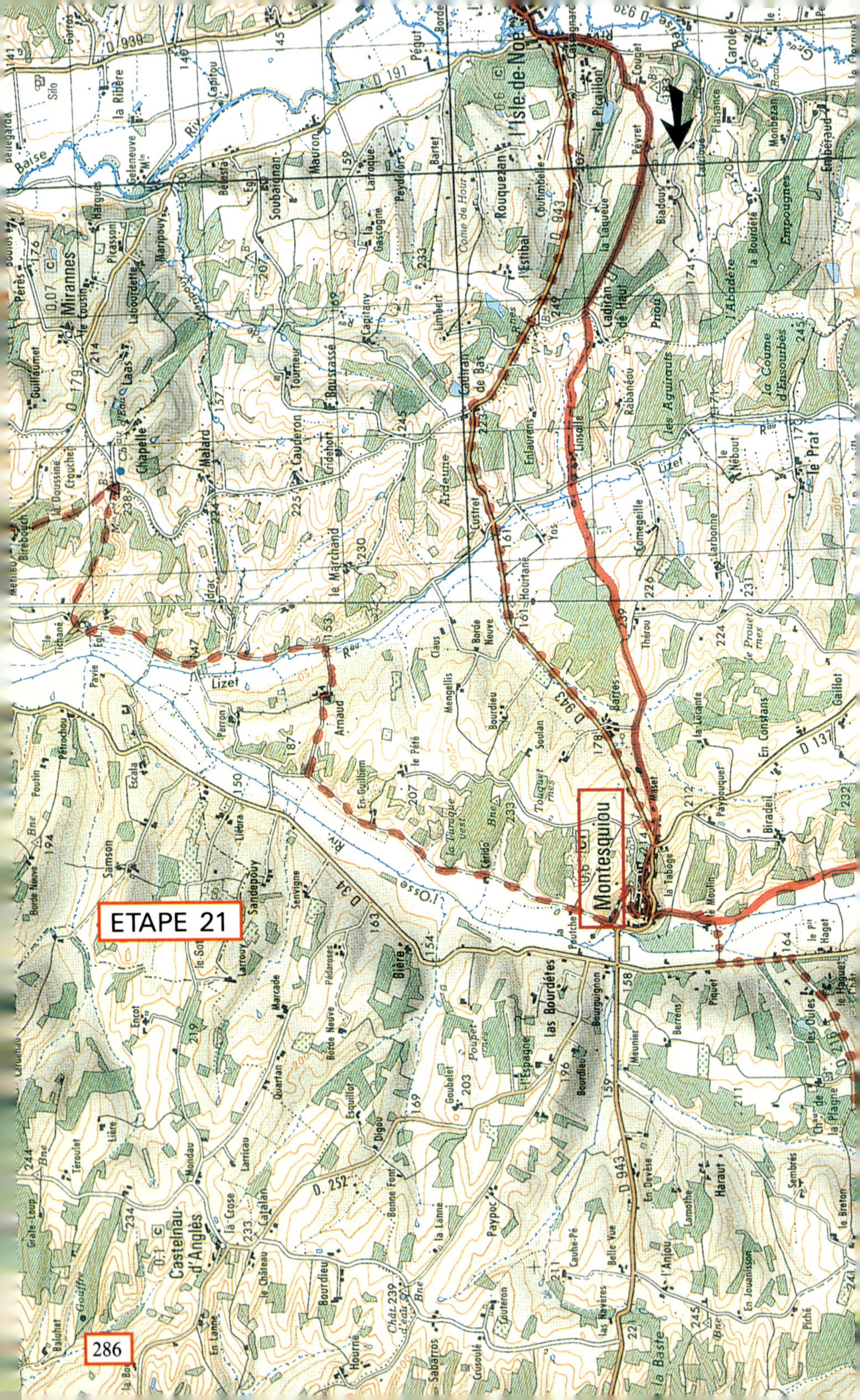
ETAPE 21
Montesquiou
l'Isle-de-Noé
Mirannes
Castelnau-d'Anglès
Lizet
l'Osse
D 943
D 34
D 252
D 137
D 179

Pouylebon
Sarragaillet
Bars
Chau de Marignan
St-Christaud
Commune de Pallanne
Monlezun
le Grand Bois
la Baradée
D. 34
D. 159
D. 156
D. 216
D. 943
l'Osse
Chau de Garac
Perrin
Lamarque

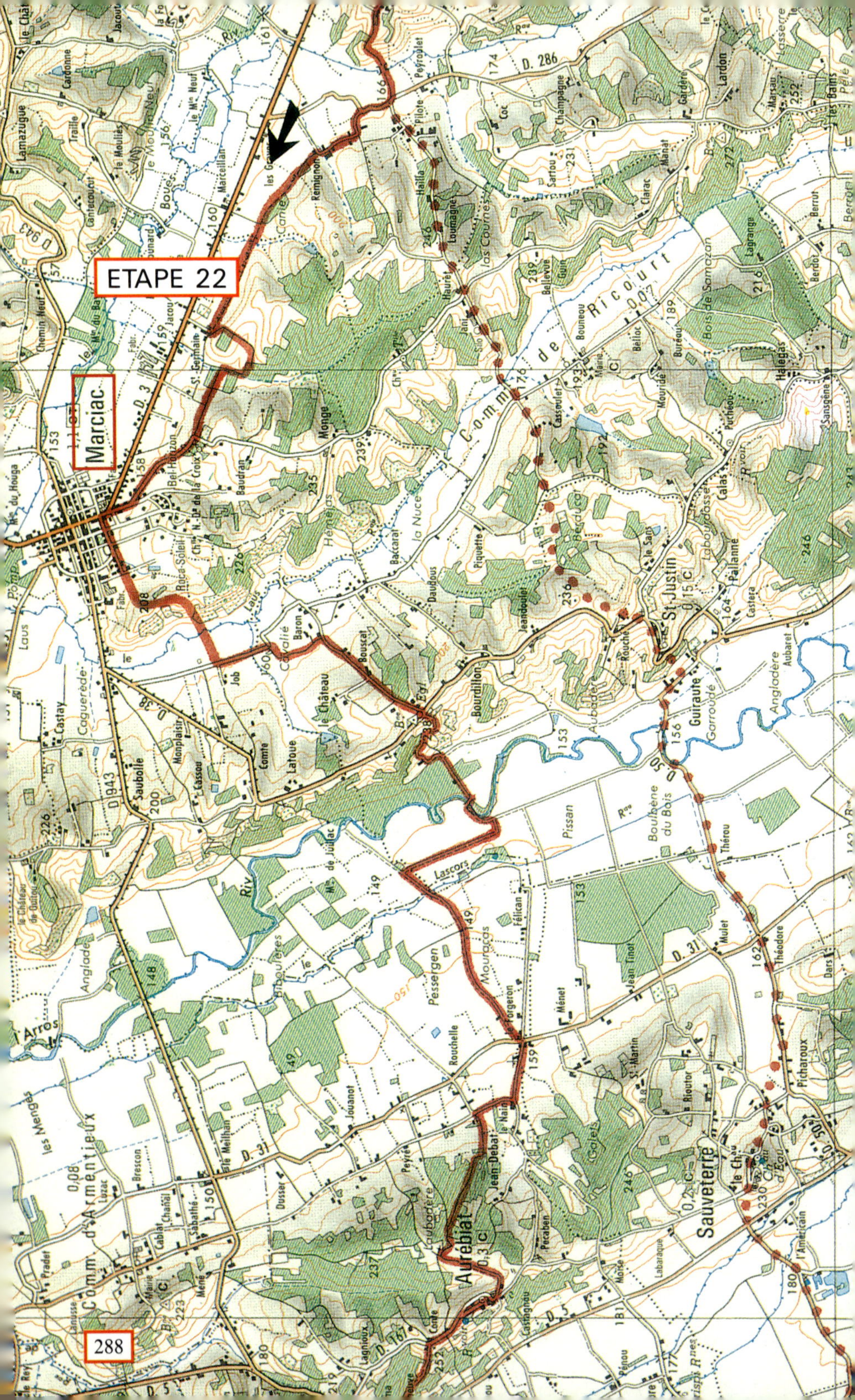
ETAPE 22
Marciac
St Justin
Sauveterre
Aurébiat
Comm. d'Armentieux
Comm. de Ricourt

Maubourguet
le Faubourg
Pelagariès
Estirac
Sombrun
Larreule
Villefranque
Lahitte-Toupière
Peyrouse
Caminau
D 935
D 943
D 50
D 8
D 48
D 59
D 55
D 221
D 907

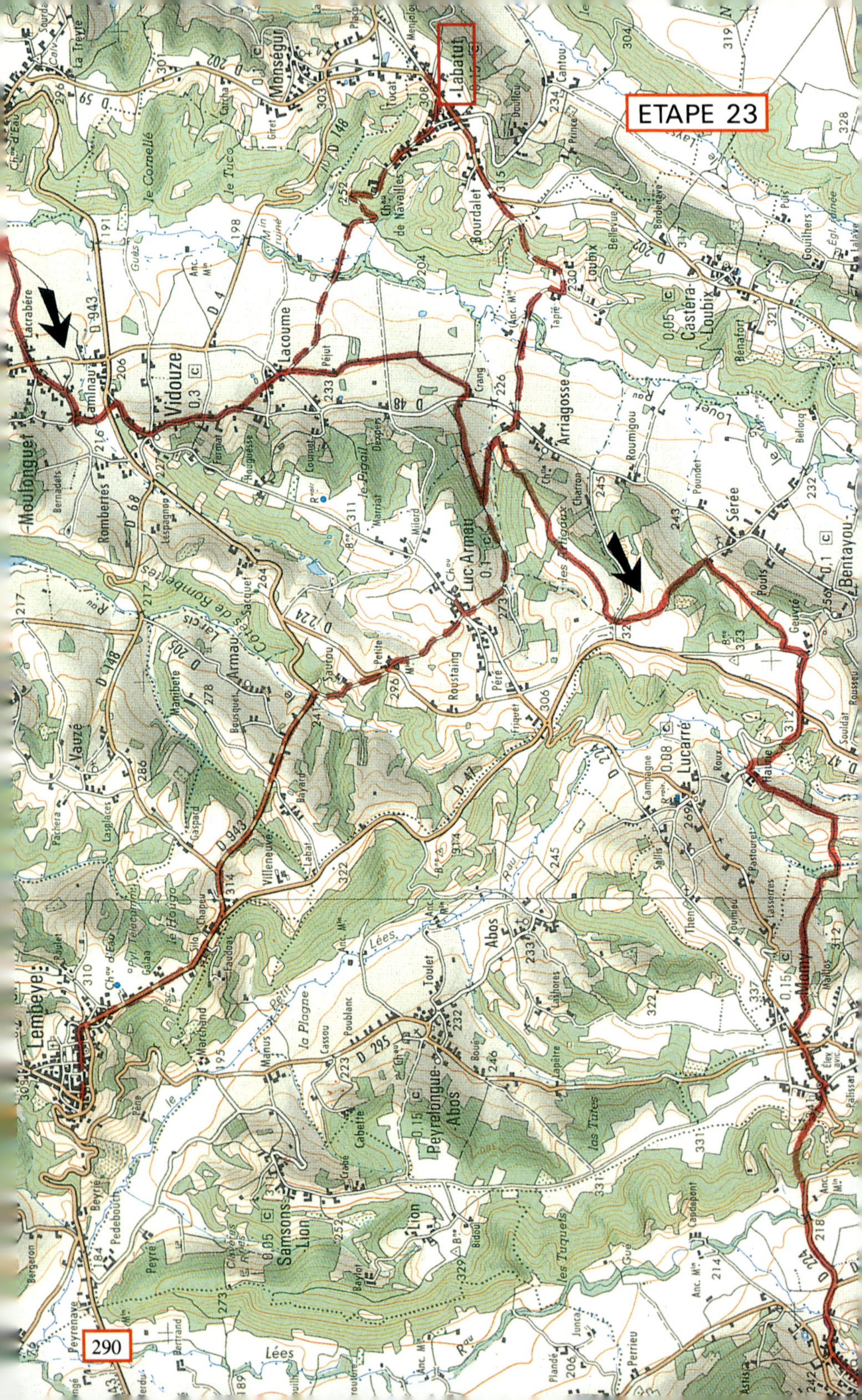
ETAPE 23
Labatut
Monségur
Vidouze
Lacoume
Ch.au de Navailles
Bourdalet
Loubix
Castéra-Loubix
Arriagosse
Moulonguet
Rombertes
Côtes de Rombertes
Luc-Armau
Armau
Sauzet
Séree
Bentayou-
Lucarré
Vauzé
Villeneuve
Lembeye
Abos
Peyrelongue-Abos
Samsons-Lion
Lion
Momy
les Tuquets
las Tures
la Plagne
Lées
D 943
D 202
D 148
D 48
D 224
D 47
D 295
D 68
D 4

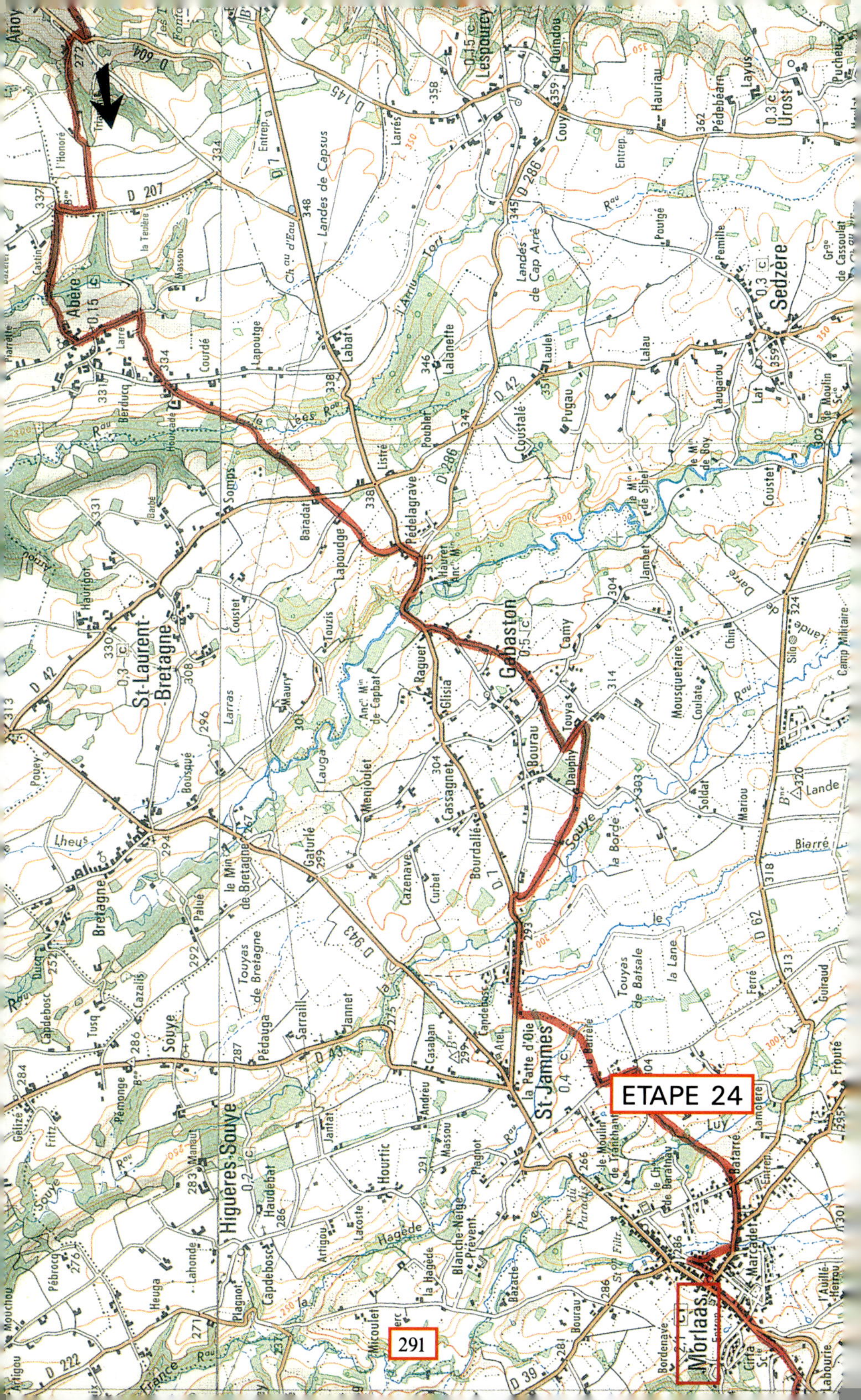

ETAPE 24
Morlaàs
St-Jammes
Gabaston
St-Laurent-Bretagne
Higuères-Souye
Sedzère
Abère
Lespourcy
Urost
Anoy
Souye
Bretagne
D 943
D 42
D 7
D 207
D 222
D 39
D 62
D 286
D 145

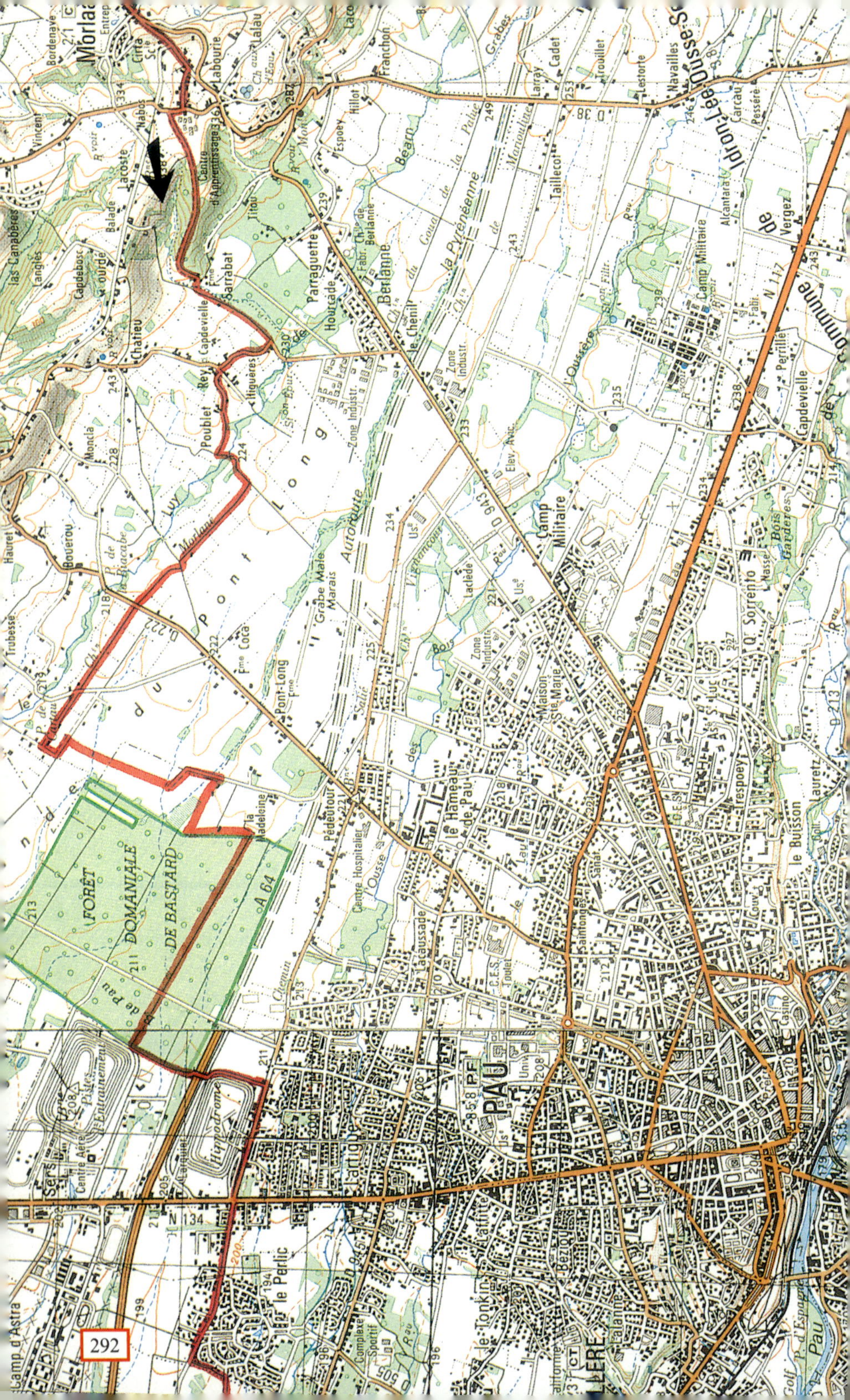

FORÊT DOMANIALE DE BASTARD
PAU
Pont Long
A 64
Autoroute
la Pyrénéenne
Camp Militaire
Hippodrome
N 134
le Hameau de Pau
Berlanne
Sarrabat
Poublet
le Buisson
Bois de Gàbes
Camp d'Astra
le Perlic

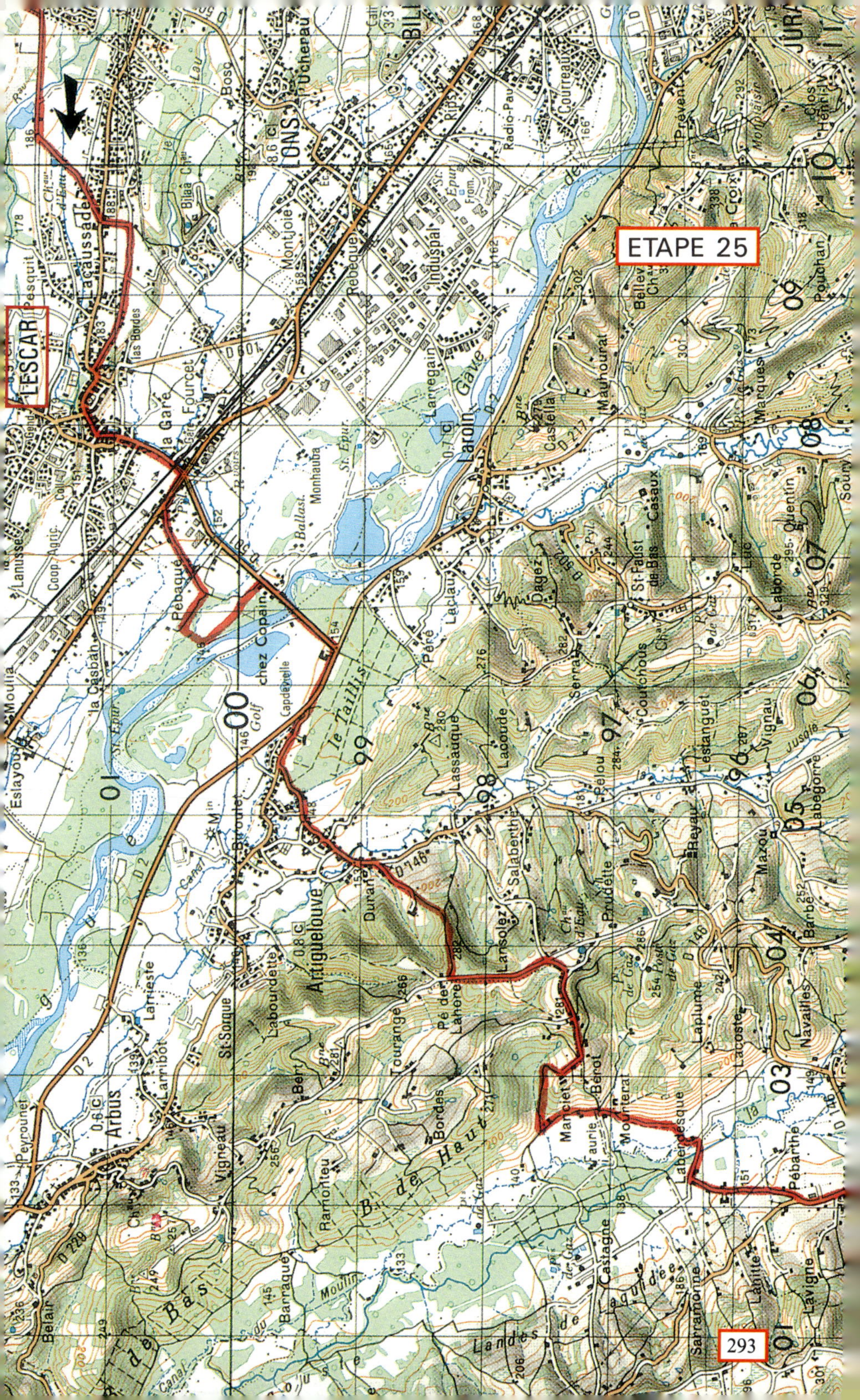
ETAPE 25
LESCAR
LONS
Lescar
Laroin
Artiguelouve
Arbus
St-Faust de Bas
Gave

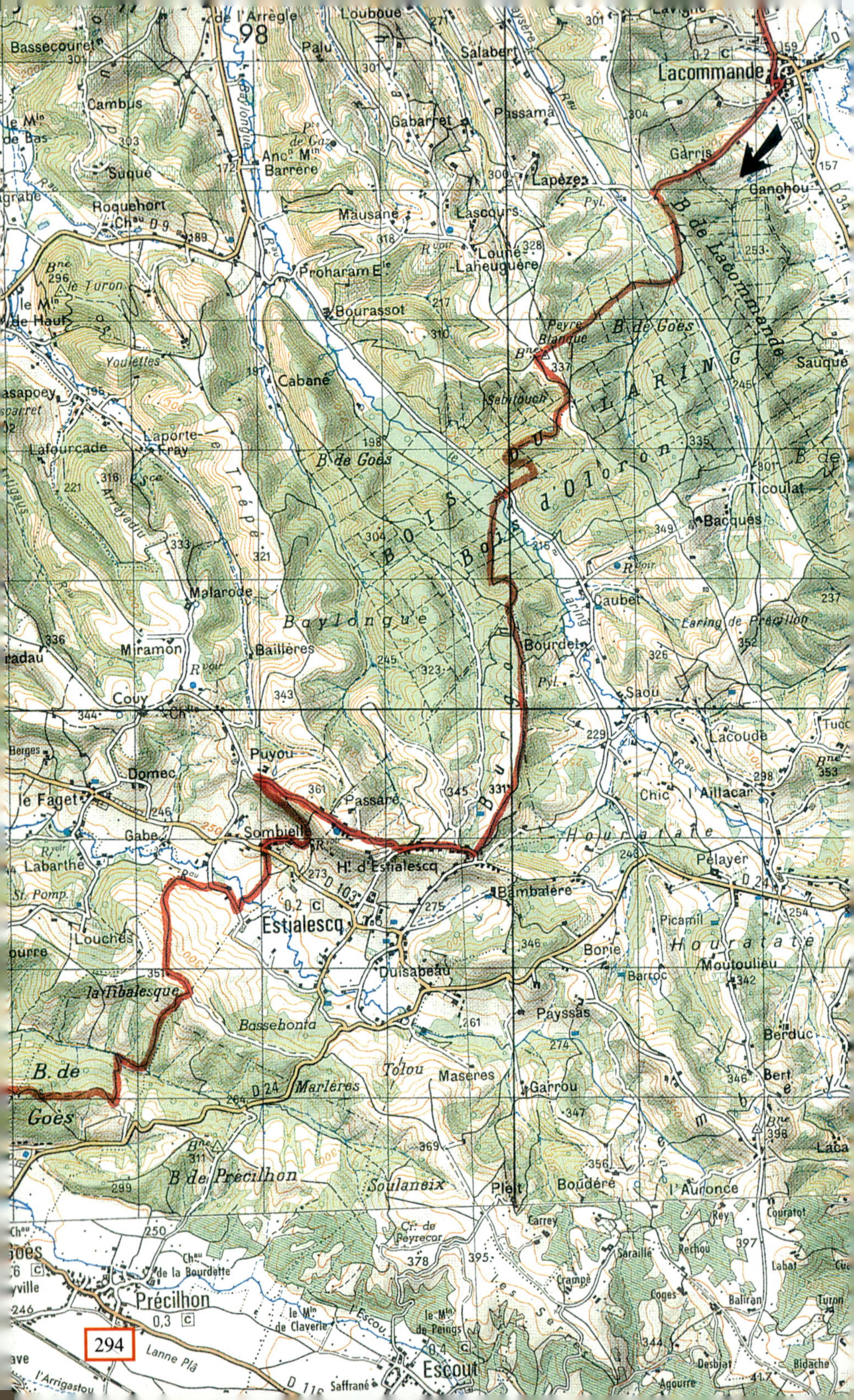

98
Lacommande
Bassecouret
de l'Arregle
Louboue
Palu
Salabert
Cambus
Gabarret
Passama
Garris
Ganchou
Suque
Barrere
Lapèze
Roquehort
Mausane
Lascours
Loune
Laheuguère
Proharam
Bourassot
B. de Lacommande
Peyre Blanque
B. de Goès
Sauque
Youlettes
Cabane
Sebitouch
LARING
Laporte-Fray
Lafourcade
B de Goès
BOIS DU LARING
Bois d'Oloron
Ticoulat
Bacqués
Malarode
Baylongue
Caubet
Laring de Précilhon
Miramon
Bailleres
Bourdet
Saou
Couy
Puyou
Lacoude
Domec
Passaré
Chic
Aillacar
le Faget
Sombielle
Gabe
Labarthe
Ht d'Estialescq
Bambalère
Pelayer
Hourratate
Estialescq
Picamil
Louches
Borie
Moutoulieu
Duisabeau
la Tibalesque
Barroc
Payssas
Bassebonta
Berduc
B. de Goès
Tolou
Maseres
Bert
Marlères
Garrou
D 24
D 103
B de Précilhon
Soulaneix
Pl. Boudéré
l'Auronce
Carrey
Courator
Cr. de Peyrecor
Rechou
Saraille
Labat
Crampé
Coges
Baliran
Turon
Précilhon
Ch. de la Bourdette
le Mln de Claverie
le Mln de Peings
Lanne Plà
l'Arrigastou
Saffrané
Escout
Agourre
Desbiat
Bidache

OLORON STE-MARIE
ETAPE 26

St-Christau
Lurbe-St-Christau
Castillou
Gracianne
B. du Soueil
Bois de Hource
Mousquère
Bielhe
Pédouilh
B. de la Lie
Pic
Mail Arrouy
1251
Bouhaben
Quartier de la C
Soum du Caut
Bourda
Ctle électr.
d'Asasp
Bisarce
792
Arenguet
Castéra
Bellocq
Récure
Lahous
Bachère
Cauhapé
Chichet
Labathère
Casaudoumec
Peyré
le Lagnos
Pouquette
Soum de Binet
Coutchet
Labraque
Hourquiau
Bourdalat
Cap de Batch
Soum de Soulou
Sarthou
Toussau
de Lacouyeou
Casteig
Lauda
Mougnague
Minvielle
Arrateig
le Barescou
Baqué
Cap de la Saudie
B. de Serrelongue
Jean-Petit
Soum des Bourdettes
Fouistou
Escot
Moulia
Cousté
la Pène
D 294
Pendié
la Moule de Poun
Bois de la Pèn
Bois de Garay
la Bourdette
Poste électr.
Crête de Souturou
Crête de la Pène d'Escot
Soum de Souturou
1183
1133
Col de Napatch
Borde de Pelut
Pic
Roumendarès
1646
Trône du Roi
1266
Bois d'Isson
les Fges d'Escot
Castet
Barreras
Sayquet
Pic d'Anduret
Col de Launde
Sarthou de Ht
Garat
Pelut
Loburrère
Labedans
Pont de Pitau
Bourdiou
Hournou
Bordenave
Labay Soueilh
Bosdapous
Castéra
Sarrance
Nabéra
Déou-Gassat
Col de Dut
1003
Saraillé
1242
Bourau
Gastou
Rachou
Laplace
Arrêt
Latapie
Gayet
Serrot-Ichère
Moulia
Pauly
Lescoudé
Bois d'Ar
Pic Hèche
1085
922
Chourrout
Col d'Ichère
Satrelange
Laborde
Glère
Franciman
Mail du Couret
la Coste de Gey
Mirassou
Margalot
Frisou
Pouyanne
Gey
Nouguéret
Lapachou
Audap
Loustau
Ponsuzou
Sabatté
Berges
Bourda
Lalanne
Ladarricate
l'Artigau
Aulance
Bois de Labay
986
Biscarce
1032
Col de Biscarce
Bois de

ETAPE 27
Osse-en-Aspe
Bedous
Jouers
Accous
Orcun
Athas
Lées
Lescun
Cette-Eygun
Cette
65
62
60
59
58
56

Etsaut
Borce
Jauhers
Casadepats
Larrouy
Maison du Parc
Jedoussan
Bois de Lestère
Col de Barrancq
Tuquet
Relai Télév.
Soulé
Toulouse
P. de Cebers
Lignette
Lacourt
B. de Bieus
Montepaux
Col de la Nabe
Pene d'Udapet
Col d'Arras
Miramon
la Cristallère
Fort du Portalet
P. d'Urdos
Col du Bendous
Anc. Gare
Casabonne
Col des Pisés
Labourdègne
Gaussau
Col de Lagreou
Urdos
B. de Lagaube
Passette
Bois du Baralet
la Cristallère
Col de Lestarou
Col de la Coumatte
Trouilh
Lapédagne
Claverie
Montengou
Vigneau
Sayerce Pon
P. d'Arnousse
Sarrot du Mirail
Pic du Baralet
Souperet
Col de Lapachouaou
Pic d'Arlet
Lac d'Arlet
Montagne de Banasse
Pic d'Arri
Col d'Arrouy
Bois de Coueq
Auberge du Peilhou
Plateau de la Gentiane
Col de Lazaque
Lac du Peilhou
Col de la Contende du de Coueq
Col de Gourgue Sec
Cne de Lurbé
Belonce
Bois
Prise d'Eau
Ateis
Cambas
Bonafon
Lamourane
Caranso
Couduro
Cne de Cayalatte
Col de Sadum
Bois de Busteigts
NATIONAL

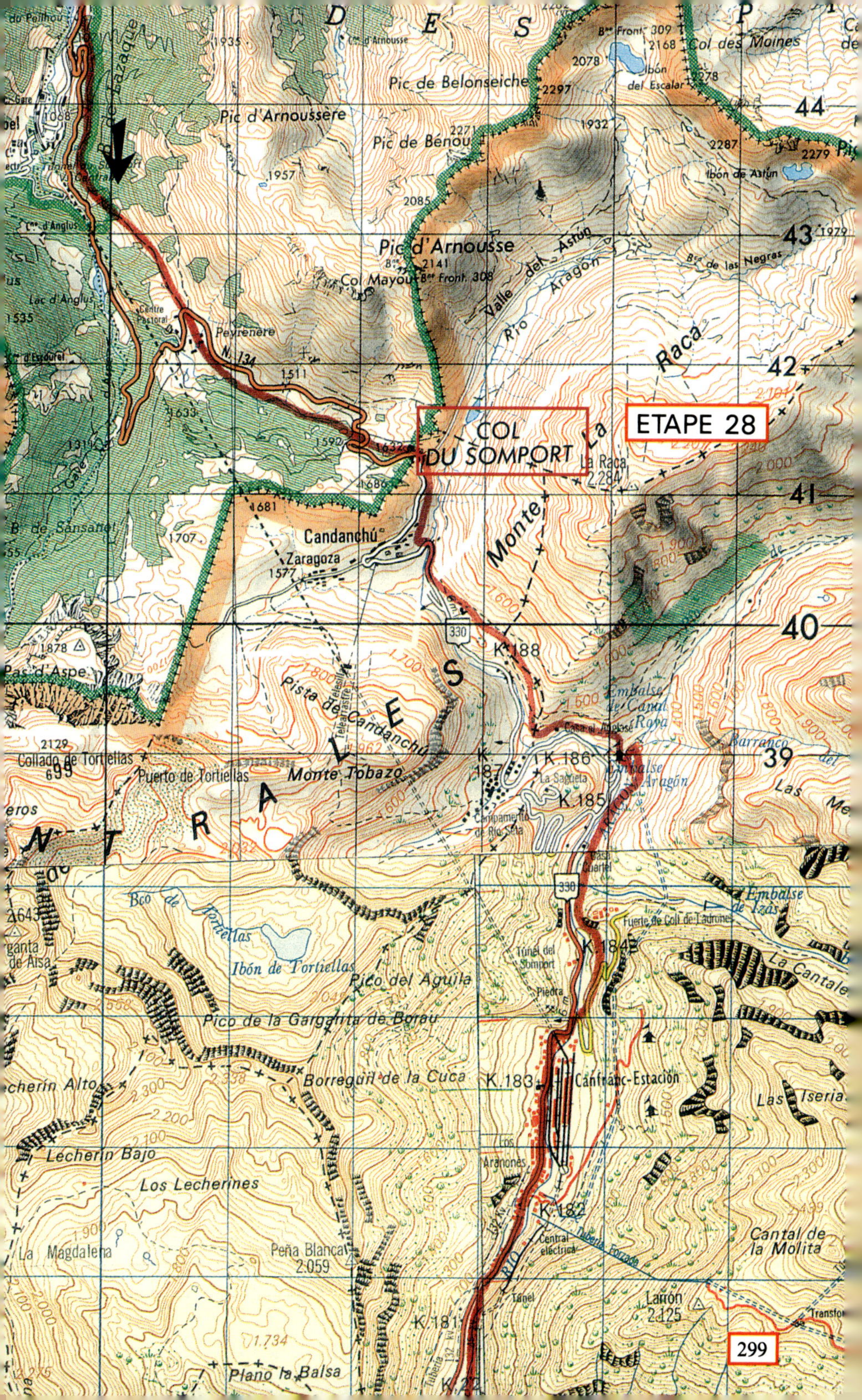
COL DU SOMPORT
ETAPE 28
Pic de Belonseiche
Pic d'Arnoussère
Pic de Bénou
Pic d'Arnousse
Col Mayou
Col des Moines
Ibón del Escalar
Ibón de Astún
Valle del Astún
Río Aragón
La Raca
Lac d'Anglus
Peyrenère
N. 134
Candanchú
Zaragoza
Monte La Raca
Pista de Candanchú
Monte Tobazo
Collado de Tortiellas
Puerto de Tortiellas
Embalse de Canal Roya
Embalse de Izás
Fuerte de Coll de Ladrones
Túnel del Somport
Canfranc-Estación
Ibón de Tortiellas
Pico del Aguila
Pico de la Garganta de Borau
Borreguil de la Cuca
Lecherín Alto
Lecherín Bajo
Los Lecherines
La Magdalena
Peña Blanca
2.059
Central eléctrica
Larrón
2.125
Cantal de la Molita
Plano la Balsa
K.188
K.187
K.186
K.185
K.184
K.183
K.182
K.181
330

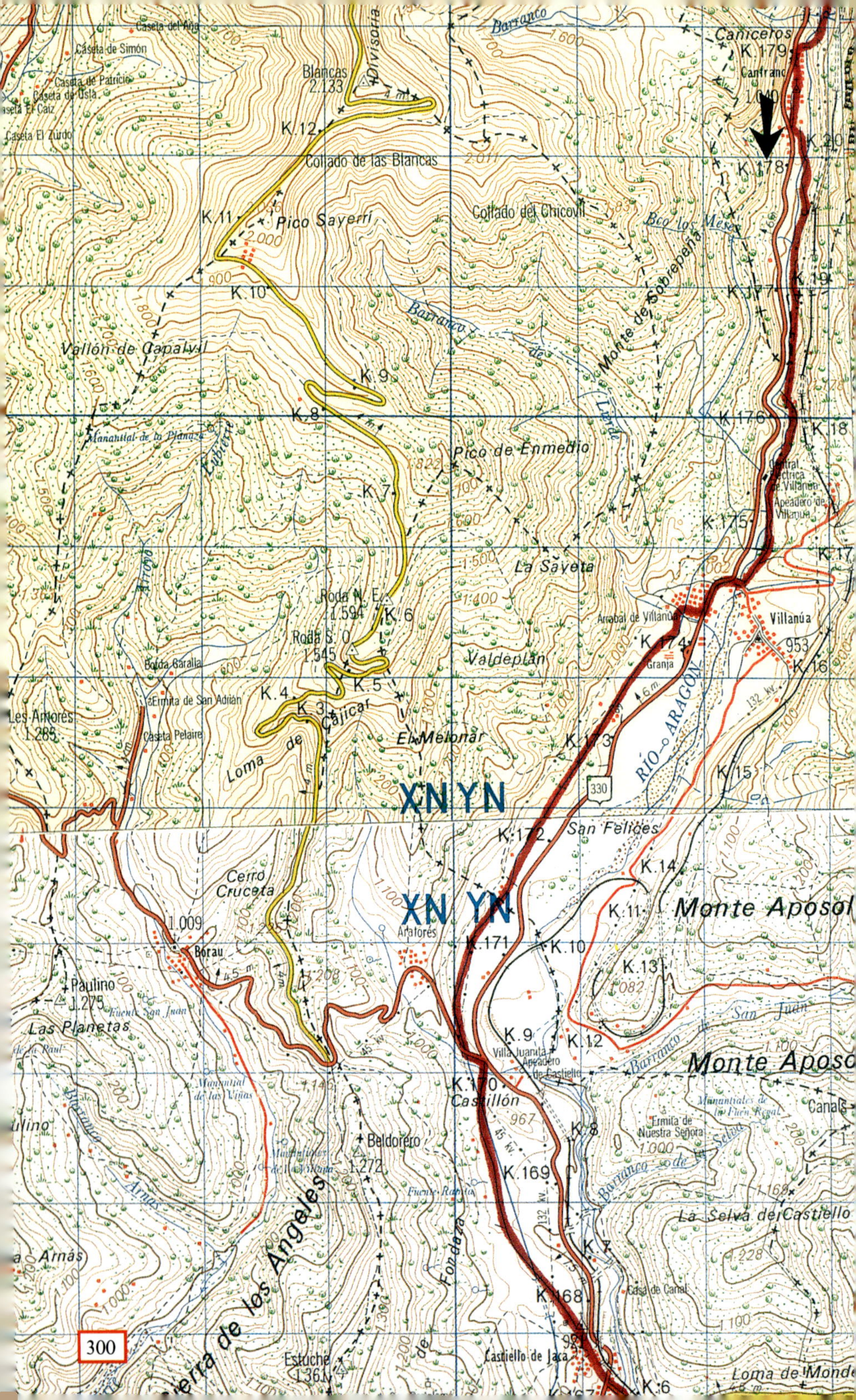
Caseta del Ana
Caseta de Simón
Caseta de Patricio
Caseta de Usta
Caseta El Caiz
Caseta El Zurdo
Blancas
2.133
Divisoria
Barranco
Caniceros
K.179
Canfranc
K.12
Collado de las Blancas
K.178
K.20
Pico Sayerri
K.11
Collado del Chicovil
Bco los Meses
Monte de Sobrepaña
K.10
K.177
K.19
Vallón de Capalvil
Barranco de Lierde
K.9
K.8
K.176
K.18
Manantial de la Planaza
Pico de Enmedio
K.7
Central Eléctrica de Villanúa
Apeadero de Villanúa
K.175
La Sayeta
Roda N. E.
1.594
K.6
Arrabal de Villanúa
Villanúa
Roda S. O.
1.545
K.174
953
Valdeplán
Granja
K.16
Borda Garalla
K.5
K.4
K.3
Ermita de San Adrián
Les Amores
1.285
Caseta Pelaire
Loma de Cajicar
El Melonar
K.173
RÍO ARAGÓN
K.15
330
XNYN
K.172
San Felices
K.14
Cerro Cruceta
XN YN
Monte Aposol
K.11
1.009
Borau
Arafores
K.171
K.10
K.13
Paulino
1.275
Fuente San Juan
Barranco de San Juan
Las Planetas
K.9
K.12
Villa Juanita
Apeadero de Castiello
Monte Aposo
K.170
Castillón
967
Manantial de las Viñas
Manantiales de la Fuen Regal
Canals
Ermita de Nuestra Señora
K.8
Beldorero
1.272
K.169
Barranco de la Selva
Sierra de los Angeles
Fuente Ramón
La Selva de Castiello
Fondaza
K.7
Arnás
Casa de Canal
K.168
Estuche
1.361
Castiello de Jaca
K.6
Loma de Monde

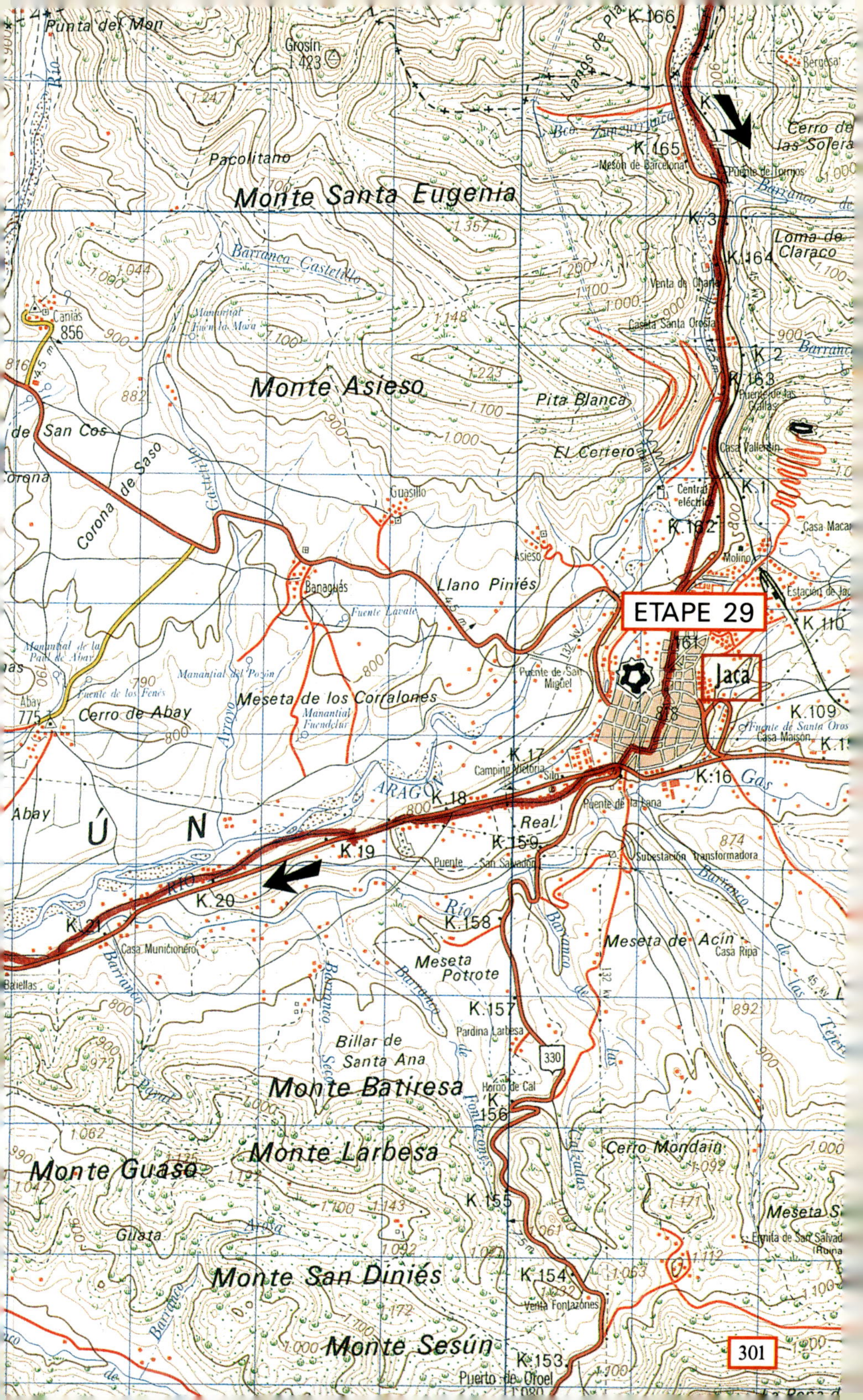
ETAPE 29
Jaca
Monte Santa Eugenia
Monte Asieso
Pita Blanca
El Cerrero
Llano Piniés
Meseta de los Corralones
Cerro de Abay
Corona de Saso
Banaguás
Guasillo
Asieso
Canías
Abay
Puente de San Miguel
Camping Victoria
Puente de la Tana
Puente San Salvador
Meseta de Acín
Meseta Potrote
Billar de Santa Ana
Monte Batiresa
Monte Larbesa
Monte Guaso
Monte San Diniés
Monte Sesún
Cerro Mondain
Puerto de Oroel
Venta Fontazones
Pardina Larbesa
Horno de Cal
Casa Municionero
Subestación Transformadora
Casa Ripa
Loma de Claraco
Cerro de las Soleras
Puente de Tormos
Mesón de Barcelona
Venta de Charle
Caseta Santa Orosia
Puente de las Grallas
Casa Vallentín
Central eléctrica
Molino
Estación de Jaca
Fuente de Santa Orosia
Casa Maisón
Punta del Mon
Grosín 1.423
Pacolitano
Barranco Castetillo
Llanos de Pla
Bco. Zanzurrinaca
Río Aragón
Río Gas
330
K.166
K.165
K.164
K.163
K.162
K.161
K.17
K.18
K.19
K.20
K.21
K.159
K.158
K.157
K.156
K.155
K.154
K.153
K.16
K.109
K.110

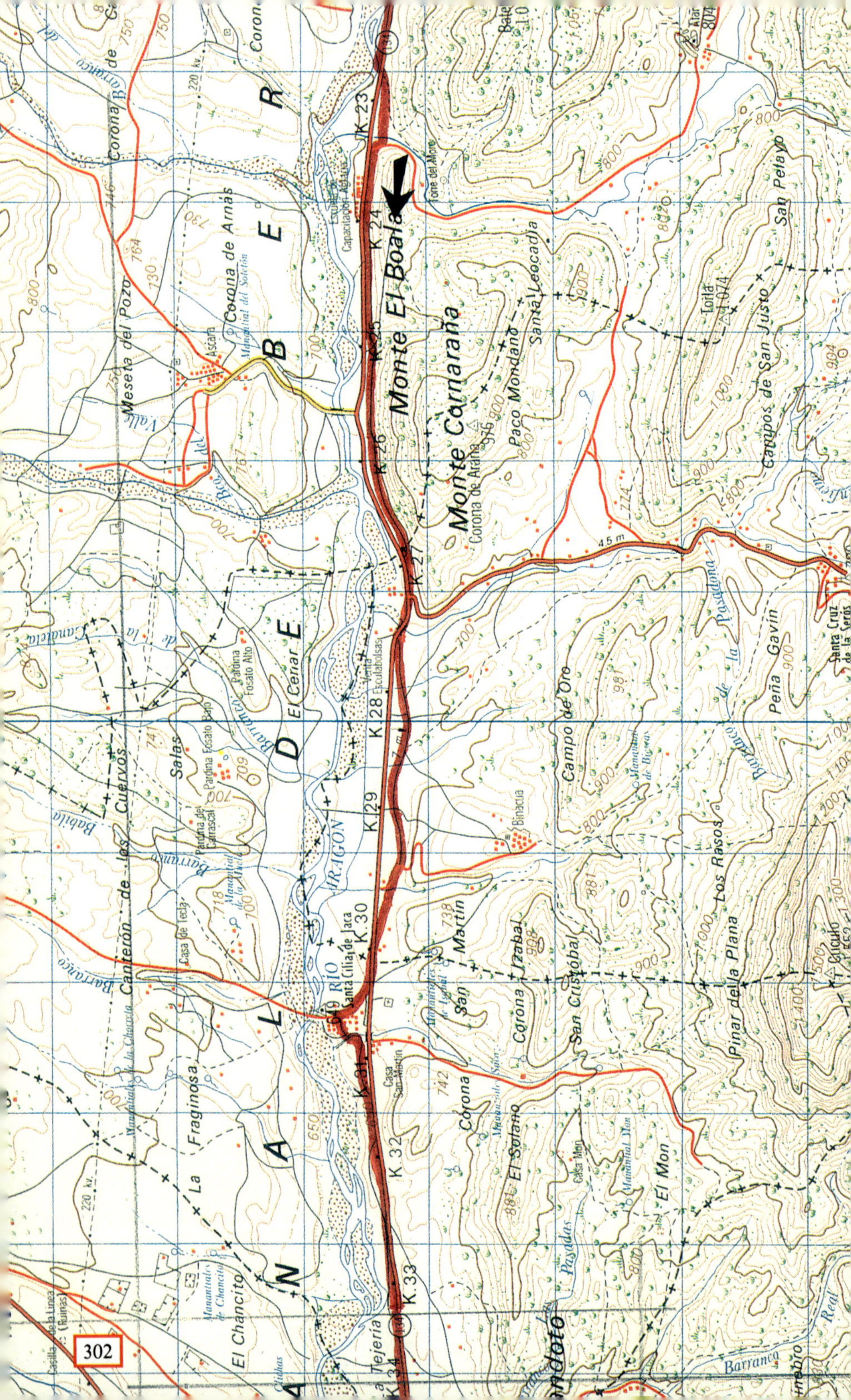
Monte El Boalo
Monte Carnaraña
Corona de Arnas
Meseta del Pozo
Ascara
Canterón de los Cuervos
La Fraginosa
El Chancito
Salas
Venta Esculabolsas
Santa Cilia de Jaca
RIO ARAGON
Casa San Martín
Tejería
Torre del Moro
Paco Mondano
Santa Leocadia
Campo de Oro
Bínacua
San Martín
Corona Izabal
San Cristobal
El Solano
Casa Mon
El Mon
Los Rasos
Pinar de la Plana
Peña Gavín
Campos de San Justo
San Pelayo
Santa Cruz de la Serós
Barranco de la Pasadona
K 23
K 24
K 25
K 26
K 27
K 28
K 29
K 30
K 31
K 32
K 33
K 34

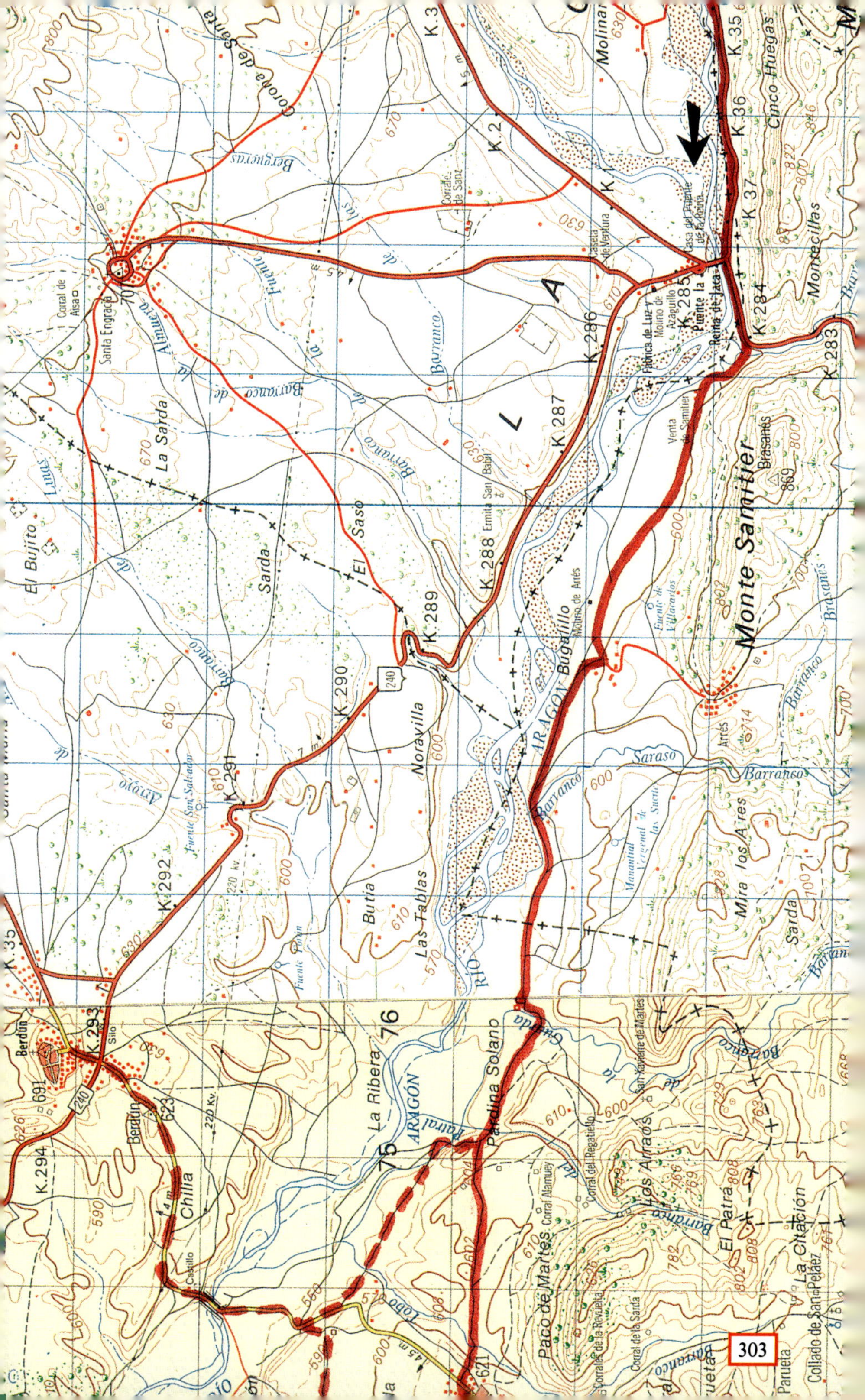
Santa Engracia
La Sarda
El Bujito
El Saso
Noravilla
Butia
Las Tablas
La Ribera
Pardina Solano
Berdún
Chilla
Castillo
ARAGÓN
Bugalillo
Molino de Arrés
Venta de Samitier
Monte Samitier
Brasantés
Arrés
Saraso
Mira los Ares
Sarda
Los Arraos
El Patra
La Citación
Paco de Martes
Cinco Huegas
Montecillas
Caseta de Ventura
Fuente la Reina de Jaca
K. 284
K. 285
K. 286
K. 287
K. 288
K. 289
K. 290
K. 291
K. 292
K. 293
K. 294
240

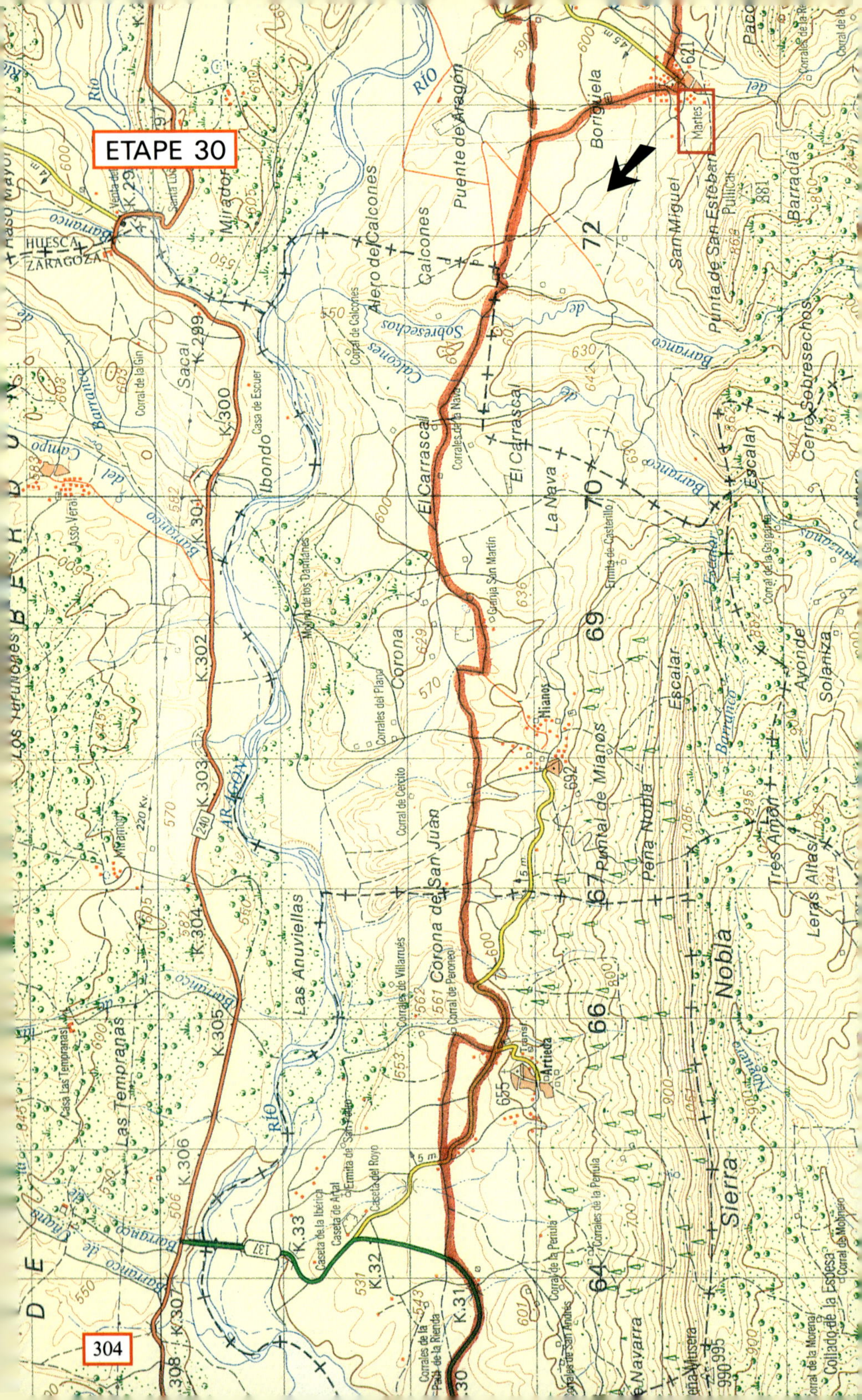
ETAPE 30
HUESCA
ZARAGOZA
Martes
Borigüela
Puente de Aragón
Calcones
Alero de Calcones
Mirador
Sacal
Ibondo
El Carrascal
La Nava
Corona
Mianos
Puntal de Mianos
Peña Nobla
Escalar
Corona de San Juan
Las Anuviellas
Las Tempranas
Artieda
Sierra
Nobla
Tres Amor
Ayonde
Solaniza
San Miguel
Punta de San Esteban
Barranco
Río
Aragón

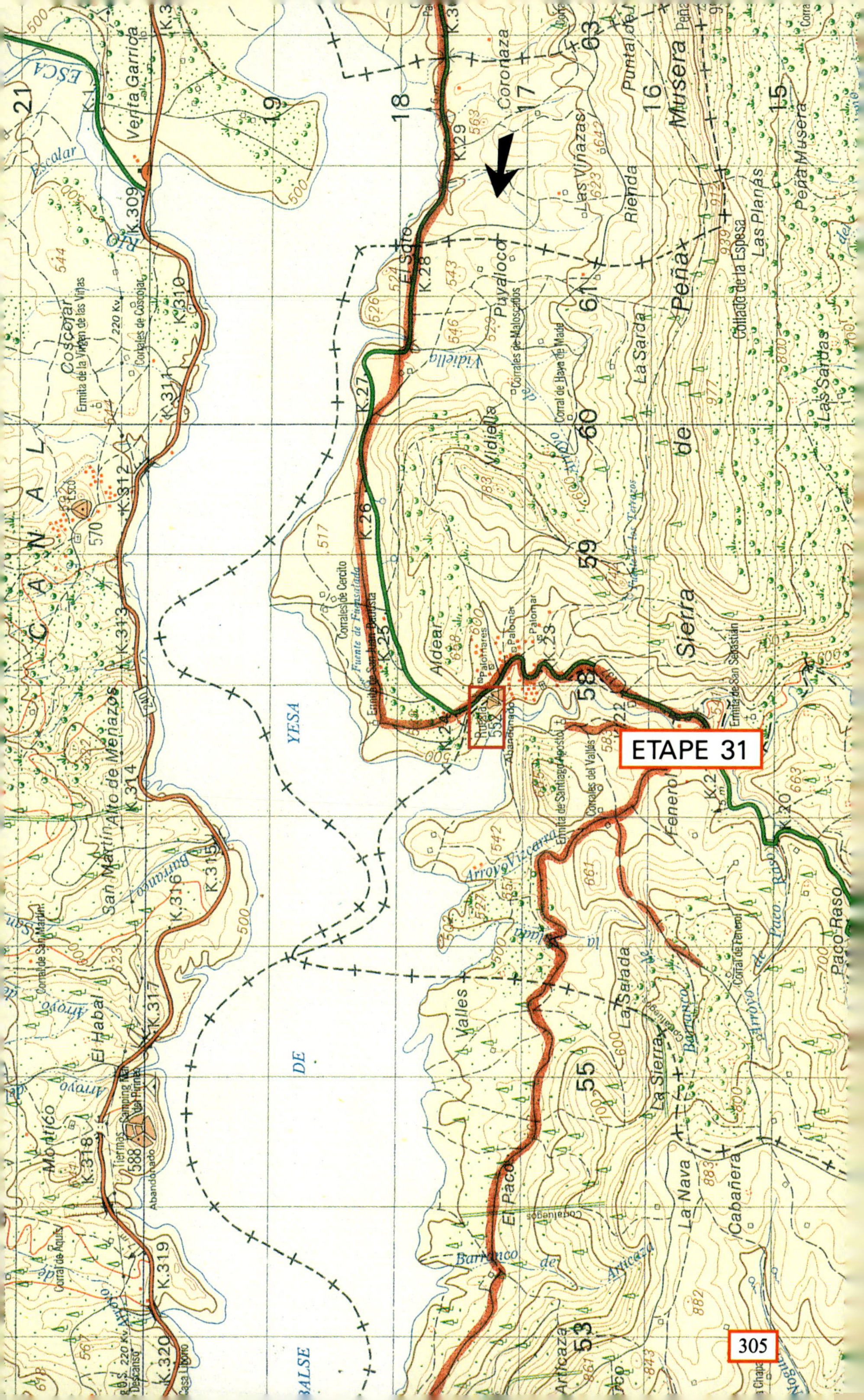
ETAPE 31
YESA
DE
BALSE
Venta Garrida
Coscojar
Ermita de la Virgen de las Viñas
San Martín Alto de Meñazos
El Habal
Montico
Ruesta
Abandonado
Aldear
Vidiella
Puyaloco
El Salto
Coronaza
Las Viñazas
Rienda
La Sarda
Sierra de Peña Musera
Las Planas
Peña Musera
Las Sardas
Ermita de San Sebastián
Ermita de Santiago Apóstol
Corrales del Vallés
Fenerol
Paco Raso
Valles
El Paco
La Salada
La Sierra
La Nava
Cabañera
Articaza
Arroyo Vizcarra
Barranco de Articaza
Camping Mar del Pirineo
Tiermas
Corral de Aquiz
Casa Liborio
C A N A L

489 m.
Salinas de Javier
Yesa
Javier
Bardenas
Río Aragón
Irati
La Sarda
Solano
El Castellón
El Juncal
Liaceta
La Isla de Blanco
Malpaso
Ugarte
Castellar
Laval del Burro
Casa Blanca
Casa Vieja
La Vistaza
La Retaya
Las Ripas
Alto de las Ripas
Alto de Santa Cruz
Val de las Nogueras
Fernandillo
El Paco
Marmayor
La Tosca
Valgrande
Paco Javier
El Soto
Centro Misional Xavier
Convento de San Francisco
Misioneras de Cristo Jesús
Ermita de Santa María
Puente Romano (Ruinas)
Piscifactoría de Yesa S.A.
Granja Avícola
Poblado de la Confederación Hidrográfica del Ebro
Urbanización Lasaitasuna
Acueducto
Corral del Castillo
Corral de Celestino
Corral de la Sarda
Corral de Liaceta
Ermita del Socorro
K.1
K.2
K.3
K.4
K.5
K.6
K.7
K.8
K.9
K.10
K.11
K.12
K.43
K.44
K.45
K.46
K.47
K.48
K.49
K.50

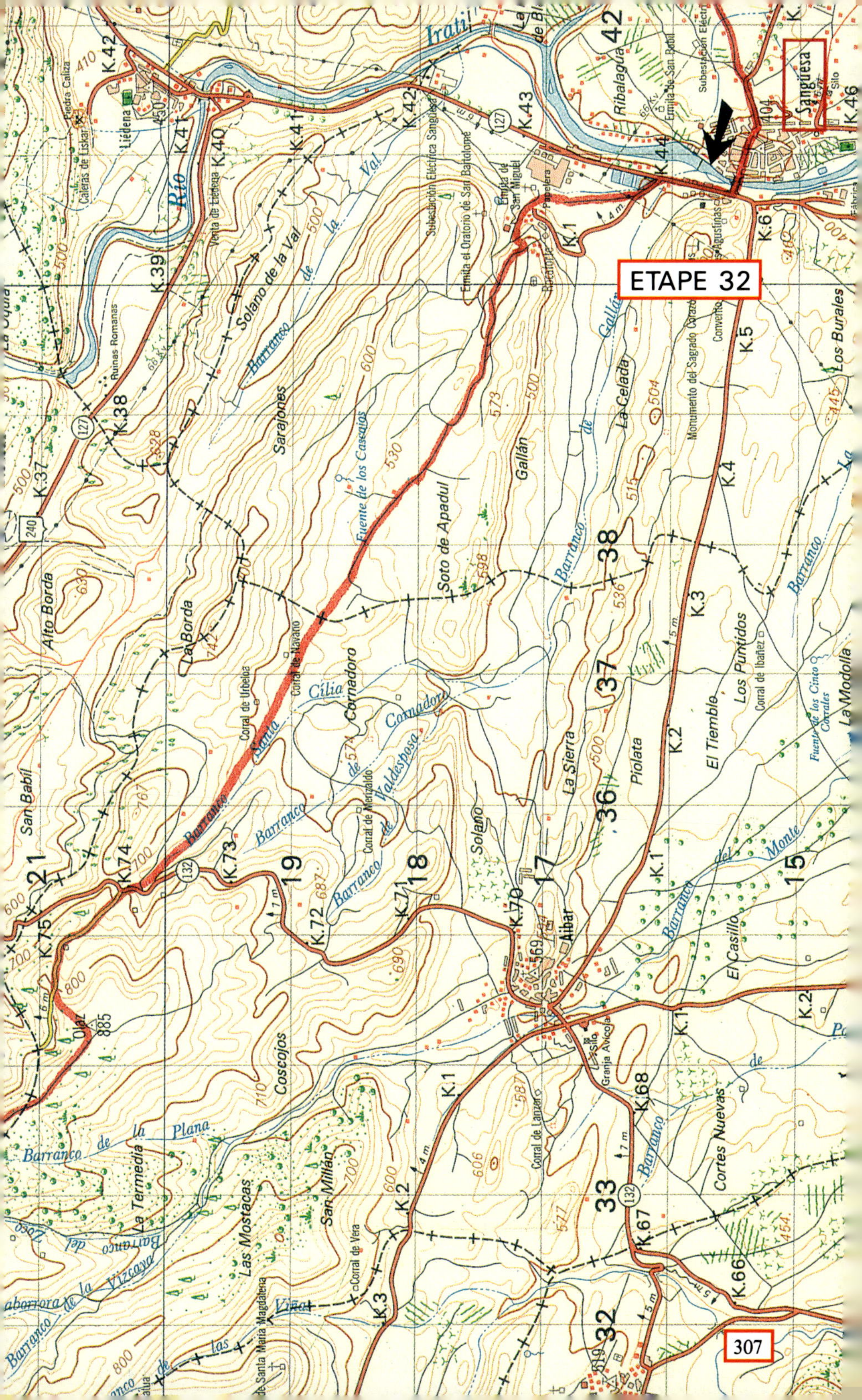

ETAPE 32
Sangüesa
Irati
Río
Liédena
Aibar
Solano de la Val
Barranco de la Val
Sarajones
Soto de Apadul
Gallán
Barranco de Gallán
La Celada
Alto Borda
La Borda
San Babil
Cornadoro
Barranco Santa Cília
Barranco de Valdesposa
La Sierra
Piolata
El Tiemble
Los Puntidos
El Casillo
Barranco del Monte
Coscojos
Barranco de la Plana
La Termedía
Las Mostacas
San Millán
Cortes Nuevas
Granja Avícola
Olaz
Los Burales
La Modolla

Valle de Ibargoiti
Valle de Ibargoiti
Sierra
El Monte Pequeño
Gueguillain
Yesolla
Celigueta
La Pacería
Barranco de la Pacería
Sengariz
Leoz
La Balsa
El Soto
Barranco del Soto
Barranco de la Acella
Abinzano
Idocin
Ermita de la Anunciación
Ciroz
Granja
Zabalza
Loquiain
La Mina
Ubel
Chavacoy
Altos de Sabaiza
Sabaiza
Caracierzo
Sombraguinda
Carasol
Puerto de Loiti
Venta de Loiti
Finca Zaligueta
Ventas de Izco
Venta de Lenain
Olaz
Basobar
San Miguel
Corral del Gito
Corral de Arbolea
Corral del Soro
Corral de Conosté
Corral de Manatana
Corral de Verdiaga
Corral de Lodia
Corral de la Muga
Repetidor Telefónica
Juncal
K.22
K.23
K.24
K.25
K.26
K.27
K.28
K.29
K.30
K.31
240

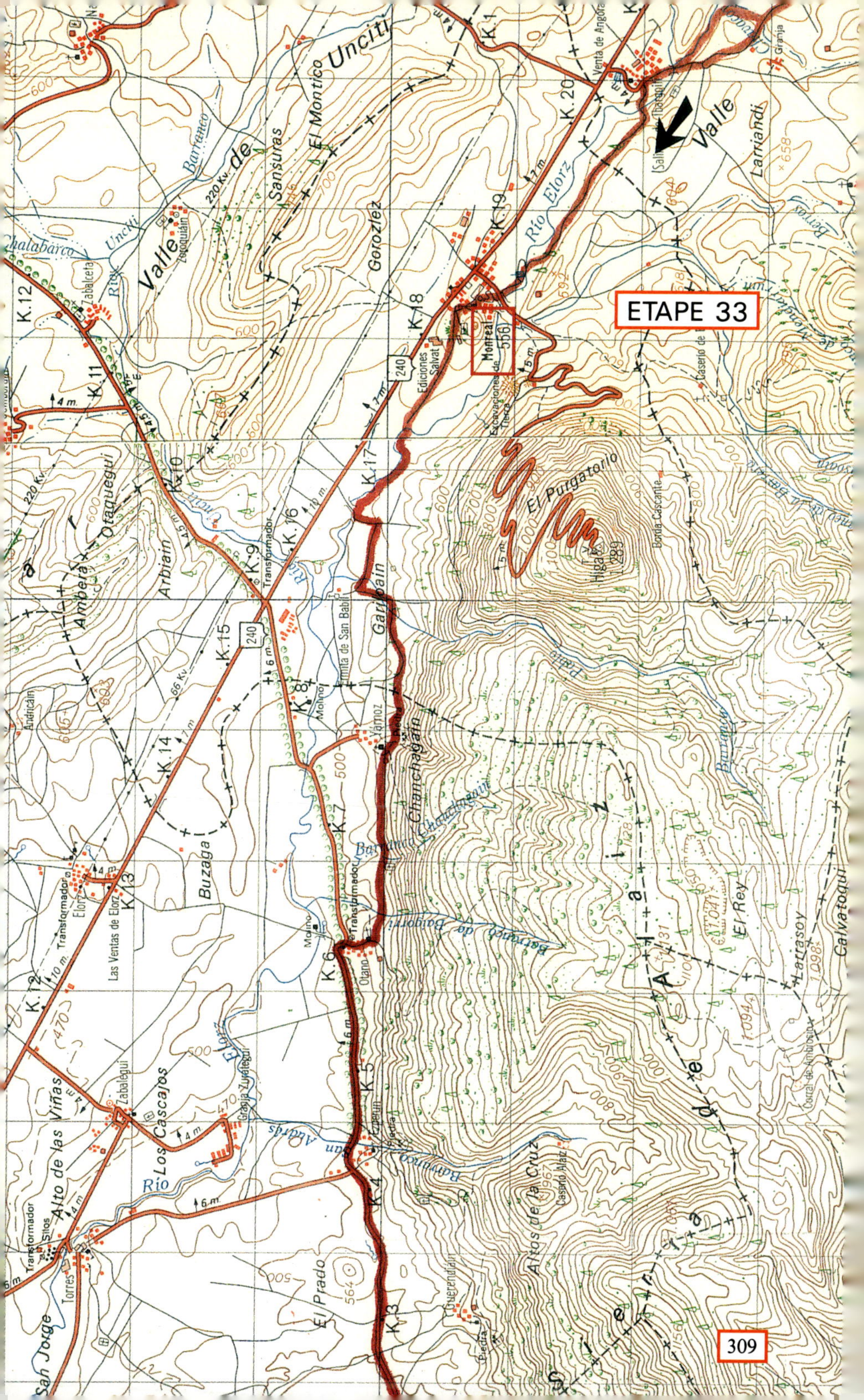
ETAPE 33
Monreal
556
El Purgatorio
Higa
1.289
Valle de Unciti
Valle
El Montico
Sansuras
Gorozlez
Río Elorz
Ediciones Salvat
Excavaciones de tierra
Venta de Angoiz
Larrandi
Borda Cascante
Caserío de
Arbiain
Ambera
Oraquegui
Zabalceta
Transformador
Ermita de San Babil
Garitoain
Yárnoz
Chanchagain
Barranco Chanchagain
Buzaga
Elorz
Las Ventas de Elorz
Otano
Barranco de Baigorri
El Rey
Larrasoy
Calvatoqui
Corral de Ambrosio
Zabalegui
Los Cascajos
Alto de las Viñas
Granja Zurategui
Barranco San Andrés
Altos de la Cruz
Caserío Alaz
El Prado
Querendiain
Torres
San Jorge
Silos
Molino
Sierra de Alaiz
240
K.1
K.3
K.4
K.5
K.6
K.7
K.8
K.9
K.10
K.11
K.12
K.13
K.14
K.15
K.16
K.17
K.18
K.19
K.20
220 Kv.
66 Kv.

El Robiar
Santa Poli
San Jorge
El Chanchosario
Iturmoch
Carrascal
Peña de Unzue
Unzue
Tiebas
Barranco del Juncal
Puerto del Carrascal
Bidebieta
Artalaya
Biurrun
Arrandua
Chaurrata
Alzurba
Murugain
Iranzu
Mallejo
Barranco Ibargua
Otaberadia
La Nabla
San Martín
Los Carasoles
El Monte
Lache
Francoa
Otacibeta
Ezcaida
Mendibajo
Otaigaña
El Soto
Beraldea
Igaña
Currucheco
Casdajo
Larrain
Misdacha
Asqueta
San Pedro
Enériz
Lugoria
El Chaparro
Tirapu
Ucar
Francoamerra
25
26
27
28
29

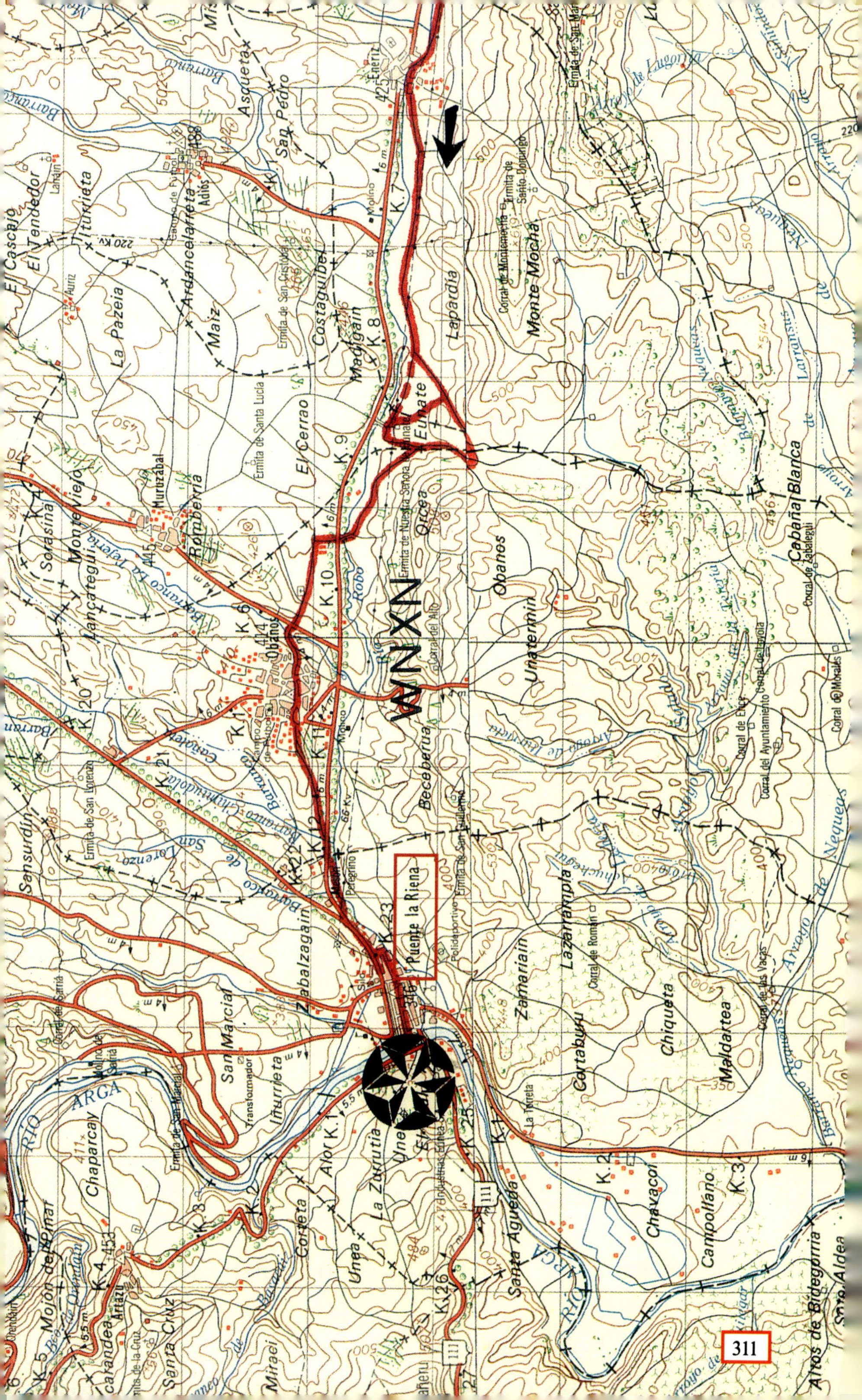

Puente la Reina
Obanos
Muruzabal
Adiós
Enériz
Eunate
Monte Mocha
Lapardía
Costaguibel
Madigain
El Cerrao
Rombería
Monteviejo
Sorasina
Mancategui
Bececerúa
Orcea
Obanos
Unatermin
Lazarrampla
Zamariain
Cortaburu
Chiqueta
Maldartea
Cabaña Blanca
San Marcial
Zabalzagain
Sansurdín
Iturrieta
Chaparcay
Santa Cruz
Santa Águeda
Chavacol
Campollano
Altos de Bidegorría
La Pazeia
Maiz
El Tendedor
El Cascajo
Iturrieta
Ardancelarrieta
San Pedro
Asqueta
Ermita de Santo Domingo
Ermita de Santa Lucía
Ermita de San Lorenzo
Ermita de San Marcial
Ermita de San Guillermo
Ermita de Nuestra Señora
Río Arga
Río Robo
Barranco de San Lorenzo
Arroyo de Nequeas
Polideportivo
Transformador
Industrias
Carraca
Artazu
Mojón del Pinar

SERIE BLEUE

LA FRANCE EN 2000 CARTES

CARTE TOPOGRAPHIQUE

1:25 000

4 cm représentent 1 km

CARTES IGN

3140 ouest

IGN FRANCE

ECHELLE : 1/25 000

vaison - la - romaine

partie OUEST de la feuille au 1:50 000 de VAISON-LA-ROMAINE

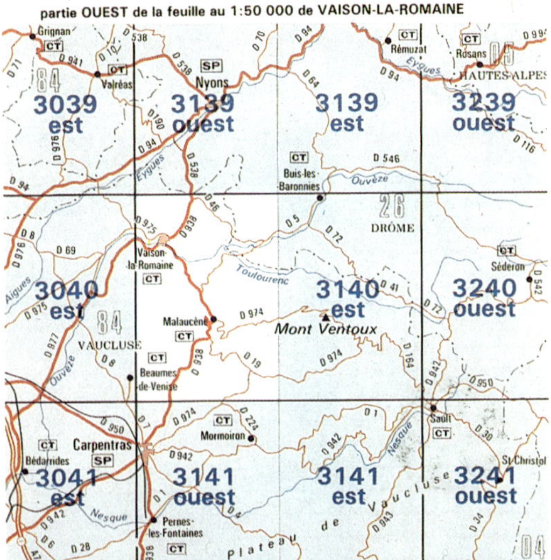

institut géographique national

Direction générale : 136bis, rue de Grenelle, 75700 Paris

Service des ventes et éditions : 107, rue La Boétie, 75008 Paris

Randonnez avec la SÉRIE BLEUE IGN! Pour vous situer avec précision, improviser des variantes à votre fantaisie ou en cas de nécessité... Pour avoir une vue d'ensemble de la région, et prévoir les accès routiers ou ferroviaires, utilisez la SÉRIE VERTE à 1 : 100 000

LES CHEMINS DE LA DECOUVERTE